Ilse Aichingers 1948 erschienener Roman über rassisch verfolgte Kinder während der Hitlerzeit irritiert noch immer: In verfremdenden Bildern erzählt er von der Angst, von der Bedrohung und der widerständigen Hoffnung der »Kinder mit den falschen Großeltern«. Diese Kinder, die nach den ›Nürnberger Gesetzen‹ als jüdisch oder – wie die Hauptfigur Ellen – als halbjüdisch gelten, leiden unter Isolation, Demütigung und Verhöhnung. Aber immer wieder wird von unnachgiebigem Widerstand erzählt, »als könne es ruhig den Kopf kosten, wenn es nur nicht das Herz kostete«. Aus solchem Widerstand heraus leben die verfolgten Kinder: Nachdem ihre Hoffnung auf Auswanderung zunichte geworden ist, erwächst ihnen eine ganz andere, die »größere Hoffnung«. Dazu gehört die Gewißheit, »daß irgendwann der Abschied endet und das Wiedersehen beginnt«, und dazu gehört auch, daß Liebe und Leiden eins werden: »Peitscht uns, tötet uns, trampelt uns nieder, einholen könnt ihr uns erst dort, wo ihr lieben oder geliebt werden wollt.« Diese Hoffnung haben die Opfer ihren Mördern voraus.

»Da gibt es Kapitel einer Mischung aus bewältigender Angst, aufgehobener Zeitgeschichte und messianischer Hoffnung, wie sie niemand mehr seither so gespannt zustande brachte.« (Joachim Kaiser)

Im Anhang des vorliegenden Bandes ist Ilse Aichingers erste Veröffentlichung, ein Text über den Jüdischen Friedhof in Wien (1945), abgedruckt. Mit der 1988 anläßlich einer Preisverleihung gehaltenen *Rede an die Jugend* schließt der Band den Bogen zwischen Vergangenheit und Gegenwart.

Weitere Informationen finden Sie auf www.fischerverlage.de

Ilse Aichinger wurde am 1. November 1921 mit ihrer Zwillingsschwester Helga in Wien geboren, als Tochter einer Ärztin und eines von Steinmetzen und Seidenwebern abstammenden Lehrers. Volksschule und Gymnasium in Wien. Nach dem Einmarsch Hitlers in Österreich im März 1938 verlor die jüdische Mutter sofort Praxis, Wohnung und ihre Stellung als städtische Ärztin. Die Schwester konnte im August 1939 nach England emigrieren, der Kriegsausbruch verhinderte die geplante Ausreise der restlichen Familie: Die Großmutter und die jüngeren Geschwister der Mutter wurden 1942 deportiert und ermordet. Ilse Aichinger war während des Krieges in Wien dienstverpflichtet; nach Kriegsende Beginn eines Medizinstudiums, das sie 1947 abbricht, um den Roman *Die größere Hoffnung* zu schreiben. Arbeitet im Lektorat des S. Fischer Verlages in Wien und Frankfurt/M., anschließend an der von Inge Scholl geleiteten Ulmer Volkshochschule, wo sie an Vorbereitung und Gründung der »Hochschule für Gestaltung« mitarbeitet. 1952 Preis der Gruppe 47 für die *Spiegelgeschichte*. 1953 Heirat mit Günter Eich, zwei Kinder, Clemens (1954–1998) und Mirjam (1957). Nach einigen Jahren in Oberbayern (Lenggries und Chiemsee) Umzug nach Großgmain bei Salzburg 1963. 1972 starb Günter Eich; 1984 bis 1988 lebte Ilse Aichinger in Frankfurt/M., seit 1988 in Wien. Wichtige Auszeichnungen: Preis der Gruppe 47 (1952), Georg-Trakl-Preis (1979), Petrarca-Preis (1982), Franz-Kafka-Preis (1983), Preis der Weilheimer Schülerjury (1988), Solothurner Literaturpreis (1991), Großer Literaturpreis der Bayerischen Akademie (1991), Großer Österreichischer Staatspreis für Literatur (1995), Joseph-Breitbach-Preis (2000), Großer Kunstpreis des Landes Salzburg (2015).

Der Herausgeber *Richard Reichensperger* (1961–2004), Dr. jur. (1984), anschließend Studium der Germanistik, Philosophie, Theologie in Bonn und Salzburg; Dissertation über Robert Musil, Dr. phil. (1993). Lebte als Journalist und Literaturwissenschaftler in Wien.

Ilse Aichinger
Werke

Taschenbuchausgabe
in acht Bänden
Herausgegeben von
Richard Reichensperger

Die größere Hoffnung
Der Gefesselte
Eliza Eliza
Schlechte Wörter
Kleist, Moos, Fasane
Auckland
Zu keiner Stunde
Verschenkter Rat

Ilse Aichinger
Die größere Hoffnung

Roman

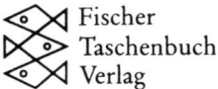 Fischer
Taschenbuch
Verlag

13. Auflage: Juni 2016

Veröffentlicht im Fischer Taschenbuch Verlag,
einem Unternehmen der S. Fischer Verlag GmbH,
Frankfurt am Main, November 1991

Copyright by Bermann-Fischer Verlag NV, Amsterdam 1948
Für diese Ausgabe:
© Fischer Taschenbuch Verlag GmbH, Frankfurt am Main 1991
Umschlaggestaltung: Büro Aicher, Rotis
Satz: Fotosatz Otto Gutfreund, Darmstadt
Druck und Bindung: CPI books GmbH, Leck
Printed in Germany
ISBN 978-3-596-11041-4

Inhalt

Die große Hoffnung

Rund um das Kap der Guten Hoffnung wurde das Meer dunkel. Die Schiffahrtslinien leuchteten noch einmal auf und erloschen. Die Fluglinien sanken wie eine Vermessenheit. Ängstlich sammelten sich die Inselgruppen. Das Meer überflutete alle Längen- und Breitengrade. Es verlachte das Wissen der Welt, schmiegte sich wie schwere Seide gegen das helle Land und ließ die Südspitze von Afrika nur wie eine Ahnung im Dämmern. Es nahm den Küstenlinien die Begründung und milderte ihre Zerrissenheit.

Die Dunkelheit landete und bewegte sich langsam gegen Norden. Wie eine große Karawane zog sie die Wüste hinauf, breit und unaufhaltsam. Ellen schob die Matrosenmütze aus dem Gesicht und zog die Stirne hoch. Plötzlich legte sie die Hand auf das Mittelmeer, eine heiße kleine Hand. Aber es half nichts mehr. Die Dunkelheit war in die Häfen von Europa eingelaufen.

Schwere Schatten sanken durch die weißen Fensterrahmen. Im Hof rauschte ein Brunnen. Irgendwo verebbte ein Lachen. Eine Fliege kroch von Dover nach Calais.

Ellen fror. Sie riß die Landkarte von der Wand und breitete sie auf den Fußboden. Und sie faltete aus ihrem Fahrschein ein weißes Papierschiff mit einem breiten Segel in der Mitte.

Das Schiff ging von Hamburg aus in See. Das Schiff trug Kinder. Kinder, mit denen irgend etwas nicht in Ordnung war. Das Schiff war vollbeladen. Es fuhr die Westküste entlang und nahm immer noch Kinder auf. Kinder mit langen Mänteln und ganz kleinen Rucksäcken, Kinder, die fliehen mußten. Keines von ihnen hatte die Erlaubnis zu bleiben und keines von ihnen hatte die Erlaubnis zu gehen.

Kinder mit falschen Großeltern, Kinder ohne Paß und ohne

Visum, Kinder, für die niemand mehr bürgen konnte. Deshalb fuhren sie bei Nacht. Niemand wußte davon. Sie wichen den Leuchttürmen aus und machten große Bogen um die Ozeandampfer. Wenn sie Fischerbooten begegneten, baten sie um Brot. Um Mitleid baten sie niemanden.

In der Mitte des Ozeans streckten sie die Köpfe über den Schiffsrand und begannen zu singen. »Summ, summ, summ, Bienchen summ herum –«, »It's a long way to Tipperary –«, »Häschen in der Grube« und noch vieles andere. Der Mond legte eine silberne Christbaumkette über das Meer. Er wußte, daß sie keinen Steuermann hatten. Der Wind fuhr hilfreich in ihre Segel. Er fühlte mit ihnen, er war auch einer von denen, für die niemand bürgen konnte. Ein Haifisch schwamm neben ihnen her. Er hatte sich das Recht ausgebeten, sie vor den Menschen beschützen zu dürfen. Wenn er Hunger bekam, gaben sie ihm von ihrem Brot. Und er bekam ziemlich oft Hunger. Auch für ihn konnte niemand bürgen.

Er erzählte den Kindern, daß Jagd nach ihm gemacht wurde, und die Kinder erzählten ihm, daß Jagd nach ihnen gemacht wurde, daß sie heimlich fuhren und daß es sehr aufregend war. Sie hatten keinen Paß und kein Visum. Aber sie wollten um jeden Preis hinüberkommen.

Der Haifisch tröstete sie, wie nur ein Haifisch trösten kann. Und er blieb neben ihnen.

Ein U-Boot tauchte vor ihnen auf. Sie erschraken sehr, aber als die Matrosen sahen, daß manche von den Kindern Matrosenmützen trugen, warfen sie ihnen Orangen zu und taten ihnen nichts.

Als der Haifisch den Kindern gerade einen Witz erzählen wollte, um sie von ihren traurigen Gedanken abzulenken, brach ein furchtbarer Sturm los. Der arme Haifisch wurde von einer riesigen Woge weit hinausgeschleudert. Entsetzt riß der Mond die Christbaumkette zurück. Kohlschwarzes Wasser spritzte über das kleine Schiff. Die Kinder schrien laut um Hilfe. Niemand hatte für sie gebürgt. Keines von ihnen hatte einen Rettungsgürtel.

Groß und licht und unerreichbar tauchte die Freiheitsstatue aus dem Schrecken. Zum ersten und zum letzten Male.

Ellen schrie im Schlaf. Sie lag quer über der Landkarte und wälzte sich unruhig zwischen Europa und Amerika hin und her. Mit ihren ausgestreckten Armen erreichte sie Sibirien und Hawaii. In der Faust hielt sie das kleine Papierschiff und sie hielt es fest.

Die weißen Bänke mit den roten Samtpolstern liefen erstaunt im Kreis. Die hohen, glänzenden Türen zitterten leise. Die bunten Plakate wurden dunkel vor diesem Schmerz.

Ellen weinte. Ihre Tränen befeuchteten den Pazifischen Ozean. Ihre Matrosenmütze war vom Kopf gefallen und bedeckte einen Teil des Südlichen Eismeers. Es lag sich hart genug auf dieser Welt. Wäre das kleine Papierschiff nicht gewesen!

Der Konsul hob den Kopf von seiner Arbeit.

Er stand auf, ging um den Schreibtisch und setzte sich wieder nieder. Seine Uhr war stehengeblieben und er hatte keine Ahnung, wie spät es war. Es mußte auf Mitternacht gehen. Nicht mehr heute und noch nicht morgen, soviel war sicher.

Er schlüpfte in den Mantel und löschte das Licht. Gerade als er den Hut aufsetzen wollte, hörte er es. Er behielt den Hut in der Hand. Es war das Schreien einer Katze; hilflos und unentwegt. Es machte ihn zornig.

Möglicherweise kam es aus dem Raum, in welchem die Leute tagsüber darauf warteten, abgewiesen zu werden. Diese vielen, vielen Leute mit den weißen, erwartungsvollen Gesichtern, die alle auswandern wollten, weil sie Angst hatten und weil sie noch immer daran dachten, die Welt wäre rund. Unmöglich, ihnen zu erklären, daß die Regel eine Ausnahme und die Ausnahme keine Regel war. Unmöglich, ihnen den Unterschied zwischen dem lieben Gott und einem Konsulatsbeamten klarzumachen. Sie hörten nicht auf zu hoffen, das Unwägbare in der Hand zu wägen und das Unberechenbare zu berechnen. Sie hörten einfach nicht auf.

Der Konsul beugte sich noch einmal aus dem Fenster und sah hinunter. Da war niemand. Er schloß hinter sich ab und steckte den Schlüssel in die Tasche. Mit großen Schritten durchquerte er die Vorräume. Mehr Vorräume als Räume, wenn man alles zusammennahm. Mehr Hoffnung, als man erfüllen konnte. Viel zuviel Hoffnung. Wirklich, zuviel?

Und doch tat die Stille weh. Schwarz in schwarz war die Nacht. Warm und dicht ineinandergewebt wie ein Trauerkleid. Hofft, ihr Leute, hofft! Webt helle Fäden dazwischen! Ein neues Muster muß werden auf der anderen Seite.

Der Konsul ging schneller. Er sah geradeaus und gähnte. Aber ehe er noch die Hand vor den Mund halten konnte, flog er der Länge nach hin. Er war über ein Hindernis gestolpert.

Der Konsul sprang auf. Er fand den Schalter nicht gleich. Als er das Licht andrehte, schlief Ellen noch immer. Ihr Mund stand offen. Sie lag auf dem Rücken und hatte die Fäuste geballt. Ihr Haar war geschnitten wie die Mähne eines Ponys,

und auf dem Rand ihrer Mütze stand mit kleinen, goldenen
Buchstaben »Schulschiff Nelson«. Sie lag zwischen dem Kap
der Guten Hoffnung und der Freiheitsstatue und war nicht
wegzubringen. Das war alles, was man mit einer Beule über
dem linken Auge halbwegs ausnehmen konnte. Der Konsul
wollte mit lauter Stimme etwas Unfreundliches sagen, preßte
aber die Hand vor den Mund. Er hob seinen Hut vom Boden
auf und streifte alles glatt. Und er kam ganz langsam auf Ellen
zu. Sie atmete tief und schnell, als versäumte sie mit jedem
Atemzug etwas viel Wichtigeres.

Der Konsul schlich auf den Fußspitzen rund um die
Landkarte. Er bückte sich, hob Ellen sanft von der harten Welt
und legte sie auf die Samtpolster. Sie seufzte mit geschlossenen
Augen und grub den Kopf in seinen hellgrauen Mantel, einen
runden, ganz harten Kopf. Als dem Konsul beide Füße
eingeschlafen waren, nahm er Ellen auf die Arme, sperrte alle
Türen wieder auf und trug sie vorsichtig in sein Zimmer.

Es schlug eins, die Stunde, zu der keine Uhr der Welt sich
bewegen ließ, mehr zu sagen. Die Stunde, zu der es entweder
schon zu spät oder noch zu früh ist, die Stunde nach zwölf. Ein
Hund bellte. August. Auf einer Dachterrasse wurde noch
getanzt. Irgendwo schrie ein Nachtvogel.

Der Konsul wartete geduldig. Er hatte Ellen in einen
Lehnstuhl gelegt. Mit einer Zigarre zwischen den Fingern, die
Beine weit von sich gestreckt, saß er ihr gegenüber. Er hatte die
feste Absicht, geduldig zu sein. Er hatte sein ganzes Leben lang
keinen unbekümmerteren Besuch empfangen.

Ellens Kopf lag auf der Lehne. Grenzenloses Vertrauen war
in ihrem Gesicht. Die Stehlampe enthüllte es. Der Konsul
zündete sich eine Zigarre an der andern an. Er holte ein großes

Stück Schokolade aus dem Schrank und legte es vor Ellen auf den Rauchtisch; außerdem bereitete er einen Rotstift vor. Was er noch fand, war ein Berg bunter Prospekte. Doch das alles konnte Ellen nicht bewegen, zu erwachen. Ein einziges Mal drehte sie den Kopf auf die andere Seite – erregt richtete sich der Konsul auf – aber da schlief sie schon wieder.

Es schlug zwei. Noch immer rauschte der Brunnen. Der Konsul war todmüde. Erstaunt lächelte das Bild des verstorbenen Präsidenten auf ihn herab. Der Konsul versuchte diesen Blick zu erwidern. Aber es war ihm nicht mehr möglich.

Als Ellen erwachte, vermißte sie sofort die Landkarte. Keine Rede, daß ein Stück Schokolade und ein schlafender Konsul sie darüber hinwegtrösten konnten. Sie faltete die Stirn und zog die Knie an sich. Dann stieg sie über die Lehne und rüttelte den Konsul an den Schultern.

»Wo haben Sie die Landkarte hingetan?«

»Die Landkarte?« sagte der Konsul verwirrt, zog seine Krawatte zurecht und strich sich mit der Hand über die Augen.

»Wer bist du?«

»Wo ist die Landkarte?« wiederholte Ellen drohend.

»Ich weiß es nicht«, sagte der Konsul ärgerlich. »Oder meinst du, ich hätte sie versteckt?«

»Vielleicht«, murmelte Ellen.

»Wie kannst du das von mir glauben?« sagte der Konsul und streckte sich. »Welcher Mensch wollte die ganze Welt verstecken?«

»Da kennen Sie die großen Leute schlecht!« erwiderte Ellen nachsichtig. »Sind Sie der Konsul?«

»Der bin ich.«

»Dann –«, sagte Ellen, »dann –«; ihre Lippen zitterten.

»Was ist dann?«

»Dann haben Sie doch die Landkarte versteckt.«

»Was soll der Unsinn?« sagte der Konsul zornig.

»Sie können es gutmachen.« Ellen wühlte in ihrer Schultasche. »Ich habe meinen Zeichenblock mitgebracht und eine Feder. Falls Ihr Schreibtisch schon versperrt ist.«

»Was soll ich damit?«

»Das Visum«, lächelte Ellen ängstlich, »bitte schreiben Sie mir das Visum! Meine Großmutter hat gesagt: Es liegt an Ihnen, Sie müssen nur unterschreiben. Und meine Großmutter ist eine gescheite Frau, das können Sie mir glauben!«

»Ja«, sagte er, »ich glaube es dir.«

»Gott sei Dank!« lächelte Ellen. »Aber weshalb haben Sie mir dann das Visum verweigert? Meine Mutter kann nicht allein über das Meer fahren. Wem soll sie das Haar bürsten und die Socken waschen? Wem soll sie abends ein Märchen erzählen, wenn sie allein ist? Wem soll sie einen Apfel schälen, wenn ich nicht mitfahren kann? Und wem sollte sie eine Ohrfeige geben, wenn es ihr plötzlich zuviel wird? Ich kann meine Mutter nicht allein fahren lassen, Herr Konsul! Und meine Mutter ist ausgewiesen.«

»Das ist nicht so einfach«, erklärte der Konsul, um Zeit zu gewinnen.

»Und alles«, sagte Ellen, »weil niemand für mich bürgt. Der für meine Mutter bürgt, der bürgt nicht für mich. Das ist eine Geldfrage, sagt meine Großmutter, lächerlich, sagt meine Großmutter, ein Spatz mehr oder weniger, sagt meine Großmutter, das Kind bleibt nicht, das Kind geht auf und davon, der Konsul ist an allem schuld!«

»Sagt deine Großmutter?«

»Ja. Niemand kann für mich garantieren! Jeder Eisschrank hat einen, der für ihn garantiert, nur ich hab' niemanden. Meine Großmutter sagt: das stimmt, man kann nicht für mich bürgen, aber für wen kann man schon bürgen, sagt meine Großmutter, wenn er lebendig ist? Der Haifisch und der Wind, die haben auch niemanden, der für sie bürgt, aber der Haifisch und der Wind, die brauchen auch kein Visum!«

»Wollen wir jetzt sprechen wie vernünftige Leute?« sagte der Konsul ungeduldig.

»Ja!« erklärte Ellen bereitwillig. Und sie begann ihm die Geschichte von dem Haifisch zu erzählen, von den Kindern ohne Visum und von dem großen Sturm. Dazwischen sang sie ihm auch ein Lied vor. Dann erzählte sie wieder weiter. Laut und ängstlich drang ihre Stimme aus dem großen Lehnstuhl. Sie saß tief im Winkel, und ihre geflickten Schuhsohlen starrten ihm flehend ins Gesicht.

Als sie zu Ende war, bot er ihr Schokolade an.

»Wäre es nicht möglich, daß du alles geträumt hast?« fragte er vorsichtig.

»Geträumt?« rief Ellen. »Keine Spur! Dann hätte ich ja auch geträumt, daß die Kinder im Hof nicht mit mir spielen wollen, dann hätte ich geträumt, daß meine Mutter ausgewiesen ist und ich allein bleiben muß, dann hätte ich geträumt, daß niemand für mich bürgt, dann hätte ich nur geträumt, daß Sie die Landkarte versteckt haben und daß mein Visum verweigert ist!«

»Alle Kinder schlafen«, sagte der Konsul langsam, »nur du nicht.«

»Bei Nacht sind weniger Leute auf dem Konsulat«, erklärte

Ellen, »bei Nacht braucht man keine Nummer, bei Nacht geht alles viel schneller, weil es keine Amtsstunden gibt!«

»Gute Idee!«

»Ja!« lachte Ellen. »Der Schuster in unserem Haus, der tschechische Schuster, wissen Sie, der hat gesagt: Geh zum Konsul, der Konsul ist ein guter Mann, der Konsul bürgt für den Wind und die Haifische, der Konsul bürgt auch für dich!«

»Wie bist du hier hereingekommen?« fragte der Konsul schärfer.

»Ich habe dem Portier einen Apfel gegeben.«

»Aber vielleicht hast du doch geträumt? Du mußt jetzt nach Hause gehen.«

»Nach Hause«, beharrte Ellen, »das ist immer dort, wo meine Mutter ist. Und meine Mutter fährt morgen über das Meer, meine Mutter, die ist übermorgen schon dort, wo alles blau wird, wo der Wind sich schlafen legt und die Delphine um die Freiheitsstatue springen!«

»Die Delphine springen nicht um die Freiheitsstatue«, unterbrach sie der Konsul.

»Das macht nichts.« Ellen legte den Kopf auf die Arme. »Ich bin müde, ich sollte schon schlafen, weil ich doch morgen über das Meer fahre.«

Ihr Vertrauen war unerbittlich. Wie Wüstenwind wehte es durch den kühlen Raum.

»Das Visum!«

»Du hast Fieber«, sagte der Konsul.

»Bitte das Visum!«

Sie hielt ihm den Zeichenblock dicht unter das Gesicht. Ein weißes Blatt war eingespannt, darauf stand mit großen, ungeschickten Buchstaben »Visum«. Rundherum waren bunte

Blumen gezeichnet, Blumen und Vögel, und darunter lief ein Strich für die Unterschrift.

»Ich habe alles mitgebracht, Sie müssen nur unterschreiben. Bitte, lieber Herr Konsul, bitte!«

»Das ist nicht so einfach.« Er stand auf und schloß das Fenster. »Nicht so einfach wie bei einer Strafaufgabe. Komm«, sagte er, »komm jetzt! Auf der Gasse will ich dir alles erklären.«

»Nein!« schrie Ellen und rollte sich auf dem Lehnstuhl zusammen. Ihre Wangen brannten. »Bitte, der Schuster hat gesagt, der Schuster hat doch gesagt: Der für den Wind und die Haifische bürgt, der bürgt auch für mich!!«

»Ja«, sagte der Konsul, »ja, der für den Wind und die Haifische bürgt, der bürgt auch für dich. Aber der bin nicht ich.«

»Ich glaub' Ihnen kein Wort«, flüsterte Ellen. »Und wenn Sie jetzt nicht unterschreiben –.« Sie zitterte. Der Schuster hatte gelogen. Der Schuster hatte gesagt: der Konsul – aber der Konsul schob es wieder auf einen andern. Und ihre Mutter saß zu Hause und konnte die Koffer nicht packen, weil sie Angst hatte. Und es war die letzte Nacht.

»Wenn Sie jetzt nicht unterschreiben –«, Ellen suchte nach einer schweren Drohung. Ihre Zähne schlugen aufeinander. »Dann will ich ein Delphin sein. Dann schwimm ich neben dem Dampfer her und dann spring ich um die Freiheitsstatue, ob Sie wollen oder nicht!«

Sie verstummte. Unberührt lag die Schokolade auf dem runden Rauchtisch, unberührt lagen die bunten Prospekte. »Mich friert!« murmelte Ellen. Ihr Mund stand offen. Sie rührte sich nicht. Als der Konsul auf sie zukam, stieß sie mit den Füßen nach ihm. Er wollte sie packen, aber sie schwang sich blitzschnell über die Lehne. Er rannte hinter ihr her. Sie

schlüpfte unter dem Schreibtisch durch, stieß zwei Sessel um und umklammerte mit beiden Armen den Ofen. Dazwischen drohte sie immer wieder, sich in einen Delphin zu verwandeln. Tränen strömten über ihr Gesicht.

Als er sie endlich gefaßt hatte, schien es ihm, daß sie glühte. Heiß und schwer hing Ellen in seinen Armen. Er wickelte sie in eine Decke und legte sie in den Lehnstuhl zurück.

»Die Landkarte, bitte, die Landkarte!«

Er ging in den Vorraum, nahm die Karte vom Boden, strich sie glatt und holte sie herein. Er breitete sie auf den Rauchtisch.

»Es dreht sich!« sagte Ellen.

»Ja«, lächelte er unruhig, »die Welt dreht sich. Hast du es nicht schon in der Schule gelernt? Die Welt ist rund.«

»Ja«, antwortete Ellen schwach, »die Welt ist rund.« Sie tastete nach der Karte.

»Glaubst du jetzt, daß ich nichts versteckt habe?«

»Bitte«, sagte Ellen zum letzten Mal, »bitte unterschreiben Sie das Visum!« Sie hob den Kopf und stützte sich auf die Ellbogen. »Dort der Tintenstift, das genügt. Wenn Sie unterschreiben, werde ich nie mehr Äpfel stehlen. Ich will alles tun, was ich für Sie tun kann! Ist es wahr, daß man an der Grenze Orangen bekommt und ein Bild vom Präsidenten, ist es wirklich wahr? Und wie viele Rettungsboote sind auf den großen Dampfern?«

»Jeder ist sein eigenes Rettungsboot«, sagte der Konsul. »Und jetzt habe ich eine Idee!« Er nahm den Zeichenblock auf die Knie.

»Du selbst mußt dir das Visum geben. Du selbst mußt es unterschreiben!«

»Wie kann ich das?« fragte Ellen mißtrauisch.

»Du kannst es. Jeder Mensch ist im Grunde sein eigener Konsul. Und ob die weite Welt wirklich weit ist, das liegt an jedem Menschen.«

Ellen starrte ihn verwundert an.

»Siehst du«, sagte er, »alle die vielen, denen ich das Visum ausgestellt habe, alle diese vielen werden enttäuscht sein. Der Wind geht nirgends schlafen.«

»Nirgends?« wiederholte sie ungläubig.

»Wer sich nicht selbst das Visum gibt«, sagte der Konsul, »der kann um die ganze Welt fahren und kommt doch nie hinüber. Wer sich nicht selbst das Visum gibt, bleibt immer gefangen. Nur wer sich selbst das Visum gibt, wird frei.«

»Ich will mir das Visum geben«, Ellen versuchte sich aufzurichten, »aber wie soll ich das machen?«

»Du mußt unterschreiben«, sagte er, »und diese Unterschrift bedeutet ein Versprechen, das du dir gibst: Du wirst nicht weinen, wenn du von deiner Mutter Abschied nimmst, ganz im Gegenteil: du wirst deine Großmutter trösten, die wird das nötig haben. Du wirst auf keinen Fall mehr Äpfel stehlen. Und was auch geschieht, du wirst immer daran glauben, daß irgendwo alles blau wird! Was auch immer geschieht.«

Fiebernd unterschrieb Ellen ihr eigenes Visum.

Der Morgen dämmerte. Sanft wie ein geübter Einbrecher zog er sich an den Fenstern hoch. Ein Vogel begann zu singen.

»Siehst du«, sagte der Konsul, »der stellt auch keine Bedingungen.«

Ellen verstand ihn nicht mehr.

Milchwagen rollten draußen auf den Gassen. Von neuem begann sich alles voneinander abzuheben. Und in den großen

Parks tauchten die ersten Herbstblumen bunt und lässig aus dem Nebel.

Der Konsul ging zum Telefon. Er legte die Hände an die Schläfen und strich das Haar zurück. Er schüttelte den Kopf, wippte dreimal auf den Fußspitzen, schloß die Augen und riß sie wieder auf. Er hob den Hörer ab, drehte eine falsche Nummer und warf ihn wieder hin.

Schritte klapperten über den Hof. Noch immer rauschte der Brunnen. Der Konsul wollte sich etwas notieren, fand aber sein Notizbuch nicht. Er ging auf Ellen zu und zog den Schülerausweis aus ihrer Manteltasche. Dann bestellte er das Auto, stellte die umgeworfenen Sessel auf und zog den Teppich glatt. Rund um das Kap der Guten Hoffnung wurde das Meer hell. Der Konsul faltete die Landkarte, wickelte die Schokolade hinein und öffnete Ellens Schultasche. Noch einmal hielt er den Zeichenblock dicht vor seine Augen: Sterne, Vögel und bunte Blumen und darunter Ellens große, steile Unterschrift. Das erste wirkliche Visum während seiner ganzen Amtszeit.

Er seufzte, knöpfte Ellens Mantel zu und setzte ihr die Mütze vorsichtig auf den Kopf. Ihr Gesicht war wild und finster, aber darüber stand jetzt wieder golden und ganz deutlich »Schulschiff Nelson«.

Der Konsul blies noch einmal ganz leicht über das Visum, wie um es zu vollenden und lebendig zu machen. Dann schob er es in die Tasche, schloß sie und hing sie Ellen um. Auf seinen Armen trug er sie die Stiegen hinab, bettete sie in den Fond des Autos und gab dem Chauffeur die Adresse. Der Wagen bog um die Ecke.

Plötzlich legte der Konsul die Hand über die Augen und rannte mit großen Schritten die Treppe wieder hinauf.

Der Mond wurde blaß.

Ellen griff nach dem Gesicht ihrer Mutter. Mit beiden Armen griff sie nach dem heißen, von Tränen aufgebrannten Gesicht unter dem schwarzen Hut. Nach diesem Gesicht, das die Welt wahr und warm gemacht hatte, nach diesem Gesicht von Anfang an, nach diesem einen Gesicht. Noch einmal griff Ellen flehend nach dem Allerersten, nach dem Hort der Geheimnisse, aber das Gesicht ihrer Mutter war unerreichbar geworden, wich zurück und wurde blaß wie der Mond am dämmernden Morgen.

Ellen schrie auf. Sie warf die Decke ab, versuchte sich aufzurichten und griff ins Leere. Mit ihren letzten Kräften rollte sie das Gitter hinab. Sie fiel aus dem Bett. Und sie fiel tief.

Niemand machte den Versuch, sie aufzuhalten. Nirgends war ein Stern, um sich daran zu klammern. Ellen fiel durch die Arme aller ihrer Puppen und aller ihrer Teddybären. Wie ein Ball durch den Reifen fiel sie durch den Kreis der Kinder im Hof, die sie nicht mitspielen ließen. Ellen fiel durch die Arme ihrer Mutter.

Der halbe Mond fing sie auf, kippte heimtückisch wie alle Kinderwiegen und schleuderte sie wieder von sich. Keine Spur davon, daß die Wolken Federbetten waren und der Himmel ein blaues Gewölbe. Der Himmel war offen, tödlich offen, und es wurde Ellen im Fallen deutlich, daß Oben und Unten aufgehört hatten. Wußten sie es noch immer nicht? Diese armen großen Leute, die das Fallen nach unten springen und das Fallen nach oben fliegen nannten. Wann würden sie es begreifen?

Fallend durchstieß Ellen die Bilder des großen Bilderbuchs, das Netz der Gaukler.

Ihre Großmutter hob sie auf und legte sie in ihr Bett zurück.

Wie Fieberkurven stiegen Sonne und Mond, Tage und Nächte, unaufhaltsam, heiß und hoch und sanken wieder in sich.

Als Ellen die Augen aufschlug, stützte sie sich auf die Ellbogen und sagte:

»Mutter!«

Sie sagte es laut und freundlich. Dann wartete sie.

Das Ofenrohr krachte und verbarg sich tiefer hinter den dunkelgrünen Kacheln. Sonst blieb alles still. Das Grau wurde dichter.

Ellen schüttelte leicht den Kopf, wurde schwindlig und fiel in die Kissen zurück. Durch den oberen Teil des Fensters sah sie ein Geschwader von Zugvögeln, geordnet wie auf einer Zeichnung. Dann waren sie wieder wegradiert. Ellen lachte leise. Wirklich wie auf einer Zeichnung!

Aber Sie radieren zuviel! hätte die alte Lehrerin den lieben Gott gewarnt. Zuletzt bleibt ein Loch!

Aber meine Liebe, hätte da der liebe Gott gesagt, gerade das habe ich gewünscht. Schauen Sie durch, bitte!

Entschuldigen Sie, jetzt verstehe ich alles!

Ellen schloß die Augen und riß sie erschrocken wieder auf. Das Fenster war lange nicht gewaschen worden. Man sah schlecht durch. Lange graue Striche liefen wie eingetrocknete Tränen die Scheiben hinab. Ellen zog die Füße unter die Decke zurück. Sie waren eiskalt und schienen nicht ganz dazuzugehören. Sie streckte sich. Sie mußte gewachsen sein. Sie wuchs meistens über Nacht. Aber irgend etwas war nicht in Ordnung mit diesem Frühlingsmorgen. Vielleicht – vielleicht war es Herbst. Und vielleicht ging es gegen Abend.

Um so besser. Ellen war ganz einverstanden. Ihre Mutter war jedenfalls einkaufen gegangen. Zur Gemüsefrau, um die Ecke.

Ich muß mich beeilen, wissen Sie! Ellen ist allein zu Hause, und da kann man nie wissen, was alles geschieht. Ich möchte ein paar Äpfel, bitte! Wir wollen sie braten, das hat Ellen am liebsten, und ich habe ihr auch versprochen, ein kleines Feuer zu machen, es wird schon kalt. Was ist zu zahlen? Wie bitte? Wieviel? Nein, das ist zuviel. Zuviel!

Ellen setzte sich ganz auf.

Es war wie ein Schrei gewesen. Es war, als hätte sie es mit ihren eigenen Ohren gehört, dieses erstickte: Zuviel! Und das Gesicht der Gemüsefrau drohte rot und verzerrt aus der Dämmerung.

»Sie!« sagte Ellen und ließ die Beine drohend über den Rand des Bettes hängen. »Wehe, wenn Sie zuviel verlangen!« Die Gemüsefrau gab keine Antwort. Es wurde noch kälter.

»Mutter«, rief Ellen, »Mutter, gib mir Strümpfe!«

Nichts rührte sich.

Ach, die hatten sich einfach alle versteckt. Die machten sich schon wieder einen schlechten Witz mit ihr.

»Mutter, ich will aufstehen!« Das klang dringender.

»So geh ich eben barfuß. Wenn du mir keine Strümpfe gibst, geh ich eben barfuß!«

Aber auch diese Drohung blieb vergeblich.

Ellen stieg aus dem Bett. Es war ihr nicht ganz geheuer. Taumelnd rannte sie gegen die Tür. Auch im Nebenzimmer war niemand. Das Klavier stand offen. Tante Sonja mußte eben noch geübt haben. Vielleicht war sie ins Kino gegangen. Seit es verboten war, ging sie viel öfter ins Kino. Ellen preßte die Wangen an die kalten, glatten Scheiben. Drüben, in dem alten

Haus, jenseits der Verbindungsbahn, hielt die alte Frau das Kind ans Fenster. Ellen winkte. Das Kind winkte zurück. Die alte Frau führte seine Hand. Soweit war alles in Ordnung. Man mußte Zeit gewinnen, man mußte ganz ruhig überlegen.

Ellen durchquerte die Wohnung und kehrte wieder um. Wehe, wenn ihre Mutter sie so fand, im Hemd und barfuß!

Feindlich starrten die Wände. Ellen schlug einen Ton am Klavier an. Es hallte. Sie schlug einen zweiten Ton an und einen dritten. Keiner blieb. Keiner ging in den andern über. Keiner tröstete sie. Es war, als klängen sie ungern, als hätten sie Lust zu verstummen, als verheimlichten sie etwas vor ihr.

Wenn das meine Mutter wüßt, das Herz im Leib tät ihr zerspringen! So stand es in dem alten Märchenbuch.

»Warte, ich sag's meiner Mutter!«

Ellen drohte der Stille, aber die Stille blieb still.

Ellen stampfte mit dem Fuß, Hitze stieg ihr in die Schläfen. Unten auf der Gasse bellte ein Hund, Kinder schrien. Tief unten. Sie legte die Hände an die Wangen. Es war nicht der Hund und es waren nicht die Kinder. Es war etwas anderes. Und es tobte. Ellen schlug mit beiden Fäusten auf die Tasten, auf die weißen und auf die schwarzen, wie auf eine Trommel schlug sie darauflos. Sie warf die Polster von der Couch, riß das Tischtuch vom Tisch und schleuderte den Papierkorb gegen den Spiegel wie David seinen Stein gegen Goliath. Wie David gegen Goliath kämpfte sie gegen das Grauen der Verlassenheit, gegen das neue furchtbare Bewußtsein, das seinen Kopf wie ein häßlicher Wassermann aus den Fluten der Träume hob.

Wie konnte man sie so lange allein lassen? Wie konnte ihre Mutter so lange wegbleiben? Es war kalt, man mußte Feuer machen, es war kalt, es war kalt!

Ellen rannte durch alle Zimmer. Sie riß die Schränke auf, tastete die Kleider ab, warf sich zu Boden und sah unter die Betten. Aber ihre Mutter war nirgends.

Sie mußte es widerlegen, genau das Gegenteil mußte sie beweisen, der Wirklichkeit wollte sie den aufgerissenen Rachen stopfen, ihre Mutter mußte sie finden! Nirgends, das gab es doch gar nicht! Nirgends?

Ellen lief im Kreis. Sie hatte alle Türen aufgerissen und rannte hinter ihrer Mutter her. Sie spielten Fangen, das war es! Und ihre Mutter lief sehr schnell, sie lief schneller als Ellen, sie lief so schnell, daß sie eigentlich schon wieder knapp hinter ihr sein mußte, wenn es doch im Kreis ging. Gleich hatte sie Ellen eingeholt, hob sie hoch und schwang sie um sich.

Ellen blieb plötzlich stehen, wandte sich ganz schnell um und breitete die Arme aus. »Es gilt nichts!« schrie sie verzweifelt. »Es gilt nichts, Mutter, es gilt nichts!« Auf dem Tisch lag das Visum: Vögel und Sterne und ihre Unterschrift.

»Nachtausgabe!« schrie der Zeitungsjunge über die Kreuzung. Er schrie aus vollem Hals, frierend und zu Tode begeistert. Er sprang auf die Trittbretter der Straßenbahn, fing die Geldstücke mit der linken Hand, keuchte und kam nicht nach. Es war ein Geschäft, oh, es war das wunderbarste Geschäft der Welt: »Nachtausgabe!«

Sie konnten nicht genug davon bekommen. Sie hätten alle noch viel mehr dafür bezahlt. Sie waren so gierig, als verkaufte er ihnen nicht den Kriegsbericht und das Kinoprogramm, sie waren so gierig, als verkaufte er ihnen das leibhaftige Leben.

»Nachtausgabe!« schrie der Zeitungsjunge.

»Nachtausgabe!« flüsterte es dicht hinter ihm. Schon wieder.

Sein Stand befand sich auf der steinernen Insel inmitten der großen Kreuzung. Neben dem Stand lehnte ein Blinder. Er hatte den Hut auf dem Kopf und ließ sich nichts schenken. Er stand nur einfach dort, und das konnte ihm niemand verbieten. Von Zeit zu Zeit sagte er: »Nachtausgabe.« Aber er hatte nichts zu verkaufen. Er sagte es leise und verlangte kein Geld dafür. Wie ein Wald warf er dem Zeitungsjungen alle seine Schreie zurück. Er schien das Ganze nicht für ein Geschäft zu halten.

Wie ein Raubvogel umkreiste der Junge den Stand. Mißtrauisch äugte er zu dem Blinden hinüber. Der stand dort, als wäre er gar nicht der einzige Blinde inmitten der großen Kreuzung.

Der Junge überlegte, wie er ihn loswerden sollte. Der Blinde verspottete ihn, der Blinde machte alle seine lauten Schreie zu leisen Hilferufen, der Blinde hatte kein Recht dazu.

»Nachtausgabe!«

»Nachtausgabe!«

Autos rasten vorbei und hatten blaue Gläser vor den Scheinwerfern. Manche von ihnen hielten an und ließen sich die Zeitung durch das Schiebefenster werfen. Gerade als der Junge sich besann, wieviel Zeit es ihm nehmen würde, den Blinden hinüberzuführen, kam Ellen gegen das Signal über die Kreuzung. Sie ging schwankend und sah geradeaus. Unter dem Arm trug sie den Zeichenblock, die Mütze hatte sie ins Gesicht gezogen.

Autos stoppten, kreischend bremsten die Straßenbahnen. Der Polizist in der Mitte der Kreuzung winkte aufgebracht mit dem Arm.

Inzwischen war Ellen auf der steinernen Insel gelandet. Wie Meerwasser floß das zornige Geschrei der Wagenführer an ihr ab. »He, Sie –«, sagte der Zeitungsjunge zu dem Blinden, »da ist jemand, der Sie gut hinüberbrächte!« Der Blinde richtete sich auf und griff ins Dunkel. Ellen fühlte seine Hand auf ihrer Schulter. Als der Polizist bei dem Zeitungsjungen auf der Insel anlangte, war sie mit dem Blinden im Gewühl verschwunden, untergetaucht in die verängstigte, verdunkelte Stadt.

»Wohin soll ich Sie führen?«

»Führ mich über die Kreuzung.«

»Wir sind schon darüber!«

»Kann das sein?« sagte der Blinde. »Ist es nicht die große Kreuzung?«

»Sie meinen vielleicht eine andere«, sagte Ellen vorsichtig.

»Eine andere?« wiederholte der Blinde. »Das glaube ich nicht. Aber vielleicht meinst du eine andere?«

»Nein«, rief Ellen zornig. Sie blieb stehen, ließ seine Hand fallen und sah ängstlich an ihm hinauf.

»Nur ein Stück noch!« sagte der Blinde.

»Aber ich muß zum Konsul«, sagte Ellen und nahm wieder seinen Arm, »und der Konsul wohnt in der anderen Richtung.«

»Welcher Konsul?«

»Der für das große Wasser. Der für den Wind und die Haifische!«

»Ach«, sagte der Blinde, »der! Da kannst du ruhig mit mir weitergehen!«

Sie waren in eine lange finstere Gasse eingebogen. Die Gasse führte hinauf. Rechts standen stille Häuser, fremde Botschaften, die ihre Botschaft verbargen. Sie gingen eine Mauer entlang. Hell und eintönig schlug der Stock des Blinden gegen das Pflaster. Blätter fielen wie Herolde des Verschwiegenen. Der Blinde ging schneller. Mit kurzen raschen Schritten lief Ellen neben ihm her.

»Was willst du vom Konsul?« fragte der Blinde.

»Ich will fragen, was mein Visum bedeutet.«

»Welches Visum?«

»Ich habe es selbst unterschrieben«, erklärte Ellen unsicher, »rundherum sind Blumen.«

»Ah!« sagte der Blinde anerkennend. »Dann ist es das Richtige.«

»Und jetzt will ich's mir bestätigen lassen«, sagte Ellen.

»Hast du es nicht selbst unterschrieben?«

»Ja.«

»Was soll der Konsul da bestätigen?«

»Das weiß ich nicht«, sagte Ellen, »aber ich will zu meiner Mutter.«

»Und wo ist deine Mutter?«

»Drüben. Über dem großen Wasser.«

»Willst du zu Fuß hinüber?« sagte der Blinde.

»Sie!« Ellen zitterte vor Zorn. »Sie machen sich ja lustig!« Ebenso wie dem Zeitungsjungen schien es ihr plötzlich, als wäre der Blinde gar nicht blind, als funkelten seine leeren Augen über die Mauer hinweg. Sie drehte sich um und rannte, den Zeichenblock unter dem Arm, die Gasse wieder hinunter.

»Laß mich nicht allein!« rief der Blinde. »Laß mich nicht allein!« Er stand mit seinem Stock inmitten der Gasse. Schwer und verlassen hob sich seine Gestalt vom kühlen Himmel ab.

»Ich verstehe Sie nicht«, rief Ellen außer Atem, als sie wieder bei ihm angelangt war. »Meine Mutter ist drüben und ich will zu ihr. Mich wird nichts hindern!«

»Es ist Krieg«, sagte der Blinde, »und es gehen nur mehr wenige Personendampfer.«

»Wenige Personendampfer«, stammelte Ellen verzweifelt

und packte seinen Arm fester, »aber für mich wird noch einer fahren!« Sie starrte beschwörend in die nasse, finstere Luft.

»Für mich fährt noch einer!«

Wo die Gasse zu Ende ging, war der Himmel. Zwei Türme tauchten wie Grenzposten aus den Botschaften.

»Danke vielmals«, sagte der Blinde höflich, schüttelte Ellen die Hand und setzte sich auf die Kirchenstufen. Er nahm den Hut zwischen die Knie, als ob nichts gewesen wäre, zog eine verrostete Mundharmonika aus der Rocktasche und begann zu spielen. Der Mesner erlaubte das schon jahrelang, denn der Blinde spielte so leise und so ungeschickt, daß es klang, als stöhnte nur der Wind in den Ästen.

»Wie komme ich denn jetzt zum Konsulat?« rief Ellen. »Wie komme ich von hier am schnellsten zum Konsul?«

Aber der Blinde kümmerte sich weiter nicht um sie. Er hatte den Kopf an den Pfeiler gelehnt, blies versunken in seine rostige Mundharmonika und gab keine Antwort mehr. Es begann jetzt auch zu regnen.

»Sie!« sagte Ellen und zerrte an seinem Mantel. Sie riß ihm das Blech aus den Händen und legte es wieder auf seine Knie zurück. Sie setzte sich neben ihn auf die kalten Stufen und sprach laut auf ihn ein.

»Was haben Sie gemeint, wie komme ich zum Konsul, was haben Sie denn gemeint? Wer bringt mich über das Wasser, wenn kein Dampfer mehr für mich fährt? Wer bringt mich dann hinüber?«

Sie schluchzte zornig und schlug mit der Faust nach dem Blinden, aber er rührte sich nicht. Breit und unsicher stand Ellen vor ihm und starrte ihm mitten ins Gesicht. Er war so gelassen wie die Stufen, die hinaufführten.

Zögernd betrat Ellen die menschenleere Kirche, überlegend bis zur letzten Sekunde, ob es nicht besser wäre, umzukehren. Sie fühlte sich gedemütigt und verabscheute ihre eigenen Schritte, die die Stille des Raumes zerbrachen. Sie riß die Mütze vom Kopf und setzte sie wieder auf, den Zeichenblock hielt sie fester als vorher. Verwirrt musterte sie die Heiligenbilder an den Seitenaltären. Bei welchem von allen konnte sie es wagen, sich über den Blinden zu beschweren?

Dunklen Blickes, das Kreuz in der erhobenen, hageren Hand, stehend auf einem glühenden Gipfel, zu welchem gelbe, erlösungheischende Gesichter empordrängten, wartete Franz Xaver. Ellen blieb stehen und hob den Kopf, aber sie bemerkte, daß der Heilige weit über sie hinwegsah. Vergebens suchte sie seine Blicke auf sich zu lenken. Der alte Maler hatte richtig gemalt. »Ich weiß nicht, weshalb ich gerade zu dir komme«, sagte sie, aber es fiel ihr schwer. Sie hatte diejenigen niemals verstanden, denen es Vergnügen machte, in die Kirche zu gehen, und die schwelgend davon sprachen wie von einem Genuß. Nein, es war kein Genuß. Eher war es ein Leiden, das Leiden nach sich zog. Es war, als streckte man jemandem einen Finger hin, der viel mehr als die ganze Hand wollte. Und beten? Ellen hätte es lieber gelassen. Vor einem Jahr hatte sie Kopfspringen gelernt, und es ging ähnlich. Man mußte auf ein hohes Sprungbrett steigen, um tief hinunter zu kommen. Und dann war es immer noch ein Entschluß, zu springen, es hinzunehmen, daß Franz Xaver nicht hersah, und sich zu vergessen.

Aber es mußte sich jetzt entscheiden. Ellen wußte noch immer nicht, weshalb sie sich mit ihrer Bitte gerade an diesen Heiligen wandte, von dem in dem alten Buch stand, daß er zwar viele fremde Länder bereist hätte, angesichts des ersehntesten aber gestorben war.

Angestrengt versuchte sie, ihm alles zu erklären. »Meine Mutter ist drüben, aber sie kann nicht für mich bürgen, niemand bürgt für mich. Könntest nicht du –« Ellen zögerte, »ich meine, könntest nicht du jemandem eingeben, daß er für mich bürgt? Ich würde dich auch nicht enttäuschen, wenn ich erst einmal in der Freiheit bin!«

Der Heilige schien verwundert. Ellen merkte, daß sie nicht genau gesagt hatte, was sie meinte. Mit Mühe schob sie beiseite, was sie von sich selbst trennte.

»Das heißt, ich würde dich keinesfalls enttäuschen – auch wenn ich hierbleiben, auch wenn ich in Tränen ertrinken müßte!«

Wieder schien der Heilige verwundert und sie mußte noch weiter gehen.

»Das heißt, ich würde nicht in Tränen ertrinken. Ich würde immer versuchen, dir keinen Vorwurf zu machen, auch dann, wenn ich nicht frei würde.«

Noch ein einziges stummes Verwundern Franz Xavers und die letzte Tür wich zurück.

»Das heißt, ich meinte – ich weiß nicht, was notwendig ist, damit ich frei werde.«

Ellen kamen die Tränen, aber sie spürte, daß Tränen dieser Unterhaltung nicht gerecht wurden.

»Ich bitte dich: Was auch immer geschieht, hilf mir, daran zu glauben, daß irgendwo alles blau wird. Hilf mir, über das Wasser zu gehen, auch wenn ich hierbleiben muß!«

Das Gespräch mit dem Heiligen war zu Ende. Alle Türen standen offen.

Der Kai

»Laßt mich mitspielen!«

»Schau, daß du wegkommst.«

»Laßt mich mitspielen!«

»Geh endlich!«

»Laßt mich mitspielen!«

»Wir spielen gar nicht.«

»Was denn?«

»Wir warten.«

»Aber worauf?«

»Wir warten, daß hier in der Gegend ein Kind ertrinkt.«

»Weshalb?«

»Wir werden es dann retten.«

»Und dann?«

»Dann haben wir es gutgemacht.«

»Habt ihr etwas schlecht gemacht?«

»Die Großeltern. Unsere Großeltern sind schuld.«

»Ach. Und wartet ihr schon lange?«

»Sieben Wochen.«

»Und ertrinken hier viele Kinder?«

»Nein.«

»Und ihr wollt wirklich warten, bis ein Wickelkind den Kanal herunterschwimmt?«

»Weshalb nicht? Wir trocknen es ab und bringen es dem Bürgermeister. Und der Bürgermeister sagt: Brav, sehr brav! Von morgen ab dürft ihr wieder auf allen Bänken sitzen. Eure Großeltern sind euch vergessen. Vielen Dank, Herr Bürgermeister!«

»Bitte sehr, gern geschehen. Schönen Gruß an die Großeltern!«

»Das hast du gut gesagt. Wenn du willst, darfst du von heute ab den Bürgermeister spielen.«

»Nochmals!«

»Hier ein Kind, Herr Bürgermeister!«

»Was ist mit diesem Kind?«

»Wir haben es gerettet.«

»Und wie ist das gekommen?«

»Wir saßen gerade am Ufer und warteten darauf –«

»Nein, das dürft ihr nicht sagen!«

»Also: Wir saßen gerade am Ufer, da fiel es hinein!«

»Und dann?«

»Dann ist alles sehr schnell gegangen, Herr Bürgermeister. Wir haben es auch gern getan. Dürfen wir jetzt wieder auf allen Bänken sitzen?«

»Ja. Und auch in den Stadtpark spielen gehen. Eure Großeltern sind euch vergessen!«

»Schönen Dank, Herr Bürgermeister!«

»Halt, was soll ich mit dem Kind?«

»Sie dürfen es behalten.«

»Aber ich will es nicht behalten«, schrie Ellen verzweifelt, »es ist ein unnützes Kind. Seine Mutter ist ausgewandert und sein Vater ist eingerückt. Und wenn es den Vater trifft, darf es von der Mutter nicht reden. Halt – und da stimmt ja auch etwas mit den Großeltern nicht: Zwei sind richtig und zwei sind falsch! Unentschieden, das ist das Ärgste, das wird mir zuviel!«

»Was redest du da?«

»Dieses Kind gehört nirgends hin, es ist unnütz, weshalb habt ihr es gerettet? Nehmt es euch, nehmt es euch nur wieder! Und wenn es mit euch spielen will, dann laßt es, in Gottes Namen, laßt es!«

»Bleib hier!«

»Komm, setz dich neben uns. Wie heißt du?«

»Ellen.«

»Wir wollen miteinander auf das Kind warten, Ellen.«

»Und wie heißt ihr?«

»Das hier ist Bibi. Vier falsche Großeltern und ein heller Lippenstift, auf den sie stolz ist. Sie will in die Tanzschule gehen. Und sie meint, der Bürgermeister erlaubt es, wenn das Baby gerettet ist.

Dort, der Dritte, ist Kurt, der es im Grunde lächerlich findet, auf das Kind zu warten. Aber er wartet doch. Er möchte wieder Fußball spielen, wenn es gerettet ist. Drei falsche Großeltern und er ist Tormann.

Leon ist der Älteste. Übt mit uns Rettungsschwimmen, will Regisseur werden und weiß alle Griffe, vier falsche Großeltern.

Weiter, da ist Hanna. Sie will später sieben Kinder haben und ein Haus an der schwedischen Küste, ihr Mann soll Pfarrer sein und sie näht immerfort an einer Decke. Aber vielleicht ist es auch ein Vorhang für das Kinderzimmer in ihrem neuen Haus, nicht wahr, Hanna? Zuviel Sonne ist schädlich. Und doch wartet sie wie wir und geht nicht einmal mittags nach Hause oder den Fluß hinauf, wo der Gasometer ein Stück Schatten wirft.

Ruth, das ist Ruth! Sie singt gern und meistens Lieder von den goldenen Gassen nach des Lebens Pein. Und obwohl ihre Eltern für September gekündigt sind, hofft sie bestimmt auf eine Wohnung im Himmel. Die Welt ist schön und groß – das geben wir alle zu – und doch! Da ist ein Haken, nicht wahr, Ruth? Da stimmt etwas nicht.

Herbert, komm her, Kleiner, er ist der Allerjüngste. Hat einen steifen Fuß und Angst. Angst, daß er nicht mitschwimmen kann, um das Kind zu retten. Aber er übt fleißig und ist bald soweit. Dreieinhalb falsche Großeltern, die er alle sehr lieb hat, und einen roten Wasserball, den er uns manchmal borgt, nicht wahr, Kleiner? Er ist ein ernstes Kind!«

»Und du?«

»Ich bin Georg.«

»Der die Drachen tötet?«

»Der sie steigen läßt. Warte, bis es Oktober wird! Ruth singt dann: Laß wie den Drachen deine Seele steigen, oder ähnlich. Was ich sonst noch habe? Vier falsche Großeltern und eine Schmetterlingssammlung. Alles andere mußt du selbst finden!«

»Rück näher. Siehst du, Herbert hat einen alten Operngucker, damit streift er von Zeit zu Zeit den Kanal ab. Herbert ist unser Leuchtturm. Und dort drüben fährt die Stadtbahn, siehst du sie? Und dort unten liegt ein altes Boot, einen von uns trägt es.«

»Gehst du ein Stück weiter gegen die Berge zu, so kommst du an das Ringelspiel mit den fliegenden Schaukeln.«

»Die fliegenden Schaukeln sind schön, da packt man sich und läßt sich wieder los –«

»Und dann fliegt man weit auseinander!«

»Man macht die Augen zu!«

»Und wenn man Glück hat, reißen die Ketten. Die Musik ist modern und der Schwung reicht bis Manhattan, sagt der Mann in der Schießbude. Wenn die Ketten reißen! Aber wer hat schon dieses Glück?«

»Jedes Jahr kommt einer von der Kommission und kontrolliert das Ringelspiel. Unnütz, sagt der Mann in der Schießbude. Hindert die Leute am Fliegen. Aber sie lassen sich gerne hindern, sagt der Mann in der Schießbude.«

»Und dann gibt es auch noch Schaukeln, da stehen sie kopf!«

»Da bemerken sie endlich, daß sie kopfstehen, sagt der Mann in der Schießbude.«

Sie sprachen wild durcheinander.

»Seid ihr schon oft gefahren?« fragte Ellen beklommen.

»Wir?«

»Wir, dachtest du?«

»Wir sind noch nie gefahren.«

»Noch nie?«

»Es ist verboten, die Ketten könnten reißen!«

»Unsere Großeltern wiegen zu schwer.«

»Aber manchmal kommt der Mann aus der Schießbude und setzt sich neben uns. Er sagt: Besser zu schwer als zu leicht! Er sagt: Sie haben Angst vor uns.«

»Und deshalb dürfen wir auch nicht Ringelspiel fahren.«

»Erst wenn das Kind gerettet ist!«

»Und wenn kein Kind ins Wasser fällt?«

»Keines?«

Entsetzen bemächtigte sich der Kinder.

»Was denkst du? Der Sommer dauert noch lang!«

»Weshalb fragst du so? Du gehörst nicht zu uns!«

»Mit zwei falschen Großeltern! Das ist zu wenig.«

»Du verstehst das nicht. Du hast es nicht nötig, das Kind zu retten. Du darfst ohnehin auf allen Bänken sitzen! Du darfst ohnehin Ringelspiel fahren! Weshalb weinst du?«

»Ich –«, schluchzte Ellen, »ich dachte nur plötzlich – ich dachte daran, daß es Winter wird. Und ihr sitzt noch immer hier, eines neben dem andern, und ihr wartet auf das Kind! Lange Eiszapfen hängen von euren Ohren, von euren Nasen und von euren Augen, und der Operngucker ist eingefroren. Und ihr schaut und schaut, aber das Kind, das ihr retten wollt, ertrinkt nicht. Der Mann aus der Schießbude ist längst nach Hause gegangen, die fliegenden Ketten sind mit Brettern verschlagen und die Drachen sind schon gestiegen. Ruth möchte singen, Ruth möchte sagen: Und doch! Aber sie bringt den Mund nicht mehr auf.

Drüben die Leute in der warmen, hellen Stadtbahn pressen die Wangen gegen die kalten Fenster: Schaut, schaut dort hinüber! Hinter dem Kanal, wo die Gassen so still werden, rechts vom Gasometer über den Eisschollen, ist dort nicht ein kleines Denkmal im Schnee? Ein Denkmal? Für wen soll das sein?

Und dann werde ich sagen: Ein Denkmal für die Kinder mit den falschen Großeltern. Und dann werde ich sagen: Mich friert.«

»Sei jetzt still, Ellen.«

»Hab keine Angst um uns, das Kind wird schon gerettet werden!«

Den Kanal entlang ging ein Mann. Das fließende Wasser verzerrte sein Spiegelbild, faltete es, zog es wieder auseinander und ließ es nur für Sekunden sich selbst.

»Das Leben«, sagte der Mann, sah hinunter und lachte, »das Leben ist eine heilsame Grausamkeit.« Dann spuckte er weit über den schmutzigen Spiegel.

Zwei alte Frauen standen am Ufer und sprachen erregt aufeinander ein.

Sie sprachen so schnell, als sagten sie ein Gedicht auf.

»Erkennt euch im fließenden Wasser«, sagte der Mann im Vorbeigehen, »ich glaube, ihr seht sehr merkwürdig aus.« Er ging ruhig und schnell.

Als er die Kinder sah, begann er zu winken und ging noch schneller.

»Ich bin durch die Welt gegangen –«, Ruth und Hanna sangen zweistimmig. »Und die Welt war schön und groß.« Der Rest der Kinder schwieg. »Und doch –«, sangen Ruth und Hanna. Das Boot schaukelte.

»Und doch!« rief der Mann und schüttelte den Kindern der Reihe nach die Hände. »Und doch – und doch – und doch?«

»Das ist Ellen«, erklärte Georg schnell. »Zwei falsche Großeltern und zwei richtige. Ein unentschiedenes Spiel.«

»Das sind wir alle«, lachte der Mann und klopfte Ellen mit seiner großen Hand auf die Schulter, »sei froh, wenn es deutlich wird!«

»Das schon«, sagte Ellen zögernd.

»Sei froh, wenn es deutlich wird«, wiederholte der Mann. »Wenn rechts einer lacht und links einer weint, zu wem wirst du gehen?«

»Der weint«, sagte Ellen.

»Sie will mit uns spielen!« rief Herbert.

»Ihre Mutter ist ausgewandert und ihr Vater ist eingerückt.«

»Und wo wohnst du?« fragte der Mann streng.

»Bei meiner falschen Großmutter«, antwortete Ellen ängstlich, »aber sie ist schon richtig.«

»Warte, wenn du erst entdecken wirst, wie falsch das Richtige ist«, murrte der Mann.

»Ellen hat Angst«, sagte Georg leise, »sie fürchtet, das Kind, das wir retten wollen, wird nie ins Wasser fallen.«

»Wie kannst du das glauben?« schrie der Mann zornig und rüttelte Ellen. »Wie kannst du so etwas glauben? Das Kind muß ins Wasser fallen, wenn es gerettet werden will, verstehst du?«

»Ja«, erwiderte Ellen erschrocken und versuchte sich loszuwinden.

»Nichts verstehst du!« sagte der Mann und wurde noch zorniger. »Keiner versteht, was mit ihm geschieht. Alle wollen sich retten, ohne ins Wasser zu fallen. Aber wie kann denn einer gerettet werden, der nicht ins Wasser fällt?«

Noch immer schaukelte das alte Boot. »Es trägt nur einen von uns!« Bibi versuchte den Mann abzulenken.

»Immer nur einen«, sagte er ruhiger, »immer nur einen. Und recht hat es.«

»Ein schwaches Boot«, murmelte Kurt verächtlich.

»Klüger als ein Ozeandampfer«, erwiderte der Mann. Er setzte sich knapp neben die Kinder. Unerschütterlich schlug das Wasser gegen die Kaimauer.

»Wie ist das mit Ihnen?« sagte Ellen schüchtern. »Ich meine, mit Ihren Großeltern?«

»Vier richtige und vier falsche«, erwiderte der Mann und streckte die Beine lang über das graue Gras.

»Nein«, rief Ellen und lachte, »acht Großeltern!«

»Vier richtige und vier falsche«, wiederholte der Mann ungebrochen und drehte sich mit drei Fingern eine Zigarette, »so wie jeder von uns.«

Vögel kreuzten tief über dem Fluß. Unermüdlich suchte Herbert mit dem Operngucker das Wasser ab. »Außerdem bin ich fast wie der liebe Gott«, erklärte der Mann zu Ellens Verblüffung, »ich wollte die Welt besitzen und besitze eine Schießbude.«

»Das tut mir aber leid!« sagte Ellen höflich. Dann war wieder Schweigen. Aufmerksam starrten die Kinder über den Kanal. Späte Sonne lächelte tückisch über ihre Schultern, aber sie bemerkten es nicht.

Wir warten auf das fremde Kind, wir retten es vor dem Ertrinken und wir tragen es aufs Rathaus. Brav von euch! wird der Bürgermeister sagen. Vergeßt eure Großeltern. Von morgen ab dürft ihr wieder auf allen Bänken sitzen, von morgen ab dürft ihr wieder Ringelspiel fahren – morgen – morgen – morgen – »Springende Fische!« lachte Herbert und ließ das Glas vor seinen Augen tanzen.

»Der Leuchtturm sieht sie, aber sie sehen den Leuchtturm nicht«, sagte Ruth nachdenklich. »Man könnte meinen, es ist verkehrt. Und doch kommt es in einem von diesen Liedern vor.«

»Und doch«, rief der Mann aus der Schießbude und sprang plötzlich auf, »und doch werdet ihr heute noch Ringelspiel fahren!«

»Das glauben Sie selbst nicht«, sagte Hanna ungläubig. Bibi zog langsam ihre Kniestrümpfe hoch.

»Wissen Sie denn, was Sie aufs Spiel setzen?«

»Dort!« schrie Herbert außer sich, »das fremde Kind! Es ertrinkt!«

Leon nahm ihm das Glas aus der Hand. »Es ist ein Mann«, sagte er bitter, »und er schwimmt.«

»Kommt«, drängte der Budenbesitzer, »ich spotte nicht. Mein Teilhaber ist verreist, es ist die einzige Gelegenheit für euch. Um diese Zeit will niemand fliegen. Ihr bleibt allein.«

»Wir bleiben allein«, wiederholte Georg benommen.

»Fein!« schrie Bibi, und es klang, als hätte ein Vogel geschrien.

»Und Ellen?«

»Ellen muß heute nicht fahren«, sagte der Mann, »sie darf es ja sonst.«

»Ich warte hier auf euch«, erklärte Ellen unbekümmert. Dieser Art von Gerechtigkeit fügte sie sich widerspruchslos. Sie sah ihnen nach.

Der Mann aus der Schießbude lief voraus und sie rannten hinter ihm her gegen die Berge zu. Das Wasser strömte ihnen entgegen; so schien es, als liefen sie noch schneller. Sie hielten sich fest an den Händen. Hunde bellten und blieben zurück, Pärchen auf den grauen Wiesen rollten auseinander. Flache Steine klatschten auf das Wasser.

Still stand das Ringelspiel in der späten Sonne. Der Mann sperrte auf. Da stand es zwischen den Gasometern, versonnen und so versunken wie ein Clown, bevor er geschminkt wird. Lang und ernst hingen die Ketten von dem bunten Dach. Die kleinen Sitze waren lackiert. Auch der Himmel und die Sonne waren plötzlich lackiert.

Die Kinder lachten grundlos.

»Wollt ihr Musik?« fragte der Mann.

»Wirkliche?« rief Herbert erregt.

»Du verlangst zuviel«, erwiderte der Mann.

Schwarz drohten die Gasometer.

»Musik ist gefährlich!« sagte Georg. »Man hört es weit über das Wasser. Irgendwo ist die geheime Polizei.«

»Das Wasser fließt vorbei«, sagte der Mann finster.

»Wenn die wüßten, daß wir Ringelspiel fahren!« Ruth schauerte zusammen. Schweigend kontrollierte der Budenbesitzer die Sitze. Feindselig glänzte der Sand.

»Musik!«

»Und wenn man Sie anzeigt?«

»Wissen Sie, was das heißt?«

»Nein«, sagte der Mann ruhig und band die Kinder fest.

Wie zur Probe stellte er das Ringelspiel an. Die Sitze schwankten.

»Los!« schrie Bibi noch einmal. »Musik!«

Das Dach begann sich zu drehen. Ängstlich hing Herberts steifer Fuß in die leere Luft.

»Komm zurück!« grölte der Trichter des Lautsprechers über die Kaimauer.

»Ich will aussteigen!« schrie Herbert. Niemand hörte ihn.

Die Kinder flogen. Sie flogen gegen das Gesetz ihrer schweren Schuhe und gegen das Gesetz der geheimen Polizei. Sie flogen nach dem Gesetz der Kraft aus der Mitte.

Alles Graugrün blieb weit unter ihnen. Die Farben verschmolzen. Rein und grell flirrte das Licht zum Lob des Unbekannten. Das Bild ergab sich dem Sinn.

Tief unten stand mit verschränkten Armen der Budenbesitzer. Er schloß die Augen. In dieser Sekunde hatte er seine Schießbude gegen die ganze Welt vertauscht. Die Kinder schrien. Sie packten sich immer wieder, so wie sich Menschen packen, um noch weiter auseinander zu fliegen. Alles war so, wie sie gedacht hatten. »Komm zurück!« grölte der Lautsprecher.

Die Kinder hörten es nicht. Der Glanz des fernsten Sterns hatte sie erreicht.

Eine Frau schob ihren Kinderwagen über die Brücke. Das Kind in dem Wagen schlief und lag und lächelte. Das Kind neben dem Wagen lief und weinte laut.

»Hast du Hunger?« fragte die Frau.

»Nein«, weinte das Kind.

»Hast du Durst?« fragte die Frau.

»Nein«, weinte das Kind.

»Tut dir etwas weh?« fragte die Frau.

Das Kind weinte noch viel lauter und gab keine Antwort mehr.

»Hilf mir tragen!« sagte die Frau ärgerlich.

Schräg führten die Stufen zum Wasser.

»Halt fester«, keuchte sie, »du hältst alles zu locker.«

Wind kam auf und versuchte, ihr strähniges Haar zu wellen. Das Kind in dem Wagen begann zu weinen. Das Kind neben dem Wagen lachte. Sie gingen den Fluß entlang.

»Weshalb lachst du?« fragte die Frau.

Das Kind lachte noch lauter.

»Wir müssen einen Platz finden«, sagte sie, »einen guten Platz!«

»Wo Wind ist«, lachte das Kind, »wo viele Ameisen sind!«

»Wo kein Wind ist«, erwiderte die Frau, »und wo keine Ameisen sind.«

»Wo noch niemand gelegen ist«, lachte das Kind, »wo das Gras noch hoch ist!«

»Wo das Gras zertreten ist«, sagte die Frau, »wo schon viele gelegen sind. Da liegt man besser.«

Das Kind verstummte. Von weitem hörte man den Lautsprecher.

»Hier«, rief die Frau, »hier ist ein guter Platz! Hier muß gerade vorher noch jemand gewesen sein.«

»Wer ist hier gewesen?« fragte das Kind.

Die Frau nahm eine Decke aus dem Wagen und breitete sie auf das Gras. »Kleine Fußstapfen«, sagte sie, »Kinder wie du.«

»Wirklich wie ich?« lächelte das Kind.

»Gib jetzt Ruh!« sagte die Frau ungeduldig.

Das Kind lief zum Wasser hinunter. Es bückte sich, hob einen Stein und wog ihn in der Hand.

»Schwimmt ein Stein, Mutter?«

»Nein.«

»Und ich will ihn doch schwimmen lassen!«

»Tu, was du willst. Ich bin müde.«

»Was ich will«, wiederholte das Kind. Die Sonne war verschwunden.

»Mutter, ein Boot, ein altes Boot! Und dort drüben die Stadtbahn. Wie schnell sie fährt, wie hell die Fenster leuchten! Womit soll ich fahren, Mutter, was trägt mich weiter? Das Boot oder die Stadtbahn? Schläfst du, Mutter?«

Die Frau hatte den Kopf erschöpft über die Arme gelegt und atmete gleichmäßig. Daneben lag mit offenen Augen der Säugling und ließ den Himmel spielen. Das Kind rannte die Böschung wieder hinauf und beugte sich über den Kleinen. Steif und schwarz stand der Kinderwagen gegen den Dunst.

»Willst du wirklich damit weiterfahren?« fragte das Kind. »Ist es nicht viel zu langsam?«

Der Kleine lächelte stumm.

»Später steigst du dann auf die Stadtbahn um. Aber die macht viel zu viele Haltestellen!«

Der Kleine verzog ängstlich den Mund.

»Nein, nein, das willst du auch nicht! Du! Da unten steht ein Boot. Das bleibt nicht stehen, wenn du einmal drin liegst! Das fährt, solange du willst. Da mußt du nie mehr umsteigen, niemand wickelt dich um. Willst du? Komm!«

Die Frau atmete tief, langsam drehte sie sich auf die andere Seite. Leise schaukelte das Boot. Nur ein schwacher Strick hielt es am Ufer.

Das Kind packte den Säugling und rannte damit die Böschung hinunter.

»Ist es nicht wie eine Wiege?«

Der Säugling schrie. Wie ein gefesselter Steuermann lag er am Bootsende.

»Warte, ich komm schon!«

Das Kind machte das Boot los. Mit beiden Füßen stand es im Wasser.

»Warum schreist du? Warte, warte! Warum wartest du nicht?« Der Säugling schrie noch lauter. Große, schmutzige Tropfen sprangen über sein kleines Gesicht. Das Boot trieb gegen die Mitte. Es drehte sich, schwankte und schien unentschieden. Klüger als ein Ozeandampfer. Klüger als –

Blinzelnd und verschlafen hob Ellen den Kopf über die Kaimauer. In diesem Augenblick wurde das Boot von der Strömung gefaßt. Es kippte.

»Komm zurück!« Ein Stück weiter unten brach der Lautsprecher mit einem Mißton ab.

»Habt ihr genug?« lachte der Budenbesitzer.

»Genug«, erwiderten die Kinder fröhlich und benommen. Er schnallte sie los.

»Mir ist gar nicht schlecht«, sagte Herbert, »wirklich nicht.«

»Vielen Dank!«

Sie schüttelten ihm die Hand. Der Mann strahlte.

»Morgen wieder?«

»Nie wieder«, antwortete Georg ernst. »Zwei Kilometer tiefer liegt die geheime Polizei.«

»Gebt acht!« sagte der Mann. »Und wenn – ich meine: Es gibt gute Freunde. Jedenfalls: Ihr seid nie Ringelspiel gefahren!«

»Wir sind nie Ringelspiel gefahren«, sagte Leon.

Am Ausgang lehnte ein größerer Bursche.

»Wieso bezahlt ihr nichts?«

»Haben wir schon!« riefen die Kinder und rannten davon. Schnell, schneller! Nur noch wenige Schritte trennten sie von ihrem Platz.

»Da!«

Ihre Arme fielen herab. Alles Blut wich aus ihren Gesichtern. Erstarrt standen sie am Rand der Böschung, schwarz und steif hoben sich ihre Silhouetten gegen den Sommerabend.

Was sie sahen, überstieg ihre hohen Begriffe von der Ungerechtigkeit der Welt und es überstieg ihre Fähigkeit zu leiden: Von Tropfen umspült, das Wickelkind auf dem Arm, stieg Ellen aus dem Kanal.

Das Kind, auf das sie sieben Wochen gewartet hatten, das Kind, das sie retten wollten, um sich zu rechtfertigen, um endlich wieder auf allen Bänken sitzen zu dürfen, ihr Wickelkind!

Das zweite Kind an der Hand, stand die Mutter am Ufer und schrie vor Angst und Freude. Von allen Seiten strömten die Menschen zusammen. Es war, als tauchten sie alle geisterhaft aus dem Fluß, um bei dieser einen Gelegenheit ihr mitfühlendes Herz zu beweisen. Verwirrt stand Ellen in ihrer Mitte. In diesem Augenblick erkannte sie ihre Freunde am Rand der Böschung.

Die Frau wollte Ellen umarmen, aber Ellen stieß sie zurück.

»Ich kann nichts dafür«, schrie sie verzweifelt, »ich kann nichts dafür! Ich wollte euch rufen, aber ihr wart zu weit weg, ich wollte –« Sie stieß die Menschen beiseite.

»Spar deine Worte!« sagte Kurt eisig.

»Wo ist mein Operngucker?« rief Herbert. Hanna und Ruth versuchten vergebens, die Tränen zurückzuhalten.

»Wir zahlen anders«, flüsterte Leon.

Blaß und verzweifelt stand Ellen vor ihnen.

»Komm«, sagte Georg ruhig und warf ihr seine Jacke um, »weiter oben sind Bänke. Und wir setzen uns jetzt alle auf eine Bank. So oder so.«

Stiefelschritte zertraten den Kies, sinnlos und so selbstsicher, wie es nur die Schritte der Verirrten sind. Entsetzt sprangen die Kinder auf. Die Bank kippte um.

»Ihre Ausweise!!« verlangte eine Stimme. »Sind Sie berechtigt, hier zu sitzen?«

Diese Stimme. Ellen wandte ihr Gesicht ins Dunkel.

»Ja«, sagte Georg, von Furcht versteint.

Hanna kramte in ihren Manteltaschen und suchte nach einem Ausweis. Aber sie fand keinen. Leon, der sich außerhalb des Lichtkreises befand, versuchte in die Büsche zu schlüpfen, Herbert wollte nach. Sein steifer Fuß verursachte ein schleifendes Rascheln. Man holte beide zurück.

In stumpfer Ruhe standen die Soldaten. Der dazwischen schien Offizier zu sein. Silbern glänzten seine Schulterstücke. Bibi begann zu weinen und verstummte wieder.

»Alles verloren«, flüsterte Kurt.

Sekundenlang rührte sich keiner der Beteiligten.

Der Offizier in der Mitte begann ungeduldig zu werden; er fingerte aufgebracht an seinem Revolver.

»Ich habe gefragt, ob Sie berechtigt sind, hier zu sitzen!«

Herbert schluckte zweimal laut.

»Sind Sie Arier?«

Noch immer stand Ellen erstarrt im Schatten, versuchte den Fuß vorzusetzen und zuckte wieder zurück. Als der Offizier aber scharf und noch deutlicher seine Frage wiederholte, trat sie schnell in den Lichtkreis, warf das kurze Haar mit einer ihr eigentümlichen Bewegung aus dem Gesicht und sagte:

»Du mußt es wissen, Vater!«

Helme scheinen ausdrücklich dazu geschaffen, um den Gesichtsausdruck zu verbergen. Es hat sich immer noch an allen Fronten bewährt.

In dem kleinen, staubigen Park entstand eine Atemlosigkeit, eine ungeheure, laute Stille. Die beiden Soldaten links und rechts verstanden nicht ganz, hatten aber doch ein Gefühl der Übelkeit und des Schwindels, als wären sie widerlegt worden. Die Kinder verstanden alle und blieben triumphierend im Dunkeln.

Das hier war der Mann, der Ellen gebeten hatte, ihn zu vergessen. Aber kann das Wort den Mund vergessen, der es gesprochen hat? Er hatte sich geweigert, einen Gedanken zu Ende zu denken. Nun wurde er davon überschattet und überflügelt.

Keines der Kinder dachte mehr daran, zu fliehen. Mit einem Schlag waren sie in der Offensive, unbekannte Macht entströmte ihrer Machtlosigkeit. Der babylonische Turm wankte in dem leisen Zittern ihrer Atemzüge. Feuchter regenschwerer Wind kam von Westen über das Wasser, der befreiende Atem der Welt.

Ellen versuchte zu lächeln. »Vater!« Und sie streckte die Arme nach ihm aus. Der Mann trat einen kleinen Schritt zurück. Er stand nun ein Stück hinter seinen Begleitern, so daß seine Bewegungen für sie unsichtbar blieben. Seine Augen waren gequält und beschwörend auf das Kind gerichtet. Er faßte mit der rechten Hand das Koppel, denn diese Hand zitterte. Schweigend, mit allen Mitteln, versuchte er, Ellen zu beeinflussen.

Aber sie war nicht mehr zu halten. Ihr Vertrauen umbrauste sie und ließ sie landen, in der Ödnis eines entlarvten Landes, mitten in der Qual und Bitterkeit ihrer Enttäuschung. Mit einem Sprung war sie an seinem Hals, und sie küßte ihn. Aber da hatte er sich schon besonnen, löste gewaltsam ihre Hände von seinen Schultern und stieß sie ein wenig von sich.

»Wie kommst du hierher?« fragte er mit einiger Strenge. »Und in welcher Gesellschaft?«

»Oh«, sagte Ellen, »eine verhältnismäßig ganz gute.«

Sie wandte sich um und machte eine lässige Handbewegung.

»Ihr könnt jetzt nach Hause gehen!«

In den Büschen begann es zu rascheln, leise und immer lauter, Blätter rauschten auseinander, Kleider blieben an Dornen hängen und wurden knisternd losgerissen. Sekundenlang hörte man nur noch das Flüstern Leons und das Schleifen von Herberts Fuß, leises, schnelles Tappen und still war es.

Die beiden Soldaten hatten sich verblüfft zurückgewandt, erhielten aber keinen Befehl, da Ellen ihren Vater wütend und zielbewußt umklammert hielt. Sie verbiß sich in ihn und ließ ihn nicht zu Wort kommen. Sie hing an seinen Schulterklappen wie ein kleines, lästiges Tier.

Sie dachte: ›Herbert hat einen steifen Fuß, Herbert braucht länger.‹ Sonst dachte sie nichts mehr. Sie weinte und ihre Tränen befleckten die Uniform. Ihr Körper war geschüttelt von Schluchzen, dazwischen aber lachte sie, und bevor es ihrem Vater gelang, sich zu befreien, biß sie ihn in die Wange.

Er nahm sein Taschentuch, fuhr sich über den Mund und trocknete die Flecken an seinem Rock.

»Du bist krank«, sagte er, »du solltest jetzt gehen.«

Ellen nickte.

»Wirst du allein nach Hause finden?«

»Ja«, sagte sie ruhig, »ich glaube schon«, meinte aber nicht das schmutzige Quartier, das sie mit ihrer Großmutter und Tante Sonja bewohnte, sondern viel eher die Ferne, die sie umhüllte. »Ich bin im Dienst«, erklärte er, während er sich langsam beruhigte. Höheren Orts konnte man das Ganze als Fieberphantasie darstellen.

»Ich will dich nicht länger aufhalten«, sagte Ellen höflich.

Er suchte nach einer abschließenden Geste und legte zögernd die Hand an den Helmrand. Ellen wollte noch etwas sagen, wollte noch einmal sein Gesicht sehen, rührte sich aber nicht. Der Lichtkegel verließ sie. Sie blieb im Dunkel.

Sie wandte sich nach der Bank zurück. »Georg!« flüsterte sie.

Aber Georg war nicht hier. Niemand war hier. Alle waren geflohen.

In diesem Augenblick schob der Wind die Wolken beiseite. Ellen lief die Stufen hinunter und stand nun am Wasser. Der Mond warf ihren Schatten wie eine Brücke dem andern Ufer entgegen.

Das heilige Land

Wer den Nachweis nicht bringen kann, ist verloren, wer den Nachweis nicht bringen kann, ist ausgeliefert. Wohin sollen wir gehen? Wer gibt uns den großen Nachweis? Wer hilft uns zu uns selbst?

Unsere Großeltern haben versagt: Unsere Großeltern bürgen nicht für uns. Unsere Großeltern sind uns zur Schuld geworden. Schuld ist, daß wir da sind, Schuld ist, daß wir wachsen von Nacht zu Nacht. Vergebt uns diese Schuld. Vergebt uns die roten Wangen und die weißen Stirnen, vergebt uns uns selbst. Sind wir nicht Gaben aus einer Hand, Feuer aus einem Funken und Schuld aus einem Frevel? Schuld sind die Alten an uns, die Älteren an den Alten und die Ältesten an den Älteren. Ist es nicht wie der Weg an den Horizont? Wo geht sie zu Ende, die Straße dieser Schuld, wo hört sie auf? Wißt ihr es?

Wo erwachen die Gewesenen? Wo heben sie die Köpfe aus den Gräbern und zeugen für uns? Wo schütteln sie die Erde von den Leibern und schwören, daß wir wir sind? Wo endet das Hohngelächter?

Hundert Jahre zurück, zweihundert Jahre zurück, dreihundert Jahre zurück? Nennt ihr das den großen Nachweis? Zählt weiter! Tausend Jahre, zweitausend Jahre, dreitausend Jahre. Bis dorthin, wo Kain für Abel und Abel für Kain bürgt, bis dorthin, wo euch schwindlig wird, bis dorthin, wo ihr zu morden beginnt, weil auch ihr nicht mehr weiter wißt. Weil auch ihr nicht verbürgt seid. Weil auch ihr nur Zeugen seid des strömenden Blutes. Wo treffen wir uns wieder, wo wird das Gezeugte bezeugt? Wo wird der große Nachweis für uns alle an den Himmel geschrieben? Das ist dort, wo die geschmolzenen Glocken Anfang und Ende zugleich läuten, das ist dort, wo die Sekunden enthüllt sind, das kann doch nur dort sein, wo endlich alles blau wird. Wo der letzte Abschied zu Ende ist und das Wiedersehen beginnt. Wo der letzte Friedhof zu Ende geht und die Felder beginnen. Wenn ihr uns verboten habt, im Stadtpark zu spielen, so spielen wir auf dem Friedhof. Wenn ihr uns verboten habt, auf den Bänken zu rasten, so rasten wir auf den Gräbern. Und wenn ihr uns verboten habt, das Kommende zu erwarten: Wir erwarten es doch.

Eins, zwei, drei, abgepaßt, wir spielen Verstecken. Wer sich gefunden hat, ist freigesprochen. Dort, der weiße Stein! Da wird der Raum zur Zuflucht. Da sind die freien Vögel nicht mehr vogelfrei. Eins, zwei, drei, abgepaßt, die Toten spielen mit. Hört ihr's? Habt ihr's gehört? Weist uns nach, steht auf, hebt die Hände und schwört, daß ihr lebt und für uns bürgt! Schwört, daß wir lebendig sind wie alle andern. Schwört, daß wir Hunger haben!

»Nein, Leon, das gibt es nicht. Du schwindelst, du schaust durch die Finger! Und du siehst, wohin wir laufen!«

»Ich sehe, wohin ihr lauft«, wiederholte Leon leise, »ich sehe durch die Finger. Und ich sehe euch zwischen den Gräbern verschwinden, jawohl, das sehe ich. Und dann sehe ich nichts mehr. Lauft jetzt nicht weg!« rief er beschwörend. »Bleiben wir beisammen! Es wird bald finster sein.«

»Spielt weiter! In einer Stunde wird der Friedhof gesperrt. Nutzen wir die Zeit!«

»Gebt acht, daß ihr euch wiederfindet«, schrie Leon außer sich, »gebt acht, daß ihr nicht irrtümlich begraben werdet, ihr!«

»Wenn du so laut bist, wirft uns der Wächter hinaus und wir haben den letzten Spielplatz verloren!«

»Gebt acht, daß man euch nicht mit den Toten verwechselt!«

»Du bist verrückt, Leon!«

»Wenn ihr euch jetzt versteckt, so könnte es sein, daß ich
euch nicht mehr finde. Ich gehe zwischen den Gräbern und
rufe eure Namen, ich schreie und stampfe mit dem Fuß, aber
ihr meldet euch nicht. Plötzlich ist es kein Spiel mehr. Die
Blätter rascheln, aber ich verstehe nicht, was sie mir sagen
wollen, die wilden Sträucher beugen sich über mich und
streifen mein Haar, aber sie können mich nicht trösten. Von der
Aufbahrungshalle kommt der Wächter gelaufen und packt mich
am Kragen. Wen suchst du? Ich suche die andern! Welche
andern? Die mit mir gespielt haben. Und was habt ihr gespielt?
Verstecken. Das kommt davon! Der Wächter starrt mir ins
Gesicht. Plötzlich beginnt er zu lachen. Warum lachen Sie? Wo
sind meine Freunde? Wo sind die andern? Die andern gibt es
nicht. Sie haben sich in den Gräbern versteckt und sind
begraben worden. Sie haben den großen Nachweis nicht
gebracht, aber das ist lange her.

Warum habt ihr Verstecken gespielt? Warum spielt ihr
Verstecken, solange ihr lebt? Warum sucht ihr euch erst auf den
Friedhöfen? Geh! Lauf weg von hier, das Tor wird gesperrt!
Die andern gibt es nicht. Der Wächter droht mir. Er hat ein
böses Gesicht. Geh! Ich gehe nicht. So gehörst du zu ihnen? So
bist auch du nicht nachgewiesen? So gibt es auch dich nicht.
Der Wächter ist plötzlich verschwunden. Der weiße Weg wird
schwarz. Links und rechts sind Gräber, Gräber ohne Namen.
Gräber von Kindern. Es gibt uns nicht mehr. Wir sind
gestorben und niemand hat uns nachgewiesen!«

»Leon hat recht!«

»Spielen wir Verstecken oder spielen wir jetzt nicht?«

»Laß uns nachdenken, Georg!«

»Nein, ich lasse euch nicht nachdenken, ich will spielen, ich

weiß den besten Platz! Soll ich ihn euch verraten? Dort drüben
– wo die ältesten Gräber sind! Wo die Steine schon schief
stehen und die Hügel einsinken, als wären sie nie gewesen! Wo
niemand mehr weint, wo alle warten. Wo der Wind leiser wird,
wie einer, der horcht. Und wo der Himmel darüber wie ein
Gesicht ist – dort findet mich keiner von euch!«

»Hundert Jahre später deine weißen Knochen!«

»Leon hat euch angesteckt.«

»Willst du gefunden werden?«

»Weshalb fragt ihr?«

»Weshalb versteckst du dich dann?«

»Bleib hier!«

»Bleiben wir beisammen!«

»Wer weiß, ob wir überhaupt hier sind«, sagte Leon.

»Wir haben keine Toten, die uns beweisen. Unsere
Großeltern sind verächtlich, unsere Urgroßeltern bürgen nicht
für uns.«

»Sie weigern sich.«

»Sie sind von weither gekommen und sind weit
weggegangen.«

»Sie sind gehetzt wie wir.«

»Sie sind unruhig.«

»Sie lassen sich nicht finden, wo man sie sucht.«

»Sie liegen nicht still unter den Steinen!«

»Man beschimpft sie!«

»Man haßt sie!«

»Man verfolgt sie!«

»Es sieht aus, als ob unsere Toten nicht tot wären«, sagte
Leon. Die Kinder packten sich an den Händen. Im Kreis
sprangen sie um das fremde Grab.

»Jetzt haben wir's, jetzt haben wir's, die Toten sind nicht tot!« Wie Funkenflug sprühten ihre Schreie in den grauen Himmel. In diesen Himmel, der wie ein Gesicht über ihnen war, wie das Erbarmen eines Fremden, wie Licht, das sich fallend verbirgt. In diesen Himmel, der schwer und immer schwerer über sie sank wie Flügel, die zu groß sind.

»Unsere Toten sind nicht tot.«

»Sie haben sich nur versteckt.«

»Sie spielen mit uns Verstecken!«

»Wir wollen sie suchen gehen«, sagte Leon.

Die andern ließen die Arme fallen und standen plötzlich still.

»Wohin sollen wir gehen?«

Sie drängten eng aneinander, eines legte den Arm um die Schultern des andern. Mit gesenkten Köpfen saßen sie auf dem stillen Grab. Reglos hoben sich ihre schwachen, dunklen Gestalten gegen den weißen Stein. In der Ferne schwebte die Kuppel der Aufbahrungshalle wie ein trauriger Traum in der Dämmerung. Über den Kiesweg tanzten die letzten goldenen Blätter vor den Füßen des Unbekannten.

»Laß mich ein Blatt zu deinen Füßen sein«, sagte Ruth ängstlich, »es ist auch aus einem von diesen Liedern.«

Wohin treiben die Blätter? Wohin rollen die Kastanien? Wohin fliegen die Zugvögel?

»Wohin sollen wir gehen?«

Unabsehbar zogen sich nach Westen die Gräber. Entfernt von allen Absichten zogen sie in das Unsichtbare hinein.

Immer wieder von niedrigen roten Ziegelmauern unterbrochen, nur noch geordnet nach Bekenntnissen, schlossen sich die übrigen Friedhöfe gegen die Stadt zu an den letzten Friedhof an.

Auch nach Süden zogen die Reihen wie ein stummes Heer, das von zwei Seiten anzugreifen gedenkt.

Nördlich lag die Straße. Von dorther hörte man das Rattern der Straßenbahn, die an diesem letzten Friedhof keine Station machte und so schnell vorbeifuhr, als hätte sie Angst, als wollte sie den Kopf wegdrehen, wie das die Menschen tun. Wenn man auf einen Hügel stieg und sich ein wenig an einem Stein hochzog, konnte man ihre schnellen, roten Lichter sehen, hin und her, hin und her, wie unstete Augen. Und wenn man wollte, konnte man darüber lachen.

Dieser letzte Friedhof war tief von verzweifelten Geheimnissen, von Verwunschenheiten, und seine Gräber waren verwildert. Es gab da kleine steinerne Häuser mit fremden Buchstaben darauf und Bänken, um zu trauern, aber es hatte auch Schmetterlinge und Jasmin gegeben, solange es Sommer war, und ein Unmaß von Verschwiegenem und wachsenden Sträuchern über jedem Grab. Es tat weh, hier zu spielen, und jeder schnelle, übermütige Schrei verwandelte sich sofort in abgründige Sehnsucht. Willig ließen sich die Kinder von den weißen Armen der Kieswege, von den aufgetanen Händen kleiner runder Plätze greifen. »Wohin sollen wir gehen?«

Wie die letzte Hürde in dem großen Rennen trennte eine schwarze, niedrige Hecke den Friedhof nach Osten hin gegen die Weite der Felder, die in ihrer Endlosigkeit die Wölbung der Erde bezeugte und von ihr bezeugt wurde. War sie nicht rund, diese Erde, um unendlich zu sein? War sie nicht rund, um in einer Hand zu ruhen?

Aber welcher von allen Wegen ist es? Wie holen wir die Toten ein? Wie stellen wir sie zur Rede? Wo weisen sie uns nach?

Ist es nicht dort, wo die Nähe fern und die Ferne nah, ist es nicht dort, wo alles blau wird? Die Straße immer weiter, die Felder entlang zwischen Furcht und Frucht?

»Wohin sollen wir gehen?«

Die Kinder überlegten verzweifelt. Ihre Augen tranken das stille Dunkel wie die letzte Wegzehrung.

Ein Flieger surrte hoch über ihnen. Sie hoben die Köpfe von den Gräbern und sahen ihm nach. Krähen flogen auf. Gleichmütig verloren sich alle miteinander in der Finsternis. Der Flieger und die Krähen. Wir nicht. Wir wollen nicht ohne Nachweis verlorengehen.

Jenseits der Hecke brannte ein kleines Feuer. Da grasten drei Ziegen.

»Es wird Zeit für euch, nach Hause zu gehen«, sagte der alte Mann. Er sagte es zärtlich; aber er sagte es zu den Ziegen.

»Und für uns«, murmelte Leon.

Bibi sprang auf und rannte gegen die Hecke, die andern hinter ihr her.

Nebel verhüllte die Felder. Der alte Mann mit den Ziegen war verschwunden. Mutlos kehrten sie zu dem fremden Grab zurück. Ihre Arme hingen herab. Ihre Füße waren schwer. Langsam wurde es kälter. Von weit her hörte man das Stampfen eines Zuges.

»Wegfahren!«

»Heimlich über die Grenze!«

»Schnell, eh es zu spät ist!«

Aber wie wenig Gepäck mußte man haben, um auf dem Pfiff einer Lokomotive ein Stück mitzureiten. Weniger als sich selbst. Diese Art zu reisen war anstrengender, als man dachte. Und wohin?

Hatten sie nicht schon ihr letztes Geld ausgegeben, um sich Perronkarten zu kaufen, sooft ein Kindertransport in ein fremdes Land gegangen war, und hatten sie nicht ihr letztes Lächeln ausgegeben, um ihren glücklicheren Freunden noch mehr Glück und alles Gute für die Reise zu wünschen? Und hatten sie nicht schon Übung darin, mit großen Tüchern zu winken und in dem flackernden Licht blauer, abgedunkelter Bahnhofslampen zurückzubleiben? Aber das alles war lange her.

Jetzt wußten sie längst, daß man unrecht behält, solange man auf dieser Welt sein Recht sucht. Sie hatten gelernt, Möbelstücke zu verkaufen und Fußtritte hinzunehmen, ohne das Gesicht zu verziehen. Sie hatten durch die Dachluke die Tempel brennen gesehen. Aber tags darauf war der Himmel wieder blau gewesen.

Nein, sie trauten diesem blitzblanken, fröhlichen Himmel nicht mehr, nicht dem fallenden Schnee und nicht den schwellenden Knospen. Aber ihre erwachenden Sinne und der reißende, gefährliche Strom ungeweinter Tränen tastete nach einem Ausweg. Und er grub sich sein Bett.

»Weg!«

»In ein fremdes Land!«

War es nicht schon zu spät? Längst ging kein Kindertransport mehr. Die Grenzen waren gesperrt. Es war Krieg.

»Wohin sollen wir gehen?«

»Welches von allen Ländern nimmt uns noch auf?«

Nicht der Süden und nicht der Norden, nicht der Osten und nicht der Westen, nicht die Vergangenheit und nicht die Zukunft.

So kann es nur ein Land sein: Wo die Toten lebendig werden. So kann es nur ein Land sein: Wo die Zugvögel und die zerrissenen Wolken nachgewiesen sind, so kann es nur ein Land sein –

»Wo die Ziegen den Nachweis herhaben«, sagte Herbert, »die weißen Ziegen, die Blätter und die Kastanien, dort haben auch wir ihn her.«

»Sei still, Kleiner! Erzähl uns keine Märchen!«

»Er hat recht«, sagte Leon nachdenklich. »Wo der Wind nachgewiesen ist und die wilden Vögel, dort sind auch wir nachgewiesen. Aber wo ist das?«

»Der für den Wind und die Haifische bürgt«, rief Ellen, »der bürgt auch für uns, hat der Konsul gesagt.«

»Aber wo ist der?«

Leon sprang auf.

»Wir sollten nach Jerusalem gehen!« sagte er plötzlich.

»Meinst du das heilige Land?« rief Ellen.

Die andern lachten.

»Ich habe gehört«, sagte Leon und lehnte sich an den weißen Stein, »daß man dort viele Orangen erntet. Mit den Händen!«

»Und wie kommst du hin?« fragte Kurt spöttisch.

»Wenn wir erst über die nächste Grenze sind«, sagte Leon. »Es kann sein, daß es von dort nicht mehr so schwer ist.«

»Aber wie kommen wir zur Grenze?«

»Wer soll uns helfen?«

»Der Nebel«, sagte Leon, »irgend jemand, vielleicht hilft uns auch der Mann mit den Ziegen.«

»Der Mann mit den Ziegen!« Bibi begann zu lachen.

Das Lachen schüttelte sie.

»Und wenn man uns fängt an der Grenze?«

»Und wenn man uns zurückschickt?«

»Das glaube ich nicht«, sagte Leon ruhig.

»Schweig!« schrie Kurt. »Du hältst uns alle zum Narren! Kommt jetzt, wir gehen.«

»Wohin?«

»Bleibt hier! Bleiben wir beisammen.«

»Beisammen!« höhnte Kurt. »Beisammen? Wenn ihr nicht einmal die Richtung wißt? Quer über die Gräber? Wie kommt man ins heilige Land?«

»Ich meine es ernst«, sagte Leon.

Wieder hörte man in der Ferne hinter der kleinen Mauer das Rattern der Straßenbahnen. Weißer Rauch stieg hinter der Hecke, wo das Feuer gewesen war. Furchtsam blieb der Abendstern hinter dem Nebel. Wie etwas längst Beschlossenes, das noch niemand weiß. Schwere Dämmerung verbarg die Konturen, als wären sie ein Irrtum.

»Dort steht einer!« sagte Leon.

»Wo?«

»Dort drüben, wo der Weg zum Tor geht.«

»Seht ihr ihn?«

»Einer, der horcht!«

»Seht ihr ihn jetzt?«

»Ja, ich sehe ihn.«

»Gleich an dem schiefen Stein!«

»Es ist ein Strauch«, sagte Hanna.

»Ein junger Strauch, ein ganz junger Strauch«, spottete Kurt.

»Über zehn Minuten aus der Erde geschossen, ein verzauberter Prinz!«

»Erlöst ihn doch!«

»Jetzt bewegt er sich.«

»Er hat alles gehört!«

»Wir haben gar nichts gesagt.«

»Alle unsere Pläne!«

»Weshalb sprecht ihr so laut?«

»Ellen schreit, sooft ihr etwas einfällt.«

»Ihr habt auch geschrien!«

»Jetzt steht er wieder still.«

»Er ist ein Friedhofsbesucher, ein Hinterbliebener!«

Wind bewegte die Sträucher. Die letzten Blätter wehrten sich zu fallen.

»Und wenn es keiner ist?«

»Wenn er uns anzeigt?«

»Er hat nichts gehört.«

»Er hat alles gehört!«

»Euer Plan ist verloren«, sagte Kurt spöttisch.

Die Kinder verstummten plötzlich.

Von dem Grab, auf dem sie sich befanden, lief der Weg noch ein kurzes Stück weiter und bog dann um die Ecke gegen die Friedhofsgebäude zu. Teilweise von Sträuchern und Bänken verdeckt, wurde er in der Nähe der Mauer wieder sichtbar und ging dort in ein breites, schwarzes Tor über wie ein Fluß, von dem man nicht wußte, ob er mündete oder entsprang. Auf diesem Weg bewegte sich von der Aufbahrungshalle her ein Begräbnis gegen die Kinder zu. Obwohl in den letzten Jahren auf dem letzten Friedhof mehr Menschen als früher begraben wurden, so war dieses doch ein sehr spätes Begräbnis. Es mußte ziemlich knapp vor Sperre des Tores sein. Vorerst konnte man nur etwas Dunkles erkennen, das langsam und raupenähnlich über den Weg kroch und, wie um sich zu entpuppen, hinter den Sträuchern verschwand. Um die Ecke wieder zum Vorschein kommend wurde es deutlicher. Seid froh, wenn es deutlich wird, hatte der Budenbesitzer gesagt.

Es war wirklich ein Begräbnis. Die Träger bewegten sich, so schnell sie konnten, aber ihre Schnelligkeit war immer noch langsam. Unwillig krachten die Bretter der Bahre.

Herr, bleib bei uns, denn es will Abend werden!

Die Träger hatten Lust, nach Hause zu kommen. Sie hatten die gleiche große Lust, nach Hause zu kommen, wie der Tote in dem Sarg.

Die Kinder sprangen vom Grab, Staub und Blätter wirbelten auf. Einen Augenblick lang schien das Ganze wie eine Wolke, die bereit war, sie davonzutragen, sie aufzulösen in etwas anderes. Aber auch dieser Staub war verflucht, sich wieder zu senken.

Sie wichen zur Seite. Die Träger hasteten mit dem Sarg vorbei, ohne sie weiter zu beachten. Der Sarg war aus rohem Holz, ein heller, langer Sarg. Abhängig von den Bewegungen der Träger, hatte er etwas Schwebendes, das ihn zugleich wieder frei erscheinen ließ. Er schien beweisen zu wollen, daß in dieser letzten Abhängigkeit schweigend und schwebend eine Art von letzter Unabhängigkeit ruhte wie der Kern in der Frucht.

Hinter dem Sarg kam niemand. Keiner von diesen schluchzenden und gegen ihren Willen immer etwas lächerlichen Trauergästen, die folgen wollten, ohne folgen zu können, und die, ohne durch die schwarzen Schleier hindurchzusehen, über ihre eigenen Schritte stolperten. Hinter dem Sarg kam niemand?

Welches der Kinder war das erste gewesen? War es Herbert

gewesen, Ellen oder Leon? Und was hatte sie dazu bewogen? War es Angst gewesen, Angst vor dem Strauch an dem schiefen Stein, der kein Strauch war? Oder war es brennende Sehnsucht gewesen, Sehnsucht nach dem heiligen Land?

Sie gingen hinter dem fremden Sarg her; hinter dem unbekannten Toten, dem einzigen, auf den sie sich hier berufen, dem einzigen, der sie jetzt schützen konnte, der ihnen Grund und Nachweis gab: Herbert, der seinen steifen Fuß wie gewöhnlich ein wenig nachschleifte, zwischen Ellen und Georg, Ruth und Hanna, deren helles, strähniges Haar, von der Helligkeit roher Bretter, aus denen man die Särge der Armen baut, im Herbstwind wehte.

Die Bewegungen der Kinder paßten sich, je weiter sie kamen, den Bewegungen der Träger an, bedrängt von Zögern und Ungeduld, aber bedrängt in gleichem Maße, wiegend dazwischen. Gäste, nicht Trauergäste. Es schien, als trügen sie mit. War das der Weg ins heilige Land? Kein einziges Licht brannte auf den Gräbern. Die Träger im Dienst keuchten zornig. Der Dienst war schwer genug. Der Dienst war kein Spaß um diese Zeit im Spätherbst.

»He, ihr, was wollt ihr da hinter uns?«

»Wir gehören dazu.«

»Hinterbliebene?«

»Nein.«

»Trauergäste?«

Es war ein dunkler Abend. Und es war schwierig, sich umzuwenden, wenn man mit einer Last im Dunkeln vorwärts kommen wollte. Noch schwieriger war es, das richtige Schimpfwort für die Gäste zu finden, die keine Trauergäste waren. Die Träger gingen langsamer und gingen wieder schneller, sie drohten und riefen einige Flüche über die Schultern. Zuletzt versuchten sie, den Sarg auf dem Brett zum Hüpfen zu bringen, um die Kinder zu erschrecken. Aber es half nichts. Unbeirrbar kamen sie hinter dem Sarg her, getragen von der schwebenden Helligkeit des Getragenen vor ihnen wie von einem Lied, die Augen zuversichtlich darauf hingerichtet. Als wäre dieser wirklich der Weg ins heilige Land: Nicht Osten und nicht Süden, nicht Norden und nicht Westen, nicht die Vergangenheit und nicht die Zukunft. Der Weg, einfach der Weg. Immer geradeaus. Und geradeaus ist überall.

Die Kinder lachten leise über die Flüche der Träger, während sie so dahingingen. Unerkannt spiegelte sich das Ziel in ihren Gesichtern.

Sie wunderten sich weiter nicht, daß der Weg so weit war. Sie hätten sich auch nicht gewundert, wenn es noch Stunden und Stunden so fortgegangen wäre, immer quer durch den Nebel, die Gräber entlang, und sie wären nicht weiter erstaunt gewesen, hätten die Träger mit dem Sarg plötzlich über die Hecke gesetzt, um den drei Ziegen zu folgen auf ihrem Heimweg.

Aber die Träger standen still. Sie standen still und stellten die Bahre nieder. Es schien, als stünden sie einzig und allein still, um die Kinder aufzuhalten. Es schien, als wäre das Grab einzig und allein dazu gegraben.

Das Grab war längst gegraben, wie sollte es anders sein? Dünne schwarze Äste neigten sich darüber und berührten mit ihren Spitzen den Rand der Tiefe. Das Grab lag am äußersten Ende des letzten Friedhofs.

Die Träger beugten sich nieder, nahmen den Sarg von der Bahre und legten die Riemen darum, um ihn hinabzusenken. Der Sarg schwankte und verschwand schnell im Dunkeln.

Schweigend standen die Kinder vor der aufgeworfenen Erde. Es schien ihnen plötzlich, als wäre es der letzte Ausweg, der hier zu Ende ging, der letzte Weg, um über die Grenze zu kommen, der letzte Weg, um irgendeinen Nachweis zu erlangen. Als die Träger das Grab zuzuschaufeln begannen, wandten sie sich zögernd zum Gehen.

Schon hatten die ersten von ihnen die Mauern der Aufbahrungshalle vor sich, als sie den Fremden bemerkten, der ihnen langsam und wiegend auf dem weißen Weg entgegenkam. Wie Treibwild brachen sie in die Büsche.

Ellen und Georg, ein Stück hinter den andern zurückgeblieben, hörten ihre Warnungsrufe nicht. Sie begannen zu laufen, als sie niemanden mehr sahen, und rannten dem Fremden geradewegs in die Arme.

»Wohin so schnell?«

Den Kopf schiefgeneigt, stand er mit breiten Beinen in der Mitte des Weges und ließ sie nicht vorbei.

»Wohin?«

»Wer sind Sie?«

»Kein Strauch und kein Spitzel.«

Er war, wie sich gleich darauf herausstellte, der Kutscher des Leichenwagens. Und er hatte alles gehört.

»Ihr wollt ins heilige Land?«

»Es war ein Witz«, sagte Georg. Sie hielten sich steif und versuchten nicht mehr zu fliehen. Er faßte sie an den Schultern und ging mit ihnen gegen das Tor zu. Kalt und locker fühlten sie seine Hände.

»Und weshalb wollt ihr gerade ins heilige Land?«

»Das haben wir gespielt«, erwiderte Ellen.

»Aber es ist ein Unsinn«, rief der Kutscher zornig.

»Das heilige Land ist zu weit, hört ihr?« Er neigte den Kopf tiefer zu den Kindern. »Es gibt eine Grenze ganz in der Nähe, ganz einfach, da hinüber zu kommen! Und von dort müßt ihr gar nicht mehr weiter. Da gibt es Spielzeug in Hülle und Fülle, da bekommt ihr alles zurück—«

»Da fliegen die gebratenen Tauben«, lächelte Ellen sanft, »es ist aus einem Märchen!«

Der Kutscher sah sie böse an.

»Es gibt eine Grenze, nahe von hier«, wiederholte er eindringlich.

»Und viele Grenzposten«, sagte Georg.

»Nicht überall sind Posten«, erwiderte der Kutscher.

»Und ich führe nicht nur Leichenwagen.«

»Was verlangen Sie?«

Er nannte eine Summe.

»Geld«, sagte Ellen.

»Was dachtest du denn?«

»Und wann fahren Sie?«

»Übermorgen. Übermorgen hätte ich Zeit.«

»Bis übermorgen?« sagte Georg.

»Rasch oder gar nicht«, erwiderte der Mann.

»Wenn wir das Geld zusammenbrächten?« Sie gerieten plötzlich in Eifer.

»Tut, was ihr wollt«, sagte der Kutscher. »Wenn ihr da seid, bin ich auch da.«

Sie waren ans Tor gelangt. Der Aufseher rasselte mit den Schlüsseln. »Gehört ihr auch zu denen, die da gelaufen sind?«

»Nein«, sagte der Kutscher.

»Ja«, riefen die Kinder, aber da waren sie schon vorbei. Das Tor schloß sich hinter ihnen.

»Übermorgen gegen Abend vom letzten Friedhof weg. Ich warte an der Mauer.«

»Übermorgen«, wiederholte der Kutscher zum letzten Mal. Übermorgen. Ist es kein Irrtum? Leben für übermorgen und sterben für übermorgen. Ist es nicht ein falsches Stelldichein? Ist es nicht immer wie die Übereinkunft mit einem fremden Kutscher? Wie der Treffpunkt an der Friedhofsmauer? Freude auf übermorgen und Angst vor übermorgen? Übermorgen, das war der Tag, an dem die Kündigung auch für dieses Quartier ablief. »Gehetzt wie von Hunden«, sagte die Großmutter.

Und morgen, das war der Tag vorher.

An diesem letzten Tag überstieg die sanfte Abwesenheit der Kinder alle Grenzen. Und die Großmutter gab Ellen die Schuld, daß der Bücherschrank noch immer nicht verkauft war. Dieser alte Bücherschrank, der seinen Wert den Träumen Wachsender und Gestorbener und seinen Preis der Erpressung verdankte. Wem sollte man das erklären?

»Wir brauchen das Geld für die Übersiedlung«, erklärte die Großmutter, bevor sie wegging. »Der Schrank muß verkauft werden.«

»Für die Übersiedlung«, wiederholte Ellen. »Für welche Übersiedlung?« Alleingelassen schlich sie ruhelos durch alle Räume wie ein verratener Verräter.

Der Wagen wartete vor dem letzten Friedhof. Der Schrank mußte verkauft werden. Um welchen Preis verkauft man, was man liebt?

»Dich für Geld«, erklärte Ellen dem Bücherschrank, »und das Geld für die Grenze. Du mußt mich verstehen, dich für die Grenze!«

Mit beiden Armen versuchte sie ihn zu umfangen.

Der erste Käufer ging, weil er keinen Sinn für die Beziehung zwischen Traum und Geschäft hatte, der zweite ging, weil er in einem Winkel des alten Schranks eine Spinne entdeckte, und erst mit dem dritten konnte Ellen eine Verhandlung versuchen. Es war keine schlechte Verhandlung, da sie mit Schweigen begann. Als beide lange genug geschwiegen hatten, um sich ein wenig kennenzulernen, warf Ellen dem verblüfften Käufer ihre märchenglänzenden Argumente an den Kopf. Sie sprach für den alten Schrank.

»Er knarrt!« sagte sie, legte den Finger an den Mund und bewegte sachte die morschen Flügel. »Und wenn drüben ein Zug vorbeifährt, beginnen seine Scheiben zu klirren. Wollen Sie warten, bis ein Zug vorbeifährt?«

Der Käufer setzte sich auf einen Lehnstuhl, der sofort umkippte. Er stand wieder auf, antwortete aber nicht. »Er riecht nach Äpfeln«, flüsterte Ellen drohend und hilflos. »Ganz unten ist ein Brett zuwenig, da kann man sich verstecken!«

Vergeblich versuchte sie, das Unfaßbare in harte Worte zu fassen. Sie vergaß vollständig zu sagen, daß das Glas der Schranktüren geschliffen war, wie ihr die Großmutter aufgetragen hatte, und sie vergaß die Einlegearbeit an seinen beiden Seiten.

»Im Herbst kracht er, als ob er ein Herz hätte!« erklärte sie statt dessen triumphierend.

»Kracht man im Herbst, wenn man ein Herz hat?« fragte der Käufer. Dann warteten sie wieder stumm auf den Zug.

»Der Wind geht!« sagte Ellen, als müßte auch dieser Umstand den Wert des Schranks beweisen. »Wieviel wollen Sie zahlen?«

»Ich warte«, sagte der Käufer unbeweglich. »Ich warte auf den Zug.«

Der Zug kam. Die Scheiben klirrten.

»Er hat Angst«, sagte Ellen und wurde blaß, »der Schrank hat Angst vor Ihnen.«

»Ich nehme ihn«, sagte der Käufer. »Bitte um den Preis.«

»Danke«, sagte Ellen, »aber ich weiß nicht – er hat Angst vor Ihnen.«

»Er wird sich beruhigen«, sagte der Käufer.

»Können Sie ihn bezahlen?« fragte Ellen ängstlich.

»Nein«, antwortete der Käufer traurig, »nein, ich kann ihn nicht bezahlen. Er knarrt und riecht nach Äpfeln. Ich bleibe Ihr Schuldner.« Und er legte fünfhundert Mark auf den Tisch.

»Nicht!« wies ihn Ellen verwirrt zurück. »Die Großmutter hat gesagt: Nicht unter hundertfünfzig!«

»Sagen Sie Ihrer Großmutter: Nichts über einen tiefen Traum.« Und der Käufer ging, ohne den Schrank jemals abzuholen. Er hatte den Apfelduft gekauft und Ellens blasses Gesicht.

Übermorgen wird morgen und morgen wird heute. Wie Perlen von einer gerissenen Kette rollen die Tage. Werft euch zu Boden und sucht – ihr findet sie nicht mehr. Heute wird gestern und gestern wird vorgestern, laßt es nicht zu! Fangt das Heute! Sorgt, daß ihr bleibt! Wie das Brausen von Flügeln ist die Zeit um eure Ohren, wie die wilde Jagd vor euren Fenstern. Jetzt und in der Stunde unseres Absterbens. Ist es nicht eingeschlossen, das Jetzt in die Stunde des Absterbens, wie die Stunde des Absterbens eingeschlossen ist in das Jetzt? Mörder sind sie, die Tage, Räuber! Eine Bande von Schmugglern über

eure Grenzen. Laßt es nicht zu, fangt sie! Fangt das Heute!
Aber wie wollt ihr das tun?

Habt ihr nicht Wachtposten an alle Grenzen eures Raumes
gestellt, bewaffnet bis an die Zähne? So stellt auch Wachtposten
an die Grenzen eurer Zeit, bewaffnet die Ahnen und die
Urahnen, bewaffnet die Toten! Und laßt sie beweisen, daß
heute heute ist. Wachtposten an allen euren Grenzen, so kann
euch nichts geschehen.

Was sagt ihr? Es nützt nichts?

Sprecht leiser. Irgendwo ist die geheime Polizei.

Was sagt ihr? Eure Wachtposten stehen nicht still? Sie sind
übergelaufen in ein anderes Land, in das Land, in das auch die
Tage überlaufen? Eure Urgroßeltern sind desertiert und eure
Grenzen liegen offen? Niemand mehr kann beweisen, daß
heute heute ist?

Gebt es nicht zu. Lauft zurück. Hundert Jahre,
zweihundert Jahre, dreihundert Jahre. Und weiter?

Der Ahnenpaß gilt nichts mehr. Ist sie nicht rund, die Zeit,
ist sie nicht rund wie euer Raum? Wie wollt ihr bleiben? Alle
eure Grenzen liegen offen und beweisen eure Flüchtigkeit.
Flüchtlinge seid ihr, die wandern und sich verbergen, wandern
und sich verbergen, weiter, immer weiter. Wie das Rollen eines
Wagens ist die Zeit vor euren Sinnen, ein schwarzer Wagen.

»Steigt ein!«

Der Kutscher zog den Hut. Ellen drückte ihm das Geld in
die Hand. Er öffnete den Schlag und verbeugte sich. Seine
Uhrkette klirrte. Die Kinder zögerten. Sie faßten sich fester an
den Händen.

Es war ein schwarzer, schwerer Wagen, geduckt und
verbeult, das Leder rissig von Sonne und Trockenheit. Es war

eine Trauerkutsche. Schwermütig blinzelten die Pferde, dünne dunkle Pferde mit vernarbten Striemen. Die Straße, die den Friedhof entlangführte, war um diese Stunde leer, das heißt, ihre Leere wurde um diese Stunde deutlich, sie enthüllte sich ihrem eigentlichen Wesen.

Morgen wird heute und heute wird gestern.

»Beeilt euch!« Die Kinder sprangen auf. Der Schlag klappte zu. Man hörte es bis hinüber zu den Gärten, in denen die Kränze für die Toten geflochten wurden. Es war wie der Warnungsruf eines Vogels.

Der Wagen setzte sich in Bewegung.

Georg legte die Decke auf Ellens Knie. Sie fuhren. Langsam vorerst und dann schneller, immer schneller, ungefähr in der Richtung der Bahn gegen die Grenze zu. Die rote Friedhofsmauer, die weißen Höfe der Steinmetze und die graugrünen Hütten der Gärtner, das alles blieb weit zurück. Zurück blieben die letzten Blumen, der Rauch aus den Kaminen und die Schreie hungriger Vögel. Vielleicht aber blieb auch der schwarze Wagen zurück und alles andere flog. Wer konnte das mit Genauigkeit feststellen?

Der Himmel war aus blauem Glas, und die roten Buchen am Weg stießen sich die Köpfe blutig. Und nicht nur die roten Buchen. Doch das Glas zersplitterte, je weiter sie kamen, in das Grau grauer Vögel, lief an und trübte sich vor der Schwärze des schwarzen Wagens.

»Die Grenze, wo ist die Grenze?«

»Seht ihr sie nicht? Da, wo die Linie zwischen Himmel und Erde läuft, da ist die Grenze.«

»Sie machen sich lustig!«

»Wie könnte ich?«

»Sie führen uns im Kreis!«

»Weshalb seid ihr so mißtrauisch?«

»Wir sind müde.«

»Das ist dasselbe.«

»Die Linie, die Sie meinen, ist immer gleich weit weg!«

»Halt, Kutscher, halt! Wir wollen lieber aussteigen!«

»Ich führe euch schon hinüber!«

»Wir wollen nach Hause. Wir wollen zu den andern!«

»Ich will zurück!«

»Ich will zu meiner Großmutter!«

Aber der Kutscher gab keine Antwort mehr. Allmählich hörten sie zu schreien auf. Sie umfaßten sich und legten die Köpfe aneinander. Sie ergaben sich dem fremden Kutscher, dem schwarzen Wagen und der Grenze, die immer gleich weit weg war.

»Ellen, Ellen, dein Kopf wird mir zu schwer! Ellen, wohin fahren wir? Ellen, es wird finster, ich kann dich nicht mehr behüten, alles dreht sich – –«

»– – Alles dreht sich!« rief der Mann mit dem Dudelsack und sprang von hinten auf den fahrenden Wagen. »Und wie schrecklich wäre es, wenn sich nicht alles drehen würde! Man könnte den Pol nicht mehr finden.« Es gelang ihm, den Schlag zu öffnen. Er riß die Mütze vom Kopf, lachte und zog die Nase hoch. »Leichen, es riecht nach Leichen!«

Der Wagen raste den Fluß entlang.

»Was gibt es da zu lachen?« fragte Ellen streng.

»Niemand bemerkt es!« kicherte der Fremde. »Die Pest ist ausgebrochen, aber niemand bemerkt es. Sie haben gelebt, ohne es zu bemerken, und jetzt sterben sie, ohne es zu bemerken. Ihre Stiefel sind die Bahren und sie tragen sie vor die Stadt. Ihre

Flinten sind die Träger, die sie in die Gruben werfen. Beulen, Beulen, nichts als Beulen!« Der Fremde riß den Mund auf, schwankte und rollte unter den Sitz.

»Wer sind Sie?«

»Ich bin in die Pestgrube gefallen.«

»Wer sind Sie?«

»Ich habe ein Lied gesungen.«

»Wer sind Sie?«

»Oh, du lieber Augustin, das ist schwer zu erklären!«

Immer noch jagte der Wagen hinter dem Fluß her. Telegraphendrähte blitzten über schwarzen Kohlenlagern, Möwen senkten sich wie stürzende Flugzeuge gegen das eisgraue Wasser, und an dem andern Ufer streckte ein Kran seine Arme in den kalten Himmel, als ob er um Lasten bäte. Es wurde Abend und der Herbsttag neigte sich lautlos und ohne Abwehr geheimnisvoll seinem Ende entgegen.

In der Nähe der verlassenen Werft stieg der Mann mit der Weltkugel zu. Er hatte auf dem Wrack eines Schiffs gewartet, das noch nicht abgeschleppt war.

»Kolumbus!« lachte er höflich und zog den Hut. »Es ist alles noch zu entdecken! Jeder Teich, jeder Schmerz und jeder Stein am Ufer.«

»Zuletzt wurde Amerika doch nicht nach Ihnen benannt!«

»Nein!« rief Kolumbus heftig. »Aber das Unbenannte ist nach mir benannt. Alles, was noch zu entdecken ist.« Er ließ sich bequem in die schmutzigen Polster sinken und streckte die Beine von sich.

»Macht Entdecken müde?«

»Herrlich müde! Man verdient sich die Nacht.«

»Gibt es Träume, die wachen?«

»Oh, Träume sind wachsamer als Taten und Ereignisse, Träume bewachen die Welt vor dem Untergang, Träume, nichts als Träume!«

»Die Pest ist ausgebrochen, aber niemand bemerkt es«, kicherte der liebe Augustin unter seinem Sitz hervor, »sie haben nicht bemerkt, daß sie geschaffen wurden, und sie werden nicht bemerken, daß sie schon verdammt sind.«

Sie fuhren jetzt über den Damm, der den großen Fluß entlanglief, während der Fluß den Damm entlangströmte. Keinem fiel es ein, sich von dem andern zu trennen. Still und brüderlich liefen sie ins Endlose. Der Wagen kam durch ein Dorf. Grau und tief lag der Himmel über den niedrigen Mauern der Gärten. Rötliche Bäume schwankten im Dunkel, und vor den gelben Häusern spielten kleine Kinder. Sie zeichneten mit den Füßen Striche in den Flußsand und falteten die Stirnen. Sie wuchsen schweigend, schrien dazwischen grell in die Dämmerung und warfen mit Steinen nach Spatzen. Sie krallten sich in die verschlossenen Gartentore, bissen die Zähne auf Eisen und rissen einem alten, häßlichen Hund lachend die Ohren aus. Da sprang ein Knabe von innen her über die Mauern. Er trug ein kurzes, helles Kleid und eine Schleuder in der Rechten. Sein Gesicht glühte zornig und er tötete den kranken, weinenden Hund mit einem einzigen Stein. Dann zündete er inmitten der Straße ein Feuer an und warf ihn hinein. Und er sang:

»Wir wollen Gott von euren Sünden ein Brandopfer bringen. Kommt und schenkt ihm eure Sünden, weil ihr nichts anderes habt.«

Und er spielte auf der Leier dazu. Sein Lied klang quälend, fremd und eindringlich und sein Feuer verbreitete Brandgeruch über die verlassene Straße. Er stieg auf eine Mauer und begann zu predigen, und zwischen jedem seiner Sätze schleuderte er Steine, und die Fenster der Menschen zerbrachen und sie mußten schauen, ob sie wollten oder nicht. Zürnend und verschlafen streckten sie ihre schweren Köpfe aus den gezackten Löchern und riefen ihre Kinder heim. Aber ihre Kinder kamen nicht, sondern standen und hörten den fremden, kleinen Prediger und rissen ihre roten gierigen Münder auf, als ob sie ihn verschlingen wollten.

»Steine, Steine in eure Fenster sind das Brot, das ihr braucht, und das Brot in euren Schüsseln ist der Stein, der euch beschwert. Alles, was euch Nutzen bringt, hebt ihr auf den Thron. Schmerzen bringen immer Nutzen, Schmerzen sind der letzte Nutzen!« Er übersteigerte sich und begann zu jubeln, als ihm keine Worte mehr einfielen. Die Kinder aus dem Dorf jubelten mit, bis plötzlich eines von ihnen rief: »Dein Haar ist schwarz und gekraust, du bist ein Fremder!«

»Bin ich ein Fremder, weil mein Haar schwarz und gekraust ist, oder seid ihr Fremde, weil eure Hände kalt und hart sind? Wer ist fremder, ihr oder ich? Der haßt, ist fremder, als der gehaßt wird, und die Fremdesten sind, die sich am meisten zu Hause fühlen!«

Doch die Kinder aus dem Dorf hörten nicht mehr auf ihn. Sie sprangen auf die Mauer und rissen ihn zu sich herunter. Sie johlten und heulten und hörten zu wachsen auf. Und die Erwachsenen, die ebenfalls aufgehört hatten, zu wachsen, stürzten aus ihren Häusern und warfen sich auf den fremden Knaben. Sie wälzten ihn in der letzten Glut seines verglimmenden Feuers, aber während sie ihn zu verbrennen glaubten, schmiedeten sie nur die Krone fester auf seinen Kopf. Und während sie ihn zu töten glaubten, entwich er ihnen, aber sie wußten es nicht. Er sprang auf den schwarzen Wagen, legte den Kopf in den Schoß des großen Kolumbus und weinte ein wenig, während der liebe Augustin seine verbrannten Füße streichelte. Später spielten sie ein Duett auf Leier und Dudelsack, und erst, als sie schon über eine Meile gefahren waren, fiel es dem fremden Knaben ein, sich vorzustellen.

»David, König David«, murmelte er verlegen, »auf dem Weg ins heilige Land.«

Der Wagen fuhr durch die Auen, nasse Zweige peitschten sein Dach.

»Auf dem Weg ins heilige Land sind wir alle!«

»Auf dem Weg ins heilige Land sind auch wir!«

»Wer seid ihr und was wollt ihr im heiligen Land?«

»Das ist Ellen und ich bin Georg, und wir wollen den großen Nachweis. Weshalb habt ihr nicht für uns gebürgt? Weshalb habt ihr uns im Stich gelassen? Bürgt ihr nicht für alle? Aber sie verjagen uns, sie nehmen uns alles weg, sie verhöhnen uns: Ihr seid nicht nachgewiesen! Geht ins heilige Land, sucht sie dort, eure Ahnen, und sagt zu ihnen: Ihr seid schuld, daß wir da sind, springt ein, macht es gut! Macht es gut, daß wir gekündigt sind, macht es gut, daß wir verfolgt sind, den Haß im Herzen, macht ihn gut! Denn ihr seid schuld, ihr seid schuld, ihr seid schuld, daß es uns gibt!«

»Weshalb seid ihr in den schwarzen Wagen gestiegen?«

»Wir wollen über die Grenze, wir suchen die Gewesenen.«

Nebel und Fluß gingen wogend ineinander über. Die Linie zwischen Himmel und Erde verschwamm.

Kolumbus spielte unruhig mit der Weltkugel. Als er zu sprechen begann, war seine Stimme dunkler und ferner als vorher: »Es gibt keine Gewesenen. Es gibt solche, die sind, und solche, die nicht sind, Gewordene und Ungewordene – das Spiel von Himmel und Hölle, es liegt an euch! Die aber sind, sind immer, und die nicht sind, sind nie. Die aber sind, sind überall, und die nicht sind, sind nirgends. Bleibt und horcht, liebt und leuchtet! Laßt euch verachten und badet in Tränen, Tränen machen die Augen hell. Durchdringt den Nebel und entdeckt die Welt! Sein – das ist der Paß für die Ewigkeit.«

»Glaubt nicht, daß es so leicht ist«, rief David. »Die glauben zu sein, sind nicht. Nur die zweifeln an sich, dürfen landen, nur die gelitten haben. Denn die Küsten Gottes sind Flammen über dem finsteren Ozean, und wer landet, verbrennt. Und die Küsten Gottes werden größer, denn die Brennenden leuchten, und die Küsten Gottes werden kleiner, denn die Leichen der Stumpfen treiben aus der Finsternis!«

»Die Pest ist ausgebrochen, aber niemand bemerkt es«, kicherte der liebe Augustin, »singt das Lied in der Pestgrube, singt das Lied, singt das Lied! Wir können euch nicht nachweisen. Nur das Lied, das ihr singt, weist euch nach.«

»Erschlagt den Goliath in euren Herzen!«

»Entdeckt die Welt von neuem, entdeckt das Heilige Land!«

»Laßt euch verachten und badet in Tränen, Tränen machen die Augen hell!«

Der Wagen raste jetzt und sprang über Steine. Die Kinder schrien auf. Sie klammerten sich an Davids wollenen Gürtel und verbargen die Köpfe in den weiten Ärmeln des Kolumbus. »Wir wollen bleiben, wir wollen bleiben!«

»Bleibt, um zu gehen, und geht, um zu bleiben.«

»Gebt dem Sturm nach wie die Büsche am Ufer!«

»So seid ihr geborgen im Rütteln des schwarzen Wagens. So wird das Bewegte ruhig und das Ruhige bewegt.«

»So faßt ihr das Flüchtige, so enthüllt ihr es!«

»Und eure Schmerzen wiegen den Abstand auf.«

Grau und wissend glänzte der Fluß in dem dunklen Licht der Nacht. Gelassen schimmerte der Kies.

»Die Grenze, wo ist die Grenze? Wo liegt das heilige Land?«

»Überall dort, wo Hirten Schafe hüten und alles verlassen, wenn der Engel ruft.«

»Die Schafe schreien, wenn man sie im Stich läßt!«

»Die Schafe schreien, weil sie nicht singen können, die Schafe schreien, um Gott zu loben.«

König David begann wieder auf der Leier zu spielen, und der liebe Augustin fiel mit dem Dudelsack ein, während Kolumbus mit tiefer Stimme ein Matrosenlied sang, irgend etwas von weißen Sternen und der Sehnsucht nach Land. Sie beachteten sich gegenseitig nicht, aber das Ganze stimmte auf merkwürdige Art überein: Die Psalmen des David, das Seefahrerlied des Kolumbus und die Schwänke des lieben Augustin.

Es geschah anscheinend zur Ehre Gottes, und alles, was zur Ehre Gottes geschieht, stimmt überein.

Der Wagen fuhr schneller, immer schneller, schneller als schnell, aber diese Schnelligkeit löste sich auf, wurde gelassen und unmerklich wie die von Fluß und Weg. Eine langsame Schnelligkeit am Rande des Ewigen, wo sich alles schon berührt. Die Linie zwischen Himmel und Erde war verschwunden. Nichts blieb als ein weißes Wogen in der Finsternis, ein Zollhaus am Weg und die Stimmen über dem Fluß.

»Wir sind an der Grenze!«

Die drei Alten sprangen ab und sperrten die Straße. Die Pferde bäumten sich auf. Der schwarze Wagen hielt.

»Seid ihr bereit, das Lied in der Pestgrube zu singen?«

»Wir sind bereit.«

»Seid ihr bereit, den Goliath in euren Herzen zu erschlagen?«

»Wir sind bereit.«

»Und seid ihr bereit, das heilige Land von neuem zu entdecken?«

»Wir sind bereit.«

»So kommt über die Grenze, weist euch nach, kommt ins heilige Land!«

»Verlaßt den schwarzen Wagen, verlaßt die Trauerkutsche, springt ab!«

»Springt ab!« schrie der Kutscher zornig und rüttelte die schlafenden Kinder. »Springt ab, springt ab! Überall sind Posten, wir sind im Kreis gefahren. Schaut, daß ihr weiterkommt!«

Die Kinder schlugen die Augen auf und hoben benommen die Köpfe.

»Zeit, daß ihr aufwacht!« schrie der Kutscher. »Alles war vergeblich. Alles ist verloren, wir kommen nicht mehr über die Grenze!«

»Wir sind schon darüber«, riefen die Kinder. Sie sprangen ab und rannten, ohne sich noch einmal umzusehen, in das Dunkel zurück.

Im Dienst
einer fremden Macht

Die Wolken reiten Manöver, mitten im Krieg reiten sie Manöver, reiten toll und tänzelnd und tief über den Dächern der Welt, tief über diesem Niemandsland zwischen Verrat und Verkündigung, tief über der Tiefe. Die Wolken reiten schneller als die blauen Dragoner in dem Lied, sie tragen keine Uniform, verharren im Wechsel und erkennen sich doch. Die Wolken reiten quer über Weizen- und Schlachtfelder und über die verschütteten Steinbaukästen, die Städte genannt werden. Die Wolken reiten Manöver, mitten im Krieg reiten sie Manöver, und ihre heimliche Lässigkeit macht sie verdächtig.

Reiter im fremden Dienst. Das Ganze halt, herab mit euch!

In der Mitte der Gasse lag auf dem grauen Pflaster ein offenes Schulheft, ein Vokabelheft für Englisch. Ein Kind mußte es verloren haben, Sturm blätterte es auf. Als der erste Tropfen fiel, fiel er auf den roten Strich. Und der rote Strich in der Mitte des Blattes trat über die Ufer. Entsetzt floh der Sinn aus den Worten zu seinen beiden Seiten und rief nach einem Fährmann: Übersetz mich, übersetz mich!

Doch der rote Strich schwoll und schwoll und es wurde klar, daß er die Farbe des Blutes hatte. Der Sinn war immer schon in Gefahr gewesen, nun aber drohte er zu ertrinken, und die Worte blieben wie kleine verlassene Häuser steil und steif und sinnlos zu beiden Seiten des roten Flusses. Es regnete in Strömen, und noch immer irrte der Sinn rufend an den Ufern. Schon stieg die Flut bis zu seiner Mitte. Übersetzt mich, übersetzt mich!

Aber das Heft war verloren. Herbert hatte es verloren, als er zur englischen Stunde ging, seine Tasche hatte ein Loch. Und hinter dem Kleinen ohne Uniform kam einer in Uniform. Er sah das Heft, hob es auf und nahm es gierig an sich. Er blieb stehen, blätterte darin und versuchte die Worte nachzusprechen, doch es regnete zu stark. Der Regen verlöschte die letzten Lichter in den Worten. Wieder rief der Sinn: Übersetz mich, übersetz mich! Aber der in Uniform wollte es nicht hören. Der Strich hatte die Farbe des Blutes. Eher soll der Sinn ertrinken, als daß wir das Blut verraten! Er klappte das Heft zu, steckte es zu sich und rannte in seinen Dienst. Er rannte hinter dem Kleinen ohne Uniform her.

Beide betraten dasselbe Haus. Der ohne Uniform stieg fünf Treppen hinauf, um die Mansarde zu erreichen, in der der alte Mann unterrichtete. Der Junge in Uniform stieg keine einzige Treppe hinauf, denn das Heim mit den hellen Holzbänken und dem dunklen Bild an der pfirsichfarbigen Wand lag bequemer.

»Ich habe etwas gefunden!« rief er.

»Was hast du gefunden?«

»Ein Vokabelheft.«

Das Lied von den blauen Dragonern brach ab. Schweigen schwang sich über die Feuermauer. In diesem Schweigen war das Stampfen ihrer Pferde, das Klirren ihrer Säbel und das Wehen ihrer Mäntel. In diesem Schweigen war der Schatten, den ihre hängenden Zügel warfen, und der Schatten kroch über die Gesichter der Kinder, verdunkelte den Glanz ihrer Schnallen und verbarg für Sekunden die Messer an ihren Gürteln. Das Lied von den blauen Dragonern brach ab. Die blauen Dragoner hielten an. Sie waren in eine versunkene Stadt eingeritten. Das klingende Spiel verstummte. Oder merkten sie erst jetzt, daß ihre Trommeln und Trompeten keinen Laut von sich gaben?

»Was hast du gefunden?« wiederholte der Anführer scharf.

Naß und einsam lag das Vokabelheft in der Mitte des

Tisches. Unsinnig einsam. Eine Seite war aufgeschlagen, und auf dieser Seite stand verwischt wie von Tränen:

»Ich werde stehen – du wirst stehen – er wird stehen – ich werde gehen – du wirst gehen – er wird gehen – ich werde liegen – du wirst liegen – er wird liegen –« Und daneben die Übersetzung. Blaß schimmerten die Wangen der Kinder.

Wer wird liegen?

Wir vielleicht, wir alle? Steif und kalt und spitz, mit Flecken und einem Lächeln, das wir nicht wollten?

Nein, wir nicht. Keiner von uns.

Und auf den Schlachtfeldern?

Wird man zerrissen, sagen die Urlauber.

»Wir werden liegen – ihr werdet liegen –« Liegen? Nein. Liegen sollen die andern, die ohne Uniform. Die mit den dunkleren Strümpfen und den helleren Gesichtern. Die werden liegen, steif und still und spitz, mit Flecken und mit dem Lächeln, das wir nicht wollten. Es paßt besser zu ihnen.

»Wem gehört das Heft?«

»Denen da oben, die keine Uniform tragen dürfen. Den andern!«

»Ein englisches Vokabelheft?«

»Weshalb lernen sie Englisch?«

»Die Grenzen sind gesperrt!«

Die Wolken reiten Manöver, mitten im Krieg reiten sie Manöver. Und die Kinder da oben, die ohne Uniform? Mitten im Krieg lernen sie Englisch.

Wissen sie es noch nicht?

Keines von ihnen wird auswandern. Liegen werden sie, daß wir nicht liegen müssen. Wissen sie es noch nicht? Weshalb lernt man Englisch, wenn man sterben muß?

Wieder fiel Verdacht wie der Schatten hängender Zügel über ihre hellen Schnallen. Die blauen Dragoner, sie reiten – –

»Weshalb singt ihr nicht weiter?«

Auch die Dragoner in dem Lied schienen zu überlegen.

»Hell zu den Dünen empor«, heißt es in der ersten Strophe. Die Dünen wandern. Während wir Atem holen, wandern die Dünen. Schnell wie ein Jahrtausend, unaufhaltsam. Wir dürfen nicht Atem holen, sonst versprengt uns der Wind. Sonst müssen wir nachdenken, sonst werden wir zerstreut, sonst werden wir deportiert wie die Kinder in der Mansarde. Wir dürfen nicht Atem holen, sonst sind wir verloren. Die letzte Strophe endet: »Morgen, da bin ich allein!«

Nein, wir nicht.

Deshalb tragen wir die Uniform, daß wir nicht allein sind. Daß wir niemals lächerlich werden vor uns selbst, daß wir niemals hilflos werden vor unseren eigenen Augen. Lächerlich, hilflos, allein, das sind die andern. Die im letzten Stockwerk, die ohne Uniform.

Glaubt nicht, daß wir schlecht informiert sind! Wer keine Uniform trägt, der bleibt allein, wer allein bleibt, denkt nach, und wer nachdenkt, der stirbt. Weg damit, das haben wir gelernt. Wo käme man hin, wenn jeder etwas anderes für richtig hielte? Alles muß sich reimen, eine Zeile auf die andere und ein Mensch auf den andern. Das haben wir gelernt: Weil wir leben müssen. Aber weshalb lernt man Englisch? Keiner von ihnen kommt über die Grenze. Weshalb lernt man Englisch, wenn man sterben muß?

»Wir werden sie fragen!«

»Sie müssen Antwort geben.«

»Wir sind in Uniform und wir sind immer noch mehr!«

»Hiergeblieben. Hiergeblieben, ich hab's!«

»Was hast du?«

»Einen Verdacht, den ärgsten Verdacht, den sichersten Verdacht! Weshalb lernt man Englisch? Mitten im Krieg?«

»Was meinst du?«

»Wißt ihr es immer noch nicht?«

Die Wolken reiten Manöver, mitten im Krieg reiten sie Manöver. Laßt die Wolken doch nicht triumphieren!

»Im letzten Stock sind Spione!«

»Und unten sind wir.«

»Keiner soll uns mit ihnen verwechseln!«

Kinder ohne Uniform, immer schon verdächtig. Schatten in der Mansarde, ohne Stempel gestempelt. Jetzt schließt sich der Ring.

»Ein Vokabelheft, genügt euch der Beweis?«

»Ich weiß einen besseren, wir werden sie belauschen!«

»Neben der Mansarde liegt ein Dachboden.«

»Und der Schlüssel zum Dachboden?«

»Beim Hausbesorger.«

»Seine Tochter ist allein zu Haus.«

»Dann beeilt euch!«

»Klopft fester!«

»Warum erschrickst du vor uns?«

»Ich erschrecke nicht. Jeder von euch hat ein Messer, um mich zu behüten.«

»Gib den Schlüssel zum Dachboden her!«

»Ich habe keinen Schlüssel.«

»Du lügst!«

»Wie könnte ich euch belügen?«

»Du könntest, wenn du wolltest!«

»Ich wollte, wenn ich könnte.«

»Den Schlüssel her!«

»Da! Nehmt ihn, er ist alt und verrostet. Und laßt mich in Frieden.«

»Welchen Frieden meinst du?«

»Nur meinen eigenen.«

»Dann bist du in Ordnung, dann bist du ungefährlich!«

»Schaut, daß ihr wegkommt!«

»He, du! Weißt du etwas von dem Alten da oben und von denen ohne Uniform?«

»Die wollen auch ihren Frieden.«

»Nur ihren eigenen?«

»Vielleicht einen andern.«

»Siehst du, das denken wir auch!«

Das Glasdach hat ein Loch. Über dem Loch ist der Himmel. Und der Himmel saugt euch die Treppen hinauf, ob ihr wollt oder nicht. Hoch hinauf. Und der Himmel mildert eure Schritte.

»Paßt der Schlüssel?«

»Seid ihr alle da?«

»Rasch herein. Abgezählt. Fehlt keiner?«

»Weißt du, wieviel Sternlein stehen?«

»Still!«

Noch kann man euch zählen wie die blauen Dragoner. Aber die Dünen wandern. Und die letzte Strophe endet: Morgen, da bin ich allein.

»Wie dunkel es hier ist.«

»Achtung, Spinnweben!«

»Ein Gewitter kommt.«

Die Bodentür knarrte. Der Pfosten in der Mitte, der das Gebälk trug, stöhnte verzweifelt. Sturm riß die Dachluke auf. Und die Dachluke starrte schwarz und rachsüchtig den reitenden Wolken nach. Die Wolken ritten schneller.

Oh, sie fürchteten diese quellende Schwärze aus den Häusern der Menschen, diese aufgerissenen Drachenschlünde, diese endlosen furchtbaren Fragen. Tief und angsterfüllt trieben sie dahin. Weg von diesen Lästerern, von diesen Süchtigen, die ihre Hände in alle Wunden legen, diesen mißtrauischen Horchern an den Wänden ihrer eigenen Herzen.

Zornig tanzte der offene Laden im Zugwind. Den Wolken nach, los von dem engen Rahmen! Weg von diesen Irren, die Schwere zum Gesetz erheben, weg von dem Verdacht dieser Verdächtigen.

Eine Fahnenstange rollte polternd gegen die offene Luke und versuchte den Himmel aufzuhalten. Und der Himmel blieb daran hängen wie ein zerfetzter Baldachin über verlästerten Heiligtümern. Blaue, längst entweihte Seide schimmerte durch und verbarg sich wieder. Staub und Schwüle blieben dicht verwebt unter dem schrägen Dach.

Die in Uniform schlossen lautlos hinter sich ab, zogen die Schuhe von den Füßen und bewegten sich geduckt gegen die Wand zu, an der sie horchen wollten. Feuchte Strümpfe, die zum Trocknen über langen Stricken hingen, fuhren ihnen warnend über Stirne, Mund und Augen wie die Hand einer Mutter. Ärgerlich wichen sie aus. Der Boden krachte. Im selben Augenblick bemerkten sie, daß sie zu viele waren. Zu viele. Mehr zu sein als die andern, dieser Stolz, diese Stärke, stülpte sich um wie ein alter Handschuh und wurde zur Schwäche; aber keiner wollte zurück. Die ersten von ihnen hatten die

Wand entdeckt und sie entdeckten in der Wand eine kleine eiserne Tür, die den Dachboden mit dem Verschlag des alten Mannes verband. Die letzten drängten nach. Die Tür zitterte. Bin ich nicht hier, um geöffnet zu werden? Bin ich nicht ein großer Widerspruch zwischen dem Gedachten und dem Gewordenen, zwischen denen im Weltall und denen in Uniform? Reißt mich auf, denkt mich weg, hebt mich aus den Angeln!

Erbittert versuchten die in Uniform, die Tür zum Schweigen zu bringen. Dieses ohnmächtige Klappern hatte die Macht, sie zu verraten. Gewaltsam preßten sie ihre warmen, wilden Körper gegen das rostige Dunkel.

Da hörten sie die Stimme von Herbert. Und diese Stimme sagte: »Es ist jemand nebenan.« Sie sagte es hell und so arglos, als meinte sie damit: Mein bester Freund.

»Hört ihr?«

»Eine Katze«, sagte Ruth.

»Vögel.«

»Nasse Strümpfe.«

»Der Wind.«

»Ein Gewitter kommt.«

»Ist hier ein Blitzableiter?«

»Ängstlich bist du heute!«

»Mein Vokabelheft ist verschwunden.«

»Kein Wunder, Herbert, deine Tasche hat ein Loch!«

»Kein Wunder, das ist es! Kein Wunder, daß Krieg ist. Kein Wunder, daß wir Hunger haben. Kein Wunder, daß ein Heft verschwindet. Aber irgendwo muß doch ein Wunder sein!«

»Sprich leiser, Ellen!«

»Helft ihm lieber sein Heft finden!«

»Kommt, vielleicht liegt es auf der Treppe!«

»Wir sind gleich wieder da!«

»Das kann man nie sagen. Geh nicht allein um die Ecke, plötzlich bist du verschwunden.«

»Verschwunden?«

»Die Schultasche hat ein Loch und das Loch reißt weiter. Meine Großmutter hat gesagt –«

»Laßt es, kommt lieber zurück!«

»Wie finster es draußen wird.«

»Nicht weinen, Kleiner!«

»Habt ihr es jetzt?«

»Auf der Treppe gefunden, aber kein Heft!«

»Ein Messer!«

»Ein kurzer Dolch, wie sie ihn am Gürtel tragen.«

»Wer?«

»Die andern, die von unten, die in Uniform.«

»Mäuse in der Falle, das sind wir!«

»Die Grenzen sind gesperrt.«

»Maus, Maus, komm heraus, das spielen sie mit uns!«

»Keiner von uns wird auswandern.«

»Weshalb Englisch lernen, wenn es vergeblich ist?«

»Gebt es auf, mein Vater ist verhaftet, wir sind alle verloren. Die Leute sagen –«

»Wollten wir nicht das Deutsche verlernen?«

»Aber es dauert zu lang!«

»Wollten wir nicht mit den Schultern zucken, wenn man uns beschimpft, und es nicht mehr verstehen?«

»Heute ist schon die zwölfte Stunde. Und wir haben noch kein einziges Wort verlernt.«

Ein Sessel wurde umgestoßen, aus der Tiefe dröhnte ein Lautsprecher. Der Ansager hatte soeben seine Meldung beendet. Zum Abschluß sagte er: »Wer fremde Sender hört, ist ein Verräter, wer fremde Sender hört, verdient den Tod.« Man hörte es bis in das allerletzte Stockwerk, es war deutlich zu verstehen. Gleich darauf setzte Musik ein, schnell und fröhlich, als gäbe es nichts Lustigeres auf der Welt: Wer fremde Sender hört, verdient den Tod. Eine herrliche Idee, den Tod zum Verdienst zu erheben, diesen Unabschaltbaren, diesen fremdesten von allen fremden Sendern. Die Musik brach plötzlich ab. Das Verstummen wurde aufgegriffen von einer neuen Stimme. Diese Stimme war sanft und unerschütterlich. Sie schien von hoch oben zu kommen.

»Wer könnte den Tod verdienen?« sagte der alte Mann. »Wer verdient das Leben?«

Die Kinder in Uniform stemmten die Köpfe fester gegen die eiserne Tür. Diese Stimme riß die Schnüre von ihrer Brust und nahm ihnen den Rang. Diese Stimme hüllte helle lange Hemden über ihre Uniformen, beruhigte sie gegen ihren Willen und nahm ihrem Mut die Angst.

»Wer von euch ist kein Fremder? Juden, Deutsche, Amerikaner, fremd sind wir alle hier. Wir können sagen ›Guten Morgen‹ oder ›Es wird hell‹, ›Wie geht es Ihnen?‹, ›Ein Gewitter kommt‹, und das ist alles, was wir sagen können, fast alles. Nur gebrochen sprechen wir unsere Sprache. Und ihr wollt das Deutsche verlernen? Ich helfe euch nicht dazu. Aber ich helfe euch, es neu zu erlernen, wie ein Fremder eine fremde Sprache lernt, vorsichtig, behutsam, wie man ein Licht anzündet in einem dunklen Haus und wieder weitergeht.«

Die in Uniform zürnten sich selbst. Ihre Lage zwang sie in

das Schweigen der verhöhnten Beschaulichkeit, in den Gehorsam eines alten Ordens.

»Übersetzen, über einen wilden, tiefen Fluß setzen, und in diesem Augenblick sieht man die Ufer nicht. Übersetzt trotzdem, euch selbst, die andern, übersetzt die Welt. An allen Ufern irrt der verstoßene Sinn: Übersetz mich, übersetz mich! Helft ihm, bringt ihn hinüber! Weshalb lernt man Englisch? Warum habt ihr nicht früher gefragt?«

Die Kinder auf dem Dachboden griffen an ihre Messer. Sie waren wie verlorene Wachtposten auf vorgeschobenen Linien.

»Weshalb lernt man lesen, weshalb lernt man rechnen, weshalb lernt man schreiben, wenn man sterben muß? Geht, lauft hinunter auf die Straße, fragt sie, fragt alle! Keiner gibt euch Antwort. Warum fragt ihr erst jetzt?«

»Seht ihr den Alten?«

»Er hat Licht angezündet.«

»Laß mich hin!«

»Mich!«

»Still, sie hören uns!«

»Ich muß lachen!«

»Ssst, verratet euch nicht! Zurück jetzt, hinunter!«

»Ruhig!«

»Habt ihr nicht verstanden?«

»Die Flurtür ist abgesperrt.«

»Wer von euch hat den Schlüssel?«

Die Tochter des Hausbesorgers mit den schwarzen Zöpfen rannte die Treppen hinunter. Im Vorbeilaufen läutete sie an verschiedenen Türen und versteckte sich dann hinter den Pfeilern. Dazwischen öffnete sie alle Fenster, ohne sie wieder einzuhaken. Wind tobte durchs Haus. Wie ein Schatten verschwand sie in der Kellerwohnung. In der Hand trug sie einen großen, verrosteten Schlüssel.

Der Himmel verfinsterte sich immer mehr. Die Wolken hatten schwarze Mäntel umgeworfen und jagten unbekannten Hürden entgegen. Blitze zuckten wie fremde Signale. Setzt eure Köpfe auf! brüllte der Donner. Denn es gibt eine alte Sage, da tragen die toten Ritter ihre Köpfe in der Hand. Wissend geht ihr schlafen, unwissend steht ihr auf. Ergebt euch in den Widerstand.

Setzt eure Köpfe auf!

Die Kinder in Uniform hoben die Gesichter furchtsam gegen die offene Luke. Was hatte sie bewogen, das Heim mit den hellen Holzbänken zu verlassen? Wer hatte ihnen befohlen, das Lied von den blauen Dragonern abzubrechen, noch ehe die erste Strophe zu Ende gesungen war, und wer hatte den blauen Dragonern befohlen, ihre Fanfaren wegzuwerfen und sich zu zerstreuen wie die Wolken am Himmel?

Was hatte sie verlockt, ihrem Verdacht über fünf Treppen zu folgen wie dem Ruf eines Rattenfängers? Diesem fremden Verdacht, diesem furchtbaren Verdacht: Weshalb lernt man Englisch, wenn man sterben muß?

Sie hatten stille Post gespielt, und was zuletzt herauskam, hieß: Weshalb weint man, weshalb lacht man, weshalb trägt man sein Hemd? Zündet man ein Feuer an, nur um es wieder ausgehen zu lassen? Und läßt man es ausgehen, nur um es wieder anzuzünden? Plötzlich waren sie einbezogen in das Los der Bedrohten, verfangen in ihren eigenen Verdacht, eingesperrt auf dem Dachboden. Und die einzige Tür, um wieder ins Freie zu kommen, war die zu den andern. Was hatte sie verlockt, sich den Ausgelieferten auszuliefern?

Hatten sie nicht das Recht, sie zur Rede zu stellen, sie zu ohrfeigen, und trugen sie nicht Messer, um jeden Verdacht abzuwehren?

Unruhig flatterten die Strümpfe an den hellen Schnüren. Geruch von Staub und Moder breitete sich warm in die Dunkelheit. Heftige Windstöße griffen danach. Wie blinde Fledermäuse raschelten Tabakblätter im Innern des Daches.

Das Manöver am Himmel schien seinen Höhepunkt erreicht zu haben, das Drohen der Dachluke schlug in Hilflosigkeit um. Ihre Schwärze verblaßte gegen die Schwärze des Himmels. Sturm warf die Fahnenstange nach innen. Sie fiel über die Horcher.

Die in Uniform fühlten sich hinter die Bühnen der Welt verschlagen, hinter alles, was man ihnen bisher nur von vorn gezeigt hatte, und sie erkannten, daß über den hellen Stuben hohle, hohe Dächer waren, die mit unsichtbaren Drähten die Spieler fingen. Und sie fürchteten sich.

Von Zorn geschüttelt lagen sie an der eisernen Tür.

»Du bist schuld, du hast es gesagt —«

»Und du hast die Verantwortung!«

»Die habt ihr!«

»Ihr macht euch lächerlich.«

»Still, sonst finden sie uns!«

»Lacht nicht, weshalb lacht ihr?«

»Wir wollten sie verhaften. Jetzt verhaften sie uns.«

»Lacht nicht! Und ich sage euch: Rührt euch nicht, sie hören uns schon! Aufhören! Das ist gemein, das ist gegen die Regel, lacht nicht, ihr steckt alle an, au — meine Seiten, weshalb lacht ihr? Ihr seid schuld und ich befehle euch: Hört zu lachen auf!«

Sie warfen sich übereinander, prusteten halblaut, preßten die Lippen in die dicken Jacken, stöhnten und steckten die Köpfe in die Ärmel, aber es half nichts mehr.

»Du lachst ja selbst!«

Die feuchten Strümpfe zitterten, der Pfosten knarrte und der Laden klapperte vor unergründlicher Heiterkeit.

Weshalb lacht man, weshalb weint man, weshalb lernt man Englisch? Die eiserne Tür flog auf.

»Laßt uns mitlachen!« sagte der alte Mann.

Furchtsam klammerte sich Herbert an seinen Arm, die andern rührten sich nicht.

Die in Uniform rollten bis dicht vor ihre Füße, lösten sich voneinander und sprangen auf. Wilder Ernst sprang katzenhaft in ihre Gesichter.

»Nichts zu lachen!« schrie der Anführer.

»Ja und nein«, sagte der alte Mann.

Das Gewitter ließ das Licht flackern. Der Schaukelstuhl stand still und die Katze sprang zu Boden.

»Hausdurchsuchung!« erklärte der Anführer.

»Was wolltet ihr hier finden?«

»Vielleicht einen fremden Sender.«

Der alte Mann breitete einladend die Arme aus. »Bitte sehr!«

Sie stutzten eine Sekunde lang und musterten die andern. Dann brachen sie los.

Laden flogen auf, Kasten fielen nach vorn, zerrissene Vokabelhefte bedeckten den Fußboden. Ein Teller zerbrach. Polternd stürzte das Lexikon und blieb aufgeschlagen unter ihren Füßen.

»Kann ich euch behilflich sein?« sagte der alte Mann. Sie

stießen ihn vor die Brust. Derselbe Sturm, der ihre Stirnen verdunkelte und ihre Schöpfe nach vorn warf, warf die der andern aus den Gesichtern und ließ sie heller erscheinen.

»Woher habt ihr das Messer?«

»Gefunden.«

»Das kann jeder sagen. Wißt ihr, was euch das kostet?«

Scheiben klirrten, hellgrüne Tapeten hingen zerfetzt herab.

»Ist etwas dahinter, ja oder nein?«

»Wo habt ihr den fremden Sender?«

Die in Uniform hielten erschöpft inne. Ihr Anführer griff nach dem Messer. Diesen Augenblick erkannten die andern. Ohne ein weiteres Signal abzuwarten, stürzten sie vorwärts. Der Waschtisch fiel, Köpfe rannten gegen Rippen, Beine und Arme verflochten sich. Harte Sohlen traten gegen Gesichter. Die Katze sprang dazwischen, jaulte und flog gegen die Decke. Sintflut ergoß sich über das Chaos. An allen Ufern irrt der verstoßene Sinn.

»Laßt ihn, laßt Herbert, sein Fuß ist steif!«

»Wo stehen eure Regeln?«

Das Fenster splitterte. Schwarz und selig tanzten die Wolken, und die fremden Signale blieben dicht hintereinander.

Noah selbst, die wunde Katze im Arm, starrte schweigend über das Gewühl.

»Habt ihr ihn jetzt, unsern fremden Sender?«

Auf einen Wink ihres Anführers hatten die in Uniform ihre Messer gezogen. Der Alte warf sich dazwischen. Um der Kinder willen verließ Noah die Arche. Fäuste zerrten an seinem Bart, Arme und Beine verwickelten sich in seinem langen, grünen Schlafrock. Eine Sekunde lang sah der alte Mann das Messer des Anführers über sich, dieses verlorene, vertauschte, längst verspielte Messer. Wieder trat der rote Strich über die Ufer.

Als sie das Blut sahen, wichen sie zurück. Sie wichen Schritt für Schritt und sie wichen alle. Vier Wände hielten sie auf. Die Größe des Verdachts verbrüderte sie.

Denn es könnte sein, daß es keinen fremden Sender gibt.

Weshalb hätten wir dann gehorcht und weshalb hätten wir gelernt? Weshalb hätten wir gelacht und weshalb hätten wir geweint? Wenn es keinen fremden Sender gibt, sind wir nichts als ein schlechter Witz. Wenn es keinen fremden Sender gibt, war alles vergeblich.

Das Gewitter verzog sich langsam. Zwischen seinem offenen Bett und dem umgestürzten Tisch lag der alte Mann. Rotes Rinnsal sickerte unablässig in die Ritzen der Bretter. Sie schoben ihm den Ärmel hinauf.

»Habt ihr Verbandszeug?«

»Unten im Heim«, stammelte der Anführer.

Sie rannten alle hinunter. Mit Mühe gelang es ihnen, die Wunde zu verbinden. Sie strichen das Bett glatt und hoben den alten Mann hinauf. Irgendwo fanden sie Schnaps.

»Macht Ordnung!« murrte der Anführer.

»Von selbst«, erwiderte Georg.

»Von selbst«, wiederholte der andere. Es war eine neue Wendung.

Sie hoben den Tisch und die Stühle auf und trockneten den Boden; dann schoben sie die Laden in die Schränke zurück, schichteten die Bücher zu einem Berg und versuchten, die Vokabelhefte wieder zusammenzusetzen. Merkwürdige Dinge kamen heraus.

Himmelblau lachte der Himmel. Aber sie ließen sich nicht

mehr täuschen. Dieses klare treuherzige Blau, das Blau des Himmels, das Blau des Enzians und das Blau der blauen Dragoner spiegelte im Sonnenball die Schwärze des Alls, diese endlose, unausdenkbare Schwärze hinter den Grenzen. Wenn es keinen fremden Sender gibt, sind wir alle verloren.

»Wachen Sie auf, wachen Sie wieder auf!«

Verzweifelt packten sie den Alten und hoben ihn auf den Schaukelstuhl. Sein Kopf hing schwer und gleichmütig zur Seite. Sie schoben ihm Kissen in den Rücken und wickelten Decken um seine Füße. Sie flößten ihm Schnaps ein und schaukelten ihn sacht. Sonnenlichter wechselten über ihre erschrockenen Gesichter wie die Spur eines Flüchtigen.

»Wenn ihr es nicht erklären könnt«, begann der Anführer noch einmal, »wenn ihr nicht erklären könnt, weshalb ihr hier seid –«

»Und ihr? Weshalb seid ihr hier? Weil ihr euch nichts erklären könnt, zieht ihr in den Krieg! Weil ihr euch lächerlich vorkommt, schlüpft ihr in die Uniform. Schutzfarbe gegen euch selbst. Weil ihr nicht alt werden wollt und nicht krank werden wollt und keinen Zylinder tragen wollt bei jedem fremden Begräbnis!«

»Wo ist euer fremder Sender?«

»Wenn wir ihn hätten«, rief Georg verzweifelt, »wenn es ihn gäbe!«

»Es gibt ihn«, sagte der alte Mann, »beruhigt euch, es gibt ihn.«

Er wollte sich auf die Ellbogen heben, bemerkte den Verband und schien sich zu erinnern.

»Haben Sie noch Schmerzen?«

»Nein. Seid ihr alle da?«

»Alle«, sagte Georg.

»Auch die andern?«

»Ja.«

»Dann kommt näher zu mir!«

Sie rückten nahe an den Schaukelstuhl heran. Irgendwo im Hause schlug eine Tür zu. Ein Stockwerk tiefer übte ein Kind Klavier, es übte unbeirrbar und immer von neuem. Hand in Hand flogen die Dreiklänge über die glänzenden Dächer.

»Was ist es, unser Leben?«

»Üben«, sagte der Alte, »üben, üben!«

»Selten klingt es.«

Er nickte. »Selten klingt es, kann das die Übung ändern? Wir üben auf einem stummen Klavier.«

»Geheimsprache, noch immer!« sagte der Anführer.

»Ja«, antwortete der Alte, »das ist es: Geheimsprache. Chinesisch und Hebräisch, was die Pappeln sagen und die Fische verschweigen, deutsch und englisch, leben und sterben, es ist alles geheim.«

»Und der fremde Sender?«

»Jeder von euch hört ihn, wenn er still genug ist«, sagte der Alte. »Fangt die Wellen ab!«

Es dämmerte schon.

Tief unten an der Kreuzung schrie der Lautsprecher die Abendnachrichten über die Stadt. Er erzählte etwas von versenkten Schiffen im Nordmeer. Die schöne Stimme des Ansagers machte deutlich, daß er keine Ahnung davon hatte, wie grün das Wasser über den Matrosen dieser Schiffe zusammengeschlagen war. Die Kinder lauschten stumm. Tief drüben verdämmerte die Ebene und löste sich sacht in das Unbekannte. Wie dunkelgrüne Polster lagen die Auen in der

Flußbiegung. Und darüber schwebte die Mondsichel in der Hand eines fremden Schnitters, der sie nicht fallen ließ. Die Nacht war nahe.

Den alten Mann im Arm, begann der Anführer wieder zu drohen: »Weshalb lernt ihr Englisch, wenn es keinen Zweck mehr hat? Es ist Krieg, die Grenzen sind gesperrt, keiner von euch wird auswandern.«

»Er hat recht«, sagte Leon.

»Weshalb decke ich meinen Tisch«, sagte der alte Mann, »auch wenn ich ganz allein bin?« Er legte den Finger besänftigend an den Mund und stieß sich mit dem Fuß leicht vom Boden ab, er schaukelte.

Die Kinder wurden unruhig und drängten dichter zusammen. Ihre Gesichter waren auf ihn gerichtet.

»Es ist wahr«, sagte der alte Mann ruhig, »vielleicht werdet ihr nicht mehr fliehen können. Der Zweck ist gefallen. Aber der Zweck ist nur ein Vorwand, um das Spiel zu verbergen, nur ein Schatten des Wirklichen. Nur für die Schule und nicht für das Leben lernen wir. Nicht um zu töten und nicht um zu fliehen. Nicht um der Dinge willen, die knapp vor uns sind.«

Sie stützten die Köpfe in die Hände und seufzten. Unten auf der Straße fuhr ein Wagen an. Über dem Fluß regnete es noch.

»Weshalb pfeifen die Drosseln, weshalb reiten die Wolken, weshalb funkeln die Sterne? Weshalb lernt man Englisch, wenn es vergeblich ist? Alles aus demselben Grund. Und ich frage euch, wißt ihr ihn? Wißt ihr ihn jetzt? Wie heißt euer Verdacht?«

»Im Dienst einer fremden Macht!« rief der Anführer. »Der Verdacht stimmt«, sagte der alte Mann.

Die Angst vor der Angst

Wie ein großes dunkles Wappen war der Spiegel. Mitten darin stand der Stern. Ellen lachte glücklich. Sie hob sich auf die Fußspitzen und verschränkte die Arme hinter dem Kopf. Dieser wunderbare Stern. Dieser Stern in der Mitte.

Der Stern war dunkler als die Sonne und blasser als der Mond. Der Stern hatte große, scharfe Zacken. Wenn es dämmerte, wurde sein Radius undefinierbar wie der einer fremden Handfläche. Ellen hatte ihn heimlich aus der Nähschachtel geholt und an ihr Kleid gesteckt.

»Laß dir das nicht einfallen«, hatte die Großmutter gesagt, »sei froh, daß er dir erspart bleibt, daß du ihn nicht tragen mußt wie die andern!« Aber Ellen wußte es besser. Dürfen, so hieß das Wort: Dürfen. Sie seufzte tief und erleichtert. Wenn sie sich bewegte, bewegte sich auch der Stern im Spiegel. Wenn sie sprang, sprang der Stern und sie durfte sich etwas wünschen. Wenn sie zurückwich, wich der Stern mit ihr. Sie legte vor Glück die Hände an die Wangen und schloß die Augen. Der Stern blieb. Er war seit langem die geheimnisvollste Idee der geheimen Polizei gewesen. Ellen nahm den Saum ihres Rockes zwischen die Finger und drehte sich im Kreis, sie tanzte.

Feuchte Finsternis stieg aus den Ritzen der Bretter. Die Großmutter war weggegangen. Wie ein schwankendes Schiff war sie um die Ecke gebogen. Solange man sie noch sehen konnte, stand ihr Schirm wie ein schwarzes Segel gegen den nassen Wind. Unbestimmte Gerüchte zogen fröstelnd durch die Gassen der Insel. Die Großmutter war weggegangen, um Näheres zu erfahren.

Näheres?

Ellen lächelte nachdenklich dem Stern im Spiegel zu. Die Großmutter wollte Gewißheit haben. Zwischen zwei Spiegeln.

Wie ungewiß war alle Gewißheit. Gewiß war das Ungewisse, und es wurde immer gewisser seit der Erschaffung der Welt.

Ein Stockwerk höher gab Tante Sonja Klavierstunden. Sie gab sie heimlich. Im Zimmer links stritten die beiden Buben. Deutlich hörte man ihre bitteren, hellen Stimmen. Im Zimmer rechts schrie der alte, taube Mann mit seiner Bulldogge: »Hast du eine Ahnung, was geschehen wird, Peggy? Sie sagen mir nichts, keiner sagt mir was!«

Ellen holte zwei Blechdeckel aus dem Schrank und schlug sie zornig gegeneinander. Vom Hof schrie die Hausbesorgerin. Es klang wie: Pack – packen – sich packen!

Einen Augenblick starrte Ellen auf die leeren, grauen Wände, die hinter ihr und dem Stern aus dem Spiegel tauchten. Sie war allein zu Hause. In den Zimmern links und rechts wohnten Fremde. Sie war allein in diesem Zimmer. Und dieses Zimmer war zu Hause. Sie nahm den Mantel vom Haken an der Tür. Die Großmutter konnte bald wieder heimkommen, sie mußte sich beeilen. Wie ein großes, dunkles Wappen war der Spiegel.

Sie riß den Stern vom Kleid, ihre Hände zitterten. Leuchten mußte man, wenn es so dunkel war, und wie sollte man leuchten, wenn nicht durch den Stern? Sie ließ sich das nicht verbieten, nicht von ihrer Großmutter und nicht von der geheimen Polizei. Rasch, mit großen, ungeschickten Stichen nähte sie ihn an die linke Mantelseite. Sie saß auf dem Tisch und hielt den Kopf dicht darüber gebeugt. Dann schlüpfte sie in den Mantel, schlug die Tür hinter sich zu und rannte die Treppe hinunter.

Aufatmend stand sie eine Sekunde lang unter dem Tor. Nebel hing in der Luft. Sie warf sich dem Spätherbst entgegen.

Darum liebte sie ihn, ohne es zu wissen, weil er allem ein Tieferes, Dunkles gab, aus dem es sich hob wie ein Wunder, weil er ihnen die Ahnung des Unfaßbaren wiederschenkte, ihr Geheimnis den Geheimnislosen. Weil er nicht offen und blendend zur Schau trug wie der Frühling – seht, ich komme – sondern weil er sich zurückzog wie einer, der mehr wußte: Kommt ihr!

Ellen kam. Sie lief durch die alten, nebligen Gassen, vorbei an Gleichgültigen und Glatten, und sie warf sich in seine verborgenen Arme. Der Stern an ihrem Mantel beflügelte sie. Laut klapperten ihre Sohlen auf dem harten Pflaster. Sie lief durch die Gassen der Insel.

Erst die Torte im halbhellen Schaufenster der Konditorei brachte sie zum Stehen. Die Torte war weiß und glänzend, und darauf stand mit rosa Zuckerguß »Herzlicher Glückwunsch«. Die Torte war für Georg, sie war der Friede selbst. Rötliche, gefältete Vorhänge umgaben sie von allen Seiten wie durchschimmernde Hände. Wie oft waren sie hier gestanden und hatten geschaut. Einmal war es eine gelbe Torte gewesen und einmal eine grüne. Aber heute war sie am schönsten.

Ellen stieß die Glastür auf. In der Haltung eines fremden Eroberers betrat sie die Konditorei und ging mit großen Schritten auf den Ladentisch zu. »Guten Abend!« sagte die Verkäuferin abwesend, hob den Blick von den Fingernägeln und verstummte.

»Herzlichen Glückwunsch«, sagte Ellen, »diese Torte möchte ich.« Lang und feucht hing ihr Haar über den alten Mantel. Der Mantel war viel zu kurz und das Schottenkleid schaute zwei Handbreit darunter hervor. Aber das allein hätte es nicht gemacht. Was den Ausschlag gab, war der Stern. Ruhig und hell prangte er an dem dünnen, dunkelblauen Stoff, so als wäre er überzeugt davon, daß er am Himmel stand.

Ellen hatte das Geld vor sich auf den Ladentisch gelegt, sie hatte seit Wochen gespart. Sie wußte den Preis.

Die Gäste ringsum hörten zu essen auf. Die Verkäuferin stützte die dicken, roten Arme auf die silberne Kassa. Ihr Blick saugte sich an dem Stern fest. Sie sah nichts als den Stern.

Hinter Ellen stand jemand auf. Ein Sessel wurde gegen die Wand gestoßen.

»Bitte die Torte«, sagte Ellen noch einmal und schob das Geld mit zwei Fingern näher an die Kassa. Sie konnte sich diese Verzögerung nicht erklären. »Wenn sie mehr kostet«, murmelte sie unsicher, »wenn sie jetzt vielleicht mehr kostet, so hole ich den Rest, ich habe noch etwas zu Hause. Und ich kann mich beeilen –« Sie hob den Kopf und sah in das Gesicht der Verkäuferin. Was sie sah, war Haß.

»Wenn Sie bis dahin noch offen haben!« stammelte Ellen.

»Schau, daß du verschwindest!«

»Bitte«, sagte Ellen ängstlich, »Sie irren sich. Sie irren sich bestimmt. Ich will die Torte nicht geschenkt haben, ich will sie kaufen! Und wenn sie mehr kostet, so bin ich bereit, ich bin bereit –«

»Du bist nicht gefragt«, erklärte die Verkäuferin eisig, »geh! Geh jetzt, sonst lasse ich dich verhaften!«

Sie löste die Arme von der Kassa und ging langsam um den Ladentisch herum. Sie kam auf Ellen zu.

Ellen stand ganz still und sah ihr ins Gesicht. Sie war nicht sicher, auch wirklich wach zu sein. Sie strich mit der Hand über die Augen. Die Verkäuferin stand dicht vor ihr.

»Geh! Hörst du nicht? Sei froh, wenn ich dich gehen lasse!«

Sie schrie. Die Gäste rührten sich nicht. Ellen wandte sich hilfesuchend nach ihnen um. In diesem Augenblick sahen alle den Stern an ihrem Mantel. Einzelne lachten höhnisch. Die andern hatten ein mitleidiges Lächeln um den Mund. Keiner half ihr.

»Wenn sie mehr kostet«, begann Ellen zum drittenmal. Ihre Lippen zitterten.

»Sie kostet mehr«, sagte einer von den Gästen.

Ellen sah an sich hinab. Plötzlich wußte sie den Preis für die Torte. Sie hatte ihn vergessen. Sie hatte vergessen, daß die Leute mit dem Stern Geschäfte nicht betreten durften, noch weniger eine Konditorei. Der Preis für die Torte war der Stern.

»Nein«, sagte Ellen, »nein, danke!«

Die Verkäuferin packte sie am Kragen. Jemand stieß die Glastür auf. In der halbhellen Auslage stand die Torte. Sie war der Friede selbst.

Der Stern brannte wie Feuer. Er durchsengte den blauen Matrosenmantel und trieb Ellen das Blut in die Schläfen. Man hatte also zu wählen. Man hatte zu wählen zwischen seinem Stern und allen übrigen Dingen.

Ellen hatte die Kinder mit dem Stern beneidet, Herbert, Kurt und Leon, alle ihre Freunde, sie hatte ihre Angst nicht verstanden, aber nun saß ihr der Griff der Verkäuferin wie ein Frösteln im Nacken. Seit die Verordnung in Kraft war, hatte sie um den Stern gekämpft, aber nun brannte er wie glühendes Metall durch Kleid und Mantel bis auf die Haut.

Und was sollte sie Georg sagen?

Georg hatte heute Geburtstag. Die Tischplatte war nach beiden Seiten hin ausgezogen und mit einem großen hellen Tuch bedeckt. Das Tuch hatte die Farbe von Apfelblüten. Die Dame, die die Kammer neben der Küche bewohnte, hatte es Georg zu seinem Geburtstag geliehen.

Georg fand es merkwürdig, zu seinem Geburtstag etwas geliehen zu bekommen. Geliehen. Der Gedanke ließ ihn nicht los. Steif und einsam saß er auf dem Ehrenplatz und erwartete seine Gäste, er fror.

Sein und seines Vaters Bett waren dicht an die Wand gerückt, um Platz zu machen. Trotzdem würden sie nicht tanzen können, wie Bibi es wünschte. Georg zog die Brauen zusammen und legte die Hände vor sich auf den Tisch. Es war traurig, seinen Gästen nicht alles bieten zu können, was sie wünschten. Unbeholfen stand der große schwarze Kuchen inmitten der Tassen, als hätten sie ihn gegen seinen Willen zum König ausgerufen. Sie irrten sich, er war nicht aus Schokolade. Er war nur schwarz. Georg saß still. Er hatte sich unsinnig auf diesen Tag gefreut. Er hatte sich ebenso unsinnig gefreut wie damals vor fünfzehn Jahren seine Eltern, als sie ihn aus dem hellen Hospiz auf ihren Armen die Gasse hinab in das fallende Dunkel trugen. Georg war froh, geboren zu sein. Aber noch nie war seine Freude so groß gewesen wie in diesem Jahr.

Seit Wochen war von dem Geburtstagsfest die Rede; seit Wochen hatten sie geplant und alles miteinander besprochen.

Um die Feierlichkeit zu erhöhen, hatte ihm sein Vater einen dunkelgrauen Anzug geborgt. Ein schmaler lederner Riemen hielt die Hose hinauf. Der Rock war weit und doppelreihig, von Georgs Schultern fielen gelassen die Schultern seines Vaters ab. Wäre der Stern nicht gewesen, der große gelbe Stern an dem schönen Rock!

Er verdarb Georg alle Freude.

Der Stern hatte die Farbe der Sonne. Entlarvt war sie, die angebetete Sonne, dieses strahlende Gestirn der Kinderzeit! Wenn man die Augen zusammenkniff, bekam sie schwarze Ränder, die sich gewandt einzogen und ausbuchteten, und in der Mitte stand »Jude«.

Verzweifelt legte Georg die Hand darüber und nahm sie wieder weg. Schleier sanken aus dem stillen Hof durch die matten Scheiben und versuchten, den Stern zu verhüllen. Die geheime Polizei hatte verboten, den Stern zu verhüllen. Die Dämmerung machte sich straffällig, wie der Mond sich straffällig machte, so oft er sein spöttisches Licht über die verdunkelte Stadt warf.

Georg seufzte. Schon läuteten seine Gäste. Er sprang auf und rannte um den Tisch.

»Seid ihr alle da?«

»Ellen fehlt.«

»Vielleicht kommt sie nicht mehr!«

»Vielleicht will sie nicht kommen.«

»Vielleicht ist es nicht gut, mit uns zu verkehren.«

»Das glaube ich nicht«, sagte Georg nachdenklich. Noch immer sanken die Schleier durch die Scheiben. Und noch immer stand der Kuchen schwarz und unglücklich in der Mitte des Tisches.

»Warte nur«, sagte Georg, »bald kommt deine Braut. Deine Braut ist eine Torte, weiß mit rosa. Herzlichen Glückwunsch! Gleich wirst du weniger verlassen sein, mein Lieber!«

Der Kuchen schwieg.

»Ellen bringt sie«, sagte Georg eindringlich. »Ellen bringt sie sicher. Ellen muß den Stern nicht tragen, weißt du! Sie stößt die Glastüre auf und legt das Geld auf den Tisch. Sie sagt:

›Bitte die Torte!‹ und sie bekommt sie. Das gibt es. Das gibt es, sage ich dir. Alles bekommt man, wenn man den Stern nicht trägt!«

Bibi lachte, aber es klang nicht, als lachte sie wirklich. Die andern saßen rundherum und versuchten vergeblich, sich in dem leisen und unbeteiligten Tonfall der Erwachsenen zu unterhalten. Als hörten sie nicht das Weinen aus dem Zimmer nebenan und als hätten sie keine Angst. Im Zimmer nebenan weinte jemand, es mußte der junge Mann sein, den man vor kurzem hier eingewiesen hatte.

Georg stand auf, zog den Gürtel enger und legte die Hände breit und unsicher auf das Tischtuch. Er hustete und trank einen Schluck Wasser. Er wollte eine Rede halten und er wollte es feierlich machen. Er wollte sagen: Ich danke euch vielmals, daß ihr gekommen seid, und es ist mir eine Freude. Ich danke Bibi und Hanna und Ruth für die drei seidenen Taschentücher, ich habe sie wirklich gebraucht. Und ich danke Kurt und Leon für den ledernen Tabaksbeutel, der mir gerade fehlte. Wenn der Krieg zu Ende ist, ziehe ich ihn plötzlich aus der Tasche, und dann wollen wir die Friedenspfeife rauchen. Ich danke Herbert für den roten Wasserball, er gehört jetzt uns allen. Im nächsten Sommer wollen wir wieder Völkerball spielen.

Das alles wollte Georg sagen. Deshalb war er aufgestanden und hatte beide Hände auf das Tischtuch gelegt. Deshalb klopfte er unaufhörlich mit den Fingern an die Tischkante. Er wollte sich Gehör verschaffen.

Die Kinder schwiegen längst, aber der junge fremde Mann von nebenan schwieg nicht. Sein Weinen verlöschte Georg die Worte im Mund, wie ein Luftzug ein Streichholz nach dem anderen verlöscht.

Georg hatte eine große Rede halten wollen. Er hatte alles sagen wollen, aber jetzt sagte er nur: »Da weint jemand!« und setzte sich wieder nieder. »Weint eben jemand«, wiederholte Kurt mürrisch. Ein Löffel fiel zu Boden. Bibi schlüpfte unter den Tisch und hob ihn wieder auf. »Ist es nicht lächerlich«, sagte Herbert, »so zu weinen? Wegen nichts und wieder nichts!«

»Nichts und wieder nichts«, sagte Leon verzweifelt, »das ist es. Das ist es, sage ich euch!«

»Nehmt Kuchen!« rief Georg. Das sollte aufmunternd klingen, aber es klang erschreckend. Alle nahmen Kuchen. Georg beobachtete sie ängstlich. Sie aßen schnell und angestrengt, der Kuchen war zu trocken. Sie würgten. »Jetzt kommt Ellen bald mit der Torte«, sagte Georg. »Und es ist immer gut, wenn man das Beste zuletzt —«

»Ellen kommt nicht«, unterbrach ihn Kurt, »die will nichts mehr mit uns zu tun haben!«

»Nichts mit dem Stern.«

»Sie hat uns vergessen.«

Ruth stand auf und schenkte den Tee ein, still und schnell und ohne einen Tropfen zu verschütten. Verloren glänzten die Augen der Kinder über die weißen Tassen. Herbert tat, als hätte er sich verschluckt, und begann zu husten.

Georg ging langsam von einem zum andern, klopfte im Vorbeigehen jedem auf die Schulter, rief »Alter Knabe!« und ähnliche Dinge und lachte dazu. Die andern lachten mit. Sobald sie eine Sekunde damit aufhörten, hörten sie das Weinen von nebenan wieder ganz deutlich. Kurt wollte etwas Lustiges erzählen und stieß dabei mit dem Arm die Tasse um. »Es macht nichts«, rief Georg, »es macht gar nichts!« Bibi sprang auf und legte ihre Serviette unter den nassen Fleck.

Die Schleier, die durch die Scheiben fielen, wechselten vom Grau ins Schwarz. Grundlos glänzten die leeren Einsiedegläser vom Schrank herab.

Bibi flüsterte Kurt etwas zu.

»An meinem Geburtstag gibt es keine Geheimnisse!« murrte Georg gekränkt.

»Sei froh, wenn du's nicht weißt!« rief Bibi mit ihrer hellen und etwas lauten Stimme über den Tisch. »Sei froh, Georg, es ist nichts für deinen Geburtstag!« Bibi war glücklich, wenn sie Geheimnisse haben konnte. Sie dachte nicht weiter, was etwas außerdem war. Wenn es ein Geheimnis war, so genügte es ihr.

Das Weinen nebenan ließ nicht nach. Hanna sprang plötzlich auf. »Ich frage ihn jetzt«, rief sie aufgebracht, »und ich frage sofort!«

Georg verstellte die Tür. Er spannte die Arme aus und preßte den Kopf an das Holz, eine lebendige Barrikade gegen das Weinen, das in allen Nebenzimmern ist, wenn man es hören will. Hanna hatte seine Schultern gepackt und versuchte, ihn wegzureißen. »Ich will es wissen, hörst du?«

»Es geht uns nichts an! Schlimm genug, daß wir Tür an Tür mit Fremden wohnen müssen. Weshalb sie lachen und weshalb sie weinen, das geht uns nichts an!«

»Es geht uns an«, rief Hanna außer sich, »es ist uns immer schon angegangen, wir waren viel zu taktvoll. Aber jetzt geht es uns ganz besonders an!« Sie wandte sich zu den andern. »Helft mir, helft mir doch! Wir müssen Gewißheit bekommen!«

»Man darf nicht Gewißheit verlangen«, sagte Georg leise, »das tun die Großen, das tun sie fast alle, aber deshalb stirbt man. Weil man Gewißheit verlangt. Soviel ihr fragt, es wird immer ungewiß bleiben, immer, hört ihr? Solange ihr lebt.« Er umklammerte mit starren Fingern die Türpfosten. Seine Arme wurden allmählich schlaff und drohten herabzusinken.

»Du bist krank«, sagte Hanna, »du bist krank, Georg.« Die andern standen stumm im Kreis.

Herbert drängte sich vor.

»Wollt ihr wissen, was Bibi vorhin gesagt hat? Ich weiß es! Ich habe es gehört. Soll ich es sagen? Ja? Soll ich es sagen?«

»Sag's!«

»Sag's nicht!«

»Wehe dir, Herbert!«

»Bibi hat gesagt, sie hat gesagt —«

»Ich will es nicht wissen!« schrie Georg. »Heute ist mein Geburtstag und ich will es nicht wissen!« Seine Arme sanken endgültig herab. »Heute ist mein Geburtstag«, wiederholte er erschöpft, »und ihr habt mir alles Gute gewünscht. Jeder von euch.«

»Er hat recht«, sagte Leon, »heute ist sein Geburtstag und sonst nichts. Wir wollen etwas spielen!«

»Ja«, sagte Georg, »bitte!« Seine Augen begannen wieder zu glänzen. »Ich habe das Lotto schon vorbereitet.«

»Und worum spielen wir?«

»Um die Ehre.«

»Um die Ehre?« höhnte Kurt erbittert. »Um welche Ehre? Spielt doch gleich um den Stern!«

»Jetzt beginnt ihr wieder«, sagte Georg steif.

»Und jetzt«, stammelte Herbert, »jetzt werde ich euch auch sagen, was Bibi gesagt hat! Sie hat gesagt —« und ehe es ihr noch gelang, die Hand vor seinen Mund zu legen — »Bibi hat gesagt: Der Stern bedeutet den Tod!«

»Das ist nicht wahr!« sagte Ruth.

»Ich habe Angst«, sagte Hanna, »weil ich noch sieben Kinder haben möchte und das Haus an der schwedischen Küste. Aber manchmal, in letzter Zeit, streicht mir mein Vater oft über das Haar, und bevor ich mich umdrehen kann, beginnt er zu pfeifen –«

»Die Erwachsenen«, rief Herbert aufgeregt, »die Erwachsenen bei uns zu Hause reden in fremden Sprachen!«

»Das tun sie immer«, sagte Leon, »das haben sie immer schon getan.« Seine Stimme veränderte sich. »Alles wird deutlicher.«

»Undeutlicher«, sagte Ruth verwirrt.

»Es deckt sich«, erklärte Leon. Doch schien es ihm, als spräche er ein Geheimnis aus, das er besser verschwiegen hätte. Ergib dich in das Ungewisse, damit du gewiß wirst.

Die andern wandten sich ab. »Dürfen wir, Georg? Die Luft wird stickig hier.« Sie rissen das Fenster auf und beugten sich hinaus. Es war dunkel und tief wie ein Meer. Den Hof erkannte man nicht.

»Wenn wir jetzt springen würden«, sagte Kurt heiser, »einer nach dem andern! Einen Augenblick lang und wir hätten keine Angst mehr. Keine Angst. Stellt euch das vor!«

Die Kinder schlossen die Augen, sie sahen sich deutlich, eines nach dem andern. Schwarz und schnell und gerade, als sprängen sie ins Wasser.

»Ist es nicht gut?« sagte Kurt. »Wenn sie uns dann finden, lang und reglos. Es gibt Leute, die sagen: Die Toten lachen. So lachen wir sie aus!«

»Nein«, schrie Herbert, »nein, man darf es nicht!«

»Die Mama erlaubt's nicht!« spottete Kurt.

»Das muß jeder selbst wissen«, sagte Ruth ruhig aus dem Dunkel des Zimmers. »Was man zum Geburtstag geschenkt bekommt, das wirft man nicht weg.«

»Und heute ist mein Geburtstag«, wiederholte Georg, »ihr seid unhöflich.« Mit allen Mitteln versuchte er, die andern vom Fenster wegzulocken. »Wer weiß, ob wir im nächsten Jahr noch beisammen sind. Vielleicht ist es unser letztes Fest!«

»Im nächsten Jahr!« rief Kurt höhnisch. Wieder bemächtigte sich Verzweiflung der Kinder. »Bitte nehmt Kuchen!« schrie Georg außer sich. Wäre Ellen nur hier gewesen. Ellen hätte ihm vielleicht geholfen. Ellen hätte sie überredet und vom Fenster weggebracht. Aber sie war nicht hier.

»Wenn wir es tun würden«, wiederholte Kurt drängend, »wenn wir es jetzt tun würden! Wir haben nichts zu verlieren.«

»Nichts als den Stern!«

Ellen erschrak.

Die Nebel zerrissen. Wie ein hoher gewölbter Spiegel war der Himmel. Er spiegelte keine Gestalt mehr, keinen Umriß und keine Begrenzung, keine Frage und keine Angst. Er spiegelte nur mehr den Stern. Flimmernd, ruhig und unerbittlich.

Der Stern führte Ellen durch feuchte, finstere Gassen, weg von Georg, weg von ihren Freunden, weg von allen ihren Wünschen, in eine Richtung, die entgegengesetzt war allen anderen Richtungen, indem sie sie vereinte. Der Stern führte Ellen gegen sich selbst. Sie taumelte, mit ausgebreiteten Armen stolperte sie dem Stern nach. Sie sprang und griff, aber da war nichts zu greifen. Da hing kein Draht herab.

Hatte die Großmutter nicht recht gehabt mit allen ihren Warnungen?

»Wehe, wenn du den Stern nimmst, sei froh, wenn es dich nicht trifft! Niemand weiß, was der Stern bedeutet. Und niemand weiß, wohin er führt.«

Nein, das konnte man ja nicht wissen, das durfte man auch nicht wissen, man mußte ihm nur nachgehen, und diese Verordnung traf alle.

Wovor sollte man da noch Angst haben? Was sollten alle Wahrsager, wenn es doch den Stern gab? Hatte nicht er allein die Macht, die Zeit aufzulösen in das andere und die Angst zu durchstoßen?

Ellen blieb plötzlich stehen. Sie schien angelangt. Ihr Blick löste sich langsam von dem Stern und wanderte den Himmel herab bis zu den Dächern. Von den Dächern war es kein langer Weg mehr zu Nummern und Namen. Es war alles dasselbe, sie verbargen sich vor dem Stern.

Ellen stand vor dem Haus, in dem Julia wohnte. Julia, von der man nicht sprach und die sie ausgeschlossen hatten, nachdem sie sich selbst ausgeschlossen hatte. Sie wollte gar nicht zu ihnen gehören, denen stand ja die Angst im Gesicht. Die mußten ja Unglück haben. Julia hatte schon damals am Kai nicht mehr mitspielen wollen. Sie hätte den Stern tragen müssen, aber sie trug ihn nicht. Seit die Verordnung mit dem Stern in Kraft war, betrat sie die Straße nicht mehr.

Julia zählte sich nicht mehr zu den Kindern mit dem Stern. »Ich verlasse das Haus nur, um nach Amerika zu fahren!«

»Du wirst das Visum nicht bekommen, ich habe es auch nicht bekommen!«

»Du nicht, Ellen. Aber ich werde es bekommen. Mit dem letzten Zug werde ich fahren, mit dem allerletzten Zug!«

Seither hatte Ellen Julia nicht mehr gesehen. Julia, das war der Name des immerwährenden unverständlichen Gelingens, neben dem Ellen der Name des immerwährenden Mißlingens war. Unter den Kindern galt es außerdem als Verrat, sie zu besuchen. Wie hatte die Großmutter unlängst gesagt: »Julia fährt nach Amerika. Du solltest dich von ihr verabschieden.«

»Verabschieden? Auch noch verabschieden? Freundlich sein vielleicht und alles Gute für die Reise wünschen?«

Ellen stöhnte und zog den Mantelkragen hoch.

Einige Sekunden später wurde sie in die Arme geschlossen und erfuhr unter vielen schnellen zärtlichen Küssen, daß Julia wenige Stunden vorher das amerikanische Visum bekommen hatte. Julia, die sechzehn Jahre alt war, lange seidene Hosen trug und sich damit aufhielt, Taschentücher nach der Farbe zu sortieren.

Nun saß Ellen bleich und steif auf dem hellgrünen Hocker, versuchte die Tränen hinunterzuwürgen und zog die Füße ein, um die rundherum verstreuten Kleider nicht zu beschmutzen. Vor dem Fenster stand ein Schiffskoffer. »Früher habe ich auch öfter Packen gespielt«, sagte Ellen mühsam.

»Spielen!« rief Julia.

»Aber jetzt schon lange nicht mehr«, sagte Ellen.

»Weshalb weinst du?« fragte die Ältere erstaunt. Ellen gab keine Antwort. »Grüne mit weißen Rändern!« sagte sie statt dessen bewundernd und hob ein Paar Sonnenbrillen vom Boden auf. »Wirst du ein Gebetbuch mitnehmen?«

»Ein Gebetbuch? Merkwürdige Gedanken hast du, Ellen! Das kommt, glaube ich, von der Entwicklung.«

»Die meisten Gedanken kommen von der Entwicklung«, murmelte Ellen.

»Aber wozu sollte ich ein Gebetbuch brauchen?«

»Vielleicht —« sagte Ellen, »ich habe nämlich gedacht, falls das Schiff untergeht. Da soll es ganz gut sein —« Julia ließ die Taschentücher fallen und starrte sie erschrocken an. »Warum soll das Schiff untergehen?«

»Hast du keine Angst?«

»Nein«, schrie die Ältere zornig, »nein, ich habe keine Angst! Wovor soll ich denn Angst haben?«

»Es wäre ja möglich«, beharrte Ellen ruhiger, »es wäre ja möglich, daß ein Schiff untergeht.«

»Wünschst du mir's vielleicht?«

Beide atmeten schwer. Und ehe eine von ihnen zur Besinnung kam, hatten sie sich gepackt und zu Boden gerissen. »Nimm das zurück!«

Sie rollten halb unter das Klavier. »Du beneidest mich. Ich habe das größere Abenteuer!«

»Das größere Abenteuer werde ich haben!«

Die Qual verlieh Ellen Kraft. Während Julia ihre Arme krampfhaft umklammert hielt, stieß sie mit dem Kopf nach ihrem Kinn. Da aber die Ältere größer und viel gewandter war, gelang es ihr ganz gut, sich zu verteidigen. Dazwischen flüsterte sie grausam: »Der Ozean ist blaugrün. Auf der Pier werde ich erwartet. Und im Westen gibt es Palmen.«

»Hör auf!« keuchte Ellen und hielt ihr den Mund zu, aber Julia sprudelte weiter von College und Golf, quer durch Ellens Finger hindurch, und als die Kleinere für einen Augenblick losließ, sagte sie deutlich: »Drei Personen haben für mich gebürgt.«

»Ja«, schrie Ellen erbittert, »und für mich bürgt niemand!«

»Für dich kann man auch nicht bürgen.«

»Gott sei Dank nicht«, sagte Ellen.

Erschöpft hielten beide still.

»Du beneidest mich«, sagte Julia, »du hast mich immer beneidet.«

»Ja«, erwiderte Ellen, »das ist wahr, ich habe dich immer beneidet. Schon damals, als du gehen konntest und ich noch nicht, weil du ein Fahrrad hast und ich keines. Und jetzt? Jetzt fährst du über das Meer und ich nicht. Jetzt wirst du die Freiheitsstatue sehen und ich nicht –«

»Jetzt habe ich das größere Abenteuer!« wiederholte Julia triumphierend.

»Nein«, sagte Ellen leise und ließ sie ganz los, »vielleicht ist es das größere Abenteuer, das alles nicht zu haben.«

Noch einmal packte Julia die Kleinere, preßte ihre Schultern gegen die Wand und sah sie angsterfüllt an: »Wünschst du mir, daß das Schiff untergeht? Ja oder nein?«

»Nein«, rief Ellen ungeduldig, »nein, nein, nein! Denn dann hättest du ja das größere Abenteuer und außerdem –«

»Außerdem?«

»Könntest du auch meine Mutter nicht von mir grüßen.«

Sie verstummten erschrocken, der letzte Teil des Kampfes verlief lautlos.

Anna öffnete die Tür und stand gegen das Dunkel. Sie trug ein helles Halstuch und lachte. »Wie betrunkene Matrosen!« sagte sie gelassen. Sie wohnte im selben Haus und kam ab und zu herauf. Aber sie war älter als Julia.

Ellen sprang auf, stieß mit der Stirn gegen eine Kante und rief: »Ich glaube, Ihr Stern leuchtet.«

»Ich habe ihn gestern frisch gewaschen«, antwortete Anna. »Wenn ich ihn schon trage, so soll er auch leuchten.« Sie lehnte den Kopf an den Türpfosten. »Alle Leute müßten Sterne tragen!«

»Ich nicht«, rief Ellen erbittert, »ich darf ihn nicht tragen! Zwei falsche Großeltern zuwenig. Und sie sagen, ich gehöre nicht dazu!«

»Ach«, sagte Anna und lachte wieder, »vielleicht ist es gleichgültig, ob man ihn auf dem Mantel trägt oder im Gesicht.«

Julia erhob sich stöhnend und langsam. »Du jedenfalls trägst ihn doppelt, auf dem Mantel und im Gesicht. Hast du immer Grund, vergnügt zu sein?«

»Ja«, antwortete Anna, »du nicht?«

»Nein«, sagte Julia zögernd, »obwohl ich in der nächsten Woche nach Amerika fahre. Aber Ellen beneidet mich.«

»Worum?« sagte Anna.

»Wenn das nicht klar ist«, murmelte Ellen.

»Ganz klar«, sagte Anna, »Amerika. Ich wollt es nur genauer wissen.«

»Das Meer«, stammelte Ellen verwirrt, »und die Freiheit!«

»Das ist ungenauer«, erwiderte Anna ruhig.

»Wie machen Sie es«, sagte Ellen, »ich meine: haben Sie einen besonderen Grund dafür?«

»Wofür? Was meinst du?«

»Was Julia vorhin meinte. Leuchten!«

»Ich habe keinen besonderen Grund dafür«, sagte Anna langsam.

»Doch!« beharrte Julia. »Weshalb bist du gekommen?«

»Ich bin gekommen, um von dir Abschied zu nehmen.«

»Aber ich habe das Visum erst heute bekommen und du konntest noch gar nicht wissen —«

»Nein«, sagte Anna mühsam, »ich wußte es auch nicht. Trotzdem bin ich gekommen, um von dir Abschied zu nehmen.«

»Das verstehe ich nicht!«

»Auch ich fahre weg.«

»Wohin?«

Anna gab keine Antwort.

Ellen war wieder aufgesprungen. »Wohin fahren Sie?«

Julia wurde rot vor Freude. »Wir fahren miteinander!«

»Wohin fahren Sie?« wiederholte Ellen. Anna richtete die Augen auf sie und sah ruhig in ihr gequältes und sehr blasses Gesicht.

»Beneidest du mich, Ellen?«

Ellen wandte den Kopf zur Seite, fühlte sich aber gezwungen, hinzusehen.

»Ja oder nein?«

»Ja«, sagte Ellen leise, und es schien ihr, als blieben ihre Worte vor Verzweiflung still im Raum, »ja, ich beneide Sie.«

»Gib acht!« sagte Julia spöttisch. »Gleich wirft sie sich auf dich!«

»Laß sie!« sagte Anna.

»Sie hat recht«, murmelte Ellen müde, »aber meine Mutter ist drüben. Und die Freiheit.«

»Die Freiheit, Ellen, die Freiheit ist dort, wo dein Stern steht.« Sie zog Ellen an sich. »Ist es wirklich wahr, beneidest du mich?«

Ellen versuchte sich loszureißen, biß die Zähne in die Lippen und kam nicht los. Wieder wandte sie sich weg und wieder fühlte sie sich gezwungen, noch einen Blick in dieses Gesicht zu werfen. Da sah sie eine Sekunde lang, wie das

Leuchten zerbrach. Und sie sah in Annas Gesicht Angst, tödliche Angst und einen verzerrten Mund.

»Nein«, stammelte Ellen entsetzt, »nein, ich beneide Sie nicht. Wohin fahren Sie?«

»Was habt ihr denn?« sagte Julia ungeduldig.

Anna stand auf, sie schob Ellen von sich. »Ich bin gekommen, um Abschied zu nehmen.«

»Fahren wir nicht miteinander?«

»Nein«, sagte Anna. »Die Richtung ist verschieden.« Sie lehnte sich leicht an die Wand und versuchte, Worte zu finden.

»Ich – ich habe die Aufforderung für Polen.«

Das war es, was sie nicht auszusprechen wagten – die Großmutter, Tante Sonja, alle, alle. Das war es, wovor sie zitterten. Ellen hörte es jetzt zum erstenmal laut. Alle Angst der Welt war für sie darin beschlossen. »Was wirst du tun?« fragte Julia erstarrt.

»Fahren«, sagte Anna.

»Nein, das meine ich nicht. Ich meine – was erhoffst du?«

»Alles«, sagte Anna. Und der Glanz einer größeren Hoffnung überflutete wieder die Angst in ihrem Gesicht.

»Alles?« sagte Ellen leise. »Alles – haben Sie gesagt?«

»Alles«, wiederholte Anna ruhig. »Ich habe immer alles erhofft. Weshalb sollte ich es gerade jetzt aufgeben?«

»Das –« stammelte Ellen, »das habe ich gemeint. Das bedeutet der Stern: alles!«

Julia sah verwirrt von einer zur andern.

»Wartet!« rief Ellen. »Es dauert nicht lange, ich hole nur die andern.«

Und ehe jemand sie aufhalten konnte, hatte sie die Tür hinter sich zugeschlagen.

Erschrocken wichen sie vom Fenster zurück.

»Kommt mit mir!«

»Wohin?«

»Wenn ihr wissen wollt, was der Stern bedeutet –«

Sie waren vor Angst so geschwächt, daß sie nicht weiter fragten. Sie waren froh, weggeholt zu werden von der saugenden Tiefe. Schweigend rannten sie hinter Ellen her. Sie sahen nicht mehr die kleinen, schwer bepackten Leiterwagen am Rand der Fahrbahn im Dunkeln, nicht die verweinten Gesichter und auch nicht das Lachen der Gleichgültigen. Sie sahen wie Ellen nur mehr den Stern.

Vor dem fremden Haustor prallten sie zurück.

»Nicht zu Julia!«

»Nein«, sagte Ellen und stieß das Tor auf.

Julia hatte die verstreuten Taschentücher weggeräumt. Während sie die Kinder begrüßte, sprach sie nicht von ihrem Visum und sah ihnen nicht ins Gesicht.

»Wir wären nie mehr zu dir gekommen«, sagte Bibi mit ihrer hohen Stimme, »Ellen ist schuld!«

»Nie!« wiederholten die andern.

»Wir hätten uns das leicht ersparen können«, sagte Kurt. Ihre schweren Schuhe ließen Spuren auf dem hellen Boden.

»Anna ist hier«, sagte Ellen.

Anna, das war wie ein Atemzug. Wie Hinnehmen und Hingeben in einem.

Anna saß auf dem Schiffskoffer und lachte ihnen entgegen. Sie verloren ihre Befangenheit. »Wollt ihr euch nicht setzen?«

Sie setzten sich im Kreis auf den Fußboden. Zwischendeck. Es schien plötzlich, als wären sie längst unterwegs.

»Und was wollt ihr wissen?«

»Wir wollen wissen, was der Stern bedeutet!«

Anna sah ruhig von einem zum andern. »Weshalb wollt ihr das wissen?«

»Weil wir Angst haben.« Ihre Gesichter flackerten.

»Und wovor habt ihr Angst?« sagte Anna.

»Vor der geheimen Polizei!« Sie riefen durcheinander.

Anna hob den Kopf und sah alle auf einmal an. »Aber wieso? Wieso fürchtet ihr gerade die geheime Polizei?« Die Kinder schwiegen verblüfft.

»Sie verbieten uns zu atmen«, sagte Kurt und wurde rot vor Zorn, »sie spucken uns an, sie sind hinter uns her!«

»Merkwürdig«, sagte Anna, »weshalb tun sie das?«

»Sie hassen uns.«

»Habt ihr ihnen etwas getan?«

»Nichts«, sagte Herbert.

»Ihr seid in der Minderheit. Ihr seid verhältnismäßig kleiner und schwächer als sie. Ihr habt keine Waffen. Und doch läßt es ihnen keine Ruhe.«

»Wir wollen wissen, was der Stern bedeutet!« rief Kurt. »Was wird mit uns geschehen?«

»Wenn es finster wird«, sagte Anna, »wenn es sehr finster wird, was geschieht dann?«

»Man hat Angst.«

»Und was tut man?«

»Man wehrt sich.«

»Man schlägt um sich, nicht wahr?« sagte Anna. »Man merkt, daß es nichts nützt. Es wird noch finsterer. Was tut man jetzt?«

»Man sucht ein Licht«, rief Ellen.

»Einen Stern«, sagte Anna. »Es ist sehr finster um die geheime Polizei.«

»Sie glauben – – glauben Sie das wirklich?« Unruhe entstand unter den Kindern. Weiß und wild strahlten ihre Gesichter.

»Ich weiß es!« Georg sprang auf. »Ich weiß es jetzt, ich weiß es!«

»Was weißt du?«

»Die geheime Polizei hat Angst.«

»Klar«, sagte Anna. »Die geheime Polizei *ist* Angst, lebendige Angst – weiter nichts.« Der Glanz in ihrem Gesicht vertiefte sich.

»Die geheime Polizei hat Angst!«

»Und wir haben Angst vor ihnen!«

»Angst vor der Angst, das hebt sich auf!«

»Angst vor der Angst, Angst vor der Angst!« rief Bibi und lachte. Sie packten sich an den Händen und sprangen rund um den großen Koffer.

»Die geheime Polizei hat ihren Stern verloren.«

»Die geheime Polizei geht einem fremden nach.«

»Aber den sie verloren haben und den wir tragen, das ist alles ein und derselbe!«

»Und wenn wir uns doch zu früh freuen würden«, sagte Bibi und stand still. »Wenn es doch wahr wäre, was ich gehört habe?«

»Was hast du gehört?«

»Der Stern bedeutet den Tod.«

»Woher weißt du das, Bibi?«

»Weil meine Eltern dachten, ich wäre schon eingeschlafen.«

»Vielleicht hast du falsch verstanden«, murmelte Ellen, »vielleicht haben sie gemeint, daß der Tod den Stern bedeutet?«

»Laßt euch nicht irreführen«, sagte Anna ruhig, »das ist alles, was ich euch raten kann: Geht dem Stern nach! Fragt nicht die Erwachsenen, sie täuschen euch, wie Herodes die drei Könige täuschen wollte. Fragt euch selbst, fragt eure Engel.«

»Der Stern«, rief Ellen und ihre Wangen glühten, »der Stern der Weisen, das habe ich gewußt!«

»Habt Mitleid mit der geheimen Polizei«, sagte Anna. »Sie haben schon wieder Angst vor dem König der Juden.«

Julia stand auf und zog fröstelnd die Vorhänge zu. »Wie finster es geworden ist!«

»Um so besser«, sagte Anna.

Das große Spiel

Maria ließ das Bündel fallen und Josef stieß den Engel leicht in die Seite. Der Engel wandte den Kopf und lächelte hilflos zu den heiligen drei Königen hinüber, die als Landstreicher verkleidet nebeneinander auf der großen Kiste saßen. Die heiligen drei Könige zogen die Beine ein wenig hoch und starrten brennend, mit blassen, finsteren Gesichtern nach der Tür. Es hatte geläutet.

Der Engel verlor alle Überlegenheit. Derselbe Engel, der ihnen eben mit einem leisen Jauchzen seiner schwankenden Knabenstimme geboten hatte: »Werft eure Mäntel ab!« als Beweis dafür, daß sie Suchende seien, daß sie von weit her kämen, daß sie Geschenke trügen und silberne Christbaumketten unter ihren schmutzigen Fetzen um den Leib geschlungen hätten, daß – daß –

Aber es war keine Zeit mehr. Es hatte geläutet.

Und sie mußten in der halben Dämmerung, die Hände um die Knie geschlungen, verbittert und reglos, die alte Ungewißheit weiter ertragen, ob wir nichts oder Könige sind. Und sie durften ihre Mäntel nicht abwerfen, weil sie Angst hatten, Angst, noch immer. Jede kleinste Bewegung konnte sie verraten. Ihre Schuld war, geboren zu sein, ihre Angst war, getötet und ihre Hoffnung, geliebt zu werden: die Hoffnung, Könige zu sein. Um dieser Hoffnung willen vielleicht wird man verfolgt.

Josef fürchtete seine eigene Angst und sah weg. Maria bückte sich und hob mit einer lautlosen Bewegung das Bündel wieder auf. Nichts soll eine Mutter hindern. Sie schmiegte sich an Josef, der wegsah, wie der König in ihrem Arm sich an das Kreuz schmiegen würde, an das er geschmiedet war. Während die Kinder sich fürchteten, ahnten sie seine Lehre, sich zu schmiegen, woran man geschmiedet wird, und sie fürchteten diese Ahnung mehr als das schrille schnelle Läuten draußen vor der Tür.

Möglich aber, daß diese Ahnung selbst zu läuten begonnen hatte.

Schweigend verharrten sie in der Finsternis. Mit einer verrosteten Sicherheitsnadel steckte der Engel das Leintuch fester um seine Schultern. »Es wird nichts sein«, stammelte er, »es klingt wirklich nur, als ob –«, er brach ab.

»Sei still«, sagte der größte Landstreicher höhnisch, »bleib bei deiner Rolle!«

Und es läutete. Es läutete: viermal kurz und dreimal lang. Aber das verabredete Zeichen war anders.

»Irgend jemand irrt sich«, flüsterte der Landstreicher mit dem steifen Fuß, der kleinste von allen. »Irgend jemand weiß nicht, ob er zu uns oder zur geheimen Polizei gehört. Ob er ein Freund oder ein Mörder ist.«

Wer weiß das schon von sich?

Der kleine schwarze Hund unter dem Tisch begann zu bellen.

»Haltet ihm die Schnauze zu«, sagte Josef böse, »der ist nichts mehr für uns.«

»Ich war von Anfang an dagegen, ihn zu behalten«, sagte Maria, »wir haben kein Futter für ihn und es könnte sein, daß er uns verrät. Es steht auch an dieser Stelle nur etwas von einem Esel. Etwas, das trägt«, seufzte sie dann, »etwas Stilles, das trägt«.

»Juden dürfen keine Haustiere haben«, flüsterte der Engel, »und ein versiegelter Waggon trägt auch. Die Frage ist nur, wohin.«

»Vor Ägypten wird gekämpft!«

»Dann eben nach Polen.«

»Und der König der Juden?«

»Fährt mit.«

Das Läuten an der Tür setzte wieder ein, es klang jetzt flehend.

»Wir beginnen zu spielen, wir öffnen nicht!«

»Dann rasch, beeilt euch! Achtung – fertig –«

»Los!«

Die drei Landstreicher sprangen auf. Spiegelnd hielten sie ihre Laternen gegen das Glas der alten Kommode.

»Habt ihr den Frieden gesehen?« rief der kleinste Landstreicher.

»Aber du hältst ja deine Laterne ganz schief!« Der Engel unterbrach ihn. »Herbert, ich glaube fast, deine Faust zittert. Hast du Angst? Das gehört nicht zu deiner Rolle. Habt ihr den Frieden gesehen? Frag wie ein Mann, Kleiner, greif über ihre Schultern, damit sie zu suchen beginnen, in ihren Patronentaschen und unter ihren Kopfkissen –«

»Habt ihr den Frieden gesehen?«

Das Läuten verstummte und schien ebenfalls auf Antwort zu warten. Die Kinder fröstelten und rückten aneinander. Gähnend und abgründig tat sich die Leere vor ihnen auf und befahl: erfüllt mich! Da ließen sie den zweiten Landstreicher sagen:

»Es ist niemand hier.«

»Niemand, hörst du, Georg? Niemand, ein furchtbares Wort. Alle und doch niemand, Millionen Menschen und doch niemand. Niemand, alle, die hassen, und alle, die wegschauen, hört ihr: Niemand haßt uns, niemand verfolgt uns – niemand!

Warum fürchtet ihr euch? Niemand, sag es noch einmal, Georg! Zu singen soll sie beginnen, deine Traurigkeit, und in ihren Massenversammlungen sollen sie es hören: Niemand, niemand, niemand ist hier!«

Waghalsig flackerten die Laternen der drei Landstreicher in das dunkle Zimmer.

»Zu lange haben wir gesucht!«
»Verflucht, auch unser Licht geht aus.«
»Jetzt finden wir ihn nimmermehr.«
»Und unsere Kraft zerbricht.«
»Ja, wenn man wüßt –»
»Was Friede ist!«
»Aber man weiß es nicht.«

Mutlos ließen sie sich auf den schmutzigen Teppich fallen.

»Auf dieser Erde ist es nicht.«
»Wir haben überall gesucht –«
»Geschrien –«
»Gedroht!«
»Gefleht!«
»Geflucht!«

Wieder setzte das Läuten ein. Die Stimmen der Kinder überstürzten sich. Sekundenlang gelang es ihnen, die Glocke zu übertönen.

»Wir leuchteten in jedes Haus.«
»Man warf uns überall hinaus.«
»Zu schwach brennt euer Licht!«

sagte der Engel in die Atempause der Menschen.

»Was sagt ihr da?«
»Ich sprach kein Wort.«
»Es kam von da!«
»Es kam von dort!«

Unbeirrt stritten die Landstreicher weiter, zerpflückten die
Stimme des Engels und lösten sie in Unruhe auf:

»Ihr habt's gesagt!«
»Nein, ihr!«
»Und ihr!«
»O weh, ihr lügt –«
»Es kam von hier!«
»Was stoßt ihr, Herr?«
»Von ungefähr.«
»Von ungefähr?
Ei, das ist gut,
da bleibe ich auf meiner Hut!«
»Wie seid ihr feig,
ich habe Mut!«

»Den Frieden suchet ihr!« rief der Engel und schwang sich auf
den Schrank. »Den Frieden!« seufzte er, aber das Läuten blieb
wie ein stählerner Rahmen um ein dunkles Bild.

»Wir haben überall gesucht.«
»Die Straßen auf, die Straßen ab«,
»Und alles haben wir versucht.«
»Geraubt, getötet und gebrannt«,
»Wir stiegen bis zur Höll hinab!«
»Und fanden nichts –«

Fluchend und ineinander verkeilt lagen die Landstreicher auf der Erde. Immer schneller und eindringlicher brannte die Stimme des Engels über ihren Raufhändeln. Die Kapuzen schwankten und die Flurglocke schrillte über die Stimme des Engels. Wie eisiger Regen sprühte dieses Läuten in die abgewandten, verhüllten Gesichter der Kinder. Öffnet, öffnet!

Dieses dunkle Zimmer war nichts mehr als eine einzige schwankende Kapuze, die schlecht schloß.

Und es läutete. Viermal kurz und dreimal lang. Die quälende Beharrlichkeit der falschen Parole.

Die drei Landstreicher versenkten lauernd Knie und Fäuste in den alten Teppich. Der Jüngste hob den Zeigefinger.

»Da sahen wir
Ein Lichtlein schimmern durch die Tür.«
»'s ist niemand hier –«
»Nun sind wir ganz verwirrt.«

Die Stimme des Kleinsten zitterte. Die andern schoben ihn beiseite. Jeder der drei Landstreicher wollte zuerst sprechen:

»Wer sagt uns, wo der Friede ist?«
»Wer ihn entdeckt?«
»Und wer ihn mißt?«
»Ja, wenn man wüßt –«
»Was Friede ist –«

Erschöpft ließen sie die Köpfe sinken.

»Zerfetzt ist unser Kleid«,
»Zerrissen unsere Schuh!«
»Wir finden keine Ruh'
in Ewigkeit.«

Wieder hob der Kleinste den Zeigefinger.

>Da fällt mir etwas ein,
Ihr müßt ganz stille sein.«
>Es ist Weihnachtszeit«,

seufzte der Engel vom verhangenen Fenster her.

>Weihnachtszeit?«

Die drei Landstreicher richteten sich rasch auf. Es hing mit Geschenken zusammen, mit Kuchen und Mistelzweigen und den verständnislosen, erregten Gesichtern der Erwachsenen. Wie aber hing es mit dem Schrillen der Glocke zusammen, das jetzt nicht mehr abriß?

>Beeilt euch!« mahnte der Krieg, der, einen riesigen, gestohlenen Luftschutzhelm bis weit über die Mitte des Gesichts gezogen, an der Tür zum Vorzimmer lehnte. »Sie rennen uns die Tür ein. Sie verladen uns sonst, bevor wir fertig sind.«

>Um so besser«, sagte Josef mürrisch, »der Jänner ist so grau. Alle Silberschnüre sind dann schon zerschnitten, und der Magen tut weh.«

>Bis es Mai wird, sind wir schon Kirschbäume«, sagte der Krieg spöttisch.

>Sei still«, rief Maria, die das Bündel fest an sich gepreßt hielt, »hör auf damit, ich will kein Kirschbaum sein! Und auch sonst kein Baum!«

>Spielt weiter!« rief der Engel.

>Was heißt das nun,
was sollen wir tun?«
>Kommt, singen wir das Weihnachtslied!«

Die drei Landstreicher bewegten die Lippen, aber sie konnten nicht singen, in der Ewigkeit der letzten Viertelstunde hatten sie es verlernt. Die Lust an der Lust hatten sie verloren, etwas Fremdes hatte ihre Lippen versiegelt.

»Ich bin zu müd,
bin viel zu müd!«
»Und deine Flöte klinget hohl,
du bläst ja keinen klaren Ton!«
»Doch hört –«
»Der Friede läuft davon!«
»Ich hol ihn ein!«
»Nein, ich –«
»O nein!«
»Wo ist das Licht?«
»Ich find es nicht –«

Die Kinder sprangen auf. Das Läuten da draußen war plötzlich abgebrochen. Plötzlich und, wie es allen schien, endgültig. Nichts rührte sich mehr.

»Öffnet«, sagte der Engel leise, »öffnet lieber!«

Das Leintuch blieb hängen und hinderte ihn, vom Schrank zu springen. Der Krieg stieß die Tür ins Vorzimmer auf. Die drei Landstreicher jagten hinaus.

Öffnet, öffnet jedem, der euch verlangt! Wer nicht öffnet, versäumt sich selbst.

Die Kinder rissen entschlossen die Flurtür auf und prallten enttäuscht zurück.

»Du? Sonst niemand?«

Verweint und erschöpft lehnte Ellen an dem eisigen, grauschwarzen Stiegengeländer.

»Weshalb habt ihr nicht aufgemacht?«

»Du hast das Zeichen nicht gewußt!«

»Ihr habt es mir nicht gesagt.«

»Weil du nicht zu uns gehörst.«

»Laßt mich mitspielen!«

»Du gehörst nicht zu uns!«

»Und weshalb nicht?«

»Du wirst nicht geholt werden.«

»Ich verspreche es euch«, sagte Ellen, »daß ich geholt werde.«

»Wie kannst du solche Dinge versprechen?« rief Georg zornig.

»Manche wissen es«, sagte Ellen leise, »und manche wissen es nicht. Und geholt werden alle.«

Sie stieß die andern beiseite und rannte allen voran in die Finsternis. Und sie zerrte den Engel an seinem weißen Leintuch fast vom Schrank und bettelte: »Laßt mich mitspielen, bitte laßt mich doch mitspielen!«

»Deine Großmutter hat dir verboten, mit uns zu spielen«, sagte Leon, der Engel auf dem Schrank.

»Weil meine Großmutter immer noch glaubt, daß es ein Glück ist, zurückzubleiben.«

»Und du?«

»Schon lange nicht mehr«, sagte Ellen und schlug die Glastür hinter sich zu. Wieder schloß sich der Raum um die Kinder wie eine schwarze Kapuze.

»Wir haben keine Rolle mehr für dich.«

»Laßt mich die Welt spielen!«

»Ein gefährliches Spiel«, sagte Leon.

»Ich weiß«, rief Ellen ungeduldig.

»Hanna spielt die Welt«, murrte Kurt.

»Nein«, sagte Ellen leise, »nein! Heute nacht geholt worden.«

Die Kinder rückten ab und bildeten einen Kreis um sie.

»Weiter!« rief Leon fieberisch. »Wir müssen weiterspielen!«

»Leon, wer hat uns so schlechte Rollen gegeben?«

»Schwere Rollen, und sind nicht die schwersten Rollen die besten?«

»Aber was für ein furchtbares Publikum wir haben, ein dunkler Rachen, der uns verschlingt, Menschen ohne Gesichter!«

»Hättest du mehr Erfahrung, Ruth, du wüßtest, daß vor jeder Bühne eine seufzende Finsternis ist, die getröstet sein will.«

»Wir sollen trösten? Wer tröstet uns?«

»Wer hilft uns auf den Lastwagen, wenn er zu hoch ist?«

»Fürchtet euch nicht!« rief Leon und sein Kopf züngelte wie eine schmale, dunkle Flamme aus den weißen Tüchern. »Denn siehe, ich verkündige euch eine große Freude!«

»Ihr dürft verrecken, das ist alles!« unterbrach ihn Kurt.

Der Engel verstummte vor dem Mißtrauen auf den nächtlichen Feldern, vor den blassen Gesichtern der Ausgelieferten. Er wußte nicht weiter.

»Noch lange nicht alles«, half ihm eines der Kinder aus der Finsternis, »denn euch ist heute –«

Unten durch die enge Gasse fuhr ein schwerer Lastwagen. Die Fenster zitterten und auch der Himmel vor den Fenstern begann zu zittern. Die Kinder zuckten zusammen, waren versucht, zum Fenster zu stürzen, rührten sich aber nicht. Der Lastwagen dröhnte, wurde leiser, fuhr vorbei und entfernte sich. Jedes Dröhnen verstummt irgendwann vor der Stille, jeder Laut ist vergeblich, den sie nicht erfüllt.

»Weiter, spielt weiter!«

Zu spielen. Es war die einzige Möglichkeit, die ihnen blieb, die Haltung knapp vor dem Unfaßbaren, die Anmut vor dem Geheimnis. Dieses verschwiegenste Gebot:

Spielen sollst du vor meinem Angesicht!

In der Sturzflut der Qualen hatten sie es erraten. Wie die Perle in der Muschel lag die Liebe in dem Spiel.

»Kommt, streitet nicht!«
»Seht, unser Licht geht aus,
der Sturm will es verwehen
und unsere Kraft zerbricht.«
»Wir wollen schlafen gehen.«

Stille setzte ein, das Stichwort für die Engel. Leon sprang mit einem Ruck vom Schrank in den matten Kreis der Laternen. Er sprang dazwischen, um darüber zu bleiben. Und er warf ihre Frage zurück:

»Habt ihr den Frieden gesehen?«
»Wir sahen ihn nicht.«

Die Landstreicher sanken nieder und zogen die Kapuzen tief und endgültig über ihre verwirrten Gesichter.

»Wenn ihr sehen könntet, wie ich euch sehe!« stammelte der Engel seiner Rolle entgegen. »Wie still ihr da liegt und wie unmenschlich tapfer in diesem finsteren Zimmer.«

Er ließ die Arme hängen. Die Lust, zu schauen, und der Ruf, das Bild zu halten, überwältigte ihn auch hier. Wenn ihr sehen könntet, wie ich euch sehe. Aber das Licht nahm ab.

»Wie schade, Leon, daß du nie Regisseur sein wirst!«

»Doch, ich werde es sein. Auf dem Lastauto und im Waggon, es wird ein gutes Stück, das könnt ihr mir glauben! Kein Happy-End und kein Applaus, still sollen sie nach Hause gehen, mit blassen Gesichtern, die im Finstern leuchten –«

»Sei still, Leon! Siehst du denn nicht, wie rot ihre Gesichter sind und wie schillernd ihre Augen? Hörst du sie denn nicht jetzt schon lachen, wie sie lachen werden, wenn man uns über die Brücken führt?«

»Leon, in welcher Währung wird man dich bezahlen und mit welcher Gesellschaft läuft dein Vertrag?«

»Menschliche Gesellschaft, zahlt mit Feuer und Tränen.«

»Bleib ein Engel, Leon!«

Leon zögerte. Er breitete die Arme über die schlafenden Landstreicher aus. »Schlaft tief«, er holte Atem, schwieg einen Augenblick und sprach dann weiter:

»Vielleicht im Traum
schenkt Gott euch,
was ihr suchen gingt
auf einem falschen Weg.
Löscht eure Lichter aus,
denn keins von ihnen führt nach Haus,
einzig das Licht der Liebe blinkt
über den schwachen Steg!«

Der Engel beugte sich nieder und blies die Laternen aus. Wie die letzte einsame Kerze in einem dunklen Fenster blieb er in der Finsternis.

»Werft euern Stolz dahin,
er macht euch gegen nichts gefeit,
die Liebe hat ein anderes Kleid.
Ich frage euch: wohin
wollt ihr den Frieden suchen gehn?
Das Streiten hat hier keinen Sinn,
der Friede liegt im Herzen drin,
das habt ihr übersehn.«

Der Engel breitete die Arme so weit über die drei Schlafenden
aus, als wollte er damit alle Schlafenden und auch die geheime
Polizei umfangen, die am hellsten zu wachen glaubte und am
tiefsten schlief.

»Schlaft tief,
vielleicht im Traum
schenkt Gott euch,
was ihr suchen gingt
durch Mord und Brand.
Löscht eure Lichter aus,
denn keines von ihnen führt nach Haus,
allein das Licht der Liebe strahlt
von Land zu Land.«

Der Engel trat zurück. Die Landstreicher bewegten sich
unruhig im Schlaf. In der Finsternis hörte man, wie Josef erregt
auf Maria einsprach. »Komm jetzt, wir sind an der Reihe!«
Aber sie rührte sich nicht.

»Komm!« rief der Engel.

Maria packte das Bündel fester. »Ich habe keinen Schleier«,
sagte sie, »und ohne Schleier spiel ich nicht.«

»Was meinst du damit?« fragte Leon. »Und jetzt?«

Die drei Landstreicher sprangen auf und fielen lärmend über sie her. »Spiel, hörst du, spiel!« Und sogar der Krieg, den Helm in der Hand, bat: »Spielt weiter, spielt doch weiter!« Ihr Schreien drang auf den Flur.

»Wolltest du die Maria spielen, ja oder nein?«

»Ja«, erwiderte Bibi, »aber nicht ohne Schleier. Ihr habt mir einen Schleier versprochen, und ohne Schleier spiele ich nicht mit!« Sie preßte das Bündel furchtsam an sich.

»Wenn es nichts anderes ist«, sagte Ellen langsam und riß ihre Tasche auf. Ein weißes Tuch leuchtete in den finsteren Raum. Bibi legte das Bündel beiseite. Die andern stiegen rasch von Kisten und Sesseln, kamen näher und tasteten mit kalten Fingern danach. Bibi hatte es schon gepackt und sich darin eingehüllt.

»Wie schön du bist!« riefen die Kinder. Sie klatschten in die Hände, warfen Falten, strichen sie wieder glatt und sahen geblendet hinauf wie arme Seelen am Rande des Fegefeuers, wo Himmel und Hölle mit ihren letzten Halbinseln grenzen. Und sie lachten glücklich. Wenn ihr sehen könntet, wie ich euch sehe, dachte Leon. Aber während er glaubte, das Bild zu verlieren, blieb es im wachen Blick des beiseite gelegten Gottes.

»Wenn es nichts anderes ist«, wiederholte Ellen zornig. Ihr Gesicht tauchte lauernd hinter Bibi auf. Und ehe die imstande war, sich von ihrem erstaunten Spiegelbild zu trennen, hatte sie ihr den Schleier vom Kopf gerissen, schwang ihn hoch und drehte ihn um sich selbst. Finster funkelten ihre Augen aus dem fließenden Glanz.

»Du«, rief Bibi, »wie ein Kameltreiber siehst du aus!«

»Das ist mir gerade recht.«

»Gib den Schleier her!« sagte Bibi undeutlich. Stumm und kampfbereit standen sie sich gegenüber. Das Wunder war zur Welt gekommen, aber die Welt wollte es selber sein. Maria hatte Bedingungen gestellt, der Engel hatte vergessen, die drei Könige zu warnen, und Gott war dem Herodes in die Hände gefallen. »Gib den Schleier her!« sagte Bibi noch einmal. Sie zitterte vor Zorn. Wie eine zarte fremde Waffe flog ihre Hand vor und verkrallte sich darin. Ellen wich zurück. Sie verwickelten sich ineinander, zerrten und hielten fest. Nichts anderes blieb als das stille Knistern der Seide, die Furcht aller Schleier, zerrissen zu werden. Aber ehe es noch dazu kam, entfaltete er sich, hell und immer heller, schwebend wie etwas sehr Versöhnliches, wie die Stille der Verkündigung, und sank plötzlich, nicht mehr festzuhalten, gelassen zu Boden. Der Funke sprang über, sie hatten begriffen, worum sie kämpften.

»Der Vorhang«, stammelte Leon und fuhr abwehrend mit den Armen hoch.

»Hannas Vorhang, an dem sie zuletzt nähte.«

»Für das Haus an der schwedischen Küste.«

»Für das weiße Zimmer mit den hohen Fenstern, wo ihre sieben Kinder schlafen sollten.«

Ihre sieben Kinder, die so tief schlafen, daß niemand sie wecken kann, ihre sieben Kinder, die so süß träumen, daß kein Gott sie stört. Ihre sieben Kinder, die nicht verflucht sind, geboren, gebrandmarkt und getötet zu werden.

»Wann hast du sie gesehen, Ellen?«

»Gestern, spät abends.«

»Wußte sie schon etwas?«

»Ja.«

»Und was hat sie zuletzt getan?«

»Mantelknöpfe fester genäht.«

»Sieben Knöpfe«, sagte Leon. Wieder splitterte das Eis auf dem dunklen Teich und das Wagnis, weiterzulaufen, wurde immer größer.

»Sie wollte euch noch einen Brief schreiben«, sagte Ellen, »aber dann brachte sie ihn nicht fertig und gab mir das nur mit. Sie sagte, wenn wir ihn für das Spiel brauchen könnten, wäre es ihr recht.«

»Du hättest ihn nicht nehmen dürfen, Ellen, er sollte Fliegen und zuviel Sonne abhalten.«

»Zuviel Sonne!«

»Weil Hanna die Sonne nicht wollte. Zuletzt sagte sie doch immer, sie sei eine Betrügerin, die die Menschen täuscht und brutal macht.«

»Deshalb sollte auch der Vorhang im Meerwind wehen. Ganz leicht aus dem Fenster wehen!«

»Er wird wehen«, sagte Ellen.

»Ein Bahrtuch«, sagte Georg leise. »Wenn Kinder sterben.«

»Wen meinst du?« lächelte Herbert ängstlich.

»Nicht dich, Kleiner!«

»Doch, du hast mich gemeint!«

»Vielleicht habe ich uns alle gemeint«, murmelte Georg.

»Hanna hätte den Schleier behalten sollen, vielleicht hätte er sie beschützt.«

»Man behält nur das, was man hergibt.«

Die Kinder hoben erschrocken die Köpfe. Niemals wurde es klar, wer das gesagt hatte. Die lichte Stimme des Engels in einem finsteren Traum. Man behält nur das, was man hergibt.

Gebt ihnen also, was sie euch nehmen, denn sie werden immer ärmer davon. Gebt ihnen euer Spielzeug, eure Mäntel,

eure Mützen und euer Leben. Schenkt alles weg, um es zu
behalten. Wer nimmt, verliert. Lacht, wenn sie euch die Kleider
vom Leib und die Mützen vom Kopf reißen, denn man behält
nur das, was man hergibt. Lacht über die Gesättigten, lacht
über die Beruhigten, die Hunger und Unruhe verloren haben,
die kostbarsten Gaben, die dem Menschen verliehen sind.
Schenkt euer letztes Stück Brot weg, um den Hunger zu
bewahren, gebt das letzte Stück Boden auf und bleibt in
Unruhe. Werft den Glanz eurer Gesichter in die Finsternis, um
ihn zu verstärken.

»Spielt weiter!« sagte Leon.

Josef stützte sich auf seinen Knotenstock. Maria hatte ihren
Arm leicht auf den seinen gelegt, und der kleine Hund mit dem
weißen Fleck über dem linken Auge lief nebenher, obwohl er
nirgends in der Schrift genannt war. Er spielte, ohne zu fragen,
das Ungenannte, dieses Stille, das trägt.

> »Der Weg war weit, den wir kamen,
> wir haben fremde Namen
> auf dieser Welt.«
> »Aber in unseren Armen
> halten wir Gottes Erbarmen,
> wie er uns hält.«
> »Und tragen sein Verlangen,
> die Menschen zu umfangen,
> in diesem Kind.«
> »Und tragen alle Schmerzen
> von Gottes verstoßenem Herzen
> durch Dunkel und Wind.«

Josef und Maria blieben ermattet stehen, versuchten sich gegenseitig ins Gesicht zu schauen, aber man sah nicht mehr viel. Auch die Gesichter der übrigen versickerten wie helle Farben in die Schwärze der Schatten. In dieser zunehmenden Undeutlichkeit wurde klar, wie unerreichbar eines für das andere war, wie unerreichbar für sich selbst und den Rest aller Verfolger.

Maria schrak zusammen.

»Doch wir sind nicht allein,
schau hier die drei Gesellen an!«

Sie packte Josef am Ärmel und deutete auf die schlafenden Landstreicher vor der Kommode. Einer von ihnen rollte sich auf die andere Seite und bewegte im Schlaf die Lippen:

»Zerrissen die Schuh,
nicht Rast und Ruh!«
»Er spricht im Traum.«
»Du armer Mann,
daß ich dir doch sagen kann,
wie Gottes Liebe glüht!«
»Wer ist es, der mich rief?
Ich bin zu müd, bin viel zu müd.«
»Er schläft ja tief«,

sagte der Engel. Enttäuscht richtete sich Maria auf.

»Zerschlissen das Kleid,
und der Weg viel zu weit«,

flüsterte der zweite Landstreicher.

Wieder neigte sich Maria über ihn.

»Du armer Mann,
daß ich dir doch sagen kann –«
»Er schläft ja tief«,

unterbrach sie Josef müde. Man merkte ihm an, daß er Lust gehabt hätte, sich daneben zu legen, wäre er nicht Josef gewesen, Josef, ein Gerufener, mit der Angst, auserwählt zu werden.

»Mich friert,
wer weckt mich aus dem Traum –«

Zum drittenmal schrak Maria zusammen. Jemand hatte im Vorzimmer Licht angedreht, und das Licht fiel durch die Glastür. Die Glastür zitterte, ohne die Konturen der Kinder zu empfangen, die dunkel blieben vor dieser kalten Helligkeit.

Es klopfte, gleich darauf öffnete jemand. In der Tür stand die Dame vom Zimmer nebenan. Sie trug in der rechten Hand einen kleinen, mit Lederriemen verschnürten Koffer, in der linken einen zusammengeklappten Schirm und auf dem Kopf eine bunte Mütze mit einer Feder.

»Alle guten Geister«, sagte der Krieg, ohne den Satz zu vollenden, und nahm den Helm ab. Es gehörte nicht zum Spiel.

»Was tut ihr hier im Finstern?« Sie tastete nach einem Schalter.

Josef legte den Arm schützend um Maria, als könnte er sie bewahren vor dem trügerischen Licht. Die andern rührten sich nicht. Die Dame von nebenan wiederholte ihre Frage, aber sie bekam keine Antwort.

»Ihr seid krank«, sagte sie erschrocken. Sie hatte auf dem alten Teppich drei zerlumpte, unbewegliche Gestalten bemerkt, dahinter Krieg und Engel, die nebeneinander auf einer Kiste saßen und flüsterten, und den schwarzen Hund zwischen Josef und Maria.

»Wohin gehen Sie?« fragte Georg.

»Weg!« erwiderte sie.

»Weg«, sagte Leon nachdenklich, »weg gehen viele. Aber vielleicht ist es die falsche Richtung.«

»Ihr solltet auch weggehen, unter allen Umständen! Die Gegend ist gefährlich.«

»Mit der Zeit werden fast alle Gegenden gefährlich«, sagte Leon.

»Wir wollen nicht mehr weggehen.«

»Ihr werdet es bereuen!«

»Reue ist ein großes Gefühl«, sagte der Krieg und setzte seinen Helm wieder auf. Herbert mußte lachen und hüstelte.

Die Dame von nebenan schüttelte hilflos den Kopf. Sie war dieser Art von Rebellion nicht gewachsen. »Ich gehe jetzt jedenfalls, ihr bleibt allein in der Wohnung!«

»Wiedersehen«, sagte Leon.

Josef und Maria folgten ihr und sperrten ab. Aufgeregt rannte der kleine Hund hinterher. Sie verlöschten alle Lichter und behielten nur die Laterne und das Bündel im Arm.

»Ich geb es euch zum Hüten,
leg es in eure Hände –«

aber ehe Maria das Bündel zwischen die Schlafenden legen konnte, fiel Ellens Schatten über sie.

»Ich bin die Welt
und auf der Flucht,
ach, daß ich Frieden fände!«

Die Welt war barfuß und hatte eine alte Decke um Kopf und Schultern geschlungen, wirr und lang hing ihr Haar darunter hervor.

»Der Krieg jagt mich von Haus zu Haus,
er fängt mich ein und lacht mich aus,
er treibt mich aus mir selber aus
in Angst und Feuerbrände.«
»Wen suchest du?«
»Ich suche Ruh.«
»Voll Blut sind deine Hände!«

Erschrocken lehnte sich Maria an Josefs eckigen Körper. Unter dem Hubertusmantel hörte sie sein Herz schlagen, das flößte ihr Mut ein.

»Wir tragen Gott,
sind auf der Flucht.
Die Welt jagt uns von Tür zu Tür,
hat uns nicht aufgenommen,
drum suchen wir die Herberg hier,
wir flohen ja vor dir.«
»Vor dir!«
»Nun bist du doch gekommen.«

Der schwarze kleine Hund spitzte die Ohren und schnüffelte. Die Verwunderung der heiligen Familie griff auch auf ihn über. Sie durchdrang die Kühle des vergessenen Raumes und überwältigte sie: Kommt ihr uns doch immer wieder nach? Kreuzigt ihr doch nur, womit ihr nicht fertig werdet, und müßt zuletzt unter den eigenen Kreuzen die Zuflucht finden? Peitscht uns, tötet uns, trampelt uns nieder, einholen könnt ihr uns erst dort, wo ihr lieben oder geliebt werden wollt. Wo ihr den Fliehenden auf der Spur bleibt, um Zuflucht bei ihnen zu finden. Werft eure Waffen weg und ihr habt sie erreicht.

»Wollt ihr mich nicht verbergen
in euerm hellen Schleier?«

Mit abgetretenen Absätzen stieß der Krieg an den Rand der Kiste, um sein Kommen einzuleiten. Furchterfüllt starrte die Welt um sich.

»Da ist er,
höret ihr!«

Der Krieg war von der Kiste gesprungen. Seidig knisterte die Finsternis.

»O laßt mich ein,
wenn ihr es nur versucht!«
»Wir sind selbst Fremde hier
und auf der Flucht —«

Maria blieb stecken. Der Krieg, zum Griff bereit, wich vor sich selbst zurück. Denn es hatte geläutet und es läutete noch immer. Es läutete zum zweitenmal.

Es gab aber in diesem Spiel keinen Souffleur, keinen, der den Ernst milderte und die Verwegenheit allen Spielens flüsternd untergrub, keinen, der den Einsatz angab, ohne sich einzusetzen. Beides fiel endgültig zusammen. Der das Einspringen übersieht, verwirft sich, und der das Ausspringen übersieht, verwirft sich doppelt. Wie schwer es war, zu kommen und zu gehen zur rechten Zeit wie Morgen und Abend. Daran lag alles. Aber die Kinder wußten nicht weiter, denn es läutete Sturm.

»Das Christkind«, flüsterte Herbert, aber niemand lachte.

»Der Briefträger«, sagte Ruth rasch und ohne daran zu glauben.

»Die Dame von nebenan, vielleicht hat sie etwas vergessen.«

»Sich selbst hat sie vergessen.«

»Seid still!«

»Die hat doch Schlüssel!«

»Spielt weiter!«

»Welches Spiel meinst du?«

»Das wir spielen oder das mit uns gespielt wird?«

Die Kinder zögerten. Das Läuten setzte aus und setzte wieder ein, fuhr wie der blutige Kopf eines Raubvogels an die verschlossene Tür.

»Spielt weiter, hört ihr!«

Aber was mit uns gespielt wird, verwandelt sich nur unter Schmerzen in das, was wir spielen. Sie befanden sich inmitten der Verwandlung, spürten deutlich den Dunst der Fetzen um ihre Leiber und ahnten zugleich stärker den verborgenen Glanz der Christbaumketten um Hüften und Hals. Schon begannen die beiden Spiele ineinanderzuströmen und flochten sich untrennbar zu einem neuen. Die Kulissen schoben sich beiseite, die vier engen Wände der Faßbarkeiten zerschellten, siegreich wie fallendes Wasser brach das Unfaßbare hervor. Spielen sollst du vor meinem Angesicht!

»Spielt weiter!«

Maria packte das Bündel fester. Höhnend tauchte der Krieg aus den Schatten. Er sprang aus einer Ecke und doch zugleich aus allen Ecken und schien mit dem Schrillen der Glocke durch eine Unzahl von Falltüren aus Decke und Fußboden zu brechen. Sein Mantel war zu lang und zu großartig, und er

zerrte ihn hinter sich her. Josef versuchte, ihn wegzustoßen.
Draußen läutete es ununterbrochen.

Gehetzt warf sich die Welt herum. Fackeln und
Bogenlampen fielen unhörbar ins Bodenlose und erloschen.
Das Bündel schien zu leuchten.

Der Krieg pfiff durch die Zähne. Er riß die Welt an sich und
ließ sie wieder fallen, warf sie hoch und stieß sie wieder fort.

»Geh weg von hier,
komm, bleib bei mir,
ich spiel mein wildes Spiel mit dir!«

Die Landstreicher blinzelten durch die Finger, während der
Engel auf den linken Ellbogen gestützt im Dunkel hing wie am
Rand einer Kuppel. Die Welt zögerte.

»Bleib hier!«
»Laß dieses kleine Kind allein,
geh weg von hier
und bleib bei mir,
sei mein!«

Die Flurglocke tobte und verlangte nach einer Entscheidung.
Die Landstreicher bewegten sich unruhig im Schlaf. Maria hielt
das Bündel ungeschickt in die kalte Dämmerung.

»Entscheide dich,
nimm mich!«
»Nimm mich!«

Die Welt schwankte. Sie schlug die Decke fröstelnd um sich.
Der Krieg beugte sich vor und versuchte ihr ins Gesicht zu
schauen. Ihre Augen funkelten in die Schwärze, sie suchten das

größere Wagnis. Noch einmal hob der Engel warnend seine Stimme. Die Flurglocke wimmerte, sie schien außer Atem. Sie bat um etwas. Welches ist das größte Wagnis?

Die Welt streckte die Arme aus dem Tuch nach dem Kind aus.

»Ich habe mich entschieden,
für dich.«

Der Krieg riß den Helm vom Kopf.

»Wie freu ich mich,
ich bin der Frieden!«

Jubelnd warf er den Soldatenmantel zurück in die Finsternis. Feuer fiel in den müden Holzstoß. Die Glocke schrillte.

»Macht auf, es hat keinen Sinn!«

»Leise!«

»Spielt weiter!«

Die Wehen der Verwandlung fielen über die Kinder. Tief im Dunkeln standen sie gegeneinander. Josef riß sich von Maria los, der Knotenstock polterte lärmend zu Boden. Der Engel sah auf seine Hände hinab, als wären sie gefesselt.

Georg tappte die Mauer entlang und versuchte die Tür zu finden.

»Wohin gehst du?«

»Ich werde öffnen.«

Entsetzt sprangen die drei Landstreicher auf und wollten ihn zurückhalten. Die Tür war nicht geölt und sang ein fremdes Lied.

»Wem wirst du öffnen, Georg?«

Es war der Herr von drüben. Die Kinder atmeten

erleichtert auf. Der Herr, der ihnen helfen wollte. Leon kannte ihn flüchtig von früher. Er besuchte ihn öfter und schien sich nichts aus dem Stern an der Tür zu machen; er kannte auch seine Freunde. Er hatte, wie er den Kindern immer wieder versicherte, einigen Einblick. Und er hatte auch versprochen, sie zu warnen, sobald er etwas erfahren sollte.

Sie drehten das Licht an und brachten einen Sessel. Der Fremde verlangte ein Glas Wasser. Als er den Helm unter dem Klavier bemerkte, erkundigte er sich, woher sie ihn hätten.

»Ausgeborgt«, murmelte Kurt.

»Was ist los?« fragte Leon ungeduldig.

Der Mann antwortete nicht gleich. Schweigend umstanden ihn die Kinder. Ruth brachte ein Glas Wasser. Er trank langsam, und sie betrachteten ihn ehrfürchtig. Keines von ihnen wagte, noch mehr zu fragen. Er streckte die Beine von sich und sie wichen ein wenig zurück. Als er sie einzog, kamen sie nicht wieder näher. Er sagte: »Fürchtet euch nicht!«

»Ich bin es«, ergänzte Ellen. Der Mann warf ihr einen ärgerlichen Blick zu. Er wischte sich einen Tropfen vom Mundwinkel und hustete. Georg klopfte ihm auf die Schulter, erschrak und sagte: »Entschuldigen Sie, bitte!«

Der Mann lächelte, nickte und sah nachdenklich an ihren kleinen steifen Füßen entlang. Wenn man alles andere wegdachte, sah es aus wie eine Reihe von Schuhen, die zum Putzen bereit standen. Ruth seufzte. Er hob den Kopf und sah sie aufmerksam an. Dann sagte er plötzlich: »Es ist alles abgeblasen. Die Deportationen nach Polen sind eingestellt.«

Die Kinder rührten sich nicht. Von weitem hörte man das Hupen eines Feuerwehrautos, den letzten Ton immer um eine halbe Note zu hoch.

»Wir sind also gerettet?« sagte Leon. »Gerettet«, wiederholte Herbert. Es klang, als sagten sie: »Verloren.«

»Ich glaube es nicht!« rief Ellen. »Wissen Sie es sicher?« »Und woher?«

Der Fremde begann zu lachen, krampfhaft, laut und so lange, bis sie über ihn herfielen: »Ist es wahr, ist es wirklich wahr?« und der schwarze, kleine Hund knurrend an seinen Hals sprang.

»So wahr ich lebe!«

»Aber wie wahr leben Sie?« murmelte Ellen.

Er sprang auf, empört schüttelte er sie ab. »Ihr seid unverschämt. Was wollt ihr eigentlich?«

»Spielen«, sagte Georg, »wir waren gerade mitten darin!«

Finster drohte sein Gesicht unter der zerlumpten Kapuze hervor: Stör uns nicht, täusch uns nicht, laß uns! Gerettet, ein fremdes Wort. Wort ohne Inhalt, Tor ohne Haus. Gibt es einen Menschen auf der Welt, der gerettet ist?

Der Fremde sprach zornig vor sich hin und suchte nach seinem Hut.

»Bleiben Sie«, baten die Kinder, »wissen Sie denn nichts Sicheres?«

»Sicher ist, daß ihr verrückt seid!« Er ließ sich in den Sessel zurückfallen und begann wieder zu lachen. »Ich wünsche eine Erklärung«, sagte er, als er sich wieder beruhigt hatte.

»Uns liegt nicht mehr soviel daran«, erwiderte Georg.

»Eines Tages«, sagte Leon, »wenn alles vorüber wäre, würden wir aneinander vorbeigehen und uns nicht wiedererkennen.«

»Unter großen Regenschirmen!« rief Ellen.

»Es ist wahr«, sagte Leon nachdenklich, »wir wollen nicht mehr zurück.«

»Ich schon«, unterbrach ihn Bibi, »ich schon, ich will hierbleiben und tanzen gehen. Ich will, daß mir noch jemand die Hand küßt!«

Der Fremde stand ganz still. Dann beugte er sich plötzlich über sie und tat es. »Danke«, sagte Bibi verlegen. Hell und flüchtig hing ihr Atem in der Luft. Sturm fuhr um den Häuserblock, es war kälter geworden.

»Man sieht den Hauch!« sagte Herbert.

Georg sah auf die Uhr. Wie gestoßen bewegte sich der kleine Zeiger. Gleich darauf schien er zu bemerken, daß er immer wieder an dieselbe Stelle kam, und blieb stehen. Er war betrogen worden. Seit die Kinder das Spiel unterbrochen hatten, sanken schwere Pausen zwischen die Sekunden, die Abstände wuchsen.

»Was habt ihr denn eben gespielt?« sagte der Fremde.

»Frieden suchen«, erwiderte Herbert.

»Spielt doch weiter!«

»Sagen Sie uns erst genauer, was mit uns geschehen soll!«

»Genaueres weiß ich nicht. Befehl von oben, die Deportationen sind eingestellt. Ganz unerwartet.«

»Richtig«, rief Georg, »ganz unerwartet, aber warum wartet niemand darauf? Weshalb geschieht das Gute immer unerwartet?«

»Spielt jetzt weiter«, sagte der Fremde, »spielt mir vor!« Es klang wie ein Befehl.

»Wir spielen«, sagte Leon, »aber wir spielen niemandem vor.«

»Spielen Sie doch mit!«

»Ja, spielen Sie mit!«

»Aber nein!« rief der Fremde aufgebracht, schüttelte den

Kopf, wurde ein wenig blasser und schob die Kinder von sich.
»Lächerliche Gesellschaft!«
    »Weshalb sind Sie so zornig?« fragte Herbert erstaunt.
    »Ich bin nicht zornig. Ich bin uninteressiert.«
    »Seien Sie lieber zornig«, sagte Georg brüderlich.
    »Wir spielen das Spiel noch einmal, für Sie. Aber Sie müssen
mitspielen!«
    »Ist das die Probe oder ist es die Aufführung?«
    »Das wissen wir selber nicht.«
    »Und habt ihr denn eine Rolle für mich?«
    »Sie können einen Landstreicher spielen.«
    »Etwas Besseres nicht?«
    »Zuletzt werden Sie die Lumpen abwerfen und ein heiliger
König sein!«
    »Werde ich das? Und gibt es nicht nur drei heilige Köni-
ge?«

Der Fremde spielte mit. Er spielte im Namen aller unheiligen
Könige, eine große stumme Rolle. Er ging hinter den Kindern
her und belauschte ihre verzehrende Sehnsucht. Er hörte ihr
verzweifeltes: »Es ist niemand hier!« und erschrak.
    Über ihre Köpfe hinweg starrte er zur Tür.
    »Warum spielt ihr im Dunkeln?«
    »Wir sehen besser so!«
    Er vermied es, weiter zu fragen. Herbert hatte die warmen
Finger in seine große, feuchte Hand gelegt und wies ihm
behutsam den Weg. Dicht hinter den drei Landstreichern ging
mit schweren ungeschickten Schritten der fremde Mann.

»s' ist jemand hier!«
»Wer kann das sein?«
»Wir bilden uns wohl alles ein.«
»Wir sind allein
und schon zu müd!«
»Drum schließt die Tür,
das Licht verglüht,
bald wird es kalt und finster sein
und alle Hoffnung flieht.«

Der Fremde ließ sich zögernd mit den Landstreichern zu
Boden fallen und stellte sich schlafend. Groß und stumm lag er
zwischen ihnen. In der Wohnung darüber hörte man Schritte.
Jemand ging unruhig auf und ab.

Der Fremde grub den Kopf in die Arme.

»Du armer Mann,
daß ich dir doch sagen kann,
wie Gottes Liebe glüht.«
»Wer ist es, der mich rief?
Ich bin zu müd, bin viel zu müd!«
»Er schläft ja tief!«

Josef wollte Maria weglocken, weg von diesen Vermummten,
die immer noch nicht wußten, ob sie gut oder böse waren, weg
von diesem vierten stummen Landstreicher, aber sie zögerte.

»Er lacht!« rief sie plötzlich. »Schaut her! Er lacht uns aus!«
»Er erstickt ja fast!«
»Was gibt es denn zu lachen?«
»Warum lachen Sie?«

Georg rüttelte zornig an seinen Schultern. Sie rissen ihm

den Schal vom Hals und versuchten, seinen Kopf zu heben, aber es gelang ihnen nicht.

Mit aller Kraft bemühte sich der Fremde, sein Gesicht zu verbergen. Wie ein bebender Berg lag er in ihrer Mitte und ließ ihre harten, eckigen Fäuste auf seinen Mantel trommeln. Es schien ihm wohlzutun. Seine Schläfen waren rot angelaufen. Herbert zerrte an seinem Kragen.

»Was gibt es denn zu lachen? Worüber lachen Sie?«

»Laßt los«, rief Leon zornig, »laßt sofort los!« Aber Herbert hörte nicht. Er glaubte an den Fremden, er hatte seine Hand gehalten. Fieberhaft riß er an dem Mantel.

»Du reißt mir noch den Kragen ab«, sagte der Mann und hob den Kopf.

»Er weint«, sagte Ellen.

»Gebt ihm den Hut zurück!«

»Nein«, sagte der Fremde, »nein, das ist es nicht.«

Für einen Augenblick vergaß er um eines anderen Auftrags willen den Auftrag seiner Behörde. Er vergaß, daß er ein Häscher war, er vergaß die geheime Polizei und den Befehl, diese Kinder so lange aufzuhalten, bis man sie holen kam. Keines von ihnen durfte mehr die Wohnung verlassen.

Im Haus ging der Lift hoch. Sanft und unaufhaltsam drang es durch die Mauern. Der Mann wollte aufspringen, wollte die Kinder warnen: »Geht, lauft weg, eure Zusammenkünfte sind entdeckt!« fühlte sich aber gelähmt und auf unbegreifliche Weise in ihren Bann geschlagen. Der Lift ging vorbei.

»Im vierten Stock wohnt ein Herr mit Krücken«, sagte Ruth.

»Aber nein«, sagte der Mann.

»Weiter!« unterbrach ihn Leon.

»Ich frage euch: Wohin
wollt ihr den Frieden suchen gehen –«

Die Träume begannen zu glühen.

Der Fremde fühlte, wie der Boden unter den flüchtenden
Schritten der Welt zu zittern begann. Er hörte das Klirren der
Fenster und wünschte nichts anderes, als hier liegen zu bleiben.
Er sah im Schein der Laterne, wie Maria ihr Kind der Welt
übergab.

Er hörte die Warnung des Engels, und als es zum drittenmal
läutete, war er der letzte, der aufsprang. Wie im Traum streifte
er den Staub von seinem Mantel und schlug den Kragen
zurück. Er mußte die Rolle des unheiligen Königs zu Ende
spielen. Denn es gibt nur drei heilige Könige.

»Werft eure Mäntel ab!«

Selig leuchteten die Silberschnüre auf. Keines der Kinder
beachtete ihn, sie stürzten zur Tür.

Wie eine große tanzende Flamme schlug ihr Spiel über
ihnen zusammen.

Der Tod der Großmutter

Die Nacht sprang vom Himmel. Schnell und neugierig wie ein immer wieder heimlich erwartetes feindliches Bataillon. Schweigend öffneten sich die schwarzen Fallschirme. Die Nacht sprang vom Himmel.

Sie bedeckt uns, stammelten die Menschen und warfen seufzend die Kleider von sich, aber ihr Seufzen war Heuchelei. Sie bedeckt uns. Die Nacht schüttelte sich vor Lachen, aber sie lachte stumm und preßte vorsichtig beide Hände vor Augen und Mund. Denn ihr Befehl hieß anders: »Spring ab und entdecke!« Und unter ihrem Mantel trug sie die stärkste Lampe ihres Herrn, die Finsternis. Sie durchleuchtete die Mauern, drang durch den Beton und überraschte Verschlungene und Verlassene, Dumme und Weise, Einfältige und Zwiespältige. Sie fiel wie der eiserne Vorhang am Ende einer Komödie und schied die Bühne vom Publikum. Sie fiel wie ein Schwert quer durch den Menschen und trennte den Spieler vom Zuschauer und schied ihn von sich selbst. Sie fiel wie Aschenregen aus einem feuerspeienden Berg, den bisher niemand ernst genommen hatte, und sie befahl allen, in ihrer Haltung zu bleiben und das Urteil abzuwarten. Und die Geduckten blieben geduckt und die Schreienden brachten den Mund nicht mehr zu.

Die Nacht sprang vom Himmel und sie entdeckte die Erbarmungslosigkeit der Welt an demselben Punkt, an dem auch ihre Erbarmungswürdigkeit lag. Sie entdeckte die Neugeborenen, Verzweiflung in den winzigen, gefältelten Gesichtern, Angst vor der Verkörperung, Schmerz um den verlorenen Glanz. Und sie entdeckte die Sterbenden in der Angst vor dem kommenden Glanz.

Zeitweilig kam dieser Märznacht die Lust zu weinen, aber

Tränen hielt ihr Auftrag für sie nicht bereit. Deshalb versuchte sie sich zu erheitern und setzte den Schläfern Nachtmützen auf den Kopf. Wie ihr ausseht mit euren eingedrehten Locken und euren schlotternden Strümpfen, dachte sie, wieviel Spangen und Bänder ihr braucht, um sicher zu sein. Sie hielt die Träumenden auf, die in Scharen aus ihrem Bewußtsein flohen, und ließ sie wie ein heimtückischer Zollwächter in alle Grenzflüsse fallen. Dort ruderten sie bis zum Morgen verzweifelt mit Armen und Beinen, stiegen dann erschöpft und verquollen wieder in ihr Bewußtsein zurück und versuchten, Träume zu deuten, die sie nicht gehabt hatten.

Diese Nacht zwang die Großen in die Not der Niedrigkeit und die Kleinen in die Not der Größe, und sie ließ sie mit zitternden Fingern und gespaltenen Federn widerwillig in ihre Tagebücher schreiben, daß man erst nichts werden muß, um alles zu sein. Sie entdeckte das Neue im Alten und das Alte im Neuen, sie ließ die Fallenden stehen und die Stehenden fallen. Aber das alles war nicht genug. Nichts war genug.

Zitternd rang die Nacht um das vergessene Wort, um ihren besonderen Auftrag. Hilf mir, bat sie den Wind, und er liebte sie und riß für sie Türen und Fenster auf, warf die Ziegel von den Häusern, entwurzelte die jungen Bäume und beraubte sie ihrer wachsenden Seelen. In ihrer Angst schlugen sie die Scheiben ein und hoben die Dächer ab, aber sie fanden nichts. Gott wird mich strafen, stöhnte die Nacht, ich werde niemals mehr Tag werden. Und sie entfloh ihrem Geliebten, dem Wind, über die schweigenden Brücken und ließ ihn hängen und an den steinernen Pfeilern niedersinken.

Über den Brücken roch es nach Rauch. Die Nacht fieberte vor Aufregung, planlos griff ihre Dunkelheit durch die vielen

Fenster. Ich muß Tag werden, stöhnte sie. Du wirst Tag werden, flüsterte jemand neben ihr, aber keine Nacht glaubt, daß sie Tag wird. Gehetzt warf sich die Nacht herum. Wer bist du? Sie sah niemanden und niemand antwortete ihr. Zum letztenmal warf sie ihre Dunkelheit aus und fing die Fremde ein. Die stand dort, reglos an die Mauer der alten Kirche gelehnt.

Wer bist du?

Ich bin die Verfolgung.

Die Nacht erschrak. Die hier war ihr über und die größere Entdeckerin. Ihre Finsternis war schwärzer, durchdringender und undurchdringlicher, und ihr Schweigen war größer, da sie keinen Wind und keinen Mond mehr zum Geliebten hatte. Die hier fand schneller, was sie suchte, da sie es verstand, sich zurückzuziehen und sich klein zu machen wie der Geist in der Flasche. Ihr Auftrag war, sich selbst zu verlieren, und sie hatte ihn allen weiterzugeben, die sie an sich zog, an sich in die Bodenlosigkeit, die schwärzer als alle Nächte war.

Was treiben Sie, fragte die Nacht neugierig, was suchen Sie, gibt es etwas Neues?

Zu viele Fragen auf einmal, sagte die Verfolgung abweisend. Eine sehr junge Nacht, dachte sie, unreif und ähnlich den Menschen mit ihren unaufhörlichen Fragen: »Werden wir überleben? Warum sollen wir sterben? Werden wir verhungern, an Seuchen ersticken oder wird man uns erschießen? Und wann und wie und wieso?«

Sie verstanden es nicht, alle Götzen in einen Gott, alle Fragen in ein Wort zusammenzufassen und dieses zu verschweigen.

Die Nacht hielt an sich, da sie die Mißbilligung der

Fremden bemerkte. Horchen Sie! sagte die Verfolgung. Sie schwiegen und lauschten angestrengt in die Stille hinein. Aus einem halboffenen Fenster hörten sie das Schluchzen eines Kindes, das sich zu schlafen wehrte. Sie machten sich auf den Weg.

Heimlich flog der Wind hinter ihnen her, verfing sich in ihren Gewändern und trug ihre langen Schleppen vorsichtig über den Staub. Je näher sie dem Schluchzen kamen, desto mehr eilten sie, und der Wind begann zu singen und es leise zu begleiten. In einer engen öden Gasse blieben sie plötzlich stehen. Es war verstummt. Der Wind sank in sich zusammen und legte sich wie ein kleiner Hund zu Füßen der beiden andern nieder.

Still, hier muß es gewesen sein!

Schlecht verdunkelt, flüsterte die Nacht und wies triumphierend auf ein Fenster hoch oben. Sie wandte sich zurück: die Verfolgung war verschwunden. Die Nacht gebot dem Wind, ihr die Räuberleiter zu machen, und kletterte die Fassaden hinauf. Flüchtig begrüßte sie das schwache Licht, das aus dem Fenster quoll: Guten Morgen. Sie bemerkte, daß das Fenster halb offenstand und das schwarze Papier sich bauschte und zu zerreißen strebte. Dir kann geholfen werden! Und sie befahl dem Wind, noch ein Stück weiter zu reißen.

Was sehen Sie? flüsterte er neugierig.

Aber die Nacht gab keine Antwort. Sie hatte die Arme auf das Fensterbrett gelegt, ihre Schleppe flatterte über die Dächer und ihre Augen verströmten in den kleinen armseligen Raum. Geh, du hast noch andere Nächte! rief sie dem Wind zu. Und der Wind machte sich auf und flog treulos der Sonne entgegen. Die Nacht blieb allein mit dem Kind und der alten Frau, mit dem Schiffskoffer, der Landkarte und dem Rosenkranz, dessen Kreuz gerade über Südwestafrika pendelte.

Ellen hatte den Kopf in die Arme gegraben, stellte sich schlafend und beobachtete angestrengt ihre Großmutter, während die Großmutter auf der Bettkante saß und angestrengt zu Ellen hinübersah.

»Schläfst du?«

»Ja«, sagte Ellen leise, doch die alte Frau überhörte es. Sie hatte die Lade ihres Nachtkästchens aufgeschoben und begann zu wühlen. Es kam eine Flasche Augenwasser zum Vorschein, ein Band alter Gedichte, Bindfäden und ein zerbrochenes Thermometer, aber offenbar suchte sie weder das Augenwasser noch das Thermometer und auch nicht die alten Gedichte; die Bindfäden wiederum waren zu kurz. Sie warf ihr Bett auseinander, schüttelte das Kopfkissen, griff unter die Überzüge und zwischen die Matratzen, aber sie fand nichts. Sie ging auf den Schrank zu, öffnete ihn und fuhr mit zitternden Händen in die Taschen ihrer Kleider und hinter die Wäsche.

Suchen, suchen, suchen, dachte die Nacht mitleidig, ist man wirklich nur geschaffen, um zu suchen und nichts zu finden als das Ungesuchte? Und Ellen dachte: »Wie häßlich die Großmutter ist, wie weiß und traurig, lieber möchte ich mit vierzig sterben!«

Gleich darauf verachtete sie sich wegen dieses Gedankens. »Man muß etwas dagegen tun, aber was tut man gegen ausgespuckte Obstkerne, tote Ratten und Runzeln unter den Augen? Lieber Gott, was tut man gegen das Verfaulen?« Sie stöhnte, warf sich herum und streckte Arme und Beine zwischen den Stäben des Bettes hindurch, das ihr zu kurz geworden war. Wieder fragte die Großmutter: »Schläfst du,

Ellen?« ging auf sie zu und rüttelte sie angstvoll, aber das Kind blieb stumm wie ein trauriger Hampelmann, wie ein Sack mit reifenden Früchten. »Lieber Gott, was tut man gegen das Verfaulen? Und warum frißt der Fuchs die Katze und die Katze die Maus?«

Die Großmutter hatte jetzt den Papierkorb gepackt und wühlte darin, sie riß die Ofentür auf, griff in den Ofen und tastete mit den Händen zwischen die Fenster, ihre Bewegungen wurden immer schneller und gieriger. Erschrocken wandte sich Ellen ab und begann wieder, stumm zu weinen.

Was sucht sie, mein Gott, was sucht sie, überlegte die Nacht, und wo liegt mein Gebot? Der Besen fiel polternd um, klatschend stürzte die Wäsche aus dem Schrank.

Gespannt beugte sich die Nacht über das Fensterbrett. Sie hatte längst bemerkt, daß Ellen nicht schlief, sondern lauerte und von Zeit zu Zeit heimlich unter ihr Kopfkissen griff. Wie wenig wissen die Menschen voneinander, dachte sie. Und Ellen dachte: »Ich darf nicht einschlafen, sonst findet sie es, und sie darf es nicht finden, ich muß wach bleiben!«

Ellen vergaß in diesem Augenblick ihren Schmerz. Sie vergaß, daß sie frei war gegen ihren Willen, daß man sie aus dem Lager entlassen hatte, zurück in die Freiheit dieser Verwunschenen, und sie vergaß das traurige, spöttische Lächeln ihrer Freunde: »Wir haben dir gleich gesagt, daß du nicht zu uns gehörst!« Sie vergaß den Neid, mit dem sie ihre eigene Großmutter beneidete: »Du wirst mitgehen, dich wird man nicht freilassen, du wirst alle wiedersehen, Herbert, Hanna und Ruth!« Und sie vergaß die Stöße und das erstaunte Lachen der Häscher. »Lassen Sie mich mitfahren, bitte lassen Sie mich mitfahren!«

Auf Grund dieser Bitten war Ellen freigelassen worden, zurückgestoßen in die Gefangenschaft ihres eigenen Herzens, aus dem Letzten in das Vorletzte, aus dem endgültigen Verstummen in die kleinen quälenden Fragen. Aber das alles vergaß sie jetzt, denn die Großmutter beugte sich schon wieder über sie und rüttelte an ihren Schultern. »Schläfst du, Ellen?«

Die Nacht stieg endgültig über das weiße Fensterbrett in den Raum. Das Licht erlosch grundlos, draußen begann es sanft zu regnen. Der Wind flog vorbei und trieb Wolken wie eine Schar ganz junger Mädchen spielerisch vor sich her. Der Regen wurde stärker und malte, wohin er konnte, glänzende Pfützen, in denen sich die Verlassenheit spiegelte. Die Verlassenheit aller Anfänge, die Verlassenheit der Saatkörner, die aus warmen Händen in die kalte, feuchte Erde fallen.

»Schläfst du?«

»Nein«, erwiderte Ellen. Sie setzte sich auf und klammerte die Hände an den kalten Bettrand. Weiß und entsetzt leuchtete die zerworfene Wäsche vom Fußboden her und das Kreuz über Südwestafrika begann zu funkeln.

»Was suchst du, Großmutter?«

»Du weißt, was ich suche.«

»Aber weißt du, was du suchst?«

»Was willst du von mir?« sagte die alte Frau verzweifelt.

»Steck deinen Zopf auf, Großmutter«, sagte Ellen, »und nimm einen Schlafrock!« Durch die Finsternis hindurch sah sie Georg, Herbert und Ruth auf dem Drittel einer Matratze hocken, von Läusen und Angst gequält und gedemütigt, aber still, mit verschränkten Armen, und sie hörte in dem Raunen des Regens Bibis Antwort auf die Frage des Scharführers: »Letzte Beschäftigung?« »Spielen!« Und sie spürte Georgs

Händedruck zuletzt. »Wiedersehen!« Sonst hatte er nichts gesagt, so als würden sie sich morgen wieder treffen, vor der Leihbibliothek oder vor einem fremden Tor.

»Was willst du von mir?« wiederholte die Großmutter, während sie ihr Haar aufsteckte.

»Haltung«, erwiderte Ellen leise, »nein, noch mehr, ich will, daß du von mir Haltung willst.«

»Ich will etwas anderes von dir«, sagte die Großmutter, »du mußt es versteckt haben.«

Verzweifelt dachte Ellen an alle, die ihr jetzt hätten helfen können und die fort waren, und suchte nach dem Wort, das sie beschworen hätte. Es war der Versuch, Verstärkung heranzuholen – nicht nur ihren Großvater vom letzten Friedhof am Rande der Felder, ihre Mutter von einem fremden Tisch in einem fremden Land, sondern auch Tante Sonja, die erst vor kurzem weggegangen war, um ihren Hut umformen zu lassen. Aber sie war nicht wiedergekommen. »Verschwunden«, sagten die Leute, und tatsächlich war Tante Sonja verschwunden wie eine glänzende Münze in einem rostigen Kanalgitter. Der Hut blieb ungeformt. Viele ihrer Bekannten suchten nach Erklärungen: Sie hat sich versteckt oder man hat sie bei Freunden verhaftet. Aber Ellen wußte es besser. Sie wußte von Tante Sonjas wunderbarer Fähigkeit, sich zu verkleiden und Leute nachzuahmen, von ihrer Sehnsucht nach einer einzigen Himmelsrichtung, dem Osten, von ihrer Liebe zum Horizont und von ihrer Art, Schläge hinzunehmen wie Glücksfälle und Glücksfälle wie Schläge. Sie wußte, daß Tante Sonja auch imstande war, den Tod zu genießen wie ein fremdes Land.

Ellen konnte das Wort nicht finden, um sie zu beschwören. Aber sie spürte, daß Tante Sonja jetzt hier war, ebenso wie ihr

Großvater und ihre Mutter, daß sie von allen Richtungen herbeigeeilt waren und bei ihr auf der weißen Decke saßen, um ihr zu helfen. Sie wußte schon lange, daß nur die Toten sterben, aber nicht die Lebendigen. Lächerlich von ihnen, zu glauben, sie könnten das Unfaßbare ermorden, ehe sie es gefaßt hatten. Ellen sah Tante Sonja auch untertags öfter vor sich. Sie ging auf den Horizont zu und manchmal wandte sie sich um und sagte: »Du wirst sehen, ich komme hin!«

Sie ging wie eine Blinde, die Hände nach vorn gestreckt, um den Hals trug sie ihren grauen Fuchs. Wenn sie an den Rand der Welt kam, winkte sie noch einmal zurück, ehe sie unterging.

»Großmutter«, sagte Ellen sanft, »ich wollte, du würdest dich jetzt zu mir setzen und mir eine Geschichte erzählen. Eine ganz neue, eine, die ich noch nie gehört habe. Es kann auch ein Märchen sein.«

»Es ist möglich, daß ich heute nacht geholt werde«, sagte die Großmutter.

»Das ist nichts Neues«, erwiderte Ellen, »aber vielleicht lassen sie mich mitfahren, und dann trage ich dir die Koffer nach. Überall hin!«

»Ja?« sagte die Großmutter flehend und klammerte sich an die Gitterstäbe von Ellens Bett. »Aber wie viele Koffer?«

»Ich glaube, zwei«, sagte Ellen, »es ist besser zu tragen.«

»Zwei«, wiederholte die Großmutter abwesend und sah über Ellen hinweg.

»Erzähl mir jetzt eine Geschichte, Großmutter!«

»Es könnte ja auch sein, daß sie heute nacht nicht kommen.«

»Eine Geschichte, Großmutter, eine neue Geschichte!«

»Und weißt du, ob Planen über die Lastwagen gespannt sind? Neulich erzählte mir jemand, er hätte gesehen —«

»Das ist aber keine Geschichte.«

»Ich weiß auch keine.«

»Das ist nicht wahr, Großmutter!«

Die alte Frau fuhr auf, sah Ellen erzürnt an und schien in der nächsten Sekunde wieder durch sie hindurchzuschauen. Sie bewegte zornig die Lippen, gab aber keine Antwort.

»Es war einmal, Großmutter, es war einmal! Irgendwann muß doch etwas gewesen sein, etwas, von dem noch niemand weiß als du, Großmutter. Hast du nicht immer gewußt, was die türkischen Mokkatassen reden, wenn es finster wird, und was der dicke Hund im Hof den Tauben erzählt?«

»Das habe ich erfunden.«

»Warum?«

»Weil du noch klein warst.«

»Nein, weil du noch groß warst, Großmutter!«

»Damals waren wir nicht in Gefahr, niemand durfte uns holen!«

»Du hast immer gesagt, wenn es finster wird, kommen die Räuber.«

»Damit habe ich leider recht behalten.«

»Behalte weiter recht, Großmutter!« sagte Ellen.

Die alte Frau antwortete nicht, sondern tastete unruhig mit den Händen über die dünne Bettdecke. »Du mußt es haben, du hast es. Du mußt es haben!«

»Nichts«, flüsterte Ellen zornig, warf sich wieder zurück und preßte den Kopf auf ihr Kissen, während sie die knochigen, armen Hände betrachtete, die wie die einer Sterbenden über Tuch und Gitter fuhren. Was sucht sie, dachte die Nacht, mein Gott, was sucht sie? Sie kauerte geduckt in der Mitte des Raumes und hatte ihre Schleppe über den rauhen, schmutzigen Boden gebreitet. Aber auch sie bekam vorläufig keine Antwort, alle Fragen blieben seufzend offen. Und der Regen rauschte wie ein Vorbeter, den niemand versteht.

»Erzähl mir ein Märchen«, stammelte Ellen verzweifelt, denn die Großmutter war an das Kopfkissen geraten und versuchte, sie herunterzudrängen. Ellen zog die Knie an und bedeckte das Kissen mit ihrem ganzen Körper, aber sie wurde schwindlig vor Angst und ihre Kraft ließ nach. Sie ballte die Fäuste, um ihre Großmutter abzuwehren, aber es gelang ihr nicht mehr. Das Kissen verschob sich, Ellen geriet an das Fußende des Bettes, und über den Rand fiel eine kleine gläserne Phiole, rollte über den Fußboden, klirrte, öffnete sich und rollte weiter. Die Nacht blieb reglos, einige weiße Pillen verstreuten sich über ihre schwarze Schleppe. Ellen sprang aus dem Bett. Sie stieß die Großmutter beiseite, zertrat mit den bloßen Füßen das Glas der Phiole, begann zu bluten und versuchte mit steifen Fingern das Verstreute aufzuheben. Wieder warf sich die Großmutter über sie, aber Ellen drängte sie weg. Ihr langes blaues Nachthemd faltete sich knitternd wie das Kleid eines hölzernen Engels an einem alten, finsteren Altar. Ihre Köpfe prallten aneinander, aber der Kampf dauerte nicht lang. Ellen war es gelungen, einen Teil des Giftes wieder einzusammeln, während die Großmutter den Rest in der geballten Faust hielt. Und nur der Inhalt beider Fäuste konnte dem Tod genügen, diesem übermütigen Schwarzhändler, der erst billig ist, wo er verflucht, und unerschwinglich wird, wo er ersehnt ist.

»Du hast noch lange kein Recht, mich zu hindern!« sagte die Großmutter.

»Doch«, erwiderte Ellen, »das habe ich«, zweifelte aber im selben Augenblick und wich zurück. Angreifend stolperte die Großmutter ins Leere und stürzte der Länge nach in die Finsternis.

Aufrecht und verblüfft blieb Ellen stehen, fühlte erhitzend wie schweren, alten Wein den Sieg, schob die Ärmel hinunter und tastete einen Schritt vor. Irgendein Jauchzen war in ihr und die Sehnsucht nach Schlaf, die gefährliche Folge aller Siege. Das Stöhnen kam von einem fremden Planeten und erreichte sie kaum. Ratlos ließ sie die Arme fallen, kniete aber dann doch neben der Großmutter nieder, öffnete ohne viel Mühe die feuchte, fremde Hand und nahm das Gift an sich. Sie schob ihre Arme unter den knochigen Körper und versuchte ihn aufzuheben. Aber dieser Körper war schwer von Müdigkeit und Widerwillen.

»Großmutter, steh auf! Hörst du, Großmutter?« Ellen packte sie an den Schultern und schleifte sie gegen das Bett zu, ließ sie sinken, hob sie wieder auf und zerrte sie weiter. Das Stöhnen war unerträglich. »Sei still, Großmutter!« Und sie warf sich neben ihr auf den harten Boden. Die Großmutter verstummte. »Sag etwas«, bettelte Ellen, »sag doch etwas!« Und sie versuchte sie in die Arme zu nehmen. »Du lebst, Großmutter, ich weiß genau, daß du lebst, du stellst dich nur tot wie ein Käfer im Wald! Ich kann dich nicht mehr halten, steh auf!«

»Ich stehe nicht auf, bevor du mir nicht das Meine gibst«, sagte die Großmutter ruhig und richtete den Blick auf Ellen. »Du hast mich bestohlen. Ich habe meinen Pelz versetzt und das Rezept hat mich genug gekostet.« Ihre Worte waren plötzlich verändert, gefaßt in den letzten bitteren Rest der verspielten Autorität.

»Ich werde es dir nicht geben«, erwiderte Ellen.

»Vielleicht, weil du es für dich selber brauchst?«

Ellen rührte sich nicht. Dann ließ sie die Großmutter los, stand auf und legte langsam das Gift auf den Tisch. »Ich werde es dir geben, Großmutter. Aber nicht, bevor du mir die Geschichte erzählt hast.«

»Versprichst du mir, daß du mir dann alles gibst?«

»Ich verspreche es dir«, sagte Ellen.

Das alte Bett krachte verärgert. Ellen schüttelte die Kissen zurecht, deckte die Großmutter zu wie ein Kind, wickelte sich dann in ihre eigene Decke und setzte sich an den Rand. Das Jauchzen war verstummt und sie fror. Schweigen breitete sich in jede Falte des Raumes, ein angestrengtes und nachdenkliches Schweigen, das Warten auf die Wahrheit des allerletzten Märchens, auf das Flüstern des Souffleurs. Der graugrüne Ofen, der alte Schiffskoffer und das weiße, leere Bett – sie alle schrumpften in dieser saugenden Stille zu Kulissen ein und warteten darauf, wieder aufgeblasen zu werden. Verzweifelt funkelte das Kreuz über Südwestafrika und wehrte sich bis zuletzt gegen den lechzenden Atem der Verzweifelten.

Die Großmutter hatte den Kopf von Ellen abgewandt und dachte nach. Eine Geschichte, eine neue Geschichte – es konnte doch nicht so schwer sein, sie zu finden. In die Decke eingewickelt, die Arme auf die Kante des Bettes gestützt, wartete Ellen. Sie wartete stumm und unerbittlich, wie alles Schweigen immer auf das erfüllende Wort wartet, auf das hüpfende Herz in der Mitte. Wie eine arme Seele kauerte sie am Rand. »Erzähl, Großmutter, erzähl! Hast du nicht selbst gesagt, daß alle Geschichten in der Luft liegen, wenn man nur danach greift?«

»Mir fällt nichts ein, nicht jetzt!« Von Angst ergriffen wandte sich die Großmutter herum.

»Gerade jetzt«, murmelte Ellen.

»Es wird noch genug Märchen für dich geben, du bist jung!«

»Was soll ich damit?« sagte Ellen.

»Erlaß mir dieses eine!«

»Das kann ich nicht.«

»Du bist jung«, wiederholte die Großmutter, »und grausam.«

Ellen beugte sich nieder und legte ihre Stirne an die der Großmutter. Sie wußte keine Antwort. Unruhig warf sich die alte Frau herum. Wo waren sie alle, diese Geschichten, die sie zu Hunderten aus den Manteltaschen gezogen hatte, unter dem Hut hervor und im Notfall auch aus dem aufgetrennten Seidenfutter, aus so vielen Verstecken wie ein Hamster das Fett? Die große Polizei war über sie gekommen, die Finsternis hatte alles verschlungen. Diese Finsternis, die immer gähnt, ohne die Hand vor den Mund zu halten.

Die Großmutter stöhnte. Sie blätterte das zerfallende Album ihrer Erinnerungen zurück. Da fand sie Ellen dreijährig auf einem weißen, glänzenden Schemel, den Mund fragend aufgerissen.

»Großmutter, was ist ein Spatz?«

»Ein rasches kleines Wunder.«

»Und eine Taube?«

»Ein dickes Wunder.«

»Und ein Maronibrater?«

»Ein Maronibrater ist ein Mensch.«

Dann schwieg Ellen meistens einige Sekunden, ehe sie wieder von vorn anfing.

Der weiße Schemel war längst verbrannt und das Bild war vergilbt. Aber die Fragen waren nicht verstummt.

»Eine Geschichte, Großmutter!«

Aber gibt es denn neue Geschichten? Sind nicht alle Geschichten alt, uralt und nur das Jauchzen des umarmenden Menschen erschafft sie immer wieder, der Atem der Welt? Während Ellen eine Geschichte verlangte, verlangte sie von ihrer Großmutter und inmitten einer schwarzen, gefährlichen Nacht die Bereitschaft zu leben.

Entweder also findet sie die Geschichte, dann will sie nicht mehr sterben nachher. Oder sie findet sie nicht, dann verliert sie die Wette und das Gift gehört mir. Aber was werde ich damit machen? Ich werde es in die Finsternis werfen. Die Finsternis stirbt nicht daran.

»Großmutter!«

Aber die Großmutter wußte noch immer keinen Anfang. Noch immer rang sie vergeblich nach Worten und die Landkarte hing zerknittert unter dem Kreuz, ein Stück Papier und nicht mehr. Feuer verlangte der Ofen, Wärme verlangte das Bett und die Nacht verlangte ihr Gebot. Ungeduld ergriff sie, denn schon drohte der Morgen, beseligte die Erfüllten mit Hoffnung und verstieß die Unerfüllten. Und es geschah nichts, noch immer nichts. Die Dinge reiften in der Stille, und wer nicht warten konnte, blieb unreif. So wartete die Nacht und Ellen wartete, während die Großmutter schläfrig wurde. Ein Schlag, dachte sie noch, mein Gott, ein leichter Schlaganfall, bevor sie kommen! Aber Gott schlägt nicht auf Wunsch. Ellen kaute gespannt an einem Stück Brot und gab die Hoffnung nicht auf. »Es war«, stammelte die Großmutter, »es war einmal —«

»Richtig«, rief Ellen aufgeregt, warf das Brot weg und

beugte sich tiefer, um zu hören, was von weit her kam. »Weiter, Großmutter, weiter!« Aber wieder verrann das Stammeln in nichts. Es war nicht so einfach, Geschichten zu erzählen. Sie verlangten geöffnete Hände und schmale Spalten zwischen den Fingern, um hindurchzuströmen. Und sie verlangten offene Augen.

Die alte Frau wiederholte die drei Worte noch öfter, aber sie wurden nicht mehr. Die Geschichten lagen wohl in der Luft, aber sie schliefen, und sobald sie aufwachten, begannen sie zu spotten, schwebten bis knapp an die Lippen und entflohen wieder. »Das Gift«, sagte sie nach einer Weile deutlich. Ellen schüttelte den Kopf. Die Großmutter hob bittend die Hände, flüsterte ein letztes »Es war einmal –«, wurde von allen quälenden Kräften verlassen und fiel in Schlaf.

»Aber nein«, sagte Ellen hilflos. Sie drehte das Nachtlicht an und fuhr zusammen. Was da lag, war so fremd, so weit weg und so in sich verschlungen, als wäre es nie ihre Großmutter gewesen. Was da lag, atmete so schwer und keuchte, als hätte es nie das geruhsame Behagen einer friedlichen Bürgerin gekannt.

»Hallo!« sagte Ellen unsicher und legte ihr warmes Gesicht an das kalte in den Kissen. Das Keuchen beruhigte sich allmählich, die Atemzüge wurden leichter. Aber alles andere blieb weit weg.

»Dann«, sagte Ellen entschlossen, »dann werde eben ich die Geschichte erzählen!« Sie wußte nicht, warum sie mit Rotkäppchen begann, und sie wußte auch nicht, wem dieses Märchen galt, der Nacht, dem März oder der feuchten Kälte, die durch die Fensterritzen sickerte. Denn die Großmutter schlief ja und ihre Lider zuckten nur von Zeit zu Zeit in dem schwachen Lichtschein.

»Es war einmal eine Mutter«, begann Ellen und zog nachdenklich die Stirne hoch, »in Amerika. Dort arbeitete sie in einem Klub als Kellnerin. Diese Mutter hatte große Sehnsucht. Und die Sehnsucht war rot.« Ellen verstummte und sah herausfordernd um sich, aber da war niemand, der sie aufmunterte, und niemand, der ihr widersprach. Mit leiserer Stimme erzählte sie weiter. »Wenn sie nachts von der Arbeit kam, war die Mutter sehr müde, niemand wartete auf sie. Da begann sie zu stricken. Und sie strickte aus ihrer Sehnsucht eine runde rote Mütze mit einer langen Quaste für den Wind. Sie strickte jede Nacht, aber die Sehnsucht nahm nicht ab und die Mütze wurde so groß wie ein Heiligenschein, aber rot, und die Quaste wurde so dick wie ein Wasserball, ein Spielzeug für den Sturm.« Die Nacht horchte und lehnte sich ans Fenster. Das Fenster klirrte. »Ob es still draußen war«, sagte Ellen und warf über das Bett hinweg einen Blick auf das finstere Glas, »oder der Wind vom Meer her an die Scheiben fuhr, sie strickte immer weiter. Als die Mütze fertig war, riß die Mutter den Faden an ihrem Herzen ab, packte sie in eine Schachtel und schickte sie über den Ozean. Ja, daß ich nicht vergesse, sie legte auch etwas Kuchen und Wein dazu und einen Korb für die Großmutter.« Wieder sah Ellen um sich, als zweifelte jemand an ihrer Glaubwürdigkeit, aber die Nacht am Fenster lachte nur leise und auch ihre Tränen fielen lautlos. »Weiß Gott, wieso das Ganze durch die Zensur gegangen ist«, sagte Ellen, »aber es kam jedenfalls an.« Sie sprach jetzt schneller. »Nur das Papier war etwas verkohlt und der Kuchen roch angebrannt, denn die Mütze glühte. Das Kind nahm sie und zog sie schnell über den Kopf. Aber als es die Mütze abends abnehmen wollte, ging sie nicht mehr herunter, sondern blieb wie ein roter Heiligenschein und brannte. Man sollte niemanden um einen Heiligenschein beneiden.«

Vor dem Fenster regnete es noch immer, die alte Frau atmete gleichmäßiger und der Fußboden knarrte, als hätte ihn Ellens Stimme soeben geweckt. Aber Ellen ließ sich nicht stören, sie verstummte nur einen Augenblick, als wäre sie in Verlegenheit vor dieser großen Gesellschaft, und sprach dann gleich weiter. »Die Flasche hatte einen Sprung, aber das Rotkäppchen legte sie trotzdem in den Korb und den angebrannten Kuchen dazu und machte sich auf den Weg zur Großmutter. Die Großmutter wohnte im selben Zimmer, aber es war doch ein langer Weg durch einen finsteren Wald. Einmal stieß der Korb an einen Baum und die Flasche rann aus. Das nächste Mal fiel der Kuchen zu Boden und der Krieg fraß ihn auf. Er hatte ein langes zottiges schmutziges Fell, fast wie ein Wolf. – Wohin gehst du? – Ich gehe zu meiner Großmutter. – Und was bringst du ihr? fragte er höhnisch. Dein Korb ist ja leer! – Ich bringe ihr die Sehnsucht. – Da wurde der Wolf böse, denn die konnte er nicht fressen, sie verbrannte ihm ja die Zunge. Zornig lief er davon, immer ein Stück voraus, und das Rotkäppchen lief ängstlich hinter ihm her. Aber der Wolf war schneller und als erster am Ziel. Die Großmutter lag im Bett. Aber sie sah ganz anders aus.«

Ellen stockte. Sie packte ihre Großmutter an den Schultern und starrte ihr ins Gesicht. Sie hob die Bettlampe und leuchtete damit über das alte Bett. Sie sprang auf und suchte nach Worten.

»Da sprach das Rotkäppchen: Aber Großmutter, was hast du so große Ohren? – Daß ich dich besser hören kann! – Aber Großmutter, was hast du für große Zähne? – Daß ich dich besser beißen kann! – Aber Großmutter, was hast du für dicke Lippen? – Daß ich es besser schlucken kann! – Das Gift? Meinst du das Gift, Großmutter?«

Ellen war vom Bett gesprungen, sie stand barfuß in der Mitte des Zimmers und zitterte vor Kälte und Angst. Die alte Frau schlief und rührte sich nicht. Das Gift auf dem Tisch glänzte, Ellen ließ es liegen. Mit einem Sprung war sie in ihrem Bett. Sie zog die Decke über sich, legte den Kopf auf die Arme und suchte nach der letzten Frage. »Großmutter, warum hast du so kalte Hände?« Aber sie fand keine Antwort. Sie wischte sich die Tränen von den Wangen und seufzte. Nach einer Weile schlief sie erschöpft ein.

Da sah sie, wie ein blasser Soldat aus dem hohen alten Gebäude der Nordbahn stolperte. Er trug einen Rucksack auf seinem mageren Rücken und fluchte leise vor sich hin, so leise und so hilflos, daß der allwissende Gott es für ein Gebet hielt. Seine Füße waren erfroren, deshalb stolperte er immer wieder. Seine Uniform war abgerissen und sein Soldbuch war gefälscht. Von Zeit zu Zeit sah er sich um und blieb im Schatten stehen, als erwartete er jemanden, der ihn erwartete. Aber es erwartete ihn niemand. Dann ging er wieder ein Stück weiter. Er ging unter dem kleinen Viadukt hindurch in der Richtung gegen die Wiesen zu. Er trat in alle Pfützen dieser Vorfrühlingsnacht und spritzte einen alten Wachtmeister an, der von seiner Streife aus den Auen kam. Er bemühte sich, unauffällig zu sein, und wirkte deshalb sehr auffällig. Er taumelte gegen den Fluß zu und kehrte auf halbem Wege wieder um. Er rüttelte an den lockeren und doch verschlossenen Türen der Kaffeehäuser und trieb sich eine Weile an einer Station der Kinderbahn herum, als hätte er Lust, in seine Kindheit zurückzufahren und die Stiefel von sich zu schleudern. Aber es kam kein Zug. Schließlich lief er gegen die Stadt zurück. Er verlor dabei seine Mütze, bückte sich und fand sie nicht mehr.

Das Haar auf seinem Kopf war hellbraun, kurz und flaumig und verlangte danach, gestreichelt zu werden. Die Nägel an seinen Fingern waren abgebissen und sein Schal war kariert. Aber es erwartete ihn niemand. Er ging zur Nordbahn zurück und strich einige Zeitlang wie ein verlorenes Tier um die gelben Mauern. Endlich beschloß er, nach Hause zu gehen, obwohl gerade das gefährlich war. Als er den alten Markt kreuzte, hatte er das bestimmte Gefühl, verfolgt zu werden, und blieb keuchend zwischen den Buden stehen. Er versteckte sich zwischen zwei Kartoffelsäcken hinter einem Stapel von Zwiebelkisten, aber es kam niemand. Er nahm den Rucksack ab, nahm ihn wieder auf und torkelte weiter. Ab und zu zog er das gefälschte Soldbuch aus der Tasche und betrachtete es aufmerksam, als ob es das richtige wäre – ja, als ob alle gefälschten Soldbücher richtig und alle richtigen gefälscht wären. Dann steckte er es wieder zu sich. Als er auf den Platz vor der Kirche gelangte, wußte er sicher, daß jemand hinter ihm war, und verbarg sich im Schatten unterhalb eines steinernen Heiligen. »Bitte für mich«, betete er, »bitte für mich!« Den Namen wußte er nicht. Als er wieder davonlief, schien es im Mondlicht, als bewegte sich der Heilige und segnete ihn mit einer alten, rätselhaften Gebärde.

Der Junge fuhr sich mit beiden Händen durch das Haar, er hatte Läuse. Wieder hörte er Schritte hinter sich, wandte sich aber nicht mehr um. Er lief wie ein Hase kreuz und quer und kam endlich an das hohe, stille Haus mit dem schlecht verdunkelten Fenster. Jemand ist hinter mir – nein, niemand ist hinter mir – niemand – die Leere der Welt. Der kleine Soldat rüttelte an dem breiten häßlichen Tor, aber das Tor blieb fest. Er klopfte und polterte und schlug sich die Fäuste blutig. Er stieß mit seinen zerrissenen Stiefeln danach, aber die Stiefel zerrissen immer mehr.

Ellen fuhr aus dem Schlaf. Sie setzte sich auf, starrte verwirrt in die Finsternis und vergaß den Traum. Sie vergaß ihn sofort und so vollständig, als hätte er ihr Herz niemals durchdrungen, als hätte er ihr niemals Salz und Wasser in die verschlossenen Augen getrieben. Sie stieg leise aus dem Bett und beugte sich aus dem Fenster. Aber man sah nicht hinunter. Irgendwo im Flur schlurften Schritte, das Haustor ging. Es knirschte und stöhnte. »Nein«, sagte Ellen heiser. Sie machte einen Schritt auf das Bett der Großmutter zu und blieb stehen. Sie trat drei Schritte zurück und wieder zwei vor, es sah aus wie ein altmodischer Tanz. Aber es war keine Zeit mehr, um zu tanzen. Sie kommen die Stiegen herauf – sie nehmen drei Stufen auf einmal – vier Stufen – fünf Stufen – »Sie holen dich, Großmutter!« Ellen schrie auf. Sie steckte die Fäuste in den Mund und biß sich in die Finger. Sie wollte alle Gedanken auf einmal haben und hatte keinen. Das Gift auf dem Tisch leuchtete aufdringlich, in einem fremden Licht. Die alte Frau erwachte, richtete sich auf und griff mit beiden Händen danach. Sie schien ruhig und gar nicht erstaunt. »Gib her«, sagte sie. Ellen hockte zu ihren Füßen und starrte ihr verblüfft in die stillen Augen. »Das bist du! Groß bist du, Großmutter, der Wolf kann dich nicht verschlingen!«

»Gib es mir!« wiederholte die Großmutter scharf.

»Nein«, stammelte Ellen, »nein, ich hol dich heraus, ich will dich verstecken – komm auf den Dachboden, schnell, oder hier in den Schrank, und ich werde dich verteidigen – ja, ich schlage sie nieder und du wirst sehen, wie stark ich bin!«

»Sei still«, sagte die Großmutter abweisend, »sprich nicht so groß, tu, was ich dir sage!«

»Sei gut zu mir«, bettelte Ellen.

»Ja«, sagte die Großmutter, »nachher.«

»Nein«, schrie Ellen, »nachher hast du keine Zeit mehr!«

»Beeil dich!« drängte die alte Frau.

Ellen stand auf. Sie drehte das Licht an, ging auf den Tisch zu, nahm das Gift in die linke Hand und ein Glas Wasser in die rechte und näherte sich damit der Großmutter.

»Mehr Wasser!«

»Ja«, erwiderte Ellen. Ihre Bewegungen waren steif und vorsichtig. Sie füllte das Glas frisch.

»Verschütte nichts!« sagte die Großmutter. Ellen hielt ihr das Glas an die Lippen. Dann fütterte sie ihre Großmutter mit dem Gift wie ein Spatz sein Junges und brach gleich darauf neben dem Bett zusammen.

»Steh auf!« sagte die Großmutter. Ellen stand auf. Hölzern, mit herabhängenden Armen stand sie neben dem Bett. Eine fremde Stimme drang aus den Kissen, losgelöst und verlassen von allem, was rundherum war, und nicht mehr sich selbst gehörig. »Wenn sie jetzt kommen, öffne die Tür, sei höflich, sprich nichts und laß alles geschehen.«

»Sie werden dich aus dem Bett zerren, Großmutter«, sagte Ellen, aber auch in ihren Worten lag schwer und geduckt das Verstummte.

»Meine Knochen, mich nicht!«

»Sie werden dich mit den Füßen treten, wenn sie entdecken, daß du Gift genommen hast!«

»Ihre Füße können mich nicht erreichen.«

»Sie werden dich beschimpfen, Großmutter.«

»Falsch verbunden, alles falsch verbunden. Ich habe meine Nummer geändert.«

»Ja«, sagte Ellen angstvoll, »ich glaube, daß du jetzt eine Geheimnummer hast!«

»Geh und horch auf den Flur hinaus!« Ellen ging und horchte. Sie lehnte sich an die Flurtür und hielt den Atem an. Zuerst war nichts zu hören, aber dann kamen Schritte. Langsam tappten sie herauf, verstummten und tappten weiter. »Betrunken —«, flüsterte Ellen, »sie lassen sich Zeit, sie denken, sie haben uns sicher!« Triumph durchfuhr sie. »Es ist gut, was ich getan habe, es ist gut, es ist gut!« Und aus allen Ecken tauchten die verblüfften zornigen Gesichter der Häscher. Ellen floh ins Zimmer zurück. »Es ist gut, es ist gut —«, und sie barg ihren Kopf an den absinkenden Schultern der Großmutter.

»Sie werden auf dich losgehen, und du machst einen kleinen Schritt, Großmutter, und sie fliegen ins Leere – einen kleinen Schritt – einen ganz kleinen Schritt. Und du hast ihn getan!«

Die Großmutter richtete sich auf und stützte sich auf die Ellbogen, ihr Gesicht glühte. Sie packte Ellen an den Händen. Da saßen sie wie Kinder am Heiligen Abend, wie Kinder, die durch das Schlüsselloch geschaut haben und zu triumphieren versuchen. »Wir haben sie überlistet – wir haben sie überlistet! Schau, ihre zitternden Kiefer, ihre schlotternden Knie, ihre aufgeblasenen Wangen!« Wieder tauchte aus allen Winkeln die Enttäuschung der Häscher. »Siehst du sie, siehst du sie? Jetzt nehmen sie die letzten Stufen. Und jetzt stehen sie still. Sie torkeln und halten sich aneinander. Sie vergleichen die Namen an der Flurtür. Sie sehen den Stern und höhnen. Aber sie sind

den falschen Weg gegangen. Tausend unschuldige Kinder
bringen sie um und keines ist das richtige. Jetzt suchen sie die
Glocke – die Glocke läutet nicht – sie heben die Fäuste, und
jetzt –« Alles blieb still. Die alte Frau sank zurück.

»Nein«, sagte Ellen zum zweitenmal. Sie riß den Mund auf,
wollte schreien, aber die Luft ballte sich zum Klumpen und
drohte sie zu ersticken. Sie rannte hinaus, tastete sich bis zum
Flurfenster und zog es vorsichtig auf: finster – stockfinster,
kein Laut – kein Atemzug – nichts. Mit zitternden Fingern
begann Ellen die Schlüssel zu suchen. Sie drehte das Licht an
und sperrte die Tür auf. Sie trat hinaus und sagte: »Kommt – so
kommt doch – ihr könnt ruhig kommen!« Sie stand auf der
Schwelle und breitete hilflos die Arme aus. »Kommt uns holen,
Gott erlaubt es – meine Großmutter hat Gift genommen und
ich will mit, ich will zu Georg!« Aber niemand kam.

»Nein«, sagte Ellen noch einmal. »Sie haben etwas vergessen,
sie werden zurückkommen!« Sie kauerte nieder und wartete.
Die Zeit verrann. Aber niemand kam zurück. Ein Nachtfalter
schwirrte vor ihrem Gesicht und setzte sich auf ihre Hand, Ellen
schüttelte ihn ab. Sie stand auf und sperrte die Tür wieder zu. Sie
strich ihr Hemd glatt und steckte die Spange fester. Dann legte
sie die Schlüssel in die Lade zurück und nahm einen Mantel um,
einen schwarzen Mantel, der ihr nicht gehörte. Sie schob die
Lade zu, legte die Kette vor die Tür und schlich ins Zimmer
zurück. Ihre nackten Sohlen verursachten ein kleines dumpfes
Geräusch. Unter der Bettlampe stand das halbleere Glas. »Zu
sehr am Rand«, murmelte die Großmutter. Ellen schob es in die
Mitte. »Es wirkt langsam«, flüsterte die Großmutter.

»Du wirst einschlafen«, sagte Ellen, »und wenn du
aufwachst –«

Die alte Frau winkte ab.

»Großmutter!«

»Ja?«

»Nächste Woche ist dein Geburtstag. Und da wollte ich –
ich wollte dir noch sagen –«

»Diese Woche«, sagte die Großmutter deutlich, »diese
Woche ist ein viel besserer Tag.«

»Sei gut zu mir«, sagte Ellen, »du hast es versprochen,
nachher, hast du gesagt, und jetzt –« Ihr Mund zuckte. »Es
läutet«, lächelte die alte Frau. Ellen hörte es nicht. Es war ein
anderes Läuten.

»Sie kommen«, seufzte die Großmutter unhörbar und
schloß die Augen. Ihr Kopf fiel plötzlich zur Seite.

Ellen umklammerte die Sterbende und suchte ihr Gesicht.

»Großmutter, spuck es aus, stirb nicht – stirb nicht,
Großmutter!« Die welken Lippen im Halbdunkel verzerrten
sich, der Kopf hob sich und sank zurück. Bei diesem Versuch
blieb es.

Ellen sprang auf das Bett wie eine junge Katze. Sie packte
die Großmutter an beiden Armen und versuchte sie
aufzurichten. Sie rüttelte und schüttelte verzweifelt. Unwillig
stöhnte die Greisin.

»Lieber Gott, was tut man gegen das Sterben?« Das alte
Bett krachte in allen Fugen. »Großmutter, wach auf, nimm dich
zusammen – man stirbt nicht, wenn man nicht will!«

Mit offenen Augen hörte die Nacht diese merkwürdige
Predigt gegen den Tod. Das Zentrum ihres Auftrags schien
näher zu rücken.

Ellen hob ihren runden, schwarzen Kopf witternd in die
Finsternis, sie dachte nach. Die Sterbende begann jetzt zu

röcheln. Ellen kniete über ihr und horchte; alle ihre Sinne standen offen. Die Großmutter wollte noch etwas – sie verlangte und ihr Verlangen schien unersättlich. Ihre Hände befreiten sich aus der Umklammerung und begannen wiederum ruhelos über die Decke zu tanzen.

»Was suchst du? Weißt du, was du suchst, Großmutter?« fragte Ellen. »Einmal war es dein Taschentuch, ein anderes Mal wieder dein Opernglas, und zuletzt das Gift. Aber wolltest du nicht etwas ganz anderes? Großmutter, warum hast du nicht nachgedacht?« Ellen zitterte vor Angst. Sie packte die ruhelosen Hände, aber sie waren nicht zu bändigen. Sie nahm den dünnen, weißen Zopf und riß daran, aber die Großmutter gab keine Antwort.

»Was suchst du – sag mir, was du suchst, ich will dir alles geben! Großmutter, so sag doch wenigstens: sprich nicht so groß – Großmutter, warum antwortest du nicht, Großmutter, willst du leben?«

Wie gejagt flohen die Atemzüge aus den halboffenen Lippen der Sterbenden. Ellen senkte lauschend den Kopf und stemmte die Finger in die Matratzen.

»Willst du leben?«

»Ja«, seufzte die Nacht stellvertretend und legte die Hände auf die Schultern der alten Frau.

»Dann mach ich dich lebendig«, sagte Ellen entschlossen, und noch immer funkelte das Kreuz über der Landkarte. Verzehrender Wille durchbrauste sie, riß ihr Herz auf und öffnete ihre Ohren. Aber in diesem großen Sturm verstand man keine Stimme. Ellen sprang auf den Fußboden und holte ihr schwarzes dickes Gebetbuch aus dem alten Schrank, auf der letzten Seite standen die Sterbegebete. Sie begann, erschrak vor ihrer Stimme

und ließ das Buch wieder fallen. Das Röcheln wurde leiser.
»Bleib«, flüsterte Ellen, »bleib da, laß mich nachdenken. Hab ich
dir nicht das Gift gegeben? Muß ich dich nicht erwecken?«

In dieser Sekunde durchzuckte sie die Idee, zum Arzt zu
laufen. Aber der wohnte weit weg und einen andern durfte man
nicht holen. Und falls die Großmutter dann noch lebte, was
konnte er tun? Ein Schlauch, ein langer Schlauch in den Magen
– das wußte Ellen. Aber verlangten diese tanzenden,
unersättlichen Hände nach einem Schlauch? Ellen schüttelte
den Kopf. Sie preßte die Knie an den Bettrand und schwieg.

»An den Flüssen Babels saßen sie und weinten –«, sagte die
Nacht unvermittelt. Das hörte Ellen und sie sah sie an den
Flüssen sitzen und sie sah, wie die Flüsse immer größer wurden
von ihren Tränen. Aber sie sprangen nicht hinein. Sie warteten,
sie warteten immer noch und sangen fremde traurige Lieder
und sprachen singend weiter. Vier von ihnen standen auf und
kamen auf das alte Bett zu. Gleich würden sie die Großmutter
packen und sie würden sie hinaustragen auf den letzten
Friedhof, der furchtsam im grauenden Morgen schlief. Und sie
würden beten, singen und weinen, aber ihre Gebete blieben wie
leere Schläuche am Boden liegen, stumm und traurig. Der Wein
ist abgeleitet. Dieser Friedhof hatte die älteste Geheimnummer,
aber seine Wächter hatten sie vergessen, und alle, die dort
lagen, litten darunter. Sie hatten ebenso wie Ellens sterbende
Großmutter ihr ganzes Leben nach allen möglichen Dingen
verlangt, die sie gar nicht wollten, sie hatten alle möglichen
Nummern angerufen, aber im Grund waren sie immer falsch
verbunden gewesen, denn keine war die Geheimnummer.
»Wartet«, rief Ellen fiebernd, »vielleicht weiß ich sie, vielleicht
weiß ich sie für euch! Wollt ihr leben?«

»Ja«, sagte die Nacht zum zweitenmal. »Ja«, sagte sie ungeduldig, denn schon stieg der Morgen erobernd über die Dächer. Die Nase der Großmutter trat spitz hervor, ihre Wangen fielen ein. Der Meister selbst tat die letzten Griffe und verwischte das Verwischende. Ellen riß die Augen auf, sie bewegte formend die Hände, als könnte sie der Dämmerung das Wort entreißen, das die Großmutter erweckte. Zum Sprung geduckt lag sie am Fußende des Bettes und verharrte in Stille, in dem Schweigen der Bereitschaft.

Das Hemd der Großmutter war zerrissen, die Decke abgeworfen. Mit ihren letzten Schatten ersetzte sie die Nacht.

»Großmutter, was suchst du? Großmutter, willst du leben?«

Durch eine kleine Bewegung lockerte sich der Draht der Bettlampe. Das Licht ging aus. Noch einmal zuckte der Kopf der Sterbenden vor der nahen Finsternis zurück, der Körper bäumte sich auf. Ellen sprang, sie packte das halbleere Glas. Drei Schluck fehlten. Und sie goß den Rest des Wassers über die weiße eckige Stirne, über Hals und Brust in die steifen Kissen, und sie sagte mitten in das letzte einsame Röcheln: »Großmutter, ich taufe dich im Namen des Vaters und des Sohnes und des Heiligen Geistes, Amen.«

Die Nacht sank dem Tag in die Arme.

In dieser Nacht war ein kleiner, verzweifelter Deserteur gegen zwei Uhr heimgekommen und am Morgen verhaftet worden.

Flügeltraum

Drei Minuten vor Abfahrt des Zuges vergaß der Lokomotivführer das Ziel der Fahrt. Er riß den Rock auf, schob die Mütze aus dem Gesicht und wischte sich den Schweiß von der Stirne. Er sprang ab und rannte ein Stück vorwärts. Er blieb stehen, breitete die Arme aus und ging langsam wieder zurück. Dabei sprach er laut vor sich hin. Er mußte es finden, jawohl, er mußte es finden. Im Dunkeln hinter der Linie der Scheinwerfer. Dort lag es verborgen und dort würde es liegen, solange die Züge der Menschen durch die Nacht rasten und es keinem einfiel, die Scheinwerfer abzuschalten und ein Stück allein zu gehen. Dort würde es liegen, still und unbeweglich vor ihrer Raserei, dort würde es liegen, solange sie ihre traurigen verdunkelten Stationen für große helle Ziele hielten, solange sie Namen an Stelle der Weisheit setzten, solange sie Umwege machten, um den Kreuzungspunkt zu vermeiden, der in der Mitte lag, solange sie Abfahrt und Ankunft verwechselten, solange, solange, solange – – aber es war zu spät geworden. Keine Zeit mehr, mein Gott, keine Zeit! Drei Minuten vor Abfahrt.

Warum seid ihr so eilig? Kommt, steigt aus, helft mir suchen! Das Ziel, das Ziel.

Aber dieser Zug war ein Lastzug, ein Munitionszug, ein Zug, der Waffen an die Front zu bringen hatte, und die Waffen stiegen nicht aus. Verzweifelt rannte der Lokomotivführer den Zug entlang. Ihr kommt nicht? Warum? Ihr wollt nicht. Lieber an die Front. Wo ist die Front? Die Front ist dort, wo ihr das Ziel verwünscht, die Front ist immer, die Front ist überall, die Front ist hier. Der Mann keuchte. Einer der Heizer warf ihm einen verwunderten Blick nach.

»Fahrt nicht, fahrt nicht«, flüsterte der Lokomotivführer

und kehrte wieder um, »ihr bringt es nicht unter die Räder, immer bleibt es gleich weit weg. Ein Betrug. Ihr verschiebt Waggons quer durch das Land und wieder zurück, rund um die Erde und wieder zurück, Waggons werden verschoben, weiter nichts. Hin und zurück, hin und zurück, Namen, Namen, sonst nichts. Neue Waggons werden angekoppelt und die alten koppelt ihr ab. Und wenn es dunkel wird, beginnt ihr zu schießen. Und alle eure Grenzen heißen Front. Namen, sonst nichts, keiner trifft ins Schwarze. Und ich soll euch helfen? Nein, ich helfe euch nicht mehr. Lang genug bin ich diese Strecke gefahren, hin und zurück, hin und zurück, Schwindel das Ganze, Geduldspiel, Zeitvertreib für solche, denen langweilig ist, mir nicht. Ich will das Ziel finden. Drei Minuten Verspätung – die kann man aufholen. Ein ganzes Leben Verspätung, hört ihr, das ist ärger.«

»Hallo«, schrie der Stationsvorstand erschrocken, »wohin laufen Sie?« Das Signal in der Hand, rannte er mit großen Schritten hinter dem andern her.

»Wohin fahren wir?« schrie der zurück und verdoppelte seine Geschwindigkeit. »Wissen Sie, wohin wir eigentlich fahren?«

Wieder versuchte er, hinter die Linie der Scheinwerfer zu kommen, wo das Ziel verborgen lag.

»Halt!« schrie der Stationsvorstand. »Stehen bleiben, sofort! Wohin laufen Sie?«

»Wohin fahren wir?«

»Gott im Himmel«, keuchte der Stationsvorstand erschrokken.

»Ja«, lachte der Lokomotivführer und blieb beglückt stehen, »sehen Sie, das habe ich auch gemeint. Deshalb bin ich ausgestiegen. Zu Fuß kommt man, glaube ich, schneller hin. Eine neue Strecke müssen wir finden, eine neue Strecke müssen wir bauen, eine fremde Strecke, eine, die noch keiner gefahren ist, die Strecke ohne Endstation, die Strecke ans Ziel.«

»Oh«, schrie der Stationsvorstand entsetzt, packte ihn am Ärmel, rüttelte ihn hin und her und schlug mit dem Signal beruhigend auf seine mageren Schultern.

»Kommen Sie zu sich!«

»Kommen *Sie* zu sich«, wiederholte der Lokomotivführer angriffslustig, als wäre gar keine Rede davon, daß der Herr Stationsvorstand bei sich oder auch nur irgendwo in der Nähe von sich selbst sei. »Wohin fahren wir?«

»Nordosten«, sagte der Stationsvorstand erschöpft, »an die Front.« Und er nannte den Namen eines kleinen Ortes, einen langen, ernsten Namen, den er falsch aussprach.

Der Lokomotivführer schüttelte den Kopf. Er erinnerte sich absolut nicht. Er hatte alle seine Erinnerungen abgeworfen wie eine Irrlehre, alle diese alten Erinnerungen an Namen und Signale, an Dinge, die innerhalb des Scheines lagen, innerhalb des Kreises, den die Scheinwerfer warfen. Und er hatte das große Vergessen auf sich genommen wie eine ganz neue Erinnerung.

»Es ist wichtig«, schrie der Stationsvorstand empört, »es ist ungeheuer wichtig, hören Sie? Waffen, Waffen, Waffen! Waffen an die Front, das kostet Sie den Kopf!«

Aber der andere rührte sich nicht vom Fleck und schüttelte den Kopf, als säße der gar nicht so fest, als könne es ruhig den Kopf kosten, wenn es nur nicht das Herz kostete. Es war ganz unmöglich, ihm in seinem traurigen Zustand zu erklären, wie wichtig zwanzig Geschütze und drei Minuten in diesem

Zusammenhang seien, denn er glaubte nicht mehr an diesen Zusammenhang.

»Abfahrt«, schrie der Stationsvorstand außer sich, hob das Signal und schlug es dem Lokomotivführer an die Stirne.

»Abfahrt! Hilfe, zu Hilfe!«

Er tobte und stampfte mit den Füßen. »Zu Hilfe!« Er schrie so sehr, als hätte der kleine Lokomotivführer mindestens ein Geschütz zur Verfügung und die feste Absicht, ihn im nächsten Augenblick damit auf den Mond zu schießen, wo es sehr einsam war, wo es keine Namen und keine Signale gab und man Zeit zum Nachdenken bekam. Das aber war ungefähr das Ärgste von allen Dingen innerhalb der dienstlichen Vorstellung. Kein Fahrplan und keine Pfeife in der linken oberen Tasche, keine Vorschriften. Nur nicht auf den Mond, um Gottes willen nur nicht in den Himmel! Der Stationsvorstand schrie wie rasend. Der Lokomotivführer rührte sich nicht.

Vom Stationsgebäude her kamen Leute gelaufen. Sie schrien ebenfalls und bewegten aufgeregt die Arme.

»Kommen Sie!« drängte der Stationsvorstand. »Ich verrate nichts, wenn Sie jetzt kommen.«

»Verraten kann man nur, was man weiß«, antwortete der andere unberührt.

»Ich werde tun, als ob nichts gewesen wäre«, erklärte der Stationsvorstand erschöpft.

»Das haben Sie immer schon getan«, sagte der Lokomotivführer. Er wollte noch mehr sagen, aber sie hatten ihn schon gepackt, zornig zerrten sie ihn gegen die Lokomotive zurück. Sie drangen mit Fragen in ihn und rissen ihm die Mütze vom Kopf.

»Verrückt, was?«

»Ja«, antwortete er, »woandershin«, und es gelang ihm, seine Mütze wieder aufzuheben. Er blieb stehen und putzte sie ab. Sie drohten ihm und stießen in seinen Rücken. Ratlos standen sie im Halbkreis um die Lokomotive.

Der Heizer beugte sich weit über das Eisen. Er lachte ganz laut.

»Polizei!« tobte der Stationsvorstand, »verständigen Sie die Polizei. Sofort!«

»Ein großes Aufgebot«, sagte der Lokomotivführer. Der Heizer lachte noch lauter.

»Bahnhofswache! Wo sind die diensthabenden Polizisten?« keuchte der Stationsvorstand.

»Nicht auffindbar.«

Die Stimme des Heizers kippte über. Der Lokomotivführer stimmte fröhlich ein.

»Erschießen, auf offener Strecke wird man dich erschießen!«

Wieder hoben sie die Fäuste gegen ihn.

»Alle eure Strecken sind offen«, sagte er. »Sind wir nicht auf offener Strecke gekommen und müssen wir nicht auf offener Strecke wieder gehen?« Der Heizer verstummte.

»Alle eure Strecken sind offen«, stammelte der Lokomotivführer, riß die Augen weit auf, ließ die Arme hängen und starrte über sie hinweg.

Der Stationsvorstand zog den Rock straffer. »Zum Glück gibt es Handschellen, es gibt grüne Wagen mit vergitterten Fenstern und Mauern mit Stacheldraht.« Seine Stimme zitterte feierlich. »Es gibt Galgen und es gibt ein Schafott, es gibt eine Vorschrift und –«

»Es gibt eine Hölle«, schrie Ellen drohend über das Dach

des dritten Waggons, »und es gibt Lokomotivführer, die wissen nicht, wohin die Reise geht! Ein versiegeltes Kuvert, das ist alles. Gebt euch nicht zufrieden! Fahr nicht, fahr nicht, solang du es nicht weißt!«

Sie sprang ab. Wie gejagt rasten die diensthabenden Polizisten hinter ihr her. Stumm stand der Zug.

»Fahr nicht, fahr nicht, fahr nicht, solang du es nicht weißt! Denk nach, fahr nicht!« Die Stimme wurde schwächer. Auch das Schreien der Polizisten verlor sich im Nebel.

Verwirrt blinzelte der Lokomotivführer in die Scheinwerfer. Nachdenken, worüber? Was weiß ich nicht? Die Richtung? »Nordosten«, stammelte er widerstrebend. Blinde Kuh, dreh dich, das ist euer Kompaß. Ein weißes Tuch vor die Augen.

Das Gesicht verblaßte. Eisig glänzten die Schienen.

Die Vorschrift, mein Gott, die Vorschrift. Dein Gewissen, dein Gott, dein Gewissen. Eine neue Strecke mußt du bauen, deine eigene Vorschrift mußt du finden. Bessere Schienen mußt du legen. Ans Ziel, ans Ziel, denk nach, fahr nicht – das Ziel!

Die Stimme verstummte.

»Entschuldigen Sie«, sagte der Lokomotivführer und sah sich im Kreis um, »entschuldigen Sie, es tut mir leid, was war das nur mit mir? Haben wir große Verspätung?« Und er nannte den Namen eines kleinen Ortes, einen langen und ernsten Namen, den er falsch aussprach.

»Das will ich meinen«, zürnte der Stationsvorstand. »Sie haben wohl getrunken. Steigen Sie jetzt ein und fahren Sie. Und denken Sie nie mehr über das Ziel nach. Übrigens, die Sache wird ihre Folgen haben.«

Schweigend kletterte der Lokomotivführer auf seinen Sitz zurück.

»Verliebt?« lachte der Heizer. »Wer war das Mädchen?«

»Nie gesehen.«

Der Stationsvorstand hob das Signal.

Noch einmal tauchte ein schwarzer schneller Schatten in den Schein der Scheinwerfer.

Das Ziel, das Ziel!

Mit einem einzigen Satz überquerte Ellen das Geleise. Knapp vor dem fahrenden Zug übersprang sie die Schienen.

Die Polizisten taumelten und standen still. Um diesen fahrenden Zug gewann Ellen Vorsprung.

Der Stationsvorstand wischte sich den Schweiß von der Stirne. Die Polizisten bissen die Zähne in die Lippen, bis Blut kam, zählten die Waggons, verzählten sich und griffen an ihre Gummiknüttel.

Eine Kanone, deren Rohr vorwitzig über den Rand des letzten Waggons ragte, sichtete den Zorn in ihren Augen und erschrak. Sie hätte das dumme, junge Rohr gerne zu sich herabgebogen, um es vor den Blicken der Polizisten zu bewahren. Aber das lag nicht in ihrer Macht.

Nebel umfing sie. Der Lokomotivführer schob die Mütze tiefer ins Gesicht. Der Zug raste in die Nacht.

Das Signal ging nieder. Es wollte sagen: Der Zug ist vorbei. Aber es wollte noch viel mehr sagen: Lauft, lauft, lauft! Lauft alle. Kein Rad und kein Propeller, kein Zug und auch kein Flugzeug holt das Geheimnis ein. Wunde heiße Füße sind die Berufenen, eure Füße, eure eigenen Füße, eure unwilligen Füße. Lauft, lauft, lauft, bringt euch außer Atem, das ist der Befehl. Weg von euch selbst, hinein in euch selbst. Der Zug ist vorbei. Lauf, Ellen, lauf, sie sind hinter dir.

Auf dem Kohlenplatz spielte ein Gassenjunge.

Lauft auch, ihr Gassenjungen, und lauft, ihr Polizisten. Das Geleise ist frei; frei, um darüberzuspringen. Hört, wie es singt: Überspringt mich, überspringt mich! Es verlangt danach. Lauft, ihr Polizisten, holt das Geheimnis ein! Nehmt die Mützen ab und laßt sie ruhig fallen, man fängt es nicht wie Vögel. Holt das Geheimnis ein! Lauft blindlings, lauft mit ausgestreckten Armen, lauft wie Kinder ihrer Mutter nach. Holt das Geheimnis ein.

Links oder rechts, links oder rechts? Trennt euch, um zu umfangen, trennt euch, um zu umarmen! Vergeßt nur nicht, weshalb ihr euch getrennt habt. Verliert euch nicht.

Das Signal zitterte noch ganz leicht und verstummte. Endlos dehnte sich der Bahndamm.

Ellen lief. Hinter Ellen liefen die beiden Polizisten. Und hinter den beiden Polizisten lief ein Gassenjunge, der nicht genau wußte, was los war. Rund um den Holzstoß, quer durch den Schuppen, über den Steg.

Er wußte genau, daß er es nicht genau wußte. Er hatte schon immer gewußt, daß es schwer war, Atem zu bekommen, daß Holzstöße mehr sind als Holzstöße und ein Bahnplatz mehr als ein Bahnplatz. Daß es wichtig war, müde zu werden, bevor die Nacht kam. Lauf jetzt, lauf, sie sind hinter dir! Halte den Vorsprung, was ist ein Vorsprung? Verfluchte Gnade, sinnlose Gnade. Links oder rechts? Keines von beiden, Gnade ohne Ergebnis.

Ellen lief, sie lief wie ein versprengter, geschlagener König, blindes Gefolge im Rücken: diese Armen, die wie alle Verfolger zum Gefolge der Verfolgten wurden.

Rauch, es roch nach Rauch, nach Kartoffelfeuern auf

endlosen Steppen, nach verlorener Glut. Uneinholbar waren
Last- und Leichenwagen um die letzte Ecke gebogen. Weder
Georg noch die Großmutter winkten zurück.

Ellen lief und die beiden Männer liefen und der Junge lief.
Und sie liefen alle miteinander dem Geheimnis nach, dieser
Flut, die zurückgewichen war.

Kommt mir nach, kommt mir nach. Denn ein Holzstoß ist
mehr als ein Holzstoß.

Dämmerung lauerte lautlos, saß wie ein fremder Reiter auf
ihren Schultern und feuerte sie an. Lauft, lauft, lauft, nützt die
große Pause! Nützt das schnelle Leben. Interregnum zwischen
Kommen und Gehen. Baut keine Festung dazwischen!

Lauf, Ellen, lauf, einer führt an. Längst ist ausgezählt. Der
verfolgt wird, führt an. Eins, zwei, drei, vier, fünf, sechs,
sieben, du darfst das Opfer sein. Reiß sie mit, reiß sie mit, die
Kette der Verfolger! Quer hinüber, Betreten verboten, quer
hinüber über euch selbst.

Ein Wächterhaus – Stiegen hinauf – ein Hühnerstall. Spring,
spring, Schatten sinken. Laternen im Weg. Überspring, es ist
nichts. Dunkle Laternen, helleres Dunkel, Gott blendet sich ab,
ihr ertragt ihn nicht. Ertragt ihr euch selbst?

Weiter, jetzt weiter! Schranken hinauf, Schranken hinab,
Tonnen, Tonnen, erfüllt mit Brennstoff. Stoß an die Tonnen,
wie mächtig es klingt! Der Brennstoff ist weg, ausgelaufen,
verbraucht. Schwindel, Betrug, alles Leere klingt mächtig, die
Tonnen rollen weit hinter dir.

Hörst du den Lärm? Der Vorsprung wird kleiner. Ein leerer
Waggon, hindurch, hindurch. Hörst du sie pfeifen? Arme
Verfolger. Reiß sie mit, dahinter, ins Ziel. Der Vorsprung wird
größer.

Rufen, Tappen, Rufen. Sie laufen im Kreis. Sie stolpern, sie fallen, sie bleiben zurück. Sie stehen still.

Ellen zögerte, sie wandte sich um. Mitleid überfiel sie, fremdes Mitleid mit ihren Verfolgern, die den Weg verloren hatten. Das Signal senkte sich. Für wen? Kein Anführer mehr, kein Verfolgter, kein Weg, kein Ziel. Nein, nein, das wird nicht sein, die Kette darf nicht reißen. Sie holte tief Atem.

Es war ein langer, schriller und wilder Pfiff, ein Pfiff auf fünf Fingern. Länger als die Milchstraße und kürzer als der allerletzte Atemzug. Die Hühner des Bahnwärters erschraken. Ein paar Bretter lösten sich vom Holzstoß. Die abgekoppelten Waggons auf den Nebengeleisen standen noch viel stiller. Ellen pfiff ihren Verfolgern. Bleib stehen, horch, halt den Atem an.

Der Polizist unter der kahlen Pappel hob das Gesicht in den Nebel. Da, dort, das Wächterhaus, die Stiegen hinauf, dort bist du nicht mehr. Schuppen voll Werkzeug, bist du nicht Werkzeug, fremdes Werkzeug zwischen den Hämmern, zwischen den Zangen, zwischen den Bohrern, auch dort bist du nicht.

Der Polizist fror, während ihm der Schweiß von der Stirne lief. Seine Finger waren steif vor Aufregung. Er war noch ein sehr junger Polizist, unerfahren in der Methode und gar nicht selbstbewußt. Und obwohl er gelernt hatte, umzuwerfen mit einem einzigen Griff und auf die Knie zu zwingen, hatte er doch noch nicht gelernt, umgeworfen und auf die Knie gezwungen zu werden. Und obwohl er gelernt hatte, zu schießen und sich zu ducken, wenn die andern schossen, hatte er doch nicht gelernt, erschossen zu werden oder auch nur ein wenig allein zu sein. Er lief, aber seine Stiefel waren zu eng. Er bewegte sich sehr unsicher.

Noch zweimal tauchte der Pfiff aus der Dämmerung. Drohender als der Befehl seines Obersten, lockender als die Bitte seiner Geliebten und viel spöttischer als der Spott der Gassenjungen in seinem Rayon. Während er lief, stieg dem jungen Polizisten das Blut zu Kopf. Das letzte Mittel, ans Ziel zu kommen: Bleib stehen, horch, halt den Atem an!

Nichts rührte sich. Lauernd lagen die Schienen im Schatten der Signale. Zweifel fiel über ihn wie ein härenes Hemd. War es nicht lächerlich, das Nichts anzugreifen?

Was sonst greift ihr an als das Nichts? – sirrten die Pappeln am Damm.

Zornig und einsam bewegte sich der Polizist vorwärts. Sein Eifer stieg. Und dann, dachte er, und dann, wenn ich es habe, was habe, wen habe, den Schatten im Schein, dann werde ich ausgezeichnet, dann werde ich unabkömmlich auf dieser Welt, dann muß ich nicht an die Front, dann darf ich nicht fallen, dann gibt es keinen Schatten im Schein mehr als meinen eigenen.

Verfluchter Nebel, schob sich vor wie eine vergessene Kulisse, lag wie dünne Milch zwischen den Unentschiedenen. Unruhig wälzte sich der Mond zwischen den Wolken. Der junge Polizist lief mit hängender Zunge, den Kopf schräg vorgeschoben und die Nase zu Boden gekehrt wie ein witternder Hund. Die Spur, die Spur, die Schienen entlang. Als gäbe es nicht mehr Spuren als Schienen, Spuren, die sich überkreuzten, Spuren, die sich verflochten, mehr Spuren als Schienen und kein Weichensteller, daran lag es.

Aber dann, wenn ich sie habe, die Spur der Schatten, ist alles gut. »Halt oder ich schieße, halt, halt oder ich schieße! Halt, ich muß sonst schießen!« Seine Stimme überschlug sich. Ellen war dicht vor ihm. Er streckte die Arme aus, aber seine Arme waren zu kurz. Wie ein tanzender Bär blieb er hinter dem Schatten. »Halt oder ich schieße!« Aber er schoß nicht. Noch einmal riß er den Kopf zurück, als riefe er nach einem Kameraden.

Eine Frau ging langsam über den östlichen Steg. Drei Schwellen weiter flog ein Vogel auf. Der Polizist setzte zum Sprung an, sprang und griff ins Leere. Schwindel überfiel ihn. Matt und blau schimmerten in der Ferne die Lichter der Station. Er zitterte vor Wut. Er warf sich zu Boden, sprang wieder auf und drehte sich verzweifelt um sich selbst wie seine Mutter, die Erde. Er stampfte mit dem Fuß auf, schlug mit den Armen um sich und stand endlich still. Er hob sich auf die Zehenspitzen, seine Stiefel knarrten auf dem nackten Boden, neue Stiefel, glänzende Stiefel, er war wirklich noch ein sehr junger Polizist. »Ist jemand hier?« sagte seine Stimme, die Stimme eines Knaben. Er tastete nach einer Zigarette. Rot glomm auf. Wer da? Qui vive? Eine alte Frage, eine lächerliche Frage. Du selbst, bist du niemand?

Ellen rührte sich nicht, grün funkelten ihre Augen unter dem Waggon. Rot und grün, rot und grün, Signal für den letzten Zug. Sie zog die Knie ans Kinn. Der Polizist war ganz nahe. Verlockend, mit der Hand durch die Speichen zu fahren und ihm den Stiefel vom Fuß zu reißen.

»Ist jemand hier?«

Verlockend, seine Frage zurückzuwerfen und ihn zu trösten. Ja, ja, ja, sei still, du Lieber.

Es begann plötzlich zu regnen. Der Polizist fror. »Falls jemand hier ist«, sagte er laut, »befehle ich ihm – ich befehle ihm – –«, er unterbrach sich, »bitte ich ihn –« Er brach ab.

Von weitem hörte er das Schreien seiner Kameraden. Hin und her, hin und her, befohlen zu finden, ja, befohlen zu suchen, nein. Der Kaiser schickt Soldaten aus und schickt dabei – mich nicht, bitte mich nicht!

»Wer da?« flüsterte der Junge aufgebracht zum letztenmal, und dann: »Ich kann nämlich warten, jawohl, ich kann lange warten. Wir haben genug exerziert diese letzten Tage und ich bin müde. In drei Tagen gehe ich an die Front. Dorthin, wo der Horizont befestigt ist. Drei Tage kann ich warten, drei Tage –« Seine Schultern hoben sich; gut, daß keiner seiner Kameraden in der Nähe war. Niemand hat dich gesehen, niemand hat dich gehört, niemand, niemand – – lauf, sei ein Held, fang den Schatten im Schein und bring ihn auf die Wachstube. Weit vor dir, womit verlierst du die Zeit? Warte, wenn ich dich habe, Schatten im Schein, Pfiff in der Stille, Spott in der Nacht!

Außer Atem stolperte der Polizist über die toten Geleise. Zorn durchschüttelte ihn, lieber Zorn, starker Zorn. Die Zigarette fiel zu Boden, er zertrat sie. Wie von Hunden aufgespürt stürzte er vorwärts.

Ellen streckte den Kopf unter dem Waggon hervor und sah ihm nach. Er rannte blindlings, seine Arme schlenkerten, sein Tuchhelm saß nicht sehr fest. Abwehrend glänzte das Rückenschild. Ellen kroch auf den Weg. Zum Sprung geduckt blieb sie auf dem feuchten Boden. Lauf, sie haben dich nicht entdeckt, lauf in die andere Richtung, schnell, lauf nach Hause. Unter dem Steg hindurch, gegen die Straße zu, und an einer Stelle, du weißt, ist der Damm durchbrochen. Tauch unter, eh sie dich finden! Aber daneben gab es noch eine andere Stimme, so unhörbar wie unüberhörbar. Und dann wieder die erste: Bleib, kehr um, bleib, du läufst in die falsche Richtung!

Ellen war hinter dem Polizisten her. Flüchtig berührten ihre Füße die hölzernen Schwellen. Wie über die Schollen eines Ackers sprang sie von einer zur andern. Und mit jedem Sprung überwand sie die quälende Steifheit ihrer schlafenden Glieder und mit jedem Sprung übersprang sie sich selbst. Wie eine schwarze aufständische Fahne flog ihr Haar im hereinbrechenden Nebel.

Der junge Polizist lief vor ihr. Er hatte den Helm vom Kopf genommen und er lief schnell. Um jeden Preis, um Gottes willen, um alles in der Welt. Schatten im Schein, wehe dir! Lautlos blieb Ellen auf seinen Fersen.

Der Polizist vergrößerte seine Schritte, ruhelos brannten seine Augen in die schwarze Kühle. Da, dort, nirgends. Seine Blicke glichen kleinen gefangenen Vögeln, sprangen von Dunkel zu Dunkel, schienen an Glas zu stoßen und kehrten sich feindselig gegen ihn selbst. Unruhig zuckte sein Kopf nach allen Richtungen. Drohungen sprangen wie Blasen von Schaum über seine Lippen und zerplatzten in der feuchten Luft. Sein Zorn wuchs. Seine Füße schmerzten. Sein Hemd klebte und sein Kragen saß schief. Nadelstiche regneten vom Himmel, sein eigener Rücken fiel ihm in den Rücken. Noch ein paar Schritte und er hatte das Spiel verloren. Zu Befehl, nichts, gar nichts, überhaupt nichts. Es regnet, Nebel fällt, die Nacht kommt.

Rief da nicht jemand? Oder träumte er am Ende? Nichts, es gab nichts zu träumen. Drüben der Perron, die Kameraden, die Wachstube. Sein Kopf fiel mutlos vornüber. Noch drei Schritte, noch zwei, noch ein halber. Am Ausgang, unter dem blechernen Dach lehnten die übrigen.

»Gefangen?«

»Gefaßt?«

»Nichts«, schrie der Polizist zornig, »nichts, nichts, nichts.«

Eine fremde Hand legte sich auf seinen Mund. Eine fremde Hand griff nach seinem Kragen. »Nichts«, stammelte er verwirrt.

»Nur mich«, sagte Ellen und ließ sich ohne Widerstand auf die Wachstube zerren.

Vorbei an den strengen Gesichtern der Stumpfen, an Augen, die wie feuchte Flecken in grauen Wänden saßen, an Stößen, stumpfen Pfeilen, die zurückprallten. Durch Gänge, durch die Leiber gedunsener Schlangen, widerwillig gewunden unter schwarzen Lichtern, und über fremde Schwellen wie über giftige Zähne.

Das Fieber der Polizisten verlangte nach Widerstand, nach Flüchen und Bettelei, aber Ellen gab nach, ließ sich ohne Frage durch das Fragwürdige führen, als ginge es nur darum, einen alten Schritt in einem neuen Tanz zu versuchen. Den Polizisten schien es, als tanzten auch sie zum erstenmal in diesen Gängen. Die Wachstube lag zu ebener Erde, lag wie alle Wachstuben in schwerem Halbschlaf, träumte böse Träume und war nicht zu erwecken. Die Wachstube bewachte ihren eigenen Schlaf, hütete eifersüchtig ihre schweren Träume und ließ den Dunst des Bösen willig auf sich ruhen.

Von Stecknadeln zerstochen klebte die Landkarte zwischen den verschlossenen Fenstern. Zerstochen die blauen Untiefen der Ozeane, der schimmernde Glanz der Ebene, die dunklen Wirbel der Siedlungen, zerstochen das Bild ihrer Welt. Denn die Namen der Städte sind die Namen der Schlachten geworden, Küste oder Front, Stadt oder Schlacht, Stiefel oder Flügel, wer will es unterscheiden?

Alle Läden waren verriegelt, kein Schein durfte hinausdringen. Unbefugte könnten Trost finden an der Untröstlichkeit. Krieg, es war Krieg.

Arme Wachstube. Blauer Rauch verfloß mit dem gelben Licht der Lampen zu dem giftigen Grün der Uniformen. Verwundert kniff Ellen die Augen zusammen. Eine Besprechung war im Gang. Die Männer verstummten. Hinter den geschlossenen Läden hörte man die schnellen Schritte Vorübergehender wie etwas Unwiederbringliches.

»Was bringen Sie uns?« Der in der Mitte richtete sich auf.

Der Polizist stand ganz gerade. Er warf den Kopf zurück, öffnete den Mund und brachte kein Wort hervor.

»Ihre Meldung?« wiederholte der Oberst ungeduldig, »Wir haben keine Zeit zu verlieren.«

»Zu Befehl«, sagte der junge Polizist, »wir haben viel mehr zu verlieren.« Er sagte es mit einer hohen und sehr unsicheren Stimme. Tiefe Ringe standen unter seinen Augen.

Der zweite sprang dazwischen. »Zu Befehl, es war ein Kind zwischen den Waffen.«

»Zu Befehl«, unterbrach ihn der Junge, »es sind überall Kinder zwischen den Waffen.«

»Fast wäre der Munitionszug zurückgeblieben«, rief der zweite zornig, »der Lokomotivführer hat vergessen, wohin die Reise geht.«

»Zu Befehl«, sagte der Junge, »keiner von uns weiß, wohin die Reise geht.«

Der Oberst nahm das Glas von den Augen, nestelte daran und setzte es wieder auf.

Ellen stand ruhig zwischen den grünen Uniformen. Kleine Tropfen flossen von ihrem Haar über die Schultern auf den staubigen Boden.

»Es regnet«, sagte sie in die Stille hinein.

»Der Reihe nach«, bemerkte der Oberst scharf und befeuchtete seine Lippen.

»Zu Befehl«, schrie der zweite Polizist, »es war ein Schatten im Schein.«

»Zu Befehl«, sagte der Junge leise, »es ist immer der eigene.«

»Wir haben ihn gefaßt«, rief der zweite außer Atem.

»Fassen Sie *sich*«, schrie der Oberst. Er stemmte die Handflächen auf die Tischkante.

Die Männer scharrten unruhig mit den Füßen. Einer von ihnen lachte laut auf. Sturm trieb schräge Tropfen wie ein fremdes Heer gegen die verschlossenen Läden.

Öffnet, öffnet, öffnet uns!

»Schließen Sie die Tür«, sagte der Oberst zu den beiden Polizisten, »es kommt eiskalt herein.«

»Zu Befehl«, sagte der Junge steif, »ich möchte sie lieber offen lassen. Ich will mir nichts mehr vormachen. In drei Tagen gehe ich an die Front.«

»Führen Sie ihn ab«, sagte der Oberst, »sofort.«

»Es kommt eiskalt herein«, wiederholte Ellen.

»Schweig«, schrie der Oberst, »du bist hier nicht zu Hause.«

»Zu Befehl«, flüsterte der Junge erschöpft, »keiner von uns ist hier zu Hause –« Sie hatten ihn gepackt.

»Laßt ihn ausreden!«

»Wenn er begonnen hat, nachzudenken«, sagte der Junge ruhig.

»Sonst haben Sie nichts zu melden?«

»Nichts.« Er ließ die Arme locker. »Nichts«, wiederholte er entkräftet.

»Alles«, sagte Ellen, und ihre Stimme flog ihm über die schwarzen Gänge voraus. Aber sie sah ihm nicht nach.

Die Lampe schwankte. Ellen bückte sich und hob ihr Halstuch auf, das zu Boden geglitten war.

»Nehmt sie in die Mitte.«

Der Boden zitterte.

»Wie heißt du?«

Ellen gab keine Antwort.

»Dein Name?«

Sie zuckte mit den Schultern.

»Wo wohnst du?«

Ellen rührte sich nicht.

»Religion – Alter – Familienstand?«

Sie steckte die Spange fester. Man hörte die Atemzüge der Polizisten, sonst blieb es still.

»Geboren?«

»Ja«, sagte Ellen.

Einer der Männer gab ihr eine Ohrfeige. Ellen sah erstaunt an ihm hinauf. Er hatte einen schwarzen Schnurrbart und ein ängstliches Gesicht.

»Wie heißen deine Eltern?«

Ellen preßte die Lippen fester zusammen.

»Protokoll«, sagte der Oberst fassungslos. »Schreiben Sie mit!« Einer der Männer lachte. Es war derselbe, der vorhin gelacht hatte.

»Ruhe«, schrie der Oberst, »unterbrechen Sie nicht!«

Seine Finger trommelten einen scharfen Takt gegen die hölzerne Barriere.

»Wie heißt du, wo wohnst du, wie alt bist du und warum antwortest du nicht?«

»Sie fragen falsch«, sagte Ellen.

»Du«, sagte der Oberst und keuchte, »weißt du, was dich

erwartet?« Seine Gläser waren angelaufen. Seine Stirne glänzte. Er stieß die Barriere auf.

»Himmel oder Hölle«, sagte Ellen, »und ein neuer Name.«

»Soll ich schreiben?« fragte der Schreiber.

»Schreiben Sie«, schrie der Oberst. »Schreiben Sie alles auf.«

»Er schreibt es nieder«, sagte Ellen schnell, »schreiben Sie nicht, schreiben Sie nicht, man muß es wachsen lassen.«

»Papier ist ein steiniger Boden«, sagte der Schreiber erschrocken und starrte blinzelnd um sich, »wahrhaftig, ich habe zu viel notiert, mein ganzes Leben lang habe ich zu viel notiert.« Seine Stirne furchte sich. »Was ich bemerkt habe, habe ich festgestellt, und was ich festgestellt habe, ist umgefallen. Nichts habe ich wachsen lassen, nichts habe ich verschwiegen. Nichts habe ich mir einfallen lassen, ohne es zu hindern. Zuerst habe ich Schmetterlinge gefangen und festgenagelt, und später alles übrige.« Er packte den Federhalter und warf ihn von sich. Tinte spritzte befreit über den Fußboden, dunkelblaue Tränen trockneten ein und wurden schwarz. »Es tut mir leid, ich will nichts mehr aufschreiben, nein, ich schreibe nichts mehr nieder.« Der Schreiber glühte. Schwindel stieg ihm in die Schläfen. »Wasser«, lachte er unter Tränen, »Wasser!«

»Gebt ihm zu trinken«, sagte der Oberst. »Gebt ihm zu trinken«, schrie er.

»Wasser«, lächelte der Schreiber getröstet. »Wasser ist durchsichtig wie unsichtbare Tinte. Zur rechten Zeit wird alles sichtbar werden.«

»Ja«, sagte Ellen.

»Wie heißt du?« schrie der Oberst. »Wo wohnst du?«

»Man muß sich suchen gehen«, flüsterte der Schreiber.

»Wo bist du zu Hause?« sagte ein dicker Polizist und beugte sich zu ihr herab.

»Wo ich gewohnt habe«, sagte Ellen, »war ich noch nie zu Hause.«

»Wo bist du dann zu Hause?« wiederholte der Polizist.

»Wo Sie zu Hause sind«, sagte Ellen.

»Aber wo sind wir zu Hause?« schrie der Oberst außer sich.

»Sie fragen jetzt richtig«, sagte Ellen leise.

Der Oberst schloß die Augen. Als er die Hand von den Lidern nahm, war das Licht der Wachstube blasser. Die Barriere tanzte vor seinen Augen. Ich könnte jetzt befehlen, dachte er verzweifelt, daß diese Barriere verschwindet. Diese tanzende Barriere zwischen Eingelieferten und Ausgelieferten, zwischen Einbrechern und Einbrechenden, diese schwankende Barriere zwischen Räuber und Gendarm.

»Wo sind wir zu Hause?« wiederholte der dicke Polizist.

»Schweigen Sie!« schrie der Oberst. »Sprechen Sie, wenn Sie gefragt sind.«

Noch immer spielte der Regen gegen die geschlossenen Läden. »Wer fragen will, ist schon gefragt«, sagte der Schreiber furchtlos und warf die Tinte um.

Ellen stand ganz still.

»Dein Name!« sagte der Oberst und trat drohend auf sie zu. »Wer bist du?«

»Namen sind Fußangeln«, flüsterte der Schreiber, »Fallen im nassen Gras. Was suchst du im finsteren Garten? Ich suche mich selbst. Bleib stehen, du suchst vergeblich. Wie heißt du? Irgendwie –«

»Still, das genügt«, schrie der Oberst und legte beide Hände an die Ohren, »es genügt, es genügt!«

»Nein«, sagte der Schreiber, »es genügt nicht, Herr Oberst. Mich hat man Franz genannt. Wie heiße ich? Franz. Aber was heiße ich, wer bin ich, was soll ich bedeuten? Hundert und eins. Warum fragt ihr nicht weiter? Ihr hängt in den Fußangeln, hört ihr, es lacht hinter euch! Alle eure Namen heißen zu Hilfe. Reißt euch los, reißt die Füße blutig, lauft, sucht weiter!« Der Schreiber tobte. Er hatte sich auf den Tisch geschwungen und breitete die Arme aus. Die Polizisten standen, als erwarteten sie seinen helleren Befehl.

»Genug«, lachte der Oberst erstarrt. Mit drei Schritten stand er vor Ellen. »Wie heißt du, zum letztenmal, wer bist du?«

Die Tür wurde aufgerissen.

»Mein Halstuch ist himmelblau«, sagte Ellen, »und ich sehn mich weg von hier.«

Kühle flutete wie ein fremder Tänzer in die heiße Wachstube. Wehr dich! Widerstand schleifender Füße, o ihr ungleichen Paare, und das Aufschlagen fallender Fäuste, der Beifall des Teufels. »Bibi«, rief Ellen. Ihre Lippen zitterten. Ehe sie sich fassen konnte, flog ein nasses, blutiges Bündel vor ihre Füße.

»Wie heißt du, zum letztenmal?«

»Ellen«, rief Bibi, »Ellen, hilf mir!«

»Ellen heißt sie«, sagte der Schreiber.

»Still«, sagte Ellen, »sei nur still, Bibi.« Sie half ihr auf, zog ihr Halstuch hervor und wischte der Kleineren das Blut vom Gesicht. Der Mann in der Tür taumelte vor Zorn. Er wollte auf sie zustürzen, bemerkte im selben Augenblick den Oberst und stand still. Der Oberst rührte sich nicht.

»Ellen«, sagte Bibi, »ich bin nicht mit den andern gegangen. Sie erschießen uns, Kurt hat es gesagt, und bis zum nächsten Sommer wachsen die Kirschbäume darüber. Kurt hat es gesagt, und solange wir im Lager waren, hat er nichts anderes mehr gesagt. Bis es mir zuviel war.«

»Ja«, sagte Ellen.

Die Polizisten wichen ein Stück gegen die Wand zurück. Mit seinen rohen staubigen Brettern blieb der Fußboden um die beiden. »Sprich weiter«, sagte Ellen.

»Es wird mir zuviel«, brüllte der Mann an der Tür.

»Es wird noch mehr«, sagte Ellen.

»Georg hat sie abgelenkt«, flüsterte Bibi, »er hat mir geholfen. Am letzten Tag, als wir schon verladen werden sollten –«

»Schließen Sie die Tür«, rief der Oberst über ihre Köpfe hinweg.

»Daß es dir gelungen ist!« sagte Ellen.

»Ja. Ich weiß selbst nicht mehr, wie. Aber Kurt hat gesagt, sie erschießen uns und die Kirschbäume wachsen darüber. Ellen, und du weißt, ich wollte noch tanzen gehen, ich will kein Kirschbaum sein.«

»Bibi«, sagte Ellen, »es gibt auch tanzende Kirschbäume, das kannst du mir glauben.«

Die Kleinere hob das Gesicht gegen die fahle, schwankende Lampe. »Sechs Wochen war ich versteckt und jetzt –«

»Bibi«, sagte Ellen, »eins, zwei, drei, abgepaßt! Erinnerst du dich, damals am Kai?«

»Ja«, lächelte Bibi eine Sekunde lang.

Der Mann an der Tür machte eine Bewegung, als wollte er auf sie zuspringen. Bibi fuhr zusammen, schrie auf und begann wieder zu weinen.

Der Oberst schüttelte unmerklich den Kopf. Der Mann an der Tür stand still.

»Aber man hat mich angezeigt, Ellen, und sie haben mich gefunden. Und sie haben mich unter dem Bett hervorgezerrt und die Stiegen hinunter. Dort, der war es, der Wachmann –«

»Der Wachmann schläft«, sagte Ellen verächtlich. »Er ist vermißt, er ist verschollen, aber er weiß es nicht. Armer Wachmann, er findet alle andern, nur sich selbst kann er nicht finden. Vermißte, lauter Vermißte!«

Bibi schloß die Augen und preßte, von Angst geschüttelt, den Kopf an Ellens Schulter. Drohendes Gemurmel erhob sich unter den Polizisten.

»Gefangene«, sagte Ellen, »arme Gefangene. Sie können sich nicht finden, ihr Todfeind hält sie besetzt, eingenommen sind sie von sich selbst. Mit dem Teufel sind sie im Bund, aber sie haben keine Ahnung davon, ihre Flügel sind zerbrochen.« Sie holte Atem. »Fabriken, die geheime Waffen bauen, aber sie haben keinen Einlaß dazu, an den Toren hängen sie und rütteln. Ihre Flügel sind zerbrochen!«

»Wir müssen ihnen helfen«, sagte Ellen, »wir werden sie befreien.«

»Befreien«, wiederholte Bibi und hob den Kopf, »Ellen, wie willst du das machen? – Ellen«, verwundert sah sie rund um sich. »Ellen, weshalb bist du hier?«

»Das frage ich lange genug«, murrte der Oberst, »und es wird mir sehr bald zuviel sein.«

»Kannst du es nicht erklären?« sagte Bibi.

»Erklären?« rief Ellen unwillig und strich das Haar aus der Stirne. »Wieviel von allem kann man erklären?« Ängstlich umklammerte die Kleinere ihren Arm. Ellen riß sich los. Glut fiel aus ihrem Gesicht in die niedrige Wachstube. »Warum habt ihr eure Flügel zerbrochen und gegen Stiefel vertauscht? Barfuß muß man über die Grenze gehen, man kann es nicht besetzen, dieses Land. Siegen wird, wer sich ergibt. Der Himmel ist unterwegs«, sagte sie, »aber ihr haltet ihn auf. Es stehen zu viele Fahnenstangen in der Luft. Eure Flügel sind zerbrochen.«

»Flügel«, sagte der Oberst, »von welchen Flügeln ist hier die Rede?«

»Immer von denselben«, sagte Ellen, »alle Truppen sind an den Grenzen. Man sollte die Truppen vom Rand abziehen, in der Mitte ist niemand.«

»Sprichst du von militärischen Geheimnissen?« sagte der Oberst spöttisch.

»Militärische Geheimnisse«, lachte Ellen, »nein, Geheimnisse gibt es und es gibt Militär, aber militärische Geheimnisse, das gibt es nicht.«

»Wir werden einen Beweis gegen dich finden«, erklärte der Oberst.

»Das Feuer hat Hunger«, erwiderte Ellen ruhig.

Prasselnd senkte sich die Glut in dem kleinen eisernen Ofen.

»Der Tee geht über«, schrie der dicke Polizist erschrocken.

»Alles geht über, nur eure Augen nicht. Seid wachsam, haben wir in der letzten Stunde gelernt, denn der Teufel ist wie ein brüllender Löwe.«

»Sprich der Reihe nach«, sagte der Oberst drohend.

»In der Mitte ist nichts der Reihe nach«, antwortete Ellen, »in der Mitte ist alles auf einmal.«

»Und ich frage dich jetzt zum letztenmal: Hast du Eltern, hast du Geschwister und mit wem lebst du? Wie konntest du einen Munitionszug besteigen? Was war zuerst?«

»Flügel«, sagte Ellen, »und die Stimme über dem Wasser, viele Geschwister und ich lebe mit allen.«

»Ja«, sagte Bibi abwesend, »das ist wahr, einmal sind wir auch miteinander nach Ägypten geflohen.«

»Nach Ägypten?« wiederholte der Oberst. »Aber der Zug, den du nehmen wolltest, ist nicht nach Ägypten gefahren.«

»Namen«, sagte Ellen wegwerfend, »Ägypten oder Polen. Dahinter wollte ich kommen, über die Grenze wollte ich fahren, dorthin, wo Georg ist, Herbert, Hanna und Ruth, meiner Großmutter nach –«

»Wo ist deine Großmutter?«

»In die Mitte«, sagte Ellen, ohne sich unterbrechen zu lassen.

»Deshalb bin ich in den Zug gestiegen.«

»Den Toten nach?« sagte der Oberst.

»Weg von den Toten«, rief Ellen zornig, »weg von den grauen Büffeln, weg von den Verschlafenen. Namen und Adresse, das kann doch nicht alles sein!«

»Nimm mich mit«, sagte Bibi und klammerte sich an sie, »bitte nimm mich mit!« Tränen strömten über ihr Gesicht.

Unter den Wachleuten erhob sich ein Flüstern, ein wachsendes, flehendes Raunen, und es war, als wäre der Wind über die Berge gekommen, und es war, als käme die Flut über den grauen Sand. Die giftgrünen Uniformen schwankten leise.

»Ich kann dich nicht mitnehmen«, sagte Ellen und sah die Kleinere nachdenklich an, »aber ich weiß etwas Besseres: Laß mich für dich.«

Wieder fuhr der Wind über unsichtbare Kronen, wieder wusch die Flut das Gold aus dem Sand.

»Laß mich für dich!« wiederholte Ellen ungeduldig.

»Nein«, sagte Bibi, rieb mit ihren Fäusten die Tränen von den Wangen und streckte beide Arme aus, als erwachte sie soeben, »nein, ich will gehen, ich will allein gehen. Dorthin, wo Kurt ist und die Büffel Gesichter haben.« Sie streifte ihren Mantel glatt und hob ungeduldig die Stirne. »Komm mir nach, wenn du willst!«

Lichter sprangen im Kreis.

»Nimm mich mit«, höhnte der Polizist an der Tür.

»Nimm ihn mit«, sagte Ellen, »nimm ihn ein kleines Stück mit, begleit ihn zu deinem Zug!«

»Kommen Sie«, sagte Bibi zu dem Polizisten.

»Gehen Sie«, rief der Oberst, »gehen Sie!«

Ein Knistern war in den Mauern. Die Ziegel hinter der Tünche stießen aneinander. Die Bewegung unter den Polizisten verstärkte sich gegen die offene Tür zu, als würden sie gegen ihren Willen über geheime Grenzen gedrängt, dem gefangenen Kind nach.

Schweigend und erschrocken stand Ellen unter der blassen Lampe. Mit seinem Rücken deckte der Oberst die Tür. »Sie haben alle die Möglichkeit, an die Front zu gehen.« Er wischte sich den Schweiß von der Stirne. »Tod steht uns allen offen.«

»Nein«, schrie Ellen. »Das Leben steht offen und ihr dürft nicht sterben, bevor ihr geboren seid!« Sie sprang auf den nächsten Sessel. »Wo ist die Mitte? Wo ist die Mitte? Fährt man in Waffenzügen oder fährt man im Flugzeug, fährt man ein Jahr oder fährt man hundert Jahre?« Sie warf das Haar aus der Stirne und überlegte. »Jeder fährt anders und zuletzt müßt ihr gehen. Horcht, wo es ruft, dorthin seid ihr einberufen. Es ruft mitten in euch. Laßt euch frei!« Sie sprang vom Sessel. »Laßt euch frei, laßt euch frei!«

»Es geht zu weit«, sagte der Oberst.

Er konnte nicht begreifen, wie es dazu gekommen war. Eine

schnelle und außerordentliche Besprechung verlief gegen jedes Herkommen schnell und außerordentlich. Mit einigen raschen Sätzen übersprang sie die Stecknadeln auf der Landkarte. Die geplatzten Nähte des bunten Rockes verlangten nach einem helleren Faden. Ein fiebernder Polizist schob ein fremdes Kind durch die Tür und alles bisher Festgestellte erwies sich als falsche Angabe. Die Wachstube drohte zu erwachen.

Was blieb ihm zu tun? Er mußte jetzt schnell handeln, gefaßt und überlegt. Wieder erhoben sich fremde Stimmen unter den Männern.

»Still«, sagte der Oberst ruhig, »still jetzt. Nehmt alle Vernunft zusammen. Schaut nicht links und nicht rechts, nicht hinauf und nicht hinunter. Fragt nicht, woher ihr kommt, und fragt nicht, wohin ihr geht, denn es führt zu weit.« Die Männer schwiegen. »Hört und seht«, sagte der Oberst, »aber horcht nicht und schaut nicht, dazu habt ihr nicht Zeit. Gebt euch zufrieden mit Namen und Adresse, hört ihr, es ist genug. Wißt ihr nicht mehr, wieviel es bedeutet, ordnungsgemäß gemeldet zu sein? Wißt ihr nicht alle, wie wohl es tut, in Reih und Glied zu gehen? Träumt nicht, sonst sprecht ihr im Traum. Fangt und faßt und singt dazwischen, und wenn es finster wird, dann singt noch lauter. Denkt nicht, daß einer einer ist, bedenkt, daß viele viele sind, es beruhigt. Faßt die Saboteure, wenn die Nächte hell sind, schaut nicht zuviel in den Mond! Der Mann im Mond bleibt allein, der Mann im Mond trägt Sprengstoff auf dem Rücken. Es tut mir leid, wir haben keine Macht, ihn einzuliefern. Aber wir haben Macht, ihn zu vergessen. Wer einen Taschenspiegel hat, braucht keinen Spiegel am Himmel. Alle Gesichter sind ähnlich.«

»Wem?« flüsterte der Schreiber erschrocken.

»Ich habe Sie nicht gefragt«, sagte der Oberst, »und Sie haben mich nicht zu fragen. Fragen halten den Dienst auf.«

»Ja«, sagte Ellen.

»Jetzt zu dir, dein Maß fließt über. Beschuldigt der Sabotage des Fragens und der unerwünschten Aussagen, verdächtig des fremden Fiebers und verdächtig, den größten Teil verschwiegen zu haben.«

»Ja«, sagte Ellen.

Der Oberst überhörte es. Noch einmal wandte er sich gegen die Polizisten. »Sie tragen die Schuld. Es waren wichtige Dinge zu besprechen und ich hatte den Auftrag, Sie in mein Vertrauen zu ziehen. Statt dessen haben Sie mich in Ihr Vertrauen gezogen und die Dinge haben sich verschoben. Zu einer flüchtigen Inspektion bin ich hierhergekommen, aus einem leichten Verdacht gegen alle diese weit verstreuten Wachstuben zu ebener Erde. Was muß ich hier erleben?« Er stieß den Sessel zurück und schloß die Barriere, er schob die Manschette hinauf und sah auf die Uhr. Es war spät geworden.

Zu Befehl, es regnet, Nebel fällt, die Nacht kommt.

Stumm standen die Polizisten, als erwarteten sie die alten dunklen Befehle. Zwei von den Verläßlichsten, die Gefahr der Harmlosigkeit unter den Stirnen, wurden die Nacht über als Wache bestellt. Gegen Morgen sollte Ellen auf die geheime Polizei gebracht werden. Ohne sie eines weiteren Blickes zu würdigen, verließ der Oberst mit dem Rest der Männer die Wachstube. Im Vorbeigehen riß er zornig ein Blatt vom Kalender. Unter der Ziffer des nächsten Blattes stand »Nikolaus«.

So wurde es klar, daß auch dieser Abend ein Vorabend war. Die Tür schlug zu. Ellen blieb mit den beiden Polizisten allein.

Links einer, rechts einer. Die Hände auf den Knien, saß sie zwischen ihnen, sah nur von Zeit zu Zeit flüchtig an ihnen hinauf und versuchte dann, ein ebenso ernstes und ratloses Gesicht zu machen, ohne daß es ihr ganz gelungen wäre. Der Unterschied war: Ellen wußte, daß es noch diese Nacht schneien würde, und die Polizisten wußten es nicht.

Vorabend. Was ist ein Vorabend? Liegt er nicht wie ein geflochtener Kuchen zwischen euern Fenstern? Laßt ihn doch nicht liegen. Erwartet das Unerwartete. Erwartet nicht, daß eure Uhr ganz genau geht und euer Kragen ganz richtig sitzt. Erwartet nicht, daß es still wird draußen hinter den Läden, wenn der Sturm nachläßt. Erwartet, daß es zu singen beginnt. Hört ihr! Nicht schnell, wie Soldaten singen, denen befohlen ist, fröhlich zu sein, nicht laut, wie Mädchen singen, die getrieben sind, traurig zu sein, nein, ganz leise und ein wenig heiser, wie kleine Kinder singen, wenn Nebel fällt. Hört ihr? Es kommt von weit her. Es kommt von dort, von wo auch ihr gekommen seid. Zu weit, sagt der Oberst. Der Oberst hat sich geirrt. Stumm saß Ellen zwischen den Polizisten. Die Polizisten starrten geradeaus.

Schnell, haltet euch die Ohren zu, eh es zu spät ist! Hören dürft ihr, aber nicht horchen, der Oberst hat es verboten, hören, nicht horchen, wo liegt die Grenze? Ihr kommt nicht hinüber, barfuß müßt ihr gehen. Stellt die Stiefel ins Fenster, denn morgen ist Nikolaus. Freut euch, freut euch! Ein Name hat sich erfüllt, ein Name hat sich vergessen, ein Name ist euch zum Lied geworden. Horcht, wo es singt, hinter verschlossenen Läden, rückt ein zu euch selbst, es singt mitten in euch. Das Weite wird nahe, stellt die Stiefel ins Fenster. Äpfel, Nuß und Mandelkern und ein fremdes Lied, der Oberst hat sich geirrt.

Ellen saß kerzengerade. Die Polizisten krampften die Hände in die Knie. Der Oberst hat sich geirrt. Leise muß man singen, wenn es finster wird, leiser, noch viel leiser, so wie Kinder singen hinter verschlossenen Läden. Was singen sie, was singen sie? Ellen bewegte sachte ihre langen Beine. Die Polizisten taten, als hätten sie nichts gehört. Herrschsüchtig tickte die Uhr, aber es war vergeblich: die Bekanntmachungen rings an den Wänden wurden von Minute zu Minute unbekannter. Die Verlautbarungen flüsterten nur mehr und verstummten endlich vor dem fremden Lied. Was singt es, was singt es? Stoßt die Läden auf!

Die Polizisten stemmten die Stiefel fester in den harten hölzernen Boden. Einer von ihnen stand auf und setzte sich erschrocken wieder nieder. Der andere strich mit der Hand die Stirne höher. Sie begannen zu sprechen und husteten laut, aber es half nichts mehr. Stoßt die Läden auf, was zögert ihr noch? Reißt die Verdunklung weg und öffnet die Fenster. Beugt euch weit hinaus aus euch selbst.

Sie beugten sich über das Fensterbrett. Ihre Augen waren geblendet, so daß sie vorerst nichts erkennen konnten. Ketten klirrten, Kinder lachten verlegen und ein Bischofsstab schlug gegen das feuchte Pflaster. Der Himmel war bedeckt. Der Mann im Mond war verschwunden. Der Mann im Mond war zur Erde gestiegen. Schaut nicht zuviel in den Spiegel. Wißt ihr, daß ihr verkleidet seid? Weiße Mäntel, schwarze Hörner und ein Lied dazwischen.

Es wird bald schneien, denn morgen ist Nikolaus,
Wir freuen uns sehr, denn es wird bald schneien
Und morgen ist Nikolaus,

Stellt die Stiefel ins Fenster, der Teufel wird sie holen,
Denn morgen ist Nikolaus,
Er bringt euch Flügel dafür,
Flügel, schöne Flügel,
Flügel, schöne Flügel,
Flügel für den Sturm,
Flügel zu verkaufen!

Wie heißt der letzte Vers? Flügel zu verkaufen!

Die Polizisten lachten aus vollem Hals. Zugwind fuhr zürnend in ihren Nacken und riß sie um sich. Dunkel lag die Wachstube, Verlassenheit tanzte um die schaukelnde Barriere. Die Tür stand offen. Ellen war verschwunden. Die Polizisten pfiffen entsetzt in ihre kurzen Pfeifen, stürzten die Gänge entlang, durch das Tor, rüttelten den Posten an der Ecke, durchquerten viele Gassen und kehrten wieder um.

Und während der eine von ihnen die Treppe hinaufrannte, beugte sich der andere aus dem Fenster und hörte noch einmal, weit aus der Ferne, diese helle rebellierende Stimme: Flügel zu verkaufen!

Wundert euch nicht

Der Apfel rollte über den Rand. Finster und erwartungsvoll lächelte der Liftschacht. Er wußte sich vieles zu schätzen. Bereitwillig verbarg er die Entscheidung zwischen gut und böse. Armer Apfel. Gekostet und verfault. Gekostet und nie zu Ende gegessen. Adam und Eva sind schuld, die Fäulnis nimmt zu. Und der Abfall wiegt schwerer als alle Festmähler.

Ellen schrie erschrocken auf und sah hinab. Der Apfel war verschwunden. Ein fauler Apfel, sonst nichts? Die Eimer in ihren Händen schwankten und stöhnten in den Gelenken. Sie stöhnten unter der Last der Fäulnis und sie stöhnten unter der Last der Geheimnisse. Und ihr Stöhnen war wie der Beginn einer Verschwörung:

Sind wir nicht zu schwer beladen? Geschaffen, um zu dienen, aber sie haben uns zu Leibeigenen gemacht. Wer gibt euch das Recht, uns zu erniedrigen? Wer gibt euch das Recht, das Sächliche unter die Gewalt der Geschlechter zu stellen?

Und die Eimer schwankten bedrohlich in Ellens kalten entsetzten Händen. Ahnten sie, daß sie belauscht wurden? Daß einer ihrer Tyrannen sich so weit vergaß, ihre Sprache zu verstehen, einer von denen, die aus der Sächlichkeit gehoben ihre Herrschaft mißbrauchten? Es war, als ahnten sie es, ihr Zorn wuchs und sie kreischten laut wie kleine fremde Gefangene, die man zur Arbeit führt, tanzten und widerstanden und warfen ihre Lasten von sich: Orangenschalen wie vom Himmel gefallene Sonnen, Konservenbüchsen, welche aufgerissen und beraubt doch noch die größere Macht besaßen, zu glänzen. Und sie warfen alle Vorsicht weit über den Rand.

Schenkt blind, Geliebte! heißt das Gebot.

Wie gejagt lief Ellen die Stiegen hinab, aber es half nichts mehr, die Eimer tobten in ihren Händen und sie tobten im

Namen aller verschlossenen Kisten, aller umklammerten Schönheit, aller geschändeten Dinge. Und Ellen wußte, daß die Rache ganz nahe war.

Wir sind ein Gleichnis und was wollt ihr mehr? Ist das eure Macht, zu greifen, was ihr nicht fassen könnt, und was ihr nicht lassen wollt, zu verbergen? Wühlt nicht zu tief in euren Schränken und klammert euch nicht zu fest an den First eurer Häuser, denn er bröckelt ab. Geht vielleicht noch einmal auf den kleinen Balkon, der wie ein vergessenes Wagnis aus der grauen Wand springt, gießt noch einmal eure Blumen, schaut dem Fluß nach und laßt alles hinter euch. Meßt die Tiefe mit euren Herzen. Für alles andere ist es zu spät geworden.

Ellen lief quer über den Fabrikhof. Ihre Hände zitterten. Immer noch fielen Hämmer singend auf Stein und ihr Lied war sündhaft traurig. Es war das Lied ohne Vertrauen, das Lied, das keiner erhört.

Ein Werkmeister ging vorbei und lachte:

»Du verlierst alles!«

Ellen blieb stehen und sagte:

»Ich möchte noch mehr verlieren!«

Aber der Werkmeister ging vorbei.

Aus der Ferne dröhnte das Surren aufsteigender Jagdflieger.

Oh, ihr habt euch überholt und seid weit zurückgeblieben, höhnten die Eimer. – Alles ist genau berechnet, doch jetzt kann euch nur mehr retten, was ihr nicht berechnet habt! Alles habt ihr ausgenützt bis auf seinen letzten Rest — wo ist er, dieser letzte Rest? Er wird zurückverlangt.

Zerwühlt von Schatten lag die Sonne über dem Sand. Ellen ließ die Eimer fallen, ihre Hände brannten. Mit einem großen

Besen kehrte sie Stroh und Schutt in die Ecke des Hofes. Wo hast du ihn, den letzten Rest, er wird zurückverlangt.

»Schneller, Ellen, schneller, wir versäumen die Zeit!«

Ellen warf den Kopf zurück und legte die Hände wie einen Trichter vor den Mund.

»Was habt ihr gesagt?«

Hell und einsam stieg ihre Frage in den zerrissenen Himmel.

Die auf dem flachen Dach in den bunten wehenden Kleidern beugten sich weit über das schwarze Geländer.

»Komm herauf, komm sofort herauf, dort drüben stehen die Kanonen! Wir müssen fertigmachen, dann können wir hier weg. Träume deine Träume später zu Ende! Wir wollen nach Hause gehen. Es kommt der große Alarm!« Wie blinde weiße Kieselsteine fielen ihre Stimmen in die lauernde Tiefe.

Ellen lehnte den Besen zurück an die Mauer. »Wo seid ihr zu Hause? In allen euren Träumen ist der große Alarm, aber wo ist zu Hause?«

Wieder hörte sie hoch über sich die zornigen Rufe der anderen. Aber wer rief sie, wer rief sie wirklich? Sie horchte angestrengt. Links und rechts standen trotzig und verbogen die beiden kleinen Eimer, im Namen aller Dinge, befreit von dem letzten Rest, erfüllt mit hellem Staub und verborgener Weisheit, durchlöchert und ungeheuer gelassen.

Wundert euch nicht über die Rauchwolken an eurem Horizont, euer eigenes Unwesen kommt zurück. Eure Sucht, zu greifen, greift nun nach euch. Habt ihr nicht Ersatz gesucht für das Unersetzliche?

»Schneller, Ellen, schneller!«

Wieder stöhnten die Eimer unter ihrem Griff und

widerstanden. Rost riß ihre Hände blutig. Schwindel überfiel
sie. Hoch und unerbittlich ragte der Schornstein. Das Klopfen
auf Stein war verstummt. Der Himmel schien blasser. Die
kleine grüne Holztür, die vom Hof in den Keller führte,
schwankte halb offen im Frühlingswind.

»Was wollt ihr von mir?« sagte Ellen erschrocken.

Flehendes Verstummen fiel über den weiten, zertretenen
Hof. Ängstlich stand das Lagerhaus im Schatten der Mauer. Die
Sirene auf dem Dach gegenüber schwieg vor Hoffnung.

»Vielleicht weiß ich es«, murmelte Ellen. Sie packte die
Eimer, stieß die Kellertür auf und stolperte die Stufen hinunter.
Feuchtes Dunkel umfing sie. Tief und ungläubig blieb die Stille
über dem Hof. Und noch immer schwieg die Sirene.

Aber dieser Keller war sehr tief. Die Vorsicht der Menschen
fiel auch hier in das Unvorhergesehene und wurde davon
umfangen: Sie vertrauten der Tiefe.

Koffer und Bündel, Koffer und Bündel. Ihr Letztes, oh, ihr
Allerletztes, aber läßt sich das Letzte mit Riemen verschnüren?
Läßt es sich haben und halten? Läßt es sich bewachen und
verschließen wie ein ungerechtes Erbteil? Soll es nicht
hervorbrechen, quellen und überfließen in die Leere, die
danach sucht? »Wer ist da?« rief Ellen erschrocken, stieß mit
dem Kopf an einen Balken und stand still. Zerworfen die
Bündel, zerschnitten die Koffer. Hilflos, entblößt und sich
selbst entrissen lag die geheime Sicherheit im Staub.

»Gott segne alle Räuber«, sagte Ellen.

»Wie meinen Sie das?« fragte die Finsternis. Sie hatte sagen
wollen: Hände hoch, aber es kam anders heraus. Die Finsternis
hatte zwei Stimmen, eine tiefe und eine noch tiefere, und beide
waren mißtrauisch.

»Schwer zu erklären«, sagte Ellen ängstlich und suchte nach Streichhölzern.

»Sie spotten«, sagte die Finsternis.

»Nein«, sagte Ellen.

»Ich werde Licht machen«, sagte die Finsternis, aber sie fand keine Streichhölzer. Nichts gegen sich selbst.

»Hände hoch!« sagte sie wehrlos.

»Ich gehe jetzt lieber«, sagte Ellen.

Die Männer entsicherten die Waffen. Ein Stück Mauer fiel ab. In diesem Augenblick gellte die Sirene verzweifelt und atemlos über die Stadt.

»Alarm«, sagte Ellen, »aber es ist nicht der große Alarm. Der große Alarm ist anders, ganz anders, und man hört nichts, bevor man getroffen wird. Man muß daran glauben.«

»Vergelt's Gott!« sagte die Finsternis.

»Es tut mir leid«, sagte Ellen, »aber ich muß jetzt gehen.«

»Bleib hier!«

»Nein«, erwiderte Ellen. »Der Bunker ist auf der anderen Seite, unter dem Lagerhaus. Hier ist nur das Gepäck.«

»Und wir«, sagte die Finsternis grollend. Das Gellen der Sirene verstummte plötzlich und es wurde ganz still.

»Ich weiß«, rief Ellen erbittert und wandte sich der Tür zu, »aber ich kann nicht mehr warten! Die andern werden mich suchen.«

»Achtung!« drohte die Finsternis.

»Es tut mir leid«, wiederholte Ellen, »lieber hätte ich meinen Koffer selbst geöffnet. Und ich hätte ihn genommen und umgedreht und dann hätte ich gesagt: Nehmt euch, nehmt alle! Wer will! – Aber nicht hier. Auf dem Dach in der Sonne.« Sie holte Atem.

»Du hast leicht reden, Kleine«, lachten die Männer, »und weshalb hättest du das getan? Das soll dir deine Großmutter glauben!«

»Ja«, sagte Ellen, »die glaubt es mir.« Vermutlich sprach sie in die offenen Pistolenläufe. Vom Süden her hörte man das Auffallen der Bomben. Ganz schnell. Eine nach der anderen.

»Lassen Sie mich weg«, rief Ellen, »ich will nichts verraten!«

»Du kommst nicht mehr über den Hof!«

»Ich bin schuld«, murmelte sie, »denn ich bin nicht zurückgekommen. Weshalb habe ich meinen Koffer nicht selbst geöffnet, bevor er geöffnet wurde? Weshalb habe ich nicht früher alle meine Sachen verteilt? Ich wollte meinen Koffer selbst öffnen, hört ihr!«

»Schweig endlich«, sagte die Finsternis, »es kommt immer näher!« Wie angeschossene Wölfe brüllten die Abwehrgeschütze. Und dazwischen das sanfte, schauerliche, unaufhaltsame Rollen des Fallenden. Ellen kauerte an der Wand und grub den Kopf in den Schoß.

Wie hieß es? Unterscheiden muß man zwischen dem, das steigt, und dem, das fällt. Aber sie hatten es nicht unterschieden. Samenkörner im dunklen Schoß, die sich für Früchte in der Sonne hielten.

Es kam noch näher. »Ssst!« zischte die Finsternis.

»Ich hab nichts gesagt!« murrte Ellen.

»Man versteht sein eigenes Wort nicht mehr!«

»Ihr habt es nie verstanden!«

»Du solltest jetzt nicht Antworten geben, es ist nicht die Stunde dazu!«

»Oh«, rief Ellen, »wenn sie vorbei ist, gebt ihr sie wieder!«

»Das ist noch die Frage!« stöhnte die Finsternis.

»Das ist die Frage«, flüsterte Ellen und preßte die Fäuste vor die Augen. Das Dröhnen war rund um sie. Es schloß sich über ihnen, öffnete sich noch einmal und schloß sich wieder.

»Großer Gott!« schrie die Finsternis. »Verdammt, warum hast du uns aufgehalten? Alle guten Geister, wenn das so weitergeht, der Teufel soll dich holen!«

»Ihr widersprecht euch«, schrie Ellen in das Getöse, »ihr widersprecht euch noch immer! Warum widersprecht ihr euch?«

»Sie sind über uns!« Eine Pistole kollerte zu Boden. Ellen richtete sich auf, sprang über die offenen Bündel und wurde von einer fremden Kraft zurückgeschleudert, eine fremde Schirmmütze flog ihr an den Kopf. Dann wurde es still.

»Der Luftdruck«, seufzte die Finsternis, und nach einer Weile: »Gott sei Dank, sie sind vorbei!«

»Vorbei?« sagte Ellen. »Über einem andern Haus, nennt ihr das vorbei?«

»Komm her, Kleine«, sagte die Finsternis nachgiebig mit ihrer allertiefsten Stimme.

»Sie kommen wieder«, sagte Ellen ruhig und ohne darauf einzugehen.

»Hältst du zu ihnen?« fragten die Männer lauernd. Ellen gab keine Antwort. Was heißt das: zu jemandem halten?

»Komm her!« wiederholte der eine von ihnen.

»Laß sie«, sagte der andere und begann wiederum fieberhaft nach Streichhölzern zu suchen, »wir müssen weg, bevor der Alarm zu Ende ist!«

»Und wann teilen wir?«

»Wenn wir in Sicherheit sind.«

»Wann seid ihr in Sicherheit?« lachte Ellen.

Gleich darauf fühlte sie dumpf, daß jemand auf sie zukam, lautlos und hilfsbedürftig. Sie erschrak, tastete um die Ecke und rannte mit großen Schritten den Stollen hinauf, einen langen, geraden Stollen.

»Bleib stehen!« Ellen hörte die Männer dicht hinter sich.

Beschwörend starrte der kleine Hof über dem Stollen in den blassen Himmel. Und ehe irgend jemand es fassen konnte, entstand in der Luft ein Heulen und Johlen, Häuser stürzten tief und fraglos in sich, als sänken sie auf die Knie, die Teufel sangen Kanon und die Mauern barsten, um den Durchblick freizugeben.

Ellen und die Männer wurden in den Stollen zurückgeschleudert, verkeilten sich ineinander, rollten weiter und blieben betäubt liegen. Grauen und rieselnder Staub drang in ihre Gesichter.

Verwüstet starrte der kleine Hof in den blauen Himmel. Schwarze Papierfetzen trieben ausgelassen darüber hinweg. Die große graue Fabrik war in die Knie gebrochen, noch immer stürzten Balken und Trümmer. Und wo das Lagerhaus gestanden war, das Lagerhaus, unter dem alle andern Schutz gesucht hatten, gähnte ein riesiger Trichter verwundert hinauf.

Bunte, seidige Fetzen flatterten auf, Fetzen von leichten Kleidern, wie die Mädchen sie tragen, wenn die Sonne hervorbricht, Wasser sprang aus der Erde und färbte sich dunkelrot. Über dem zerschmetterten Rohr lag, von allem Verlangen losgerissen, eine offene Hand. Steine rollten hingerissen in den Abgrund, zwei Eimer stürzten polternd über den Rand des Trichters. Und ihr Poltern klang wie Posaunen.

Als die beiden Einbrecher zu sich kamen, rührten sie sich nicht. Wie eine offene Schande verbargen sie ihr waches Leben voreinander. Still! Wir haben schlecht geträumt, aber weckt uns trotzdem nicht. Denn der Tag ist noch viel unerbittlicher.

Da bewegte sich Ellen zwischen ihnen, fuhr um sich und stieß mit dem Kopf nach allen Richtungen. Leises unverständliches Stöhnen drang auf die Männer ein. In diesem Stöhnen war Vorwurf und ein großes Verlangen, es schien etwas sagen zu wollen. Was wollte es sagen?

Vorsichtig richteten sich die beiden Männer auf. Sie begannen zu husten, alles tat weh. Sand und Schleim kamen aus ihrem Mund, aber das Grauen blieb ihnen wie ein Brocken in der Kehle. Keiner von ihnen wagte zu sprechen. Ellen allein stöhnte vermessen in die schwere Finsternis. Noch immer rieselte Staub auf sie nieder. Plötzlich schien es den Männern wichtig, zu wissen, was Ellen sagen wollte, wichtiger als alles andere. Sie packten ihre Schultern und tasteten nach ihrem Gesicht. Einer von ihnen suchte nach seinem Taschentuch und fand die Streichhölzer. Mit zitternden Händen machte er Licht. Sie lagen auf den offenen Bündeln und sie lagen sogar weich. Ellen verzog den Mund. Der andere hatte nach den Streichhölzern gesucht und fand sein Taschentuch. Er spuckte darauf und verrieb ihr den Schmutz gleichmäßig im Gesicht.

»Großmutter, laß!« sagte Ellen unwillig.

»Was sagt sie?«

»Sie sagt: Laß, Großmutter!«

»Was meint sie?«

»Meine Ohren sind verstopft, dieser elende Sand!«

»Wach auf, Baby!«

»Jetzt stöhnt sie wieder.«

»Laß sie! Sie sagt es ja.«

»Sie meint ihre Großmutter.«

»Ich weiß nicht. Jetzt ist sie ganz still.«

»Du bist schuld, Idiot!«

»Horch, ob sie atmet!«

Ellens Lippen standen halb offen und zitterten ein wenig. Der Mann beugte sich über sie und legte sein Ohr dicht an ihren Mund. Ellen rührte sich nicht.

»Sie stirbt«, sagte er erschrocken. »Himmel, sie stirbt!« Der andere schob ihn beiseite. »Hallo, Baby, bleib da!« Er sprang auf und sagte: »Wir müssen sie an die Luft bringen!«

»Und das übrige?«

»Holen wir später.«

»Später? Wir nehmen alles mit.«

»Ich bin ganz durcheinander, zünd ein neues Streichholz an!«

»Wo ist der Stollen?«

»Dort!«

»Nein, er war hier.«

»Noch ein Streichholz!«

»Hier war der Stollen.«

»Nein, er war drüben.«

»Aber ich weiß bestimmt –«

»Schweig, er war drüben!« Mühsam tastete sich der Ältere über Bündel und Steine. Stille trat ein. Dann erklärte er plötzlich: »Du hast recht, du hast recht, er ist bei dir.« Das klang erleichtert. Der Junge schwieg.

»Und was jetzt?«

Er schwieg noch immer, das Streichholz erlosch. Ellen begann von neuem zu stöhnen und seufzte laut auf. Er stürzte zu ihr hin. Wieder legte er sein Ohr an ihre Lippen und horchte.

»Ihr kommt allem zu nahe«, sagte Ellen benommen und stieß ihn weg. »Zu nahe«, wiederholte sie leise.

»Sie lebt!« schrie der Junge.

»Was willst du?« fragte Ellen erstaunt. »Was willst du von mir?«

»Licht«, sagte der Junge und strich ein drittes Streichholz an.

»Frag sie, weshalb Gott uns segnen soll«, unterbrach ihn der Alte höhnisch. Er verstand erst jetzt, daß der Stollen verschwunden war. »Weshalb soll Gott uns segnen?« brüllte er aus der Finsternis.

»Du verbrauchst zuviel Luft!« murrte der Junge.

»Wer bist du?« fragte Ellen erstaunt.

»Nicht deine Großmutter«, erwiderte der Junge langsam.

»Nein«, sagte Ellen.

»Nette Frau, deine Großmutter?« erkundigte sich der Junge.

»Mehr«, sagte sie.

»Weshalb soll Gott uns segnen?« schrie der Alte.

Ellen versuchte aufzustehen und fiel wieder zurück. Der Junge hatte eine Kerze gefunden und stellte sie auf einen Stein. Plötzlich stieg auch in ihm die Verzweiflung hoch. Er wollte Ellen schonen, wollte sie langsam vorbereiten, wollte so vorsichtig mit ihr umgehen wie mit unsicherer Beute, aber er spürte, daß es ihm nicht gelang. »Erschrick nicht«, flüsterte er.

»Leicht gesagt«, antwortete Ellen und griff mit der Hand an die Schläfe. Sie rieb sich den Sand aus den Augen und setzte sich verblüfft auf. »Warum schreit er so?« Und sie streckte den Zeigefinger in die Finsternis.

»Er will etwas wissen«, erwiderte der Junge. »Du bist uns eine Erklärung schuldig. Als du in den Keller kamst, ich weiß

nicht, warum, hast du gesagt – nun, ich weiß nicht, weshalb –
vielleicht vor Schrecken oder aus Angst oder weil dir gerade
nichts Besseres eingefallen ist, um uns zu schmeicheln
vielleicht, aber du hast es jedenfalls gesagt –«

»Gott segne alle Räuber!« wiederholte Ellen und wurde
ganz wach. Sie zog die Knie an und tastete angestrengt nach
dem Sinn ihrer eigenen Worte. Ja, sie hatte es gesagt, sie war
mit ihren Worten sich selbst vorausgekommen und nun mußte
sie sie einholen, sie mußte den Weg mit kleinen, mühsamen
Schritten zu Ende tappen, sie mußte es erklären. Die Ratte
hinter dem großen Stein setzte sich aufmerksam auf die
Hinterfüße.

»Ich will niemandem schmeicheln«, sagte Ellen finster. »Ihr
müßt alles zurückgeben, das ist klar.«

»Noch schöner!« schrie der Alte und kam näher.

»Viel schöner!« sagte Ellen, »aber auch die anderen müssen
alles zurückgeben. Die keine Räuber sind.«

»Darf man nichts behalten?« fragte der Junge verwirrt.

»Halten«, sagte Ellen, »locker halten. Ihr haltet alles zu
fest.«

»Weshalb soll Gott uns segnen?« flüsterte der Alte drohend.
»Spar dir den Rest!« Er hatte die Pistole wieder aufgehoben
und spielte damit.

Ellen starrte aufmerksam in die Finsternis, sie beachtete ihn
nicht. Denn der Ruf, zu verdeutlichen, kam aus der Tiefe, wo
es jedenfalls um Leben und Tod ging, gleichgültig ob sie auf
einer sonnigen Bank oder auf einem Bündel Lumpen in einem
verschütteten Keller saß.

Die Kerze flackerte und gab die offenen Bündel, diese
kleine entsicherte Sicherheit dem Spott der Schatten preis.

»Denen, die keine Räuber sind«, sagte Ellen zögernd, »fällt es schwer, alles zurückzugeben, schwerer als euch, denn sie wissen nicht, wem. Nie ist die Polizei hinter ihnen her, nie müssen sie alles wegwerfen, um ihr Leben zu retten, und sie retten immer das Falsche. Man muß ihnen helfen, uns allen! Hinter uns her sein, uns überfallen, uns berauben, damit wir das Richtige retten. Und deshalb –«, die Kerze knisterte unruhig, »deshalb soll Gott euch segnen, ihr seid hinter uns her!«

Die Ratte hinter dem Stein streckte vorsichtig den Kopf hervor, als wäre auch sie gemeint. Ellen atmete schwer. Sie sprang auf. »Zeit, zu gehen!« sagte sie. Plötzlich wurde es eng, alles schien sich zusammenzuschnüren. »Luft«, sagte Ellen, »ich bekomme keine Luft!« Niemand antwortete ihr. Sie preßte die Hände an die Brust. Der Junge stand reglos.

»Was ist los?« schrie Ellen.

»Die Luft geht aus«, sagte der Junge, »sprich leiser.«

Wütend trommelte der Alte mit dem Schaft der Pistole gegen die Mauer. Ellen sprang entsetzt gegen den Stollen und stieß mit dem Kopf an etwas, das nicht nachgab. Der Junge fing sie auf. Die Kerze fiel um. Wortlos, mit zitternden Händen begannen sie zu graben, Schutt fiel teilnahmslos und machte neuem Platz. Blut quoll unter ihren Nägeln. Ihre Pulse hämmerten Klopfzeichen. »Und ihr laßt mich reden –« flüsterte Ellen erschöpft, »laßt mich reden und reden, als ob es darauf ankäme.«

»Wer weiß denn jetzt, worauf es ankommt?« erwiderte der Junge. Sie flüsterten wie Kinder, als wäre Geheimnis um sie und keine verbrauchte Luft. Und noch immer trommelte der Alte und warf Ziegel gegen die Decke.

»Es hat keinen Sinn«, sagte der Junge steinern, »wir sind zu tief unten.«

»Und auf der andern Seite?«

»Nein«, sagte Ellen, »ich kenne den Keller, nur für Gepäck. Es gibt keinen Notausgang.«

»Ein Gelübde, wir müssen ein Gelübde machen, heilige Maria!«

Der Alte ließ die Pistole fallen und sank in sich.

»Schweig«, sagte Ellen, »sei still, wenn du es ernst meinst, sonst schwörst du dem Teufel!«

»Nein«, flüsterte der Alte, »ich bin nicht still, ich verspreche hier, daß ich alles zurückgeben werde, ich verspreche es feierlich. Zu arbeiten will ich wieder beginnen, in den Ziegeleien am Fluß, wie damals!«

»Zu trinken wirst du wieder beginnen«, sagte der Junge. »Wie damals!«

»Nein«, schrie der Alte besinnungslos, »ihr sollt mir glauben, hört ihr, ihr sollt mir glauben! Ich will alles zurückgeben, aber ihr glaubt mir nicht!« Seine Stimme kippte über.

Der Junge hatte inzwischen eine Schaufel gefunden.

»Zurückgeben? Wem? Den anderen unter dem Lagerhaus, ob die noch Wert darauf legen? Wie meinst du das?«

»Mir ist schlecht«, sagte Ellen.

Der Alte lag auf dem Boden und versuchte verbissen, Ziegel aus der Mauer zu brechen. Der Junge war mit der Schaufel an einen größeren Steinblock gestoßen, nun schlug er immer wieder darauf hin. Es war ein heller, gespaltener Ton.

»Wir müssen ein Zeichen geben!«

»Ja«, flüsterte Ellen benommen.

»Vernünftig bleiben«, sagte der Junge, »was würden vernünftige Leute jetzt tun?«

»Brüllen«, sagte Ellen.

»Wir müssen den Stein wegwälzen!«

»Dahinter ist wieder einer –« kicherte der Alte.

»Den Stein vom Grab«, murmelte Ellen, »und am Morgen war er verschwunden – Engel haben es getan.«

»Da kannst du lang warten«, erwiderte der Junge.

»Wir hätten früher beginnen sollen«, sagte Ellen.

»Wenn wir doch betäubt waren!« schrie der Junge. Ellen gab keine Antwort.

»Hilf mir!« drängte er. Ihr Gesicht schien ihm plötzlich wie ein Fenster, hinter dem es dämmerte. Seine Angst wuchs.

»Mir ist kalt«, sagte Ellen, »mir ist so kalt hier!«

»Du verbrauchst zuviel Luft!« Der Alte sprang von hinten über sie und packte sie am Hals. »Die Kehle muß man dir zuhalten!« Ellen wehrte ihn ab, aber er war viel stärker als sie. Der Junge versuchte ihn loszureißen und schlug, als es ihm nicht gelang, mit der Schaufel gegen seinen Kopf, er traf Ellen dabei. Keiner von den dreien hörte das Neue. Der Alte rollte die Bündel hinunter und kam wieder auf sie zu. Seine Augen funkelten.

»Du«, keuchte der Junge zornig, »du bist gar nicht verrückt! Du stellst dich nur so, weil es einfacher ist, aber wenn du noch einmal beginnst, schlag ich dich nieder!«

»Ich will alles zurückgeben«, stöhnte der Alte und wühlte sich in die offenen Bündel.

»Gib dich selbst zurück!« schrie der Junge. Mit einem Sprung war Ellen zwischen ihnen. »Hört auf! Streitet nicht.«

»Still, du Narr!«

Es war jetzt ganz deutlich. Sie hörten es, wie man Schritte hört, die einen Stock höher sind, und sie wagten nicht, den Kopf zu heben. Erstarrt standen sie im Flackern ihrer Schatten.

»Weiße Mäuse«, lispelte der Junge, »manche sehen weiße Mäuse, Palmen in der Wüste –«

»Dableiben!« schrie Ellen verzweifelt. »Es geht weg, es geht wieder weg! Wir müssen etwas tun, daß es nicht wieder weggeht! Hebt mich auf, hebt mich hinauf, meinen Kopf will ich an die Decke stoßen, bitte hebt mich hinauf!«

»Ruhig bleiben«, sagte der Junge. Der Alte sank in sich.

»Es geht weg, es geht wieder weg!«

»Es kommt wieder, da!« Der Junge nahm die Schaufel und schlug wie rasend gegen den Stein. Sobald er müde war, trat Ellen an seine Stelle. Der Alte schrie laut und langgezogen, wie eine Lokomotive pfeift, wenn es Nacht wird.

Als sie erschöpft verstummten, war das Tappen über ihnen fast greifbar, schien über sie zu stürzen und im nächsten Augenblick hereinzubrechen. Plötzlich überfiel sie die Angst vor den Befreiern.

»Sie werden die zerschnittenen Koffer finden«, sagte der Junge, »wenn sie nicht vorher durchbrechen und uns mit ihrem guten Willen erschlagen.«

Es war jetzt wie von allen Seiten. Zugleich unterschied man deutlich eine gewisse Aufeinanderfolge, einen Rhythmus, die Absicht, Zeichen zu sein. Staub und feiner Schutt glitt schnell und selbstvergessen die Mauer entlang: Seht unser Beispiel, nehmt euch nicht so wichtig, vergeßt euch!

Wir haben zuviel zu vergessen!

Viel zuviel ist immer noch zuwenig, bleibt deshalb gelassen.

Ein falscher Griff da oben, und alles fällt über uns!

Wenn ihr das also wißt, warum habt ihr wahllos nach allem gegriffen, solange ihr ein Stockwerk höher wart?

Ein Balken zu Unrecht weggezogen und alles bricht zusammen! Aber wie viele Balken habt ihr zu Unrecht weggezogen und an euch gerissen, solange ihr ausgeschickt wart, zu retten?

Ein schiefer Schritt da oben und alles ist verloren!

Wie viele schiefe Schritte habt ihr getan und zu gewinnen geglaubt? Und wie kommt es, daß ihr noch lebt? Das fragen wir uns selbst.

Wenn ihr euch fragt, wenn ihr euch nur fragt – –

Hingegeben rann der Sand in die Tiefe, selig und zermahlen, ungreifbar geworden.

Denn ihr werdet nur besitzen, was ihr nicht gegriffen habt, und ihr werdet umarmen, was ihr laßt. So viel habt ihr, als ihr mit eurem Hauch beseelt, und so viel beseelt ihr, als ihr preisgebt. Einem fremden Preis, hört, wie eure Kurse stürzen, einem unbekannten Preis! Was ist eure Währung? Gold, um das ihr mordet, Öl, das euch vertreibt, Arbeit, die betäubt? Ist eure Währung nicht Hunger und Durst und war euer Kurs nicht der Tod? Aber der Wert ist die Liebe, der Kurs von Gottes Börse, das ist alles.

»Sie werden die zerschnittenen Koffer finden, auf Plündern steht der Tod. Sie werden uns erschießen!«

»Auch mich?« fragte Ellen erschrocken.

»Ja«, höhnte der Junge außer sich, »auch dich! Du hast uns hierhergeführt, du hast uns den Platz gezeigt und du hast uns geleuchtet!« Ellen rührte sich nicht.

»Oder willst du ihnen vielleicht erzählen, daß du gekommen bist, um die Sirenen zu versöhnen, die Misteimer und die Geschütze vor der Stadt? Daß du gekommen bist, um dein eigenes Bündel zu öffnen und auf dem Dach in der Sonne dein Letztes zu verteilen? Wer soll dir glauben?« schrie der Junge rasend. »Gott segne alle Räuber, aber wie willst du beweisen, daß du nicht zu uns gehörst?«

Das Klopfen kam jetzt aus dem Stollen und es war ganz nahe. »Das kann ich nicht«, sagte Ellen erstarrt, »das beweist keiner von sich!«

»Bleib bei uns!« stöhnte der Junge und brach zusammen.

Der Alte schüttelte sich vor Lachen. Besessen bog er sich nach allen Richtungen und wehrte mit ausgespannten Händen dem Unsichtbaren, das ihn zu lachen zwang, das ihm schlechte Witze erzählte und ihn mit seinen eigenen Schatten zu fesseln drohte. Entsetzte Blicke flogen wie schwarze Falter zwischen Ellen und dem Jungen hin und her. Schon unterschied man in der Richtung des Stollens ferne hohe Stimmen, solche, die fragen würden, ohne eine Antwort abzuwarten, solche, die antworten würden, ohne gefragt zu sein – ferne hohe Stimmen, die nicht abbrachen vor der Nähe und der Tiefe aller Finsternis, die Stimmen ihrer Retter.

»Schnell«, rief Ellen, »rasch, bevor sie kommen!«

Weiß wie ein Armstumpf wuchs der Rest der Kerze aus dem Stein. »Gebt mir die Schaufel! Füllt die Koffer mit Steinen und schüttet alles zu! Rasch, warum rührt ihr euch nicht?«

»Füll uns mit Steinen«, flüsterte der Junge, »näh uns zu und wirf uns in den Brunnen. Wolfsmägen sind unersättlich, hast du es nicht gewußt?«

Wortlos stieß der Alte Ellen beiseite. Schuhe und helle, seidene Hemden flogen angstvoll in die Luft. Er hatte den Rest der Bündel aufgerissen und raffte mit beiden Armen, was möglich war, an sich. Verzweifelt warf Ellen sich gegen ihn.

»Laß das, hörst du, laß es! Auf Plündern steht der Tod, sie erschießen uns alle!« Aber der Alte schüttelte sie ab. Sein Mund war vor Gier verzerrt, er riß immer mehr hervor und stopfte sich aus wie ein totes Raubtier. Der Junge blieb reglos.

»Halt ihn, bind ihn, wirf ihn nieder!« schrie Ellen.

»Du, was ist mit dir, was wirst du sagen, wenn es hell wird?« Alles begann sich zu drehen.

»Der Luftdruck hat es zerrissen«, erwiderte der Junge.

»Und dem Alten die Säcke gefüllt?« Ellen klammerte sich an seinen Arm. »Solang ihr es von einem auf das andere schiebt, solang –«

»Für den Alten hat niemand die Verantwortung!«

»Du«, schrie Ellen, »du und ich und die da oben, die uns retten wollen, und die noch weiter oben in ihren Flugzeugen, wir haben alle die Verantwortung für den Alten, verstehst du nicht, wir müssen Antwort geben – da, sie hören uns schon, komm, steh auf, hilf mir, mach dich gefaßt!«

Aber dieses Licht war heller als sie geahnt hatten. Es verbrannte ihre Augen, spaltete ihren Blick und verfing sich in ihrem Haar wie ein fremder Kamm. Es prickelte auf ihrer Haut, dörrte ihre Kehlen aus und vertrocknete ihre Zungen. Es stellte ihnen Fallen, ließ sie taumeln und stolpern und schien hinter ihnen zu lachen wie der Alte, der mit einem Genickschuß in dem großen Trichter lag. Und es warf ihre eigenen Schatten wie Gefallene vor sie hin. Der Junge riß Ellen vorwärts. Allmählich blieben die Schüsse ihrer Retter hinter ihnen zurück. Blinde schnelle Schüsse, die vor sich selbst erschraken.

»Sie zielen auf ihre Engel!« höhnte der Junge. Der Himmel war blaß wie ein verspäteter Zuschauer, der den Zusammenhang nicht mehr verstand. Ellen und der Junge durchbrachen einen fremden Garten, warfen einen Kinderwagen voll Kartoffeln um und tauchten unter das Volk, sie boten kein Ziel mehr. Beladene Schatten glitten vorbei. Benommen im schwarzen Dunst lag die Stadt vor ihnen. Ein Windstoß kam von Osten.

Auf der Straße, die den Hügel hinabführte, rannten sie abwärts und verwirrten eine Schlange von Menschen, die mit großen Einkaufstaschen vor einem kleinen Laden standen, um die letzten Vorräte zu holen.

Ihr da – gibt es nicht noch etwas anderes, das zu holen ist? Einen neuen Vorrat, bevor die Belagerung beginnt, und eine größere Reserve? Spring aus der Schlange, dich selbst mußt du einholen, aufgerufen bist du auf den allerletzten Abschnitt, einbezogen bist du in eine neue Rechnung, spring aus der Schlange, häuten mußt du dich! Lauf, hol dich ein, reiß dich aus der Verpackung! Entsetzt starrten sie ihnen nach. Aber der Junge und Ellen waren schon weit weg.

Das Lachen des Alten war hinter ihnen her, es sprang an ihnen hoch, nahm ihnen den Atem und trieb ihnen das Blut in die Schläfen. Und es höhnte sie: Habt ihr nicht doch das Falsche gerettet? Verachtet ihr sie nicht schon wieder, eure Todesangst und die fremden Worte in der Finsternis? Reut es euch nicht, daß ihr nichts mitgenommen habt? Vergeßt nicht – stöhnte das Lachen des Alten. – »Vergeßt mich nicht, helft mir, wälzt den Stein vom Grab!«

In einem leeren Hausflur suchten sie Schutz.

»Glück gehabt!« Ellen sah in das graue Gesicht des Jungen und erschrak.

»Tausend Jahre weg gewesen!«

»Wir oder die andern, wen sollen wir fragen?«

»Spar deinen Atem!«

»Ich will nichts mehr sparen, sie entwerten es wieder.«

»Sei still jetzt, ruh dich aus. Wir sind aus dem Keller. Nie mehr wirst du mir predigen!«

»Wenn du erst das nächste Mal verschüttet bist!«

Staub wehte vom Hof. Die Hausbesorgerin erschien hinter der Luke und drohte furchtsam mit der Faust.

»Luken«, sagte Ellen verächtlich, »Luken in der Tür. Wer ist draußen, bitte? Dieb, du selber! Habt ihr keine Angst vor euch?« Die Hausbesorgerin öffnete die Tür um einen Spalt und drohte mit dem Besen. Sie rannten davon.

Wagen mit Flüchtlingen sperrten die Straße. Menschen mit Bündeln oder Bündel von Menschen, das war jetzt nicht mehr deutlich zu unterscheiden.

»Die Bündel sind zornig«, sagte Ellen zu dem Jungen, »zu fest verschnürt, alles wird aufgehen.«

»Von selbst?« fragte er spöttisch.

»Wie Sprengstoff«, sagte Ellen. »Rühr sie nicht an!«

Kleine runde Rauchwolken stiegen am Rand der Stadt. Lederriemen klatschten auf die räudigen Rücken der Zugtiere. Dem Jungen und Ellen gelang es aufzusitzen, sie verbargen sich ein Stück weit unter den Planen; ein Kind schrie, aber die weiter vorn bemerkten es nicht. Im halben Dunkel des Wagens stießen die Bündel immer wieder aneinander, als wüßten sie, worum es ging auf dieser Flucht: Es ging darum, ein kleines Stück mitzufahren in einer unbekannten Richtung, mitgenommen zu werden, ohne mitzunehmen, nicht mehr und nicht weniger.

Ellen und der Junge schwiegen vor Erschöpfung. Von Hunger und Durst gequält sprangen sie in der Nähe des Zollamtes ab. Wißt ihr es schon? Die Welt hat einen Blutsturz. Ein Quell ist aufgebrochen, lauft und trinkt! Faßt das Blut in

Eimern ab, denn Gott hat ein Wunder getan. Gott hat es in Wein verwandelt. Im Angesicht der Belagerung waren die Keller der Stadt geöffnet worden. Drei Männer rollten ein Faß über den Horizont. Das Faß entglitt ihnen. Der Junge hielt es auf. Keuchend kamen die drei Männer hinterher.

»Woher habt ihr es?« fragte Ellen. Aber da waren sie mit dem Faß schon wieder dahin, sie bekam keine Antwort.

Gelbe Gerüste wuchsen aus dem niedrigen Grau. Nur mehr zum Teil stand das Zollamt. Sie liefen mit den andern, ihr Durst war unermeßlich. Trinken. Die Angst, zu spät zu kommen, brach aus ihren Poren. Das glauben sie alle: Die Welt könnte verbluten, bevor sie getrunken haben.

Der Junge kletterte eine Leiter hoch, Ellen hinter ihm her, bis unter das durchlöcherte Dach, auf die flachen sonngedörrten Bretter des Zollamtes. »Da!« sagte Ellen. In einem Winkel lagen Krüge und Eimer, sie lagen stumm und spöttisch, bereit, verzollt zu werden in ein nie entdecktes Land, gefaßt, erfüllt zu werden und zu zerbrechen.

Rasch und rot quoll es aus den Fässern, und die Menschen konnten nicht nachkommen. Feuchtigkeit schlug um ihre Glieder, Röte stieg in den Saum ihrer Kleider. Die Sonne erhob sich, um besser hinunterzusehen. Weiß und höhnisch blieb der Mond am Rand. Sie zündeten schon wieder ihre Dächer an da unten. Sein Licht war ihren Nächten zu sanft geworden. Hinter den Gärten warteten ihre Arsenale darauf, gesprengt zu werden.

Zart stand der Himmel über dem Vergossenen, ein Flirren hing erschrocken in der Luft und verdunkelte sich. Schwarze Falter streiften die ewige Lampe. Fremde Flieger.

Rund um die Fässer tobten die Durstigen, Trunkenheit

wogte herrschsüchtig über das niedrige Zollhaus. Verwundert traten die Dinge aus ihren Beziehungen, der Himmel verfing sich in Schleiern.

Irgend jemand stieß Ellen vom Spund des Fasses.

»Achtung«, schrie der Junge, »Diebe, Räuber!« Aber es war schon zu spät. Ellen griff nach den gefüllten Eimern, schwankte und griff ins Leere. In ihren Ohren dröhnte die Stille verlorener Muscheln, die Brandung des roten Meeres.

»Nein!« schrie Ellen.

Brausen erfüllte den Raum zwischen Himmel und Erde. Alle mußten es hören. Das rote Meer wich zurück. Die Kugeln der Tiefflieger durchschlugen das Dach. Flüchtende stürzten mit den Gesichtern nach vorne. Ein Faß kippte.

Wundert euch nicht!

Der Junge duckte sich und riß Ellen nieder. Wein und Blut strömte verhüllend über die Gesichter. Blaue Lippen tauchten auf, versanken und kamen wieder. Und das stille Staunen der Toten durchflutete das Zollhaus.

Rührt euch nicht, bewahrt das Geheimnis, hört ihr: Bewahrt das Geheimnis! Laßt die Räuber durchmarschieren durch die goldene Brücke.

Bretter fehlten, neues Licht brach ein.

Und jetzt: Himmel oder Hölle? Weinst du oder lachst du?

Aber das Lachen war nicht mehr zu beruhigen, dieses irre Lachen der Überlebenden. Es tobte, schwang sich an den Fässern hoch und brachte sie ins Rollen, sprang dazwischen und gellte darüber. Selbst gestoßen, stieß es nach den Schweigenden.

Leben wir? Leben wir schon wieder? Geschüttelt zwischen Himmel und Hölle, verbrannt die Sohlen und die Stirnen verklärt, Wirbel zwischen den Strömen! Warum liegt ihr so still? Gebt uns zu essen, wir haben Hunger! Himmel oder Hölle, gebt Antwort: Habt ihr keinen Hunger mehr? In euren Vorratskammern schimmelt das Brot, in euren Schlafzimmern läutet das Telefon. Warum liegt ihr so still? Helft euren Freunden, helft den Überlebenden! Denn sie tragen jetzt gerade ihre Betten in die Keller, sie richten sich schon wieder ein, als ob sie blieben. Und sie beruhigen sich. Die Belagerung beginnt, aber sie wollen es nicht wahrhaben. Belagert, seit sie geboren sind, und kennen das Ausmaß nicht.

Laßt eure Betten, ihr Eingeschlossenen, laßt eure Vorratskammern! Gläser zerschellen, Milch fließt in die Gosse, helle Früchte tanzen über die Fliehenden.

Gebt uns nichts zu essen, uns ekelt. Gebt uns keine Antwort. Was uns stillen könnte, zerreißt, und was uns nicht zerreißt, läßt uns gierig.

»Nach Hause, zurück in den Keller!«

»Sind wir nicht zu lange weg gewesen?«

Wieder war das Surren in der Luft.

»Hummeln, sammeln die Honig?«

»Blut«, stammelte der Junge. Die Leiter auf die Straße war eingebrochen und sie mußten springen.

»Ich bin hungrig«, sagte Ellen.

»Wißt ihr es noch nicht: Die Schlachthöfe sind geöffnet, die Schlachthöfe werden gestürmt. Sie spielen schon wieder Hans im Glück!«

»Spielen wir mit!« sagte der Junge.

Als sie auf den Schlachthof kamen, hatte sich der Himmel über ihnen verdüstert. Der Junge blutete heftig. Sie hielten sich an den Händen. Geschütze grollten von ferne. Sirenen gellten höhnend dazwischen: Alarm – Friede – Friede – Alarm –

Zu Klumpen geballt, schreiend, mit erhobenen Fäusten wälzten sich die Menschen in die schwarzen Schlachthäuser.

Wühlt nur in dem Überfluß eurer Vergänglichkeit, nie werdet ihr satt daran. Ihr Tauben, ihr Stummen, ihr Schwankenden, wird euch nicht immer noch übel, wenn ihr satt werden wollt, ihr Vergeßlichen?

Aber niemand hörte das Grollen der Dinge in dem Grollen der Geschütze. Die große Herde wünschte, sich selbst geopfert zu werden. Gib uns dem Wolf!

Am Tor des Schlachthofes lehnte ein fremder junger Hirte, der spielte mit leichten Fingern auf seiner Schalmei:

Gebt es zurück, gebt es zurück,
denn was ihr haben müßt,
das habt ihr nicht.

Im Zeichen des Wehrlosen, das Lied gegen den Wolf. Achtlos trieben sie an ihm vorbei.

Gebt es zurück, gebt es zurück!

Ellen wandte sich nach ihm um, wurde aber mitgerissen. Stufen führten hinab. Tief unten bildeten Soldaten eine Kette. Die Kette von Schweiß und Zorn, den letzten Schmuck dieser Welt, die letzte Kette.

Steinern und zerkerbt starrten ihre jungen Gesichter den Stürmenden entgegen.

Der Befehl hieß: Verteilt die letzten Vorräte! Aber das Letzte ist unteilbar.

Wie hieß der Befehl?

Feuer!

Lacht da nicht einer? Schüsse krachten. Weint da nicht einer?

Ellen schrie auf. Die Hand des Jungen löste sich leicht aus der ihren, er stürzte.

Die Kette zerriß. Rasende stürmten das Schlachthaus. Schwere Kälte schlug ihnen brandend entgegen. Zündhölzer flammten auf und verlöschten hilflos. Die ersten stürzten, andere tobten über sie hinweg. Ellen glitt aus, schwankte und raffte sich wieder auf. Geschlachtetes Vieh türmte sich zu Bergen, Fleisch glänzte weiß und eisig über den Plündernden, der Köder in der Falle.

Ellen wurde in einen Koben geschleudert. Fett durchdrang ihre Kleider. Eis ließ sie erstarren, Salz zerbiß ihre Haut. Nur mehr von ferne hörte sie die Schreie der übrigen, die sich verirrten, die glitten, fielen und die zertreten wurden. Fleisch, ihre eigene Beute riß sie an sich.

Oben an dem alten Tor spielte unbeirrbar der junge Hirte:

Gebt es zurück, gebt es zurück,
was ihr nicht laßt,
läßt euch nicht mehr.

Aber Ellen hörte ihn nicht.

Du, was bringst du ihnen mit, wenn du aus der Hölle kommst? Besinnungslos griff sie, griff nach dem Glatten, nach dem weißen, wehrlosen Fleisch und zerrte es mit sich. Nachstürmende suchten es ihr zu entreißen, aber sie hielt fest, immer wieder drohte es ihren Händen zu entgleiten, aber sie hielt fest. Über blutige Stiegen zerrte sie es hinauf.

»Wo bist du?« Sie rief nach dem Jungen, aber niemand antwortete ihr. Bleich und entsetzt stand sie auf dem großen lärmenden Schlachthof. Die Sonne war verschwunden.

»Was willst du dafür?« sagte eine Frau und sah gierig nach dem Fleisch.

»Dich!« sagte Ellen finster und hielt es noch fester.

Da hörte sie das Lied des fremden Hirten über dem Getöse:

Schenkt blind, Geliebte,
und faßt nichts zu fest.
Gebt es zurück, gebt es zurück,
denn was ihr nehmt,
wird euch nie mehr geschenkt.

Dunkel brach ein. Zwei Männer peitschten schreiend eine Kuh vor sich her. Ellen begann zu weinen.

»He, warum weinst du?«

»Über euch«, schrie Ellen, »und über mich!«

Das Rollen der Geschütze war jetzt ganz nahe. Ungeduldig trieben die Männer an ihr vorbei dem Tor zu. Das Fleisch glitt ihr aus den Händen. Sie ließ es liegen.

Die größere Hoffnung

Als Ellen aus dem Keller kroch, bemerkte sie zu ihrer Linken ein Pferd. Das lag und röchelte und hatte die Augen in grenzenloser Zuversicht auf sie gerichtet, während aus seinen Wunden schon der süßliche Geruch der Verwesung strömte.

»Du hast recht«, sagte Ellen eindringlich, »du darfst es nicht aufgeben – gib es nicht auf –« Sie wandte sich ab und erbrach.

»Warum –«, sagte sie zu dem Pferd, »warum ist das alles so widerlich, so entwürdigend? Warum wird man so erniedrigt und verächtlich gemacht, bevor man suchen geht?« Der Wind hatte sich gedreht und blies ihr warm und betäubend die Fäulnis ins Gesicht, alle Fäulnis der Welt.

Das Pferd entblößte die Zähne, hatte aber nicht mehr die Kraft, den Kopf zu heben. »Du darfst es nicht aufgeben –«, wiederholte Ellen hilflos. Sie schwankte, kauerte nieder und griff nach seiner Mähne, die verklebt war von Blut. Am Himmel stand ein heller Fleck, umhüllt von Pulverdampf. »Die Sonne tarnt sich«, tröstete Ellen das Pferd, »du wirst sehen – du darfst keine Angst haben – der Himmel ist blau, siehst du?«

Man sah den Himmel gut. Das Haus gegenüber war weggerissen. Am Rande des Trichters streckte eine Schlüsselblume ihre frischen Blüten ahnungslos aus der zerwühlten Erde. »Gott spottet«, sagte Ellen zu dem Pferd, »warum spottet Gott? Warum?«

Aber das Pferd gab nicht nur keine Antwort, sondern sah sie nur noch einmal mit einem nun schon veränderten, tödlich geängstigten Blick an und streckte dann, um eine weitere Vermessenheit zu verhindern, mit einem kurzen Ruck die Beine von sich.

»Warum«, schrie Ellen, um das Heulen einer Granate zu übertönen, »warum hast du Angst gehabt?«

Aus der Tiefe des Kellers hörte sie noch einmal die hohen und etwas lächerlichen Stimmen der Erwachsenen, die sie zurückriefen. Entschlossen richtete sie sich aus ihrer gebückten Haltung auf und rannte gegen die Stadt zu. Sie rannte schnell und federnd, mit leichten gleichmäßigen Schritten und ohne sich noch einmal umzusehen. Sie rannte auf Georg zu, auf Herbert, Hanna und Ruth und die tanzenden Kirschbäume. Sie vermutete dort die Küste des Atlantik und die Küste des Pazifik, die Ufer des heiligen Landes. Sie wollte zu ihren Freunden. Sie wollte nach Hause.

Trümmer wuchsen wie Hürden und versuchten, sie aufzuhalten, ausgebrannte Ruinen, die – wie blinde Soldaten – mit leeren Fensterhöhlen in die scheue Sonne starrten, Panzerwagen und fremde Befehle.

»Was kann denn geschehen?« dachte Ellen. Sie rannte zwischen Kanonen, Ruinen und Leichen, zwischen Lärm, Unordnung und Gottverlassenheit, und schrie leise vor Glück. So lange ging das, bis ihre Kraft sie verließ. Aus hellvioletten Fliederbüschen ragte ein Geschützrohr. Sie wollte vorbei. Ein fremder Soldat riß sie zur Seite, schnell und wild und nachlässig, mit der linken Hand. Irgendein Befehl kam von der Richtung des Geschützes. Der Soldat wandte den Kopf und ließ Ellen los.

Das Parkgitter war an dieser Stelle zerborsten. Dichtes, wildes Gestrüpp nahm sie auf und entließ sie wieder. Hoch und grün stand das Gras. In der Ferne hing an einer jungen Buche eine Uniform, von der man nicht mehr erkennen konnte, ob sie noch den Leib eines Mannes beherbergte. Sonst war niemand zu sehen. Noch einmal schlug es dicht hinter Ellen tief in den frischen Boden. Brocken von Stein und Erde spritzten hoch und trafen sie an den Schultern. Es war, als hätte ein Rudel kleiner Jungen hinter einem Busch hervor nach ihr geworfen.

Aber je weiter sie in die Mitte des Gartens kam, desto stiller wurde es.

Der Lärm des Kampfes flutete ab, als wäre er nie gewesen. Wie ein sanftes Geschoß fiel der Frühlingsabend und traf alle auf einmal.

Ellen übersprang den Bach. Der hölzerne Steg war eingebrochen. Die weißen Schwäne waren verschwunden. Versunken die vollendete Nachlässigkeit ihres Verlangens. Was noch zu füttern blieb, ließ sich nicht mehr von Kindern das Brot reichen. Das Glas des Wetterhäuschens war eingeschlagen, der Zeiger steckte und zeigte für immer auf »Veränderlich«. Nirgends bog eine weiße Bonne um den Kiesweg. Nichts mehr schien daran zu glauben, daß es jemals Gartenwärter gegeben hatte.

Auf dem Spielplatz in der Sandkiste lagen drei Tote. Sie lagen dort kreuz und quer, als hätten sie zu lange gespielt und den Ruf der Mütter überhört. Nun waren sie eingeschlafen, ohne das Licht auf der andern Seite ihres Tunnels zu sehen.

Ellen rannte den Hang hinauf. Plötzlich hörte sie ganz nahe das Klirren von Eisen, sie gruben die Gräber. Ellen warf sich zu Boden. Im Zwielicht kauerte sie zwischen den Schatten.

Mit großen Schaufeln hoben die fremden Soldaten die aufgelockerte Erde aus. Diese Erde war schwarz und feucht und sanftmütig, sie gab leicht nach. Die Soldaten arbeiteten schweigend. Einer von ihnen weinte dabei.

Leichter Wind brach durch die stummen Büsche. Ab und zu bebte der Grund unter dem fernen Einschlag großer Geschosse. Ellen lag ganz still. Sie lag jetzt dicht an den Boden gepreßt, vereinigt mit seinem Beben und seiner Dunkelheit. Unerschütterlich lächelte die Brunnenfigur mit dem zerschossenen Arm über die offenen Gräber. Auf dem Kopf trug sie einen Krug. Er hielt, ohne daß sie ihn hielt, er machte sie wesentlich. Der Brunnen war längst versiegt.

Als die Soldaten die Leichen aus der Sandkiste holten, blieb Ellen allein zurück. Sie hob den Kopf ein wenig über die Arme und sah ihnen nach. Mit großen Sprüngen rannten sie abwärts. Ellen konnte sehen, wie sie das Dunkle aus dem weißen Sand hoben. Sie rührte sich nicht. Wie ein hohes Schrapnell stieg der Abendstern und blieb gegen jede Erwartung am Himmel stehen. Schwer und widerwillig hingen die Toten in den Armen ihrer Kameraden. Sie konnten es ihnen nicht leichter machen, es war nicht so einfach. Trotzig krümmte sich der Hügel.

Knapp bevor die Soldaten die Höhe wieder erreicht hatten, streckte Ellen sich lang aus und rollte wie ein eingeschlagener Teppich auf der anderen Seite hinunter. Sie schloß die Augen und landete in einem Granattrichter. Sie zog sich hoch, richtete sich halb auf und rannte über die Wiese gegen die hohen Bäume zu. Die Bäume standen ruhig, gewohnt, der Deckung zu dienen. Einzelne Äste schienen geknickt. Weiß und wund leuchtete das Holz aus der gesprengten Rinde. Als Ellen die Mitte der Wiese erreicht hatte, hörte sie sich gerufen. Ihre Füße stockten. Sie konnte nicht unterscheiden, ob es die Großmutter war, die sie rief, ein Eichelhäher oder der Gehenkte. Und sie dachte nicht darüber nach. Sie wollte nach Hause, sie wollte zu den Brücken. Und sie durfte sich jetzt nicht länger aufhalten lassen. Geduckt rannte sie weiter.

Es war fast finster. In der Ferne hinter der niedrigen Mauer dröhnten die Motoren schwerer Wagen. Sie brachten Nachschub gegen den Kanal. Gegen denselben Kanal, an dessen Ufern das Ringelspiel gelassen im letzten Schein zwischen den Fronten stand. Wollt ihr fliegen? Und wollt ihr Musik dazu?

Wenige Schritte, bevor die Bäume sie in den tieferen Schatten ihrer Kronen nahmen, rief es wieder. Es war nun viel näher und schied sich deutlich vor dem Branden der Stille, die sogar das Dröhnen der Panzerwagen von Zeit zu Zeit in sich barg; eine grelle, sehr laute Stimme. Ellen sprang in den Schatten, umfing einen Stamm und rannte weiter.

Die Leute im Keller hatten soeben ihr Kartenspiel beendigt. »Ellen«, riefen sie gereizt, »Ellen!« – »Wo sind die Kinder?« Die Kinder kauerten an der Kellerluke, die ein Geschoß erweitert hatte, und stritten lärmend darum, durchschauen zu dürfen. Durch die Luke sah man Schutt und den Himmel mit dem ersten Stern. Aber Ellen war nicht mehr bei den Kindern. Sie war dem Stern nachgelaufen und sie war schnell gelaufen, mit dem brennenden Eifer, mit dem letzten Atem, den die Kindheit ihr ließ.

»Man sollte die Polizei verständigen, aber fragen Sie, welche!«

Der Schatten der Bäume wich zurück. Ellen fühlte Schwindel, stolperte über einen verlorenen Helm und wußte plötzlich, daß ihre Kraft zu Ende war, aufgezehrt an ihrer Erwartung, verbrannt und vergangen. Sie fluchte. Weshalb war sie aus dem Keller gelaufen? Weshalb hatte sie nicht auf den Hofrat gehört, auf die Nachbarn, den Hausbesorger, auf diejenigen, die nicht aufhörten, Vernunft und Behagen über alles zu schätzen? Weshalb war sie dem Unbändigen gefolgt, das sie geheißen hatte, zu laufen und zu suchen, was unauffindbar war?

Maßloser Zorn ergriff sie, Zorn gegen dieses zwingende
schweigende Locken, das sie hierher geführt hatte. Weiß und
einsam standen die kleinen steinernen Bänke an dem
ausgetrockneten Fluß. Schatten verspannen sich zum Drahtseil.
Nein – es war nicht ein Seil, es waren viele Seile, aber welches
von den vielen Seilen war das einzige? Welches von den vielen
Seilen hielt? Ellen schwankte. Blitzlicht überflutete den
dunklen Garten. Die Erde bäumte sich auf, der Gehenkte
begann zu tanzen und die Toten wälzten sich unruhig in ihren
frischen Gräbern. Feuer zerriß den Himmel. Ein Feuer sind alle
Flammen. Die aus den Fenstern schlagen, die in den Lampen
wohnen, die von den Türmen leuchten. Ein Feuer sind alle
Flammen. Die ihre Hände wärmen, die aus den Schlünden
schießen. Ein Feuer mitten in der Nacht.

Die Soldaten am Teich warfen sich zu Boden. Die Stelle war
geschützt. Durch die Böschung gedeckt, schien sie wie keine
andere dazu geeignet, ein schnelles Feuer zu machen und daran
vom Kampf zu ruhen. Und doch war es, als hätte der Teich
schwarz und tückisch seinen Schein in den Himmel geworfen,
als wäre es dasselbe Feuer, das die Macht hatte, Wasser zu
kochen und zu zerstören.

Sie richteten sich auf und füllten den Kessel von neuem. Der
Kessel sang und auch die Soldaten begannen wieder zu singen.
Ihr Lied klang tief und verborgen. Es war, als hörte man das
Rollen eines Wagens im Halbdunkel. Einige von ihnen rannten
die Böschung hinauf, lauschten dem fernen Kampflärm und
beobachteten geduckt die Schatten der Bäume, die Wiese und
den Himmel. Geblendet durch die Flamme schien ihnen die
Finsternis vorerst undurchdringlich, und so war es besser, sich
auf die Dinge zu verlassen, die sich am Himmel abzeichneten.

So kam es, daß die Wache am Hang die beiden Gestalten erst jetzt bemerkte, daß Ellen und der Posten vom andern Ufer ganz plötzlich vor ihnen standen. Hier oben war das Gras naß und hoch. So schien es den Soldaten, als wären zwei dunkle Halme vor ihnen in die Höhe geschossen und hätten gegen ihren eigenen Willen helle Gesichter bekommen.

Sie knackten leicht mit den Hähnen ihrer Gewehre.

»Was suchst du hier?«

»Sie ist über die Wiese gelaufen«, sagte der andere, »sie ist über die Wiese gelaufen, als ob es Sonntag wäre.« Er lachte. »Als es drüben niederging, hab ich sie gesehen. Ich hab sie angerufen. Sie ist weitergelaufen, gegen die Bäume zu. Als ob es dort nicht mehr gelten würde, als ob Sonntag wäre!«

Sie brachten Ellen ans Feuer.

Gegen den Teich zu fiel die Wiese ab. Der Flieder blühte hier weiß und wild und üppig. Stumm lag der Musikpavillon auf dem Hügel gegenüber. Rund und gefallsüchtig hob sich sein dunkles Dach gegen den Feuerschein, der von den Brücken kam. Es war jetzt so hell, daß Ellen die Notenständer erkennen konnte, die wie eine Schar ängstlicher Zivilisten in der Ecke des Tanzbodens lehnten. Der Tanzboden war zur Hälfte weggerissen und von Steinen bedeckt. Rauch schwelte über den zerstampften Rasen.

Unruhig berieten die Offiziere. Das Feuer flackerte, wob ihre Schatten gegeneinander und warf Ellen dazwischen.

»Was suchst du hier?«

Ellen zitterte vor Kälte. Als sie einen Laib Brot sah, hörte sie auf, Widerstand zu leisten, und sagte: »Ich habe Hunger.« Die fremden Soldaten wußten wenig von der fremden Sprache, aber dieses Wort wußten sie. Sie geboten ihr, sich niederzusetzen. Einer von ihnen schnitt ein Stück Brot ab. Ein anderer schrie ihr etwas zu, das sie nicht verstand.

»Sie ist schwach«, sagte der, der sie gefunden hatte, »gebt ihr zu trinken!«

»Hat sie Papiere bei sich?«

»Gebt ihr zu trinken«, wiederholte der andere, »sie ist schwach.«

Sie gaben ihr Wein. Leere Flaschen warfen sie über den Teich. Das Wasser spritzte silbrig auf und schloß sich wieder darüber.

»Sie hat nichts bei sich«, sagte er.

Nach wenigen Minuten stieg Ellen das Blut zu Kopf. Sie richtete sich auf und rief: »Habt ihr den Frieden gesehen?«

Der andere lachte und übersetzte. Die Soldaten schwiegen erstaunt und brachen plötzlich in Gelächter aus. Einer der Offiziere sah ihr verwundert ins Gesicht. Aber niemand gab ihr Antwort.

Ellen begann zu weinen. Wieder erschütterte ein leichter Einschlag den Boden. »Habt ihr den Frieden gesehen?« rief sie. »Wir selbst sollten es sein, jeder von uns müßte es sein! Laßt mich nur mein Gesicht am Teich waschen!« Finster und erregt warf sich das Wasser gegen die Ufer. »Ich will zu meiner Großmutter«, sagte Ellen, »meine Großmutter liegt am letzten Friedhof. Kann mich nicht einer von Ihnen begleiten?« Sie weinte noch heftiger. Wolken von Pulverdampf kamen von Norden und umzogen den Mond. Das Rollen der Geschütze drang vom Fluß her. »Habt ihr nicht wenigstens Georg gesehen«, murmelte sie ohne Hoffnung, »Herbert, Hanna und Ruth?«

Der andere übersetzte nicht mehr.

»Sei ruhig!« sagte er.

»Sie spielt Komödie!« Drohend erhoben sich die Soldaten.

»Wer weiß, weshalb sie hier ist?«

Einer der Offiziere sprang auf und kam rund um das Feuer.

»Sie sagen, daß du Komödie spielst, verstehst du das? Sie sagen, man müßte dich festhalten!« Er sprach hart und gebrochen.

Schwere Kampfflugzeuge flogen tief über dem Garten.

»Ich will zu den Brücken!« sagte Ellen.

»Hast du nicht gerade gesagt, daß du zum Friedhof willst?«

»Nach Hause«, sagte Ellen, »es liegt alles am Weg.«

»Wo bist du zu Hause?«

»Auf der Insel.«

»Um die Insel wird gekämpft. Verstehst du das?«

»Ja«, sagte Ellen, »das verstehe ich.«

Argwöhnisch beobachteten sie die Soldaten. Wie ein Seufzer ragte das Kanonenrohr in den kalten Himmel.

»Diese Stadt ist belagert«, sagte der Offizier, und es war ihm selbst nicht klar, weshalb er diese Debatte so lange fortsetzte und Dinge erklärte, die nicht zu erklären waren. Zornige Rufe kreuzten das Feuer. »Diese Stadt ist belagert«, wiederholte er, »es ist Nacht. Wer nicht zu kämpfen hat, bleibt im Keller. Weißt du nicht, wie gefährlich es ist?«

Ellen schüttelte den Kopf.

Er richtete ein paar Worte an die anderen, es klang besänftigend.

»Was haben Sie gesagt?«

Aber er gab keine Antwort. Der dritte Einschlag war schwerer als alle bisherigen. Es mußte sehr nahe gewesen sein, auf einer der Verbindungsstraßen, die zu den Brücken führten.

Das Feuer drohte endgültig zu erlöschen, Funken sprühten über den Teich. Diesmal füllten sie den Kessel nicht mehr, sie berieten nur kurz. Der Offizier wandte sich wieder an Ellen.

»Ich muß zu den Brücken, du zeigst mir den Weg. Vielleicht kann ich dich nach Hause bringen. Komm«, sagte er ungeduldig, »komm jetzt, wir haben genug Zeit mit dir verloren.«

Er machte große Schritte. Stumm lief Ellen neben ihm her. Gelassen blieb der Teich zurück. Fern und abweisend, von Mondlicht übergossen, ragten die Türme der inneren Stadt. In der Nähe der Gräber blieb er stehen und schien zu überlegen. Dann lief er voran, ohne sie weiter zu fragen. Als sie zurückblieb, rief er etwas in seiner Sprache und nahm sie bei der Hand.

»Jetzt müssen wir beide zu den Brücken!« lachte Ellen. Er gab keine Antwort. Beide zu den Brücken! Die Mauern warfen es zurück. Über zwei Trümmerberge war ein Brett gelegt, das Brett schwankte. »Du mußt dich festhalten«, sagte er. Ellen klammerte sich an seinen breiten Gürtel.

Wenige Gassen weiter schien der Kampf vorbei. »Vorbei –«, lachte er. »Vorbei!«

Die Nacht war sehr klar.

Wie die Schattenrisse eines Taschenspielers standen die Ruinen. Schärfer und gefaßter als bei Tag, bewohnt von Körperlosen. Ergeben in das Unfaßbare, gelöst von der Frage des Bürgers: Warum gerade ich? Und die Schwärze aus den zerbrannten Löchern war nicht schwärzer als die Schwärze aus den Zimmern der Schlafenden. Die Häuser, die standen, hatten kleine runde Einschüsse. Das schien im Mondlicht wie ein neues Ornament, wie der Baustil der Kommenden.

Er nahm eine Handvoll Süßigkeiten aus der Tasche und bot sie ihr an.

»Danke«, sagte Ellen, ohne sie zu nehmen.

»Bist du satt?«

»Mir ist übel. Satt bin ich nicht.«

»Wirklich?« lachte er abweisend. »Gibt es das?«

»Das ist es ja«, erwiderte Ellen, »daß man nicht satt wird. Immer nur schwindlig. Deshalb bin ich suchen gegangen.«

»Wer soll dir das glauben?«

Sie liefen dicht an den Häusern, als müßten sie sich vor dem Regen schützen, der nicht fiel.

»Es bleibt immer ein Rest«, erklärte Ellen eifrig.

»Weil es schlecht eingeteilt ist.«

»Das meine ich nicht«, sagte Ellen, »was man einteilen kann.«

»Du bist unersättlich!« lächelte er argwöhnisch.

Rot und dunkel breitete sich geronnenes Blut über das Pflaster. Sie sprangen darüber. Ellen glitt aus und stürzte nach hinten. Er hob sie auf. Er rief sie und rüttelte sie.

»Wir müssen weiter, hörst du? Zu den Brücken!«

Sein Atem war über ihrem Gesicht, unruhig glänzten seine Orden. Ellen zog sich an ihm hoch.

Drei Meter weiter sprang ein Pfropfen aus einer Sektflasche und surrte knapp über ihre Köpfe hinweg. In einem halbhellen Tor stemmte ein kleiner Soldat sein Gewehr auf den Steinboden und lachte. Der Offizier schien ihn zu kennen. Er verhandelte kurz mit ihm und wandte sich wieder an Ellen.

»Er borgt uns ein Auto.«

Sie schoben es aus dem Flur. Es sprang schwer an und zwinkerte listig mit einem halben Scheinwerfer. Ellen kletterte auf den Sitz. Die vorderen Kotflügel und ein Teil der Tür waren weggerissen. Steif vor Schmutz hing ihnen der Fetzen einer Plane ins Gesicht.

An der Kreuzung funkte das zerschlagene Verkehrssignal mit schwarzen Lichtern. Andere Signale wurden nicht mehr ausgegeben, es lag an jedem, sich warnen zu lassen. Sie überholten zwei Panzer, bogen um einen Block von Barrikaden und näherten sich von der anderen Seite her den Brücken. Er fuhr jetzt schneller. Der Wagen tanzte und warf sie gegeneinander. Kurz vor dem Ziel war das Pflaster aufgerissen, sie mußten zurück. Ihr Stern schien sie verlassen zu haben. Wenige Augenblicke später blieb das linke Vorderrad in einem Granattrichter stecken.

»Hilf mir«, sagte er, »wir müssen weiter!«

Der Wagen ächzte und schien unbeweglich. Als er sich endlich bewegte, sank er noch tiefer. Der Offizier hatte die Mütze vom Kopf gerissen, hell und naß hing ihm das Haar in die Stirn. Ellen sprang in den Trichter, sie mühte sich stumm. Der Wagen leistete hartnäckig Widerstand, hob sich aber plötzlich wie erlöst und gab so unerwartet nach, daß sie erschraken. Der Mond war wieder hervorgekommen, übersprang den Feuerschein und verfing sich in den Rädern. Weit hinter ihnen ging ein Haus in die Luft.

Wo fahren wir? Wir fahren die Goldküste entlang, und wohin fahren wir? An das Kap der Guten Hoffnung. Ellen schloß die Augen. Man konnte daran glauben. Aber sie wagte nichts zu sagen, sondern klammerte sich nur noch fester an das Eisen.

Soldaten kamen an ihnen vorbei, ihre Schritte hallten. Scheiben klirrten, hell glitzerte das Zersplitterte. Angstlos, nicht mehr bedacht, sich zu erhalten. Und im Glanz der Zacken geblieben.

Als sie die Augen wieder öffnete, war die Straße von Bränden erleuchtet wie die Auffahrt zu einem Fest. Wo sie endete, schlugen die Flammen ineinander. Der Mann neben Ellen überlegte eine Sekunde lang. Seine Füße tasteten an den Schalthebeln, seine Hände umfaßten das Lenkrad, als hätte es die Macht, ihn zu lenken. Er sah geradeaus und nahm eine größere Geschwindigkeit. Brandiges Rot floh über seine Stirne, nahm zu und schien haftenzubleiben. Er verzog den Mund, lachte ein wenig und hatte gerade noch die Kraft, den Wagen in einer Seitengasse zum Stehen zu bringen. Blut sickerte durch seinen Rock. Nachsichtig fielen die steilen Dächer gegen die alte Gasse ab. Die letzte kleine Gasse, so schien es, übergangen und fast verschont, gesammelt in einem Schweigen, das allem Lärm im Umkreis gerecht wurde. Sie bewahrte dieses Schweigen wie die letzte Tonne Treibstoff.

»Zu den Brücken«, stammelte Ellen. Sie sprang ab.

»Hilf mir!« sagte er. »Nein, hilf mir nicht. Du mußt allein zu den Brücken, du mußt nur eine Nachricht weitergeben –«

Ellen öffnete seinen Rock, riß einen Fetzen von seinem Hemd, konnte aber nichts sehen. »Ich muß Hilfe holen«, sagte sie. Aber sie fürchtete die fremden Soldaten, deren Sprache sie nicht verstand.

»Bleib!« murrte er schwach. »Wie heißt du?«

»Ellen. Und du?«

»Jan«, sagte er und lachte in die Finsternis, als wäre das die Lösung für die Rätsel der Welt.

»Warte«, rief Ellen, »warte!«

Sie sprang auf das Pflaster und stolperte durch ein

zersplittertes Tor. Der Flur war finster. Es roch nach Verlassenheit, nach Moder, nach der Möglichkeit des Zerfalls. Ellen tastete sich die Mauern entlang und griff eine Tür. Sie warf sich dagegen und fiel nach innen, die Tür war offen gewesen. Das gab ihr den Mut, ein Streichholz anzuzünden. Licht flammte auf, verbündet mit dem Schweigen und der offenen Tür, und schuf alles neu. Die hellen Wände und den dunklen Boden, den Glanz der Türen und den gesprungenen Spiegel, der das Dunkel des Flurs aufsaugte.

Diese Wohnung war von ihren Bewohnern verlassen worden. Sie hatten sie verlassen wie die Seele den Leib verläßt. Sie hatten sie verlassen wie fremde Gäste. Als die Funken über das Dach flogen, hatten sie bemerkt, daß es spät geworden war. Bestürzt hatten sie nach dem Wagen gerufen und waren davongefahren, ohne sich zu verabschieden. Nach dem Gastgeber hatten sie bis zuletzt nicht gefragt. Die Wohnung war in Eile verlassen worden.

Jan richtete sich auf und versuchte, aus dem Wagen zu steigen. Er wollte rufen, aber seine Stimme war leiser als gewöhnlich. So ist das also, wenn man getroffen ist, dachte er. Er stützte sich auf den Sitz, streckte die Beine aus, stand eine Sekunde lang inmitten der Gasse und fiel mit dem Rücken gegen den Kühler. Die Gasse drehte sich wie ein Kreisel unter einer Peitsche. Zornig machte er drei Schritte auf das Pflaster zu. Ellen fing ihn auf. »Komm«, sagte sie, »komm, Jan!«

Er hatte Kerzen bei sich und ihr Licht durchsickerte die fremde, verlassene Wohnung. Kästen und Tische, Decken und Betten, und überall schlief die Stille, diese mißbrauchte, diese wundeste von allen Verwundeten. Der du mein Schöpfer bist, warum läßt du es zu? Warum schaffst du dieses Geschlecht, das mich zerbrechen muß, um zu erkennen? Warum schaffst du es immer neu?

Jans Stiefel ließen schwarze Flecken auf dem Boden. Er stieß mit dem Kopf an die finsteren Lüster, das Glas klirrte. Erschöpft ließ er sich in einen Sessel fallen. Sein Hemd war von Schweiß durchtränkt, lautlos sickerte das Blut dazwischen. Im halben Dämmer fühlte er, wie er verbunden wurde, wie die hellen Tücher sich um die Wunden legten, kühl und mütterlich, bereit, das Unaufhaltsame aufzuhalten.

Das Licht hat einen grünen Schimmer, so grün wie das Gras in der Sonne. Das tut den Augen gut, das tut gut, Jan! Aber dieses Licht machte sein Gesicht noch blasser.

»Jan«, sagte Ellen, »es wird gleich besser sein, alles wird gut!« Besser oder gut? Plötzlich schien es ihr wichtig, das zu entscheiden.

Er verlangte zu trinken, er fror. Ellen fand Holz unter der Küchenbank. Nach langem Suchen fand sie eine kupferne Kanne. Sie drehte die Wasserleitung an, aber da kam längst nichts mehr. In einem Bottich im Winkel stand abgedeckt das Trinkwasser. Sie schöpfte die Kanne voll. Widerwillig rauchte der Herd, beruhigte sich aber allmählich wie ein Pferd unter einem fremden Reiter.

Jan lag still. Der Sessel war weich und tief. Durch die Wände hörte er Schritte, das Splittern des Holzes und das Klirren von Geschirr. Es war möglich, sich vorzustellen, daß es immer so gewesen war und daß es immer so bleiben würde. Hatten die vor ihnen es fertiggebracht, daran zu glauben, so würden auch sie es fertigbringen. Schweigend hielt Ellen die Hände über die Herdplatte. Es war möglich, sich vorzustellen, daß alles das erste und das letzte Mal war. Hatten die vor ihnen es nicht fertiggebracht, daran zu glauben, so würden doch sie es fertigbringen. Sie goß den Tee auf und stellte die Tassen auf ein Brett. Sie hörte ihn rufen.

»Gleich!« sagte sie.

Er hob die Schultern von der Lehne. Seine Wunde hatte aufgehört zu bluten. Seine Mütze war vom Kopf geglitten, sein Haar schien jetzt noch heller als vorhin unter dem Mond. Sie gab ihm zu trinken und sah ihn an.

Alles Zerrissene fand wie ein Spiel zusammen. Rote Blumen, eine Handvoll Süßigkeiten und eine offene Wunde. Alles vereinigte sich. Die weite Welt hatte plötzlich das Gesicht eines jungen fremden Offiziers, ein helles, dreieckiges Gesicht mit Wangen, die spitz gegen das Kinn zuliefen, Linien, die sanft von dem großen Lineal abwichen wie die Striche eines Kindes. Alle Schmerzen strömten in einem versteckten Blick zusammen. Das Unsichtbare sah Ellen ins Gesicht. Sie nahm ihn bei der Hand.

»Sag, daß du es bist!«

»Wer bin ich?«

»Den ich gemeint habe, wenn ich nach Hause wollte!«

Er lag im Lehnsessel und sah sie an. Sie faßte seine Hand fester. »Wenn ich gelacht habe irgendwann, so hab ich immer schon gelacht, weil du lachst, und wenn ich Ball gespielt habe, so hab ich immer schon mit dir gespielt. Und wenn ich gewachsen bin, so bin ich gewachsen, daß mein Kopf deine Schultern erreicht. Stehen und Laufen und Sprechen habe ich für dich gelernt!«

Sie sprang ihm vor die Füße und starrte ihm ins Gesicht.

»Du bist es. Sag, daß du es bist.«

Sie klatschte in die Hände.

»Frieden –« rief sie, »da mein ich Pfirsicheis, Schleier in der Luft und dich.«

»Schleier in der Luft und mich«, sagte er verwundert.

Er stand auf und legte den Arm um sie. Er schwankte ein wenig, konnte aber stehen. Er nahm seine Mütze und setzte sie ihr auf das dunkle, hängende Haar. Er versuchte zu lachen, aber sein Lachen war hilflos wie eine halbe Maske. Verwehtes Singen begleitete diese Krönung.

Ellen blieb ernst. Der Sprung im Spiegel teilte ihr Gesicht wie ein Schwertstreich. Weiß schimmerten ihre Knie unter dem kurzen Mantel. Der Wind blies den Dudelsack. Das Flackern eines Feuers tanzte die Mauer hoch und warf raschen Glanz auf ihre Wangen.

»Wie lange bist du hier, Jan?«

»Seit gestern.«

»Und wie lange bleibst du?«

»Bis morgen vielleicht.«

»Von gestern bis morgen, Jan, so lange bleiben wir alle!«

Ellen fror, Traurigkeit nahm ihr den Atem. Sie streifte die Mütze ab. Frösteln strich über ihr Haar.

»Was hast du?« rief er verzweifelt. Er packte ihren Arm und riß sie an sich. »Was willst du?«

»Nach Hause!« sagte Ellen.

Er preßte die Nägel in ihren Arm. Sie bewegte sich nicht. Er zögerte. Gequält legte er sein Gesicht an das ihre.

»Jan!« sagte sie. Ihr Vertrauen machte ihn wehrlos, er stieß sie von sich. Tränen standen in ihren Augen.

Er schien plötzlich schwächer. Die Wunde an seiner Schulter schmerzte und begann von neuem zu bluten. Ellen erschrak. Sie wollte die Tücher wechseln, aber er ließ es nicht zu.

»Ich muß Hilfe holen!« sagte sie.

Er wollte keine Hilfe, er wollte zu essen. Sie brachte ihm, was sie fand. Sie breitete ein weißes Tuch auf den Tisch, schnitt das Brot für ihn und goß ihm frischen Tee ein. Er beobachtete sie nachdenklich. Ihre Bewegungen waren rasch und doch versunken, ernst und spielerisch. Sie waren beide sehr hungrig. Auch während sie Tee tranken, hielt er den Blick über die Tasse hinweg ruhig auf sie gerichtet. Sie trank schweigend und sah auf ihre Knie. Er bot ihr eine Zigarette an. Mühsam versuchte sie, damit fertigzuwerden.

Er hob die Schultern von der Lehne und sank wieder zurück. »Das sieht aus«, lachte er erbittert, »das sieht aus, als ob wir hierbleiben würden!«

»Das sieht manchmal so aus«, sagte Ellen. »Du mußt dich stärken, Jan!«

»Ich muß zu den Brücken!« rief er.

»Nach Hause«, sagte Ellen.

Nach Hause? Seine Gedanken verwirrten sich. »Meinst du dorthin, wo die Ebene weint im Schlaf und die Kinder wie wilde Vögel links und rechts in den Feldern schreien? Dorthin, wo die kleinen Städte an unsichtbaren Grenzen liegen und die schiefen Stationen weiser hinter den Eilzügen bleiben? Meinst du dorthin, wo die grünen Türme rund sind und erst spitz werden, wenn es niemand mehr erwartet?« Seine Hände formten Straßen und Bahndämme, Tunnels und Brücken. Er beteuerte ihr seine Liebe zu jungen Raben über abgeernteten Feldern, zu Holzrauch, zu Wölfen und Lämmern und brach plötzlich ab.

»Was erzähl ich dir hier?« Er streckte die Arme aus und wollte sie an sich ziehen. »Komm«, sagte er. Sie rührte sich nicht.

»Meinst du mich, Jan?«

»Ja, dich!«

»Du irrst dich, sag, daß du dich irrst!«

Er stand auf und stützte sich mit der Hand auf den Tisch.

»Vergiß die Brücken nicht!« sagte Ellen.

»Hab keine Angst«, sagte er. Er stand dicht vor ihr und sah ihr ins Gesicht. »Du!« sagte er und begann zu lachen. Er lachte so sehr, daß sie fürchtete, das Blut könnte wieder hervorspringen.

»Sei ruhig«, sagte sie verzweifelt, »sei ruhig, Jan!«

Er verlangte nach seinem Rock und tastete in den Taschen. »Weshalb willst du zu den Brücken?« fragte er noch einmal argwöhnisch.

»Nach Hause«, erwiderte Ellen unbeirrt. Sie hätte es immer wieder sagen können. Es war jetzt noch viel klarer als vorher.

»Es ist wichtig«, sagte er zu ihr.

»Ich weiß«, antwortete Ellen.

»Was weißt du?«

»Daß es wichtig ist!«

»Was ist wichtig?«

Er zog ein zerknittertes Kuvert aus der Tasche, schrieb einige Worte darauf und schob es Ellen über den Tisch. Da lag es. So still und so wie seit immer. Immer neu entdeckt, immer in der Erwartung, weitergegeben zu werden. Die Deckung für die Sehnsucht, die Botschaft für die Brücken. Sie wußte es, ohne daß er ihr viel erklärte. Aber er hatte jetzt eine Art von Vertrauen zu ihr gefaßt.

»Wir müssen weiter«, sagte er ruhig, »bevor es Tag wird. Und wenn ich schwach werden sollte, gibst du das hier für mich ab.«

Ellen nickte.

»Ich zeige dir, wo!« Er löste die Hand vom Tisch und ging vorsichtig auf die Tür zu.

»Wohin willst du?«

»Nur ein Stück höher!«

»Du bist zu schwach«, sagte sie. Er schüttelte den Kopf.

Es war sehr finster im Flur. Ellen lief zurück, um eine Kerze zu holen. Die übrigen ließen sie in der fremden Wohnung brennen und die Tür weit offen hinter sich. So leuchtete es ihnen ein Stück voraus. Frühlingswind pfiff durch die zersplitterten Fenster. In der Mitte des Schachtes steckte der Lift, einige der Wohnungstüren standen offen.

Jan wollte laufen, aber es gelang ihm nicht. Nach zwei Stockwerken mußten sie rasten. Sie saßen auf den finsteren Stiegen, als ob sie vom Spiel kämen. Aber wann kamen Vater und Mutter heim? Er keuchte, sie sprachen nichts. Als sie die letzten Stufen hinaufstiegen, mußte er sich wieder auf Ellen stützen. Der Wind blies die Kerze aus. Weiter oben waren die Flurfenster mit Bretter vernagelt. Finsternis umsprang sie und verwehrte ihnen, zu sehen, wie hoch sie schon waren. Sie kletterten die eiserne Leiter hinauf.

Da lag das Dach. Hingegeben lag es an der Grenze ihrer Ungeduld, am Rande ihrer Erschöpfung, flach und still, umspielt von Nacht und Feuer, und ganz sorglos. Funken stoben darüber wie eine Schar aufgescheuchter Glühwürmchen. Feuer warb wie ein ungeduldiger Freier um das stille Dach: Nimm mich! Nimm mich! Ein goldenes Kleid wirst du haben! Kein Kies mehr, keine Bretter, kein Mörtel, nur mehr Licht! Nimm mich!

Jan vergaß die Schmerzen, er zog Ellen hoch. Er umfing sie mit dem heilen Arm, er lachte. Die Wunde war es, die sein Gesicht gefaßt und seine Bewegungen gelassen machte.

Der Kamin stand still wie ein Grabstein. Es gab keine andere Feuerwache mehr auf diesem Dach. Geheimnisvoll bog das Geländer um die Ecke, eine vergessene Schürze winkte treulos im Feuerschein. Sie gingen rund um den Kamin und beugten sich über das Geländer. Von hier oben war alles ferner und viel stiller, als es eigentlich war. Von hier oben war es, als wäre nur ein Stein ins Wasser gefallen. Von hier oben war alles eins.

Noch immer hielt Jan den heilen Arm um Ellen. Sie sahen, daß es tief war, und sie sahen, daß es brannte, und sie sahen den Mond. Es verglomm ineinander. Und ihre Augen verbündeten sich der Tiefe. Sie sahen sich an und lachten leise. Es war wie das erste Mal und es war wie das letzte Mal und es war wie immer. Es war eins und sie waren eins und hinter dem Fluß war ein großes Fest.

Dort brannten sie Feuerwerke ab, dort feierten sie das Sterben. Dort schossen sie dem großen Budenbesitzer alle seine Preise weg und wechselten die roten Lampions von Sekunde zu Sekunde wie von Ewigkeit zu Ewigkeit. Weit in der Ferne erst ertrank das Feuer im Dunkel der Augen.

Sie lehnten sich an den Kamin zurück. Ihre Augen suchten die Brücken. Wie weit war der Kampf? So weit wie der Mond oder so weit wie das nächste Dach?

»Siehst du, Jan, da wo es jetzt einschlägt, da haben wir früher gewohnt. Und wo es brennt, dort drüben, da haben wir zuletzt gewohnt. Und wo der Rauch so weiß ist, da müssen die Friedhöfe sein!«

»Und die Brücken!« rief er ungeduldig.

»Hier!«

Er legte die Hand über die Augen und beobachtete noch einmal die Bewegung des Kampfes, die Ellen nicht verstand. Er zeigte ihr, welche Brücke er meinte. Wieder flogen Funken über das Dach. Er warf ihr seinen Mantel um, verloren wehrte sie ab. Wie im Traum krochen sie die eiserne Leiter hinab, wie im Traum stolperten sie über die finsteren Stiegen.

»Unser Feuer!«

Das Wasser war verkocht, das Holz war naß geworden. Verzweifelt mühte sich Ellen, es wieder zum Brennen zu bringen. Dunst und Rauch erfüllte die fremde Küche, sanfte Schläfrigkeit und beißende Unruhe, Bleiben und Gehen. Ellen begann zu husten, der Rauch trieb ihr Wasser in die Augen. Feuer, dachte sie wirr, Feuer von den Brücken, das Holz ist zu naß!

»Du mußt dich wärmen, Jan, bevor wir weiterfahren!«

Er lehnte an der Tür, aber die Tür war nicht fest genug. Die Tür gab nach. Wir sind doch nicht auf dem Dach, dachte Jan, wir sind doch nicht mehr auf dem Dach, daß mir so schwindlig wird. Wir sind unten, tief unten, und man kann nicht fallen von hier. Das ist ein Vorteil.

Ellen richtete sich auf und strich das Haar zurück. Wieder warf sich ihr Schatten wie bewußtlos über den Boden. Jan sah diesen Schatten durch die offene Tür. Gelassen und flüchtig gab er ihre Bewegungen wieder. Er wuchs an den weißgekalkten Wänden hoch, überspann sie wie eine Kletterpflanze, neigte sich zur Seite, verschwand und kam wieder. Begrenzt, aber schon verfließend, noch sichtbar, aber nicht mehr greifbar, tanzend und gelöst von der Begründung. Jan beobachtete diesen Schatten, als zeichnete sich hier auf andere Weise der Kampf ab.

Als sie sich nach ihm umwandte, waren seine Augen geschlossen.

»Jan, was hast du? Wach auf, Jan, schlaf nicht ein, Jan! Hörst du mich?«

Ein Schritt, ein Schritt! Kam es nicht immer nur auf den nächsten Schritt an? Daß ein Schritt so unmöglich werden konnte, wenn Millionen Schritte möglich gewesen waren. Millionen Schritte hingen an seinen Füßen und hinderten ihn. Ein Schritt, ein Schritt, Siebenmeilenstiefel für diesen einen Schritt!

»Wach auf, Jan! Was tu ich ohne dich jetzt? Was soll ich tun?« Sie rieb ihm die Schläfen und flößte ihm Wasser ein.

»Hörst du mich? Wollten wir nicht zu den Brücken?«

»Zu den Brücken«, wiederholte er und richtete sich auf. Noch einmal tauchten sie brennend in sein Bewußtsein zurück. Weiß schimmerte der Brief, Schatten tanzten dazwischen. Über alles gewaltig war die Schwäche.

»Wach auf, Jan! Wach auf, rühr dich –«

Ellen beugte sich über ihn. Sein Gesicht war ernst, hingegeben an das ganz Andere, von dem er nicht wußte, wenn er wach war. Rot und schwer hing sein Kopf zur Seite. Sie hob ihn auf die Kissen zurück. Unwillig verzog er die Stirne und griff mit der Hand nach dem Gürtel.

Wind warf die Vorhänge nach innen. Ellen erschrak. Wer gab ihr das Recht, ihn zu stören? Wer gab ihr das Recht, ihre Angst mit ihm zu teilen. Bleiben – dachte sie – bleiben.

»Wenn die Sonne aufgeht, wirst du mich trösten, Jan. Wenn die Sonne aufgeht, muß ich keine Angst mehr haben. Hast du nicht selbst gesagt, es sieht aus, als ob wir blieben? Dürfen wir nicht einmal so tun, als ob es wahr wäre, Jan?« Ellen verschränkte die Arme. Wie einfach, gelähmt zu sein. Betäubt zu werden gegen das Geheimnis und die Schmerzen abzustreifen wie den Schaum vom Glas. Hinter mir, vor mir, rechts von mir, links von mir gilt nichts! Eine Teekanne ist eine Teekanne, eine Kanone ist eine Kanone und Jan ist Jan.

Wie einfach. Eine Teekanne ist nur eine Teekanne. Alles ist so einfach wie der Fluch eines Soldaten, so einfach wie das Erfrieren. Wo es nicht mehr weh tut, dort wird es gefährlich, hat der alte Mann gesagt. Ach was, der alte Mann.

Wo es gefährlich wird, dort tut es nicht mehr weh. Das ist besser. Werft die Straßenbahnen um und macht Barrikaden daraus, recht habt ihr! Gebt es nicht zu, daß euer Herz zum Schlachtfeld wird. Laßt die Beweggründe nicht Sturm laufen in euch. Verschränkt euch ineinander, das ist besser. Versucht es nicht, zu bleiben durch euch selbst. Glaubt, daß ihr bleibt in den Söhnen, es ist so viel einfacher. Vergeßt das Wagnis, allein zu sein!

Ellen legte die Hände über die Augen. Vergiß, vergiß! Wohin willst du? Nach Hause? Glaub ihnen doch, wenn sie sagen: Es ist hier und es ist dort. Was suchst du? Es ist unauffindbar. Hör auf zu suchen, Ellen, gib dich zufrieden. Eine Teekanne ist nur eine Teekanne, gib dich zufrieden damit! Ellen ließ den Kopf sinken. Vergiß, vergiß!

Da hörte sie ihn atmen. Sie hob sich auf die Knie. Plötzlich wußte sie, daß alle Kanonen der Welt gebaut waren, um die Atemzüge der Menschen zu übertönen, diese entschleierten Seufzer, diese enthüllte Kürze. Es war jetzt ganz still. Ellen hörte nichts anderes mehr.

Wie selten hört ihr euch atmen! Und wie ungern hört ihr euch. Entweder – oder, entweder – oder!

»Wollten wir nicht miteinander zu den Brücken, Jan?« Er
gab keine Antwort.

»Oder meinst du«, sagte Ellen, »meinst du, daß man allein
zu den Brücken muß? Du allein und ich allein, jeder für sich?«

Er bewegte sich unruhig. Sie tippte an sein Haar. Im Schlaf
streifte er ihren Finger weg. Schwach und flackernd brannte die
Kerze.

»Jan, Mitternacht ist vorbei!« Sie griff nach seiner
hängenden Hand. Er murmelte etwas in seiner Sprache, das
drohend klang.

»Jan, es ist Frühling, Jan, der Mond nimmt zu!«

Seine Lippen waren aufgeworfen, Schweißtropfen standen
auf seiner Stirn. Ellen wischte sie weg.

»Jan«, flüsterte sie angstvoll, »du mußt mich verstehen. Sind
wir nicht alle wie die Städte an der Grenze? Sind wir nicht alle
wie die grünen Türme, die dort spitz werden, wo es niemand
mehr erwartet? Sind wir nicht alle wie die windschiefen
Stationen, die weiser hinter den Eilzügen bleiben?« Mit ihrer
letzten Kraft verteidigte sie sich gegen den Schlafenden. »Ich
bin nur einer von den vielen Zügen, die an dir vorbeifahren.
Jan, wenn du aufwachst, greif nicht nach meiner Hand!«

Sie breitete ihren Mantel über seine Knie.

»Wenn du aufwachst, ist alles besser. Wenn du aufwachst,
scheint dir die Sonne ins Gesicht!«

Er atmete ruhig.

»Du mußt es verstehen, Jan. Bin ich nicht aus dem Keller
gekrochen, um nach Hause zu kommen? Von zu Hause nach
Hause. Weg von den vielen Wünschen, in die Mitte, Jan, zu den
Brücken!«

Noch einmal versuchte sie, alles zu erklären.

Doch schien ihr, während sie sprach, daß es nicht zu begründen war, ja, sie hatte die Empfindung, daß alles, was sie sagte, gar nicht laut wurde in dieser Stille, daß sie die Lippen bewegte wie eine Stumme. Was sie tat, war nicht zu begründen, weil es seinen Grund in sich trug. Zu den Brücken muß man allein.

Ellen setzte ihre Mütze auf und nahm sie wieder ab. Einen Augenblick lang stand sie ganz still.

Es war die Stunde vor morgen, diese Stunde zwischen Schwarz und Blau, zu der viele sterben und viele Furcht haben, diese Stunde, zu der das Ungewisse den Schläfern über die Schultern schaut. Werft euch nicht auf die andere Seite! Es ist nichts getan damit.

Die Nacht schritt vor. Alle Feuer brannten nieder.

Auch das Feuer im Herd war fast erloschen. Ellen schüttete Wasser darüber. Sie räumte die Tassen weg und stellte den Teekessel in den Schrank zurück. Sie beugte sich noch einmal über Jan.

Sie nahm den Brief. Dann öffnete sie die Tür, schloß leise hinter sich und sah sich nicht mehr um. Sie ging durch die fremde Wohnung, unter dem gläsernen Lüster hinweg, vorbei an der Palme und dem zersprungenen Spiegel. In der Küche nahm sie ein Stück Brot. Sie nickte dem Hutständer zu und schlüpfte in Jans Mantel. So würde niemand sie aufhalten.

»Wir treffen uns, Jan!«

Sie sprang die Stufen hinab. Ratlos stand sie im Flur. Sie tappte über die Kellerstiege und polterte an die Tür. Erschrockene Gesichter starrten ihr entgegen.

»Da oben liegt ein Verwundeter«, sagte Ellen. Ein Mann und eine Frau gingen mit ihr.

»Wo das Licht ist«, sagte Ellen. Sie sah ihnen nach. Noch einmal durchzuckte sie der Wunsch, mit ihnen zu gehen. Aber der Brief brannte in ihrer Hand.

Sie rannte die Gasse hinunter und überquerte den Platz.

Fremdes Treiben schlug ihr entgegen. Schreie flogen wie dunkle Sterne gegeneinander. Pferde wurden losgemacht. Alles war wie tausend Jahre vorher und tausend Jahre nachher. Das Spiegelbild war zerbrochen. Das Bild muß Sinnbild sein. Soldaten zertraten das Feuer, einer von ihnen rief ihr nach. Ellen sah sich nicht um. Sie schlüpfte zwischen zwei Pferden durch und war vorbei. Tief drüben brannte die Insel, vielleicht brannten auch die Brücken. Sie begann wieder zu laufen.

Wie Fenster am Heiligen Abend hob sich das Rot aus dem Grau. Kalt war der Morgen. Unberührt tauchten in der Ferne die Berge über das Getümmel. Diese Berge, hinter denen es blau wurde.

»Was auch geschieht –«, dachte Ellen. Sie hielt sich dicht an der Mauer. Wie oft war sie so gelaufen. Und hatte nicht immer jemand weit hinter ihr gerufen: »Bleib stehen! Lauf nicht so schnell, sonst fällst du! Warte, bis ich dich einhole!« Jetzt rief es weit vor ihr. »Lauf schneller, lauf noch schneller! Bleib nicht mehr stehen, sonst fällst du, denk nicht mehr nach, sonst vergißt du! Warte, bis du dich einholst!«

Irgendwann mußte man springen. Ellen wußte, daß sie keine Zeit mehr hatte. Sie wußte, daß sie bald springen würde. Es war alles ein einziger Anlauf gewesen, Vater und Mutter, der Konsul und Franz Xaver, der Kai und die englische Stunde, die Groß-mutter, der Oberst und die Einbrecher in dem verschütteten Keller, das tote Pferd, das Feuer am Teich und diese letzte Nacht. Ellen jauchzte leise. Noch einmal hätte sie es allen ins Gesicht

schreien wollen: Es ist ein Anlauf, irgendwo wird es blau. Vergeßt nicht zu springen! Wie ein Schild hielt sie den Brief.

Es war ihr, als flöge sie zum letztenmal auf dem alten Ringelspiel. Die eisernen Ketten krachten. Sie waren bereit, Ellen fliegen zu lassen. Sie waren bereit, zu zerreißen. Ellen lief gegen den Kai, gegen die umkämpften Brücken. Sie lief dem König Frieden auf seinem Kreuzweg nach. Niemand hielt sie mehr auf, niemand konnte sie aufhalten. Ein Posten nahm ihr den Brief ab. Eine Frau im hellen Mantel schrie: »Nicht dorthin!« Ihr Mantel war mit Blut bespritzt. Sie griff nach Ellens Hand, aber Ellen riß sich los, geriet in eine Wolke von beißendem Dampf und rieb sich die Augen.

Blinzelnd nahm sie eine Menge hin- und herlaufender Gestalten wahr, Balken und Geschütze und das graugrüne, aufgewühlte Wasser. Hier war die Unordnung nicht mehr zu lösen. Aber dahinter wurde es blau.

Noch einmal hörte Ellen das grelle erschrockene Schreien der fremden Soldaten, sie sah Georgs Gesicht über sich heller und durchsichtiger, als es jemals gewesen war.

»Georg, die Brücke steht nicht mehr!«

»Wir bauen sie neu!«

»Wie soll sie heißen?«

»Die größere Hoffnung, unsere Hoffnung!«

»Georg, Georg, ich sehe den Stern!«

Die brennenden Augen auf den zersplitterten Rest der Brücke gerichtet, sprang Ellen über eine aus dem Boden gerissene, emporklaffende Straßenbahnschiene und wurde, noch ehe die Schwerkraft sie wieder zur Erde zog, von einer explodierenden Granate in Stücke gerissen.

Über den umkämpften Brücken stand der Morgenstern.

Das folgende Prosastück *Das vierte Tor* ist als Ilse Aichingers erste Veröffentlichung am 1. September 1945 im ›Wiener Kurier‹ gedruckt worden. Dieser Text über das letzte, zum jüdischen Friedhof führende, Tor des Wiener Zentralfriedhofs, ist als Vorstufe zum späteren Romankapitel ›Das heilige Land‹ [siehe Seite 52] anzusehen und enthält in gedrängter Form bereits zahlreiche Leitgedanken des 1948 erschienenen Romans *Die größere Hoffnung.*

Das vierte Tor

Die Tramway fährt so schnell daran vorbei, als hätte sie ein schlechtes Gewissen, und verschwindet rot und glänzend im Dunst der Ebene. So bleibt denjenigen, die es suchen, keine andere Wahl, als beim dritten Tor schon auszusteigen und mit schnellen Schritten die kleine Mauer entlang zu gehen, verfolgt von den neugierigen Blicken der Menschen, die vergessen haben, daß es ein viertes gibt. Nur wenige suchen es! Wohin führt das vierte Tor?

Fragen Sie doch die Kinder mit den scheuen klugen Gesichtern, die eben – beladen mit Reifen, Ball und Schultasche – von der letzten Plattform abgesprungen sind. Sie tragen keine Blumen in den heißen Händen und sind nicht geführt von Vater, Mutter und Großtante, wie andere Kinder, die man behutsam zum erstenmal einweiht in das Mysterium des Todes! Nicht wahr – das erschüttert Sie ein wenig und Sie fragen neugierig: »Wohin geht ihr?« »Wir gehen spielen!« »Spielen! Auf den Friedhof? Warum geht ihr nicht in den Stadtpark?« »In den Stadtpark dürfen wir nicht hinein, nicht einmal außen herum dürfen wir gehen!« »Und wenn ihr doch geht?« »Konzentrationslager« sagt ein kleiner Knabe ernst und gelassen und wirft seinen Ball in den strahlenden Himmel. Sie frösteln und haben plötzlich ein leises beklemmendes Gefühl in der Herzgegend, fast bereuen Sie es, gefragt zu haben! Doch ein unerklärliches Etwas zwingt Sie, die Unterhaltung fortzusetzen: »Ja, habt ihr denn gar keine Angst vor den Toten?« »Die Toten tun uns nichts!« Sie wollten noch etwas fragen, aber steht nicht dort an der Ecke ein Mensch im hellgrauen Anzug und beobachtet Sie? Könnte es Ihnen nicht schaden, mit diesen Kindern hier gesehen zu werden? Sicher ist es besser, vorsichtig zu sein! Sie verabschieden sich also schnell und wenden sich um. Vielleicht gelingt es Ihnen, Ihre Herzbeklemmungen loszuwerden?...

Auf dem jüdischen Friedhof blüht der Jasmin, strahlend weiß und gelassen und wirft Wolken von Duft in das flirrende Licht der Sonne. Er blüht restlos und hingegeben, ohne Angst, Haß und Vorbehalt, ohne die traurigen Möglichkeiten des Menschlichen. Über die Gräber wuchern Sträucher und Blattpflanzen, die niemand mehr pflegt, ranken sich rund um den Stein, beugen sich tief hernieder und zittern leicht in der Wärme des Mittags, so als wären sie sich der Berufung bewußt, Zeugen einer Trauer zu sein, die in alle Winde verweht wurde, einer unnennbar schweren erschütternden Trauer, der Trauer der Verstoßenen! Und wachsen und wachsen wild und unaufhaltsam wie das Heimweh der Emigranten in Schanghai, Chicago und Sydney, wie die letzte Hoffnung der Verschleppten, wie der letzte Seufzer der Getöteten und verbergen mitleidend die eingesunkenen Hügel. Gelassen liegen die Toten unter den zerfallenden, überwucherten Steinen. Ganz selten nur hört man das Knirschen von Schritten auf Kies, das Geräusch des Grasschneidens oder das leise Weinen Hinterbliebener.

Weit draußen, wo schon die Felder beginnen, ruhen die Toten der letzten Jahre und beweisen in ihren Geburts- und Sterbedaten, die fast niemals ein ganzes Leben zwischen sich lassen, daß das Sterben an gebrochenem Herzen ebensowenig ein Märchen ist wie die Sage von den Urnen aus Buchenwald. Ein Arbeiter geht vorbei, hat den blauen Arbeitsrock mit dem großen, gelben Stern über die nackte Schulter geworfen, trägt in beiden Händen Schaufeln und im Gesicht ein kluges, gleichgültiges Lächeln. Sollten Sie ihm begegnen, so würde er vielleicht sagen: »An die Haut kann ich ihn leider nicht heften!«, denn eigentlich ist es ja verboten, den Stern auch nur auf kurze Zeit abzulegen. Rätselhaft spielt die Sonne über dem schwarzen Mamor der zerstörten Zeremonienhallen. Sind denn die Toten hier wirklich ganz allein geblieben? – Leichter, freundlicher Wind zittert über sie hin, kleine Insekten taumeln die Sträucher entlang, fernher pfeift traurig und langgezogen eine Lokomotive! Weiße Schmetterlinge gaukeln von den Feldern herüber, ein Kind schreit grell und jauchzend und verstummt wieder. Sind denn die Toten hier wirklich verlassen?

Fluten nicht vielmehr Ströme von Sehnsucht über die wogenden Wiesen auf sie zu? Sind es nicht unsichtbare Wellen brennender Liebe von jedem Punkt der Erde, stärker als Haß und Zensur, die der Wind auf diese letzte Insel einer Heimat trägt? Ist es nicht gerade dieser letzte verlorene Friedhof, der durchblutet, durchglüht und durchströmt vom Puls der Welt hier am Rand einer geistig getöteten, gefesselten Stadt zur Insel der Lebendigen wird? Ja – kommt nicht die Welt selbst im alten Glanz des Mittags liebend und allumfassend über die Felder gezogen, mischt ihre Stimme in das Jauchzen der verstoßenen Kinder, ihr Blühen in den Duft des Jasmins, ihre Hoffnung in den Glanz des Frühsommers, hält Millionen zerrissener zerstreuter Herzen in ihren mütterlichen Händen und segnet sie? Sie sagen: »Ich sehe sie nicht!« Oh – dann verstecken Sie sich dort beim schiefen, hellgrauen Stein! »Habt ihr die Welt gesehen?« Die Kinder werden dann lächeln, ein wenig verlegen, ein wenig erstaunt und doch sehr gläubig, wie eben alle Kinder lächeln, und werden sagen: »Ja!« Jetzt ist das Erstaunen an Ihnen! »Aber wieso sehe ich sie nicht?« Sie zeigt sich nur dem, der sie liebt!

Drei Jahre später blitzen im Dunkel einer windigen wilden

Aprilnacht am Rande der zitternden erwartungsvollen Stadt die ersten Schrapnells auf und tauchen nach einem kurzen Bogen ins Dunkel zurück. »Dort ist die Front!« »Wo? Auf welcher Straße? Auf welchem Platz?« Die kleine Gruppe von Menschen auf dem hohen flachen Dach verstummt. Alle versuchen sich zu orientieren. Da bricht endlich einer die Stille: »Ich glaube – so ungefähr – beim vierten Tor!« Beim vierten Tor! Dort, wo die Welt seit langem unsichtbar und tröstend zugegen ist, dort, wo der Jasmin sehnsüchtig blühte und sehnsüchtige Kinder den Traum vom Frieden träumten, dort, wo die Tramway nicht einmal eine kleine, einfache Endstation machen wollte, dort ist die erste Station der Freiheit.

Von einer Schülerjury wurde Ilse Aichinger 1988 der erstmals verliehene »Weilheimer Literaturpreis« zuerkannt. Die Schüler bezogen sich in ihrer Jurybegründung vor allem auf den Roman *Die größere Hoffnung*, der für sie Geschichte verstehbar gemacht habe.

Ilse Aichingers bei der Preisverleihung gehaltene *Rede an die Jugend* ist wie der Roman eine Auseinandersetzung mit Geschichte. Es ist ein Nach- und Weiterdenken, durch das die im folgenden abgedruckte Rede den Roman auch auf die Gegenwart hin öffnet und erschließt.

Rede an die Jugend

Haltet die Welt an, ich will aussteigen stand unlängst an eine Mauer geschrieben. Sätze sind nur wichtig, wenn sie zugleich Taten sind. Was war getan mit diesem Satz, mit diesem in unserer Staatsform erlaubten Satz? War überhaupt etwas getan? Er war kein Wagnis wie zum Beispiel die wunderbaren Sätze auf den Flugblättern der Weißen Rose unter Hitler.

Aber war nicht doch etwas gewagt? War es nicht auch gewagt, die geheime Angst und Unsicherheit auszusprechen und ihr damit zu begegnen, sie der Öffentlichkeit zu übergeben, sichtbar und leserlich für jeden. Diese Angst vor neuen Mobilmachungen, schleichenden und um sich greifenden Verwandlungen der Vorstellungswelt, Rückverwandlungen, die Angst vor Sätzen, die schon wieder möglich sind. Man kann sie in Zugabteilen hören, in Wartesälen, in der Untergrundbahn. Oft wird es nur der Tonfall sein, der eindeutig ist, öfter aber werden Tonfall und Sätze identisch. Sie richten sich gegen Minderheiten, gegen Ausländer, Gegner der Todesstrafe oder gegen diejenigen, die sich schon aufgegeben haben, die mit sich selbst sprechen, alles, was sie haben, in Bündeln mit sich tragen und denen man zuweilen auf den Straßen unserer Städte begegnet.

Ich will Ihnen den Mut nicht nehmen und vor allem nicht den Mut zur Freude. Mut und Freude haben eine geheime Identität.

»Heute ist der 17. Januar 1944«, sagt ein Junge in dem Film *Auf Wiedersehen, Kinder* von Louis Malle, »der 17. Januar 1944. Und er wird nie mehr wiederkommen.« Er bedenkt damit den Tod und zugleich, fast ohne es zu bemerken, an einem von Trostlosigkeit und Angst geschüttelten Tag die Hoffnung. Auch der 10. März 1988, hier ein Tag im Frieden und Eichendorffs 200. Geburtstag, wird nie mehr wiederkommen.

Und nicht nur die Tage, auch die Worte müssen neu erkämpft werden, gerade in einer Zeit, die geneigt ist, sie über die Welt zu streuen und unbrauchbar zu machen, die sie in den Ohren dröhnen und nicht zu sich kommen läßt. Freude, Jugend, Hoffnung, gerade diese Worte müssen immer wieder bedacht werden.

»Sag nicht, es ist fürs Vaterland!« schreibt Sophie Scholl nach Kriegsausbruch einem Freund, der zu ihrem Kreis gehört und wenig später nur knapp ihrem Schicksal entgeht. Auch Vaterland also, für viele ein schützendes und beschütztes Wort, muß man jeden Augenblick bedenken. Sophie und Hans Scholl haben es bedacht und wieder sagbar gemacht und sie waren bereit, dafür mit dem Leben zu bezahlen.

Seither ist mit diesem neu erschaffenen Wort nicht immer behutsam umgegangen worden. Aus dem Boden gestampfte Armeen in allen Teilen der Welt geben davon Zeugnis, erzwungene Eide, neu erfundene unausdenkbare Waffen, die alle Eide unmaßgeblich machen. Ein Eid ist auch dann erzwungen, wenn er von einem Ahnungslosen gefordert wird.

Es sind in wenigen Tagen fünfzig Jahre her, seit Hitler sich Österreichs bemächtigte, und meine Familie, viele meiner Freunde und ich beginnen mußten, die Flucht vorzubereiten. Selbst wo diese Flucht glückte, war sie umgeben von Angst und Todesschatten. Achtzehn Monate später begann der Krieg und wir mußten auch die Hoffnung, zu fliehen und so vor dem Terror, der rasch um sich griff, gerettet zu werden, in eine Hoffnung verwandeln, die dem Tod standhielt. Damals schloß ich mich einer Gruppe von bedrohten jungen Leuten an. Wir

alle waren trotz Bomben und geheimer Staatspolizei von dieser
Hoffnung erfüllt. Und als der Krieg immer offenkundiger
seinem Ende zuging, bekamen wir Angst vor diesem Ende,
Angst vor der Befreiung. Davor, daß wir dann vielleicht nicht
mehr im Stand sein würden, jeden Tag als den ersten und
letzten zu nehmen, davor, daß wir wieder in den Irrtum
verfielen, es wäre möglich, jede verweigerte Begegnung, jeden
unterlassenen Freundesbeweis doppelt und dreifach nachzuho-
len, aber später, morgen, übermorgen. In der Zeit der
Verfolgung gab es kein Später. Jeder konnte jeden Augenblick
von unserer Seite gerissen werden, jede Stimme war so neu und
so kostbar wie die Stimme eines vom Grabe wieder Aufer-
standenen.

Und heute? Wie ist es heute möglich, die Ahnungen zu
bewahren?

»Von der Verharmlosung darf kein Tag berührt werden«,
sagte Inge Scholl unlängst im Verlauf eines Gesprächs. Sie sagte
es fast nebenbei, wie man eben das Selbstverständliche sagt, das
nicht weiter erläutert werden muß. Aber wie beginnen?
Vielleicht damit, sich inmitten der eigenen Verwandlung die
Hinwendung zu den Verwandlungen anderer zu bewahren,
auch zu ihren Leiden, sich gefaßt zu machen auf diese anderen
und damit zugleich auf sich selbst.

Der März, dieser frühe Monat, wird selten als bedroht und
verletzlich gesehen, sondern viel mehr als ein Vorbote des
Lichts, der Verwandlung ins Helle. Auch die Jugend wird eher
als freudige Verzauberung begriffen und ist doch von
Hellsichtigkeit berührt, von einer Hellsichtigkeit, die sich
keineswegs immer mit Euphorien begnügt.

Als Eichendorff heranwuchs und auch in seinen späteren

Jahren, war die Freude, die freudige Verzauberung vom Dasein noch deutlicher sagbar. Viele seiner schönsten Texte beweisen es.

> Der Herbstwind schüttelt die Linde,
> Wie geht die Welt so geschwinde,
> Halte dein Kindlein warm.

Er nimmt selbst den Abschied von der Tochter zum Anlaß für ein neues Einverständnis. Seine Fähigkeit zur Freude erlischt nicht.

Wie kann es aber gelingen, sie in diese Zeit herüber zu nehmen, in eine Zeit deutlicherer Bedrohung, stetig wiederkehrender Ängste?

Immer wird es notwendig sein, die Träume aus dem Schlaf zu holen, sie der Ernüchterung auszusetzen und sich ihnen doch anzuvertrauen. Immer wird es ein Grat sein, der zu begehen ist. Die empfindlichen Instrumente des Gleichgewichts und der Unterscheidung müssen eingesetzt, Sein und Denken müssen aufeinander abgestimmt werden, maßgeblich für alles, was kommt.

Das heißt, auf der geduldigen, aber niemals einzuschläfernden Suche bleiben, die Freude immer erhoffen, aber diese Hoffnung nie bestechlich werden zu lassen.

Ich wünsche Ihnen Zuversicht auf diesem Weg.

Anhang

Erst nach der Veröffentlichung des Prosastückes *Das vierte Tor* am 1. September 1945 im ›Wiener Kurier‹ hat Ilse Aichinger mit der Arbeit am Roman *Die größere Hoffnung* begonnen. »Es sollte ein Bericht darüber werden, wie es wirklich war«, erklärt sie dazu.

Das Prosastück *Das vierte Tor* wird in der vorliegenden Ausgabe erstmals seit 1945 wieder zugänglich gemacht. Mit Ausnahme von fünf kleinen Korrekturen Ilse Aichingers folgt der Abdruck der Erstveröffentlichung von 1945.

Die größere Hoffnung ist 1948 im Bermann-Fischer Verlag – damals noch in Amsterdam – erschienen. Vor der ersten Taschenbuchausgabe 1960 hat Ilse Aichinger ihren Roman aber noch bearbeitet: Alle Ausgaben seither gehen auf diese Ausgabe von 1960 zurück.

Die Haupttendenz der Überarbeitung von 1960 darf man in einem Willen zur Straffung – bis hin zur Lakonie – sehen. Wo 1948 etwa stand: »Der Himmel war blau. Blau, noch immer! Das Haus gegenüber war weggerissen« (S. 359), steht 1960: »Man sah den Himmel gut. Das Haus gegenüber war weggerissen« (S. 169).

Als Druckvorlage für die vorliegende

Ausgabe wurde der Band aus der Fischer-Bibliothek (2. Aufl., 1983) herangezogen, bei Textunklarheiten aber auch mit der Erstausgabe verglichen. Die bislang uneinheitliche Zeichensetzung wurde – in Absprache mit Ilse Aichinger – vereinheitlicht.

Ilse Aichinger hat auch die Fahnenabzüge der vorliegenden Ausgabe redigiert und an einigen Stellen (S. 68, 138, 193 f., 200, 201, 217, 237, 246, 251, 253, 258) noch sprachliche Korrekturen angebracht.

Die im Anhang abgedruckte *Rede an die Jugend* folgt im Text dem Manuskript.

Bibliographische Hinweise

Die größere Hoffnung. Roman. Amsterdam, Bermann-Fischer 1948.

Die größere Hoffnung. Roman. Frankfurt a. M., Fischer-Bücherei 1960.
(alle Ausgaben seither folgen der Ausgabe von 1960).

Das vierte Tor, ›Wiener Kurier‹, 1. September 1945, S. 3.

Rede an die Jugend, Rede zur Verleihung des ›Weilheimer Literaturpreises‹, 10. Mai 1988.

Ilse Aichinger
Film und Verhängnis
Blitzlichter auf ein Leben
Mit zahlreichen s/w-Fotos.
Band 15659

Ein neues Buch von Ilse Aichinger. Und eine völlig neue
Weise autobiographischen Schreibens. Ilse Aichinger ver-
knüpft die Filmgeschichte des 20. Jahrhunderts mit dem
Verhängnis ihrer Familie. In verblüffenden Kreuzungen
von Populärkultur, Denken und Erinnerung spannt sie den
Bogen vom Stummfilm bis zu den Beatles: Blitzlichter der
Freiheit.

Unglaubwürdige Reisen
Herausgegeben von Simone Fässler und
Franz Hammerbacher
Band 17076

Ilse Aichinger definiert die Reise neu und das Reisejournal:
In einem Wiener Kaffeehaus schreibt sie sich an nahe und
ferne, alt vertraute und nie gesehene Orte. Und findet über
diese Wege – Sesam öffne dich! – Zugang zur unglaubwür-
digsten aller Reisen: der eigenen Biografie.

Fischer Taschenbuch Verlag

Praise for *The Boys on the Bus*

"All the secrets . . . the definitive story." —*The Washington Post*

"Crouse takes a big bite out of the hand that feeds news to America—a mean, funny, absolutely honest book!" —Hunter S. Thompson

"Superbly accurate . . . a titillating insider's exposé . . . a most significant contemporary work about our information machines."
—*The Philadelphia Inquirer*

"More than any other book I know of, *The Boys on the Bus* shows in cumulative anecdote and detail, how the campaign press does actually work. . . . An extremely insightful and provocative book."
—*New York* magazine

"If you are puzzled about the prism through which you view events, if you have wondered what reporters are like in person, what are their strengths and their limitations, then this is your book."
—David Halberstam

"[*The Boys on the Bus*] does more to reveal the rivalry, competition, different styles used in the press than anything I have seen. . . . Fascinating brief biographies of the chief political reporters."
—*The New York Review of Books*

"If, as I do, you love reporters one day and despair of them the next, you will love this book. But everyone who reads it will learn much that is valuable and fascinating about politics, psychology, and the press."
—George McGovern

"Provokes, perplexes, illuminates and amuses. If there is a press baiter on your Christmas list, please buy him this book." —*Newsweek*

"Wit, a bouncy style, meticulous observation . . . *The Boys on the Bus* has a brace of virtues." —*The New Republic*

"Extraordinary . . . [Crouse] is a remarkably shrewd observer."
—*Commonweal*

ABOUT THE AUTHOR

TIMOTHY CROUSE has been a contributing editor to
Rolling Stone and *The Village Voice*, and the Washington columnist for *Esquire*, writing numerous articles
for these and other publications, including *The New
Yorker*. He translated, with Luc Brébion, Roger Martin
du Gard's *Lieutenant-Colonel de Maumort*. The new
version of *Anything Goes* that he co-authored with
John Weidman was recently staged at the Royal
National Theatre in London. He is writing a book
of short stories.

THE BOYS
ON THE BUS

THE BOYS
ON THE BUS

Timothy Crouse

Foreword by Hunter S. Thompson

Random House Trade Paperbacks **New York**

To My Mother

FOREWORD
Hunter S. Thompson

THIS BOOK holds a very special place in my heart for at least three excellent reasons, personal, professional and otherwise. I guess you could say I have a *crush* on it, a primitive sort of love that feels almost like parenthood and borders, perhaps, on lust. . . . Which is true, for good or ill, because I watched *The Boys on the Bus* develop from start to finish, from a brilliant idea to the elegant and legendary political classic that it is today, particularly among smart journalists and professional politics junkies who do little else in their lives except cover Presidential campaigns and major political stories out of Washington. They are big-time people in big-time jobs who like getting Presidents elected (OR DEFEATED) and massively influence public opinion.

Tim Crouse and I are close friends now, but it was not always that way. He was a total stranger when I first laid eyes on him at that fateful *Rolling Stone* editorial conference in the summer of 1971, which seemed like a routine laid-back stag picnic on a secluded mountainside in Big Sur, California, for no particular reason except getting to know each other and pondering the editorial content of the magazine for the coming year. It looked like a free lunch. Ho ho ho.

I was on my way to Saigon at the time, eager to see and feel and know the ugly war that had been such a gigantic part of my life for so many years and for so many violent confrontations with police in what seemed like every city in the nation between Miami Beach and Boston to the streets of L.A. and the lunatic outdoor Rock Festivals in the hills around Portland and Seattle. It was a wild time and those of us who grew up in it were developing into a wild and confrontational breed.

It was a tough crowd to break into. We had already toppled one President of the United States, and we would soon be toppling another. Indeed. We had been to *the Mountain* more than once, and if we hadn't entirely prevailed, we were nowhere near defeated. We were warriors, and we were not afraid of the White House or anything they could do to us. We were *champions*, and the President was not.

This was the heady world that young Tim Crouse wandered into when he arrived in Big Sur that weekend. The way I recall it, he was still a student at Harvard, and his only experience in professional journalism had been as a low-paid low-ranking stringer writing occasional music stories out of Harvard and Cambridge and the Boston Naval Yard, where rock & roll was just taking root. . . a punk kid who knew absolutely nothing about Politics, though he did have a knack for the music scene, and a sense of humor. . . . All right, all right, if you want to be a stickler for accuracy—and Crouse always was, the bastard—he was actually almost three years out of Harvard, and had gone to Morocco with the Peace Corps and then made his bones on a couple of Boston newspapers and joined the staff of Rolling Stone. All of which may be true, but he still looked pretty damn green to me—a grizzled veteran of two wartime Presidential campaigns.

IN ANY CASE, we live in different times, by different standards, and we have different hopes for our children. They will learn to be afraid of Everything, which is pitiful. Life in the Fourth Reich will not be easy, for most of them. They will ride fast motorcycles and have a lot of sex, and that will be just about it.

The Boys on the Bus is about what it was like to scramble in the bowels of a U.S.A. Presidential Campaign, and what kind of people you were working with—or *against*—or were afraid of, or despised, or sometimes just *stuck with*, overnight, by accident, against your will, and often with ugly results.

I knew these people, and they are not what we think they are. They are vicious. I knew them, and I know them now. We are family, in the closer sense of that word, and I am proud to be a part of it (pause, then massive cheering).

We were *not* ghoulish people, but they called us ghouls anyway. We were *good people,* but they gave us a nasty job.

I RAN THE NATIONAL AFFAIRS DESK in those years mainly because nobody else on the RS national staff—except Crouse, as it turned out—wanted to do politics. They were Music journalists, they said. They were hippies, in the main—heavy stoners, acid freaks, naked people—and they wanted nothing to do with Politics. It had nothing to do with *their* lives. They were Flower Children, and they would soon take over the world. It was inevitable.

Exactly *how* they were going to take over the world without knowing, or wanting to know, anything about politics sounded like a pipe dream to me, but I didn't mind dreaming it from time to time, and I also lived right in the middle of it for four years, and I definitely liked the neighborhood. These were my people—along with the Hell's Angels, Ken Kesey, Bill Graham and the Fillmore Auditorium, the Golden Gate Bridge, Big Sur and all those who have ever lived there.

The list is long, and I love it. San Francisco was clearly the best place in the world to be living in those years—1960–70, to be specific—and my memories of life in that purest of all tornadoes still cause me to babble and jabber and dance.

But that is another story, I think, and the only reason I mention it is that I have always kind of wondered about what it must have been like for Tim Crouse when he was thrust so mercilessly from Harvard Yard, as it were, straight into what was literally and historically the hot rolling center of the 1972 Presidential campaign.

On second thought, the pages that you are about to read give the precocious, witty and, as time has proved, durable answer to that question.

Hunter S. Thompson
Woody Creek, Colorado
May 2003

ACKNOWLEDGMENTS

I WOULD LIKE TO ACKNOWLEDGE MY DEBT TO
Hunter Thompson, who talked Jann Wenner into letting me
write the *Rolling Stone* article from which this book grew,
and who encouraged me from beginning to end.
I would also like to thank Donald Klopfer for
his encouragement and David Halberstam for his
critical advice. For their help and support I also
owe thanks to Suzanne Beves, Cordelia Jason,
Claire Nivola, Francie Barnard, Drea Rhodin,
Michael Wieloszynski, Mike Thompson, and,
of course, to the members of the press corps
who were generous enough to share their feelings,
thoughts and experiences with me.

I would especially like to acknowledge a debt
to Donald Kaul of the Des Moines *Register* for
his article on Evans and Novak, "The Real
Winners"; and to Stuart Loory for his article
in the Los Angeles *Times* on Clark Mollenhof.

CONTENTS

COVERING THE PRIMARIES AND CONVENTIONS

CHAPTER I
On the Bus

J UNE 1—five days before the California primary. A grey dawn was fighting its way through the orange curtains in the Wilshire Hyatt House Hotel in Los Angeles, where George McGovern was encamped with his wife, his staff, and the press assigned to cover his snowballing campaign.

While reporters still snored like Hessians in a hundred beds throughout the hotel, the McGovern munchkins were at work, plying the halls, slipping the long legal-sized handouts through the cracks under the door of each room. According to one of these handouts, the Baptist Ministers' Union of Oakland had decided after "prayerful and careful deliberation" to endorse Senator McGovern. And there was a detailed profile of Alameda

3

County (". . . agricultural products include sweet corn, cucumbers, and lettuce"), across which the press would be dragged today—or was it tomorrow? Finally, there was the mimeographed schedule, the orders of the day.

At 6:45 the phone on the bed table rang, and a sweet, chipper voice announced: "Good Morning, Mr. Crouse. It's six forty-five. The press bus leaves in forty-five minutes from the front of the hotel." She was up there in Room 819, the Press Suite, calling up the dozens of names on the press manifest, awaking the agents of every great newspaper, wire service and network not only of America but of the world. In response to her calls, she was getting a shocking series of startled grunts, snarls and obscenities.

The media heavies were rolling over, stumbling to the bathroom, and tripping over the handouts. Stooping to pick up the schedule, they read: "8:00–8:15, *Arrive Roger Young Center, Breakfast with Ministers.*" Suddenly, desperately, they thought: "Maybe I can pick McGovern up in Burbank at nine fifty-five and sleep for another hour." Then, probably at almost the same instant, several score minds flashed the same guilty thought: "But maybe he will get shot at the ministers' breakfast," and then each mind branched off into its own private nightmare recollections of the correspondent who was taking a piss at Laurel when they shot Wallace, of the ABC cameraman who couldn't get his Bolex to start as Bremer emptied his revolver. A hundred hands groped for the toothbrush.

It was lonely on these early mornings and often excruciatingly painful to tear oneself away from a brief, sodden spell of sleep. More painful for some than others. The press was consuming two hundred dollars a night worth of free cheap booze up there in the Press Suite, and some were consuming the lion's share. Last night it had taken six reporters to subdue a prominent radio correspondent who kept upsetting the portable bar, knocking bottles and ice on the floor. The radioman had the resiliency of a battered Timex—each time he was put to bed, he would reappear to cause yet more bedlam.

And yet, at 7:15 Mr. Timex was there for the baggage call,

milling in the hall outside the Press Suite with fifty-odd reporters. The first glance at all these fellow sufferers was deeply
reassuring—they all felt the same pressures you felt, their problems were your problems. Together, they seemed to have the
cohesiveness of an ant colony, but when you examined the
scene more closely, each reporter appeared to be jitterbugging
around in quest of the answer that would quell some private
anxiety.

They were three deep at the main table in the Press Suite,
badgering the McGovern people for a variety of assurances.
"Will I have a room in San Francisco tonight?" "Are you sure
I'm booked on the whistle-stop train?" "Have you seen my
partner?"

The feverish atmosphere was halfway between a high school
bus trip to Washington and a gambler's jet junket to Las Vegas,
where small-time Mafiosi were lured into betting away their
restaurants. There was giddy camaraderie mixed with fear and
low-grade hysteria. To file a story late, or to make one glaring
factual error, was to chance losing everything—one's job, one's
expense account, one's drinking buddies, one's mad-dash existence, and the methedrine buzz that comes from knowing stories that the public would not know for hours and secrets that
the public would never know. Therefore reporters channeled
their gambling instincts into late-night poker games and private
bets on the outcome of the elections. When it came to writing
a story, they were as cautious as diamond-cutters.

It being Thursday, many reporters were knotting their stom-
achs over their Sunday pieces, which had to be filed that afternoon at the latest. They were inhaling their cigarettes with
more of a vengeance, and patting themselves more distractedly
to make sure they had their pens and notebooks. In the hall, a
Secret Service agent was dispensing press tags for the baggage,
along with string and scissors to attach them. From time to
time, in the best Baden-Powell tradition, he courteously
stepped forward to assist a drink-palsied journalist in the process of threading a tag.

The reporters often consulted their watches or asked for the time of departure. Among this crew, there was one great phobia —the fear of getting left behind. Fresh troops had arrived today from the Humphrey Bus, which was the Russian Front of the California primary, and they had come bearing tales of horror. The Humphrey Bus had left half the press corps at the Biltmore Hotel on Tuesday night; in Santa Barbara, the bus had deserted Richard Bergholz of the Los Angeles *Times,* and it had twice stranded George Shelton, the UPI man.

"Jesus, am I glad I'm off the Humphrey Bus," said one reporter, as he siphoned some coffee out of the McGovern samovar and helped himself to a McGovern sweet roll. "Shelton asked Humphrey's press officer, Hackel, if there was time to file. Hackel said, 'Sure, the candidate's gonna mingle and shake some hands.' Well, old Hubie couldn't find but six hands to shake, so they got in the bus and took off and left the poor bastard in a phone booth right in the middle of Watts."

To the men whom duty had called to slog along at the side of the Hump, the switch to the McGovern Bus brought miraculous relief. "You gotta go see the Hump's pressroom, just to see what disaster looks like," a reporter urged me. The Humphrey pressroom, a bunker-like affair in the bowels of the Beverly Hilton, contained three tables covered with white tablecloths, no typewriters, no chairs, no bar, no food, one phone (with outside lines available only to registered guests), and no reporters. The McGovern press suite, on the other hand, contained twelve typewriters, eight phones, a Xerox Telecopier, a free bar, free cigarettes, free munchies, and a skeleton crew of three staffers. It was not only Rumor Central, but also a miniature road version of Thomas Cook and Son. As the new arrivals to the McGovern Bus quickly found out, the McGovern staff ran the kind of guided tour that people pay great sums of money to get carted around on. They booked reservations on planes, trains and hotels; gave and received messages; and handled Secret Service accreditation with a fierce, Teutonic efficiency. And handed out reams of free information. On any given day, the table in the middle of the Press Suite was laden with at least a dozen fat piles of handouts, and the door was papered with pool reports.*

IT WAS JUST THESE WOMBLIKE CONDITIONS that gave rise to the notorious phenomenon called "pack journalism" (also known as "herd journalism" and "fuselage journalism"). A group of reporters were assigned to follow a single candidate for weeks or months at a time, like a pack of hounds sicked on a fox. Trapped on the same bus or plane, they ate, drank, gambled, and compared notes with the same bunch of colleagues week after week.

Actually, this group was as hierarchical as a chess set. The pack was divided into cliques—the national political reporters, who were constantly coming and going; the campaign reporters from the big, prestige papers and the ones from the small papers; the wire-service men; the network correspondents; and other configurations that formed according to age and old Washington friendships. The most experienced national political reporters, wire men, and big-paper reporters, who were at the top of the pecking order, often did not know the names of the men from the smaller papers, who were at the bottom. But they all fed off the same pool report, the same daily handout,

* Every day, a "pool" of one or two reporters was delegated to stay close to the candidate at those times (i.e., during motorcades, small dinners, fund-raising parties) when the entire press corps could not follow him. The regular reporters on the bus took turns filling the pool assignments. After each event, the pool wrote a report which was posted in the pressroom, and was usually also Xeroxed by the candidate's press staff and distributed on the bus. According to the rules, the pool reporters were not supposed to include in their own articles any information which they had not put in the pool report. The reports usually dealt in trivia—what the candidate ate, what he said, whose hands he had shaken. Pool reports varied in length. Jim Naughton of the *Times*, the most meticulous pooler on the bus, once turned in a report that went on for eight double-spaced pages. Dick Stout of *Newsweek* wrote the year's shortest report: "Oct. 30, 1972. 5 P.M. to bed. Nothing happened untoward. Details on request."

the same speech by the candidate; the whole pack was isolated in the same mobile village. After a while, they began to believe the same rumors, subscribe to the same theories, and write the same stories.

Everybody denounces pack journalism, including the men who form the pack. Any self-respecting journalist would sooner endorse incest than come out in favor of pack journalism. It is the classic villain of every campaign year. Many reporters and journalism professors blame it for everything that is shallow, obvious, meretricious, misleading, or dull in American campaign coverage.

On a muggy afternoon during the California primary campaign, I went to consult with Karl Fleming, a former political reporter and Los Angeles bureau chief for *Newsweek,* who was rumored to be a formidable critic of pack journalism. Fleming was beginning a whole new gig as editor of a fledgling semi-underground paper called *LA;* I found him in dungarees and shirtsleeves, sitting behind a desk that was covered with the makings of *LA*'s pilot issue.* He was a ruggedly built North Carolinian with the looks and accent to play Davy Crockett in a Disney remake. He was very busy putting his magazine together, taking phone calls, and giving instructions to one long-haired writer after another, but he seemed to enjoy letting off steam about political journalism. One of the reasons he quit *Newsweek* was that he got fed up riding around on campaign extravaganzas.

"I got so frustrated during the Nixon campaign in 1968," he grinned, "that I went to Ron Ziegler one day—we were flying some-goddam-where—and said, 'Ron, I come to you as a representative of the press corps to ask you this question.' I said, 'The question is, What does Nixon do upon the occasion of his semiannual erection?' Ziegler never cracked a goddam smile. Then I said, 'The consensus is that he smuggles it to Tijuana.' "

Fleming leaned back in his chair and laughed hard.

* *LA* folded several months later.

"Gee," I said, "you must have been fucked after that."

"It doesn't make any difference if you're fucked or you're not fucked," said Fleming. "You delude yourself into thinking, 'Well, if I get on the bad side of these guys, then I'm not gonna get all that good stuff.' But pretty soon the realization hits that there *isn't* any good stuff, and there isn't gonna *be* any good stuff. Nobody's getting anything that you're not getting, and if they are it's just more of the same bullshit."

I told Fleming that I was puzzled as to why so many newspapers felt they needed to have correspondents aboard the press bus; a couple of wire-service guys and a camera crew should be able to cover a candidate's comings, goings, and official statements more than thoroughly.

"Papers that have enough money are not content to have merely the AP reports," said Fleming. "They want to have their own person in Washington because it means prestige for the paper and because in a curious way, it gives the editors a feeling of belonging to the club, too. I'll guarantee you that three fourths of the goddam stuff—the good stuff—that the Washington press corps reporters turn up never gets into print at all. The reason it's collected is because it's transmitted back to the editor, to the publisher, to the 'in' executive cliques on these newspapers and networks and newsmagazines. It's sent in confidential FYI memos or just over the phone. You give the publisher information that his business associates or his friends at the country club don't have; you're performing a very valuable function for him, and that, by God, is why you get paid.

"But while these papers want to have a guy there getting all the inside stuff, they don't want reporters who are ballsy enough and different enough to make any kind of trouble. It would worry the shit out of them if their Washington reporter happened to come up with a page-one story that was different from what the other guys were getting. And the first goddam thing that happens is they pick up the phone and call this guy and say, 'Hey, if this is such a hot story, how come AP or the Washington *Post* doesn't have it?' And the reporter's in big fuckin' trouble. The editors don't want scoops. Their abiding interest is making sure that nobody else has got anything that they don't have, not getting something that nobody else has.

"So eventually a very subtle kind of thing takes over and the reporter says to himself, 'All I gotta do to satisfy my editor and publisher is just get what the other guys are getting, so why should I bust my ass?' And over a period of a few years he joins the club. Now, most of these guys are honest, decent reporters who do the best job they can in this kind of atmosphere. The best reporters are the ones who sit around and talk about what assholes their editors and publishers are, and that still happens, thank God, with a great amount of frequency, even at the high levels of the Washington press corps.

"All the same, any troublemaking reporter who walks into a press conference and asks a really mean snotty question which is going to make the candidate and his people really angry is going to be treated like a goddam pariah. 'Cause these guys in this club, they don't want any troublemakers stirring up the waters, which means they might have to dig for something that's not coming down out of the daily handout, or coming in from the daily pool report about what went on. They'd rather sit around the pressroom at the hotel every night, drinking booze and playing poker."

Fleming said that in June, and as I followed the press through the next five months of the campaign, I discovered that some of his accusations checked out, but others did not. Almost everything he said held true for the White House press corps,* but

* It applied best to the White House reporters in the Johnson years, many of whom knew all about Johnson's growing isolation and loosening grip on reality, but wrote nothing about it. In 1967, David Halberstam met a China expert in Hong Kong who recounted several fascinating anecdotes about Johnson's increasing lack of control. When Halberstam asked about the source of the stories, the China expert said that he had heard the anecdotes from three top White House correspondents who had recently been in Hong Kong during one of Johnson's trips to Asia. "The White House guys were talking about these things and they were concerned, but they weren't writing about

his charges did not always apply to the men who covered the Democratic candidates in 1972. It was true that some editors were still reluctant to run a story by their own man until the wire services had confirmed it. It was true that newsmagazine reporters and network correspondents occasionally leaked part of a hot story to *The New York Times* or *The Wall Street Journal;* after the story had gained respectability by appearing in one of these major establishment organs, the correspondent would write the whole story for his own organization. And it was impossible to tell how often the reporters censored themselves in anticipation of some imaginary showdown with a cautious editor, preferring to play it safe and go along with whatever the rest of the pack was writing.

But things had also begun to change since Fleming's campaign stories in 1968. The men on the bus had more authority and independence than ever before, and many of them were searching for new ways to report on the freakish, insular existence of the press bus, and for ways to break away from the pack. Very few of them filed any confidential memos to their superiors, or phoned in any inside information, except to suggest that such information might be worked up into a story.

Take, for example, the case of Curtis Wilkie, a young reporter for the Wilmington, Delaware *News-Journal* whom I met for the first time on the morning of June 1. I walked out of the lobby of the Wilshire Hyatt House, past all the black Nauga-hide furniture, and stepped into the first of the two silver buses that were waiting at the curb. It was the kind of bus to which most bus-fanciers would give three stars—the windows were tinted and there was a toilet in the rear, but the seats did not recline. The time was 7:30 A.M. and two-thirds of the seats were already filled with silent and bleary-eyed reporters who looked as

them," says Halberstam. "Because that's a hell of a story to have to write, saying the President of the United States is isolated from reality. They'd have a goddam crazy, angry President the next day."

They were, however, passing on these anecdotes to the executives on their papers.

cheerful as a Georgia chain gang on its way to a new roadbed. Most of them were sending out powerful "No Trespassing" vibes. My company was in no great demand, word having gotten around that I was researching an article on the press. Reporters snapped their notebooks shut when I drew near. The night before, Harry Kelly, a tall, hard-eyed Irishman from the Hearst papers, had looked at me over his shoulder and muttered, "Goddam gossip columnist."

I finally sat down next to a thirtyish dark-haired reporter wearing a Palm Beach suit and a drooping moustache, who looked too hungover to object to my presence. After a long silence, he spoke up in a twangy Southern accent and introduced himself as Curtis Wilkie. He was from Mississippi and had been a senior at Ole Miss in 1964 when General Walker led his famous charge on the administration building. After graduating, Wilkie had put in seven years as a reporter on the Clarksdale, Mississippi *Register* (circ. 7,000), and, as I later found out, had won a slew of journalism prizes. In 1968, he had gone to the Chicago Convention as a member of the "loyalist" Mississippi delegation and had cast his vote for Eugene McCarthy. Soon after that, he won a Congressional fellowship and worked for Walter Mondale in the Senate and John Brademas in the House. In 1971, the Wilmington paper hired him as its main political writer; they got their money's worth, for he wrote two separate 750-word articles every day, a "hard" news story for the morning *News* and a "soft" feature story for the afternoon *Journal.*

"Last night, I filed a story unconditionally predicting that the Hump's gonna get rubbed out in the primary," he said. Now he was worried that his editors might object to so firm a stand, or that Humphrey, through some terrible accident, might win. As if to reassure himself, Wilkie kept telling funny, mordant stories about the last-ditch hysterics of the Humphrey campaign.

Wilkie had experienced a few bad moments over a Humphrey story once before. During the Pennsylvania primary, Humphrey unwisely decided to hold a student rally at the University of Pennsylvania. The students booed and heckled, calling Humphrey "America's Number 2 War Criminal," until Humphrey, close to tears, was forced to retreat from the stage. Wilkie filed a long story describing the incident and concluding that Humphrey was so unpopular with students that he could no longer speak on a college campus.

There were no TV cameramen at the rally, and of the fifteen reporters who covered the speech, only one besides Wilkie filed a detailed account of the heckling. The next day, when Wilkie went into the office, the managing editor was laughing about the story. "We've kind of started wondering," he teased Wilkie. "Several people have called and said that they didn't see anything about Humphrey on Channel Six, and they seem to think you made it up. And we're beginning to wonder ourselves, because none of the wire services mentioned it." Wilkie began to sweat; he nearly convinced himself that he had grossly exaggerated the incident. Late that afternoon, he came across a piece by Phil Potter, a veteran reporter for the Baltimore *Sun*. Potter's version of the incident agreed with Wilkie's. With great relief, Curt clipped the article and showed it to the managing editor.

For months afterward, Wilkie felt slightly qualmish whenever he thought about the Humphrey story. "They sort of put me on notice that somebody was carefully reading my stuff, that time," he said after the election. "It may have inhibited me, I don't know." But it didn't drive him back to the safety of the pack. He continued to trust his own judgment and write about whatever he himself thought was important. In October, when he was one of the few reporters to file a full account of an ugly Nixon rally where the President smiled at the sight of demonstrators being beaten up, the paper printed his articles without questioning them. "After a while," he said, "the guys on my desk began to have enough faith in me that they would accept anything I gave them regardless of what their wire services were telling them. They may have wondered a couple of times, but that didn't prevent them from running it."

What made this all the more remarkable was that the *News-*

Journal was owned by the arch-conservative DuPont family,* and had long been famous for resisting news stories that gave any comfort to liberals. Ben Bagdikian, in his book *The Effete Conspiracy*, had used the *News-Journal* as a case study in biased journalism. According to Bagdikian, one of the owners had once even "complained bitterly to the editors that the paper's reporter had written a conventional news account of a Democratic rally when he should have turned it into a pro-Republican essay."† In the late sixties, however, stronger editors had taken over, and in the fall of 1972 they decided not to endorse either Nixon or McGovern, much to the displeasure of the DuPonts. The DuPonts' dissenting editorial, which exhorted readers to vote for every Republican on the ballot, was relegated to the letters column under the coy heading "A View from the Top." Wilkie was assigned to write a story about the rift. Interviewing the DuPonts, he asked whether a proposed merger pending before the SEC had anything to do with their endorsement of Nixon. Only a few years before, such impertinence would have been unthinkable.**

But one should not make too much of Curt Wilkie and the *News-Journal*. There were still lazy men on the bus, and men

* Most American newspapers—at least 85 percent—are owned by conservative Republicans and regularly endorse Republican candidates. The greatest cross that these owners have to bear is that most reporters are Democrats.

† *The Effete Conspiracy* by Ben H. Bagdikian (New York, Harper & Row, 1972) p. 75.

** On the other hand, take the case of Hamilton Davis, the political reporter and Washington Bureau chief of the Providence *Journal*, who was also on the McGovern bus that day. In January 1972, Davis was given a weekly column. As the year went on the column got increasingly ballsy. Davis took well-aimed shots at both the national candidates and the Rhode Island candidates. He was equally critical of both of Rhode Island's Senatorial candidates, Sen. Claiborne Pell and the Republican challenger, John H. Chafee. Only one problem. The Chafee family owned a hunk of the paper. Davis was abruptly informed that the paper's policy was that no reporter should write a column. Davis thought it very strange that the owners had taken eleven months to remember this policy.

with large families to feed or powerful ambitions to nurture, who feared losing their jobs and thus played it safe by sticking with the pack. And there were still editors whose suspicions of any unusual story made pack journalism look cozy and inviting to their reporters. Campaign journalism is, by definition, pack journalism; to follow a candidate, you must join a pack of other reporters; even the most independent journalist cannot completely escape the pressures of the pack.

AROUND 8:15 A.M. ON JUNE 1 the buses rolled past the stucco housefronts of lower-middle-class Los Angeles and pulled up in front of a plain brick building that looked like a school. The press trooped down a little alley and into the back of the Grand Ballroom of the Roger Young Center. The scene resembled Bingo Night in a South Dakota parish hall—hundreds of middle-aged people sitting at long rectangular tables. They were watching George McGovern, who was speaking from the stage. The press, at the back of the room, started filling up on free Danish pastry, orange juice and coffee. Automatically, they pulled out their notebooks and wrote something down, even though McGovern was saying nothing new. They leaned sloppily against the wall or slumped in folding chairs.

McGovern ended his speech and the Secret Service men began to wedge him through the crush of ministers and old ladies who wanted to shake his hand. By the time he had made it to the little alley which was the only route of escape from the building, three cameras had set up an ambush. This was the only "photo opportunity," as it is called, that the TV people would have all morning. Except in dire emergencies, all TV film has to be taken before noon, so that it can be processed and transmitted to New York. Consequently, the TV people are the only reporters who are not asleep on their feet in the morning. Few TV correspondents ever join the wee-hour poker games or drinking. Connie Chung, the pretty Chinese CBS correspondent, occupied the room next to mine at the Hyatt House and she was always back by midnight, reciting a final sixty-second radio spot into her Sony or absorbing one last press release before getting a good night's sleep. So here she was this morning, bright and alert, sticking a mike into McGovern's face and asking him something about black ministers. The print reporters stood around and watched, just in case McGovern should say something interesting. Finally McGovern excused himself and everybody ran for the bus.

8:20–8:50 A.M.	*En Route/Motorcade*
8:50–9:30 A.M.	*Taping—"Newsmakers"*
	CBS-TV 6121 Sunset Boulevard,
	Hollywood
9:30–9:55 A.M.	*En Route/Motorcade*
9:55–10:30 A.M.	*Taping—"News Conference"*
	NBC-TV 3000 West Alameda Ave.,
	Burbank
10:30–10:50 A.M.	*Press filing*
10:50–Noon	*En Route/Motorcade*
Noon–1:00 P.M.	*Senior Citizens Lunch and Rally*
	Bixby Park—Band Shell
	Long Beach
1:00–1:15 P.M.	*Press filing*

The reporters began to wake up as they walked into the chilly Studio 22 at CBS. There was a bank of telephones, hastily hooked up on a large worktable in the middle of the studio, and six or seven reporters made credit card calls to bureau chiefs and home offices. Dick Stout of *Newsweek* found out he had to file a long story and couldn't go to San Francisco later in the day. Steve Gerstel phoned in his day's schedule to UPI. Connie Chung dictated a few salient quotes from McGovern's breakfast speech to CBS Radio.

A loudspeaker announced that the interview was about to begin, so the reporters sat down on the folding chairs that were clustered around a monitor. They didn't like having to get their news secondhand from TV, but they did enjoy being able to talk back to McGovern without his hearing them. As the program started, several reporters turned on cassette recorders. A local newscaster led off by accusing McGovern of using a slick media campaign.

"Well, I think the documentary on my life is very well done," McGovern answered ingenuously. The press roared with laughter. Suddenly the screen of the monitor went blank—the video tape had broken. The press started to grumble.

"Are they gonna change that first question and make it a toughie?" asked Martin Nolan, the Boston *Globe*'s national political reporter. "If not, I'm gonna wait on the bus." Nolan, a witty man in his middle thirties, had the unshaven, slack-jawed, nuts-to-you-too look of a bartender in a sailors' café. He grew up in Dorchester, a poor section of Boston, and he asked his first tough political question at the age of twelve. "Sister, how do you *know* Dean Acheson's a Communist?" he had challenged a reactionary nun in his parochial school, and the reprimand he received hadn't daunted him from asking wiseacre questions ever since.

The video tape was repaired and the program began again. The interviewer asked McGovern the same first question, but Nolan stayed anyway. Like the others, Nolan had sat through hundreds of press conferences holding in an irrepressible desire to heckle. Now was the big chance and everyone took it.

"Who are your heroes?" the newscaster asked McGovern.

"General Patton!" shouted Jim Naughton of the *Times*.

"Thomas Jefferson and Abraham Lincoln," said McGovern.

"What do you think of the death penalty?" asked the newscaster.

"I'm against the death penalty." There was a long pause. "That is my judgment," McGovern said, and lapsed into a heavy, terminal silence. The press laughed at McGovern's discomfiture.

By the time the interview was over, the press was in a good mood. As they filed back onto the buses, the normal configurations began to form: wire service reporters and TV cameramen in the front, where they could get out fast; small-town daily and big-city daily reporters in the middle seats, hard at work; McGovern staffers in the rear seats, going over plans and chatting. Dick Stout and Jim Naughton held their tape recorders to their ears, like transistor junkies, and culled the best quotes from the TV interview to write in their notebooks. Lou Dombrowski of the Chicago *Tribune*, who looked like a hulking Maf padrone, typed his Sunday story on the portable Olympia in his lap. The reporters working for morning newspapers would have to begin to write soon, and they were looking over the handouts and their notes for something to write about.

So it went. They went on to another interview in another chilly studio, at NBC. This time the reporters sat in the same studio as McGovern and the interviewer, so there was no laughter, only silent note-taking. After the interview there were phones and typewriters in another room, courtesy of the network. Only a few men used them. Then to Bixby Park for a dull speech to old people and a McGovern-provided box lunch of tiny, rubbery chicken parts. Another filing facility, this one in a dank little dressing room in back of the Bixby Park band shell. While McGovern droned on about senior citizens, about fifteen reporters used the bank of twelve phones that the McGovern press people had ordered Pacific Telephone to install.

At every stop there was a phone bank, but the reporters never rushed for the phones and fought over them as they do in the movies. Most of them worked for morning papers and didn't have to worry about dictating their stories over the phone until around 6 P.M. (Eastern Standard Time).* Earlier in

* The reporters who worked for afternoon papers, such as the Washington *Star*, the Philadelphia *Bulletin*, or the Boston *Evening Globe*, had a much rougher schedule. Their deadline was between six and eight in the morning, and they usually wrote their stories late at night, when everyone else was having supper or drinking. Having gone to bed late, they then had to be up to inspect the first handouts and to cover the first event, just in case there was something important to file in the last few minutes before their papers went to bed. If a reporter from a morning paper missed an early morning event, he had the rest of the day to catch up on it.

the day they just called their editors to map out a story, or called a source to check a fact, or sometimes they called in part of a story, with the first paragraph (the "lead") to follow at the last moment. There was only one type of reporter who dashed for the phones at almost every stop and called in bulletins about almost everything that happened on the schedule. That was the wire service reporter.

IF YOU LIVE IN NEW YORK OR LOS ANGELES, you have probably never heard of Walter Mears and Carl Leubsdorf, who were covering McGovern for the Associated Press, or Steve Gerstel, who covered him for the United Press International. But if your home is Sheboygan or Aspen, and you read the local papers, they are probably the only political journalists you know. There are about 1,700 newspapers in the U.S., and every one of them has an AP machine or UPI machine or both whirling and clattering and ringing in some corner of the city room, coughing up stories all through the day. Most of these papers do not have their own political reporters, and they depend on the wire-service men for all of their national political coverage. Even at newspapers that have large political staffs, the wire-service story almost always arrives first.

So the wire services are influential beyond calculation. Even at the best newspapers, the editor always gauges his own reporters' stories against the expectations that the wire stories have aroused. The only trouble is that wire stories are usually bland, dry, and overly cautious. There is an inverse proportion between the number of persons a reporter reaches and the amount he can say. The larger the audience, the more inoffensive and inconclusive the article must be. Many of the wire men are repositories of information they can never convey. Pye Chamberlyne, a young UPI radio reporter with an untamable wiry moustache, emerged over drinks as an expert on the Dark Side of Congress. He could tell you about a prominent Senator's battle to overcome his addiction to speed, or about Humphrey's habit of popping twenty-five One-A-Day Vitamins with a shot of bourbon when he needed some fast energy. But Pye couldn't tell his audience.

In 1972, the Dean of the political wire-service reporters was Walter Mears of the AP, a youngish man with sharp pale green eyes who smoked cigarillos and had a nervous habit of picking his teeth with a matchbook cover. With his clean-cut brown hair and his conservative sports clothes he could pass for a successful golf pro, or maybe a baseball player. He started his career with the AP in 1955 covering auto accidents in Boston, and he worked his way up the hard way, by getting his stories in fast and his facts straight every time. He didn't go in for the New Journalism. "The problem with a lot of the new guys is they don't get the formula stuff drilled into them," he told me as he scanned the morning paper in Miami Beach. "I'm an old fart. If you don't learn how to write an eight-car fatal on Route 128, you're gonna be in big trouble."

About ten years ago, Mears' house in Washington burned down. His wife and children died in the fire. As therapy, Mears began to put in slavish eighteen-hour days for the AP. In a job where sheer industry counts above all else, Mears worked harder than any other two reporters, and he got to the top.

"At what he does, Mears is the best in the goddam world," said a colleague who writes very non-AP features. "He can get out a coherent story with the right point on top in a minute and thirty seconds, left-handed. It's like a parlor trick, but that's what he wants to do and he does it. In the end, Walter Mears can only be tested on one thing, and that is whether he has the right lead. He almost always does. He watches some goddam event for a half hour and he understands the most important thing that happened—that happened in public, I mean. He's just like a TV camera, he doesn't see things any special way. But he's probably one of the most influential political reporters in the world, just because his stuff reaches more people than anyone else's."

Mears' way with a lead made him a leader of the pack. Covering the second California debate between McGovern and Humphrey on May 30, Mears worked with about thirty other reporters in a large, warehouse-like press room that NBC had furnished with tables, typewriters, paper and phones. The debate was broadcast live from an adjacent studio, where most of the press watched it. For the reporters who didn't have to file immediately, it was something of a social event. But Mears sat tensely in the front of the press room, puffing at a Tiparillo and staring up at a gigantic monitor like a man waiting for a horse race to begin. As soon as the program started, he began typing like a madman, "taking transcript" in shorthand form and inserting descriptive phrases every four or five lines: HUMPHREY STARTED IN A LOW KEY, or McGOV LOOKS A BIT STRAINED.

The entire room was erupting with clattering typewriters, but Mears stood out as the resident dervish. His cigar slowed him down, so he threw it away. It was hot, but he had no time to take off his blue jacket. After the first three minutes, he turned to the phone at his elbow and called the AP bureau in L.A. "He's phoning in a lead based on the first statements so they can send out a bulletin," explained Carl Leubsdorf, the No.2 AP man, who was sitting behind Mears and taking back-up notes. After a minute on the phone Mears went back to typing and didn't stop for a solid hour. At the end of the debate he jumped up, picked up the phone, looked hard at Leubsdorf, and mumbled, "How can they stop? They didn't come to a lead yet."

Two other reporters, one from New York, another from Chicago, headed toward Mears shouting, "Lead? Lead?" Marty Nolan came at him from another direction. "Walter, Walter, what's our lead?" he said.

Mears was wildly scanning his transcript. "I did a Wallace lead the first time," he said. (McGovern and Humphrey had agreed near the start of the show that neither of them would accept George Wallace as a Vice President.) "I'll have to do it again." There were solid, technical reasons for Mears' computer-speed decision to go with the Wallace lead: it meant he could get both Humphrey and McGovern into the first paragraph, both stating a position that they hadn't flatly declared before then. But nobody asked for explanations.

"Yeah," said Nolan, turning back to his Royal. "Wallace. I guess that's it."

Meanwhile, in an adjacent building, *The New York Times* team had been working around a long oak desk in an NBC conference room. The *Times* had an editor from the Washington Bureau, Robert Phelps, and three rotating reporters watching the debate in the conference room and writing the story; a secretary phoned it in from an office down the hall. The *Times* team filed a lead saying that Humphrey had apologized for having called McGovern a "fool" earlier in the campaign. Soon after they filed the story, an editor phoned from New York. The AP had gone with a Wallace lead, he said. Why hadn't they?

Marty Nolan eventually decided against the Wallace lead, but NBC and CBS went with it on their news shows. So did many of the men in the room. They wanted to avoid "call-backs"— phone calls from their editors asking them why they had deviated from the AP or UPI. If the editors were going to run a story that differed from the story in the nation's 1,700 other newspapers, they wanted a good reason for it. Most reporters dreaded call-backs. Thus the pack followed the wire-service men whenever possible. Nobody made a secret of running with the wires; it was an accepted practice. At an event later in the campaign, a New York *Daily News* reporter looked over the shoulder of Norm Kempster, a UPI man, and read his copy.

"Stick with that lead, Norm," said the man from the *News*. "You'll save us a lot of trouble."

"Don't worry," said Norm. "I don't think you'll have any trouble from mine."

2:00–2:45 P.M.	*Fullerton Junior College*
	321 East Chapman, Fullerton
2:45–3:00 P.M.	*Press filing*
3:00–3:30 P.M.	*En Route/Motorcade*

3:30–3:40 P.M.	*Load Aircraft*
3:40 P.M.	*Depart Orange County Community Airport*
4:45 P.M.	*Arrive Oakland, California*
5:00–5:40 P.M.	*En Route/Motorcade*
5:40–6:45 P.M.	*Private dinner*
6:45–7:30 P.M.	*Rest—San Francisco Hilton*
7:30–8:30 P.M.	*En Route/Motorcade*
8:30–9:15 P.M.	*McGovern for President Rally St. James Park, San Jose*
9:15–10:00 P.M.	*En Route/Motorcade*
10:00–10:45 P.M.	*Private meeting*
10:45–11:15 P.M.	*En Route/Motorcade*
11:15 P.M.	*Arrive San Francisco Hilton*

At Bixby Park, Walter Cronkite showed up and rode on the press bus to Fullerton Junior College. Most of the reporters were quite dazzled and wanted to know why Cronkite was around. "He wants to be one of the guys and to get a feel for something outside Moscow," Connie Chung explained. Fred Dutton, Gary Hart and Bill Dougherty of the McGovern staff had joined the bus too. They were singing football songs and hymns in the back seats. In fact, things were getting chummy as hell. Shirley MacLaine was sitting in Marty Nolan's lap. Gary Hart was cracking up with the men from *The New York Times* and *Newsweek*. Bill Dougherty was chatting with David Schoumacher of CBS.

"I'd like to lock up the candidate," Dougherty confided.

"Like to take the vote right now, huh?" said Schoumacher.

Fullerton Junior College looked like a large complex of parking garages. The sweltering gym was packed with kids who treated McGovern as if he were Bobby Kennedy. The cameramen surrounded McGovern as he fought his way to the platform and the kids tried to push through the cameramen. The heat and commotion energized reporters as they squatted around the platform. When McGovern began to speak, they made frantic notes, although he said nothing new. Gradually they wound down.

"If there is one lesson it is . . ." said McGovern.

Carl Leubsdorf put up his finger. "I know what it is," he said to Elizabeth Drew of PBS. "Never again."

"It is that never again . . ." said George.

By the end of the speech no one was taking notes. As deadlines began to loom for the big-city daily reporters, the early afternoon euphoria began to give way to grumpy sobriety. Walter Cronkite went back to Los Angeles because his back was bothering him and he needed to rest. The rest of the press flew to Oakland.

The schedule began to go to hell. Instead of going to San Francisco, the bus took the press to an airport hotel called the Oakland Inn, where McGovern was going to have a hastily scheduled press conference with some black ministers. The press went to a small function room in the motel that had phony wood paneling on the walls and gold vinyl chairs. While reporters began to munch at the Danish lying on a small table at the rear, or worked at the five typewriters on a large table pushed up against a side wall, the cameramen set up in the front. Soon there was an outcry from the print press. "Do *you* want to go to a press conference where we stand behind the cameras?" James Doyle of the Washington *Star* asked Adam Clymer of the Baltimore *Sun*.

Doyle found Kirby Jones, McGovern's press secretary, and chewed him out. Jones made some excuses.

"Yeah," said Doyle, "but you're *never* organized at these press conferences."

Jones shrugged and walked away.

The press had to sit behind the cameras for the press conference, which was short and dull. As the reporters were getting up to stretch, Kirby Jones and Gordon Weil, another McGovern aide, began to pass the word that the Field Poll results were out: McGovern was twenty points ahead.

It was the only hard news of the day. Harry Kelly of Hearst, Steve Gerstel of UPI, and James Doyle all headed for the typewriters and began to hunt-and-peck. Pye Chamberlyne, Curt

Wilkie, and about twenty other reporters headed for the four pay phones in the hall outside the function room. People were getting testy. Carl Leubsdorf of the AP leaned over Jim Doyle's shoulder, took a good look at Doyle's lead and then asked, "Hey, can I see?"

Doyle looked up and registered what was happening. "Jesus, no!" he exploded. "Fuck you! Get outa here!"

A few moments later Steve Gerstel sauntered over to Doyle and said, "Let me see your lead, Jim."

"You might as well," Doyle said unhappily. "The AP just catched it."

Leubsdorf walked by again on his way to the phones and patted Doyle on the back. "I like it," he said, and chuckled.

An hour went by, and everybody got a chance to file on the Field Poll. The scene began to look like a bad cocktail party. Haynes Johnson of the Washington *Post*, Elizabeth Drew of PBS, and Jules Witcover of the Los Angeles *Times* were doing Humphrey imitations. Kirby Jones was trying to get nine people to go in the helicopter to San Jose as "pool" reporters—that is, to write a report for all the reporters who could not fit in the chopper. The San Jose rally promised to be McGovern's major lunge for the Bobby Kennedy Chicano constituency, but no one wanted to go. San Francisco lay ahead, and it was a great restaurant town. Finally Jim Naughton, Marty Nolan, and a couple of camera crews signed up.

At 7:00, Kirby Jones announced another press conference—McGovern would read a statement on Nixon's Moscow trip. At 7:30, Jones announced that *he* would read the statement. There was a general groan. Kirby launched into a predictable text. "Stop the presses," said Haynes Johnson, shutting his notebook.

The campaign day was drawing to a dreary close. Had all the events taken place in a single room, the reporters would have been climbing the walls with boredom by mid-afternoon. It was the bus rides and plane flights, the sense that a small army was being efficiently deployed, that had given the day its pace, variety, and excitement. Yet the reporters seldom wrote about this traveling around, which was so important in forming their gut feelings about the campaign. The day had yielded its one easy story: McGovern was leading Humphrey by twenty points in the Field Poll. This statistic sounded somehow *right* to the reporters, for it jibed with their half-digested notion that the McGovern campaign was a juggernaut about to flatten Hubert Humphrey. And where had this notion come from? "They partly got it from the slickness of the McGovern press operation," said a reporter who was covering Humphrey in California. "When a reporter got to his room at night his bag was there. When he called the pressroom, he didn't get a yo-yo saying there was nobody there. He got handouts telling him where the candidate was going to be the next morning and who he could interview at 2 A.M. if he needed to get a fast quote. And so pretty soon the reporter started saying to himself, half-consciously, 'If the press operation is this good, they must have a helluva voter registration operation!' The press didn't create the McGovern juggernaut, but they sure as hell *helped* create it."

On June 1, a normal campaign day, the reporters had gained no fresh insights into George McGovern; they had not gone out of their way to look for any. They had not tried to find out whether the large sums of money that were suddenly pouring into the campaign coffers had changed the candidate; or whether the prospect of the nomination, now so close at hand, was tempting him to bend on some of his more controversial stands; whether, as some of his detractors charged, he had a ruthless streak to match Bobby Kennedy's. "We spent tons of ink on that guy," one of the reporters later lamented, "and I'd be willing to bet that on the night he got the nomination we hadn't told anybody in the United States who the hell we were talking about, what kind of man he was."

CHAPTER II

Coming to Power

For THE MEN following the primary campaigns in 1972, and later the general election campaigns, such as they were, campaigning was no longer the easy ride it had once been. Campaign coverage began to settle into a neat and comfortable science around the time of Theodore Roosevelt, the first big-time American politician to rationalize the handing out of news. Stepping into the White House over McKinley's dead body, Roosevelt had given the Washington correspondents a White House pressroom for the first time; installed phones for them; held occasional news conferences in the Oval Office while his barber gave him a late afternoon shave; frequently leaked items to his favorite reporters; and had given out what were the first primitive campaign press schedules.

"He made our work tons lighter," wrote a beholden reporter aboard Teddy's campaign train in 1904. "Whenever he returned to the car after a speech he would round us up and say, 'Now, the next stop will be Blankville. You don't have to bother about that; I'm going to get off the usual thing.' Or, 'At Dashtown, where we stop next, you'd better be on the job. I'll have some new stuff there.' Sometimes he would even tell us in the rough what the new stuff was to be . . . In this way he not only saved us useless physical and mental work, but economized our time and systematized our schedules. It also aided the editors at home to plan out their work without uncertainty . . ."

From Teddy Roosevelt's time until 1956, when Stevenson began taking large jumps around the country by airplane, candidates campaigned by train. For fifty years, the routine hardly changed. In the post-Depression era, the thirty or forty reporters would pile out at each whistle stop, wearing fedoras, carrying notebooks and pencils, and when the high school band had blared its last sour note, and the candidate had stepped out onto the rear platform, they would stand on the tracks making notes and counting the crowd. When the speech was done, the train's whistle would blow, and the reporters would clamber back into their fetid press car—the aroma was a compound of cigar smoke, whiskey and the stench of men who had not bathed for five or six days. The smell sometimes became so rank that porters burned incense in the Pullmans.

The press car was a Pullman car whose seats had been ripped out and replaced with two boards which ran the length of the car on either side. The men sat at these long tables, looking out at the passing countryside, and wrote their stories on bulky typewriters. The stories contained three simple elements: what the candidate had said, the size of the crowd, and the weather. (In their Sunday stories, the men would usually try to assess the candidate's chances, or report what hastily interviewed local politicians thought of the candidate's chances.) Then they would give the stories to the Western Union man. He would tie the stories up in a bundle and toss them off at the next small station, whence the telegrapher would transmit them to the reporters' home offices. There is a story, perhaps apocryphal, that Merriman Smith of the UPI, anxious to file a story before coming to the next station, tied pillows around his number-two man and tossed him off a moving train.

After filing, they would repair to the dining car for lunch or dinner—Rocky Ford melon and fresh mountain trout if they had just passed through Denver, and Dungeness crab if they had made a stop in San Francisco. Traveling on Presidential trains, they ate with the Secret Service men, and since these Secret Service men were husky fellows and had a food allowance of only six dollars a day, the reporters would often treat them to sirloin steak.

As for the candidate, he was usually accessible for news conferences or informal chats throughout the trip. Truman even played poker with the boys; one of them, Joe Short of the Baltimore *Sun*, lost four hundred dollars to the President in one afternoon and had to make it up by padding his expense account for the next few months. "We liked Harry Truman very much," an old timer, Edward T. Folliard, recalled, twenty-four years later. "Of course we felt sorry for him. Poor son of a bitch. We knew he was going to lose."

"It was all very friendly and romantic," said Folliard. Once the Washington *Post*'s chief campaign reporter, he was now seventy-four and lived in retirement in suburban Washington. A tall, skinny man with black hair and the face of a Norman Rockwell farmer, he covered his first campaign when he was twenty-eight—the Herbert Hoover–Al Smith contest of 1928.

Folliard remembered his colleagues as hard-working men who wrote objective, unbiased stories. "I think 95 percent of the men wrote what they heard and saw and damn little what they thought," he said. "They left that to the editorial writers." Folliard was proud of that objectivity. Yet other observers had a different view of that era of campaign reporting. They saw the reporters of the thirties, forties and fifties as poorly educated men, drawn from the ranks of police reporters and sportswriters, who had neither the intellectual curiosity nor equipment to dig below the shimmering surface of the campaign.

In 1937, Leo C. Rosten did a scholarly survey of the 127 main Washington correspondents and found that only half of them had finished college. Eight did not have a high school diploma and two had no high school education at all. Rosten concluded that "men without a 'frame of reference' and with an uncontrolled impressionistic (rather than analytic) approach to issues are driven to a surface interpretation of events."

> They are oriented [Rosten continued] with reference to normative words of ambiguous content: "liberty," "Americanism," "justice," "democracy," "socialism," "communism," . . . Newspaper men evidence a marked insecurity in the presence of social theories or political conceptualization. In this light the caustic reportorial reaction to "New Deal professors," "crackpot theories," "the Brain Trust," "Frankfurter's bright young men" soon suggests the projection of doubts of personal adequacy upon men who have unwittingly increased personal and professional insecurities.*

But most of these men were not overly worried by the fact that they lacked a diploma. Some simply sent home the kind of news which they knew would please their publishers. The rest were secure in the knowledge that they were not paid to think, analyze, or judge. With few exceptions, these reporters were interchangeable drones who wrote the same simple formula stories day after day.

When these men began to retire, in the fifties, they were replaced by a new generation of young reporters who had gone to college and were asking different kinds of questions. In those days the younger men wrote the same formulaic stories, but at the same time, they were more comfortable with theories and concepts, and more anxious to analyze the political process and report on how it worked.

* Leo C. Rosten, *Journalism Quarterly*, June 1937.

Their dominance of the profession was sealed with the rise and election of John F. Kennedy. Kennedy played on the values he shared with these young reporters in order to engage their loyalty. He knew many of them socially, and he was careful to treat them with respect and affection. His Harvard-trained advisers spoke in an academic, sophisticated idiom that excluded many of the older reporters but appealed to the new generation. Because they were so obviously in tune with the youthful, "intellectual" atmosphere of the New Frontier, the young reporters who had covered Kennedy's campaign in 1960, and now covered him in office, found their stock soaring. It was no coincidence that many of them—reporters like David Broder, Ben Bradlee, Bob Novak, Rowland Evans, Mary McGrory, and Russell Baker—would become leading journalists in the sixties and seventies, and would help to change the techniques of campaign reporting.

But in 1960, campaign coverage had changed very little from what it had been in the 1920's. Planes replaced trains, and the networks made their first all-out attempt to cover an election, but most of the reporting remained superficial, formulaic, and dull. Newspapers approached campaign coverage as a civic duty, like reporting sermons and testimonials to retiring fire chiefs.

The most devastating comment on the political coverage of the time was the reception that greeted Theodore White's book, *The Making of the President 1960*. The book struck most readers as a total revelation—it was as if they had never before read anything, anywhere, that told them what a political campaign was about. They had some idea that a campaign consisted of a series of arcane deals and dull speeches, and suddenly White came along with a book that laid out the campaign as a wide-screen thriller with full-blooded heroes and white-knuckle suspense on every page. The book hit the number-one spot on the best-seller lists six weeks after publication and stayed there for exactly a year.

White had started covering American politics in 1953 for *The*

Reporter, after fifteen years in Europe and Asia as a *Time* correspondent. Two years later, he signed on with *Collier's* as the magazine's national political correspondent and began covering his first Presidential campaign. The press entourage in the first primary consisted of White and an AP man riding around New Hampshire with Estes Kefauver. There were occasional interloping visits from a *Times*man or a CBS crew out on a day trip, but in 1956 primaries were considered minor, local events, too inconsequential to rate extensive national coverage. All spring, White had the candidates almost entirely to himself, and he took advantage of the opportunity to build up good relationships with Kefauver, Harriman, and Stevenson as they passed through the primaries and the convention.

He was flying high on the greatest assignment of his life. The only trouble was that *Collier's* was going down for the third time. In September, just as the campaign was gearing up, the management called him back with instructions to supervise a total reorganization of the editorial department in a last-ditch move to save the magazine. Four months later, in spite of White's best efforts, *Collier's* was dead.

What upset White as much as anything was that he had not had the chance to finish the campaign. "It was a classic case of coitus interruptus," said White as he sat in the living room of his Manhattan town house, taking a break from writing the fourth *Making of the President* volume. "There I was, stiff cock, ready to go for the massive summary of the 1956 campaign, and here I am out of a job and no place to write it." Instead, he dined out for the next couple of years on campaign anecdotes, stories about what had *really* happened as opposed to the newspaper accounts, and he found that these stories intrigued a lot of people. He also wrote two novels, the second of which he sold to Hollywood for $85,000. With his financial future secure for at least two years, he decided to indulge himself in his great love, political reporting, and write a book about the 1960 Presidential campaign. He had to go to several publishers before he found one who was enthusiastic about the project, and he assumed that the book would make very little money.

If it was hard to imagine in 1972 that only thirteen years before, a proven novelist had a difficult time selling the idea of a popular book about Presidential politics, it was just as hard to imagine the absolute virginity of much of the territory White set out to explore. "It was like walking through a field playing a brass tuba the day it rained gold," said White. "Everything was sitting around waiting to be reported."

The Republicans were not overly helpful; being somehow convinced that White was writing a work of fiction, they kept assigning him to the Zoo plane with the television technicians and foreign reporters, listing him on the manifest as "Theodore White, novelist." Fortunately, they lost. White had all of his best contacts among the Democrats anyway, and the Kennedy people were especially cooperative, perhaps sensing that they could use White to help them promote the New Frontier. White got to know all the staffers well, and had little trouble seeing Kennedy himself. Flying back from the Montana convention early in 1960, for instance, White had only one CBS correspondent, Blair Clark, for competition. "Blair and I sat around with John F. Kennedy all the way from Montana back to the East Coast, just shooting the breeze," he remembered. "You can't do that any more. Because now there are 27 million correspondents squeezing in."

The reason that 27 million reporters now show up for every kaffee klatsch in New Hampshire has a lot to do with White's first book. "When that book came out," said White, "it was like Columbus telling about America at the court of Ferdinand and Isabella. Goddam thing was an unbelievable success." White is not the world's humblest journalist, but he is not far off the mark about the book's success—the number of imitations and spinoffs testify to that. The first rival, published by *The New York Times*, came out in 1964. By 1968, White was competing against seventeen other campaign books. The London *Sunday Express* and *Sunday Times* both sent teams of writers; White began to see himself as a small independent businessman fighting off giant corporations which had swooped down to cash in on his success. Most of the books adopted White's magic formula: present politics in novelistic terms, as the struggle of great personalities, with generous helpings of colorful detail to sugar the political analysis.

The book competition was bad enough, but White also had to contend with the newspapers jumping his claim. In 1972, the AP told its men: "When Teddy White's book comes out, there shouldn't be one single story in that book that we haven't reported ourselves." Abe Rosenthal, the managing editor of *The New York Times*, told his reporters and editors: "We aren't going to wait until a year after the election to read in Teddy White's book what we should have reported ourselves." It took from eight to twelve years for the newspapers to accept White as an institution, but by 1972 most editors were sending off their men with rabid pep talks about the importance of sniffing out inside dope, getting background into the story, finding out what makes the campaign tick, and generally going beyond the old style of campaign reporting.

Of course, reporters had been doing many of these things as early as the 1968 campaign, causing George Romney to howl that he had been a victim of "the Teddy White syndrome." By that, Romney meant that flocks of reporters had started looking into the embryonic stages of Presidential campaigns, scrutinizing aspirants even before the primaries, killing candidacies with untimely exposure.

If this premature mass coverage upset politicians, it nearly drove Teddy White to distraction. After the *succès fou* of the 1960 book, he had looked to make a living from the *Making of the President* series for the next twenty years. Now, with the market glutted, he was no longer sure that he could. "People have read so much of what I have to say in *Newsweek*, in *Time*, in *The New York Times* and the Washington *Post*," he lamented that afternoon in New York, as he started on his third or fourth pack of cigarettes.

But his uneasiness stemmed from more than a fear that the 1972 book might not sell as well as the earlier ones. He sometimes felt that the methods he had pioneered had gotten out of control, had turned into a Frankenstein's monster. Thinking back to the early spring of 1960, he remembered watching a relaxed John Kennedy receiving the Wisconsin primary returns in a Milwaukee hotel room. White had been the only journalist present, except for a young film maker working on a documentary, and he had blended in with the Kennedy Mafia as unobtrusively as a distant in-law.

Then he recalled the July night, only a few months before, when George McGovern had won the Democratic nomination in Miami. White had been in McGovern's suite at the Doral Hotel:

"It's appalling what we've done to these guys. McGovern was like a fish in a goldfish bowl. There were three different network crews at different times. The still photographers kept coming in in groups of five. And there were at least six writers sitting in the corner—I don't even know their names. We're all sitting there watching him work on his acceptance speech, poor bastard. He tries to go into the bedroom with Fred Dutton to go over the list of Vice Presidents, which would later turn out to be the fuck-up of the century of course, and all of us are observing him, taking notes like mad, getting all the little details. Which I think I invented as a method of reporting and which I now sincerely regret. If you write about this, say that I sincerely regret it. Who gives a fuck if the guy had milk and Total for breakfast?"

"There's a conflict here—the absolute need of the public to know versus the candidate's need for privacy, which is an equivalent and absolute need. I don't know how you resolve it. McGovern was so sweet, so kind to everybody, but he must have been crying out for privacy. And I felt, finally, that our being there was a total imposition."

The reporters who followed the Presidential hopefuls in 1972 would probably have been surprised to hear White say these things. They were arriving in Washington, or were first beginning to make their reputations, around the time that the first *Making of the President* books hit the stores. Now they took

White and his techniques for granted; it made sense to them to treat a political campaign as a growing, organic drama and to examine the psychological and sociological causes of political decisions. Many of the new generation of campaign reporters looked down on White as a pathetic, written-out hack. They saw him as a political groupie who wrote flattering, mawkish descriptions of major politicians in order to keep them primed as sources for future books. His 1968 volume, with its penitently overkind description of Richard Nixon, had taken a beating from reviewers. A lot of reporters laughed out loud when they read sentences like: "In 1968, Nixon conspicuously, conscientiously, calculatedly denied himself all racist votes, yielding them to Wallace." It was left for three of White's British competitors, in a book called *An American Melodrama,* to give a decent account of Nixon's wholly opportunistic Southern Strategy.

By 1972, the traveling press openly resented White. They felt that he was a snob, that he placed himself above the rank and file of the press. White would suddenly appear in some press-room, embracing old friends on the campaign staff, and would immediately be ushered off to the candidate's suite or the forward compartment of the plane for an exclusive interview. And the reporters would grumble about Teddy White getting the royal treatment.

These same reporters forgot that Teddy White's first books had radically altered the function of the campaign press. Because of him, the press now began to cover political campaigns two years before the election.* Unlike White, the reporters

* White's emphasis on the vital importance of John F. Kennedy's early start was the main reason for all this early coverage. There was also another factor. In 1961, a political amateur named Clifton White started assembling the political machine which eventually won the 1964 Republican nomination for Barry Goldwater. The press did not find out about Clifton White's activities until early 1963. Many reporters later felt chagrin that they had taken so long to catch on to the Goldwater movement, and resolved not to let it happen again.

were not collecting tidbits for use at some remote future date, in case one of the primary candidates went on to win the Big One. They were using the information immediately, exposing flaws and inconsistencies in the candidate that could ruin his chances before he even reached the primaries. As recently as 1960, or even 1964, a coalition of party heavies, state conventions, and big-city bosses had chosen the candidate in relatively unviolated privacy, and then presented him to the press to report on.

Now the press screened the candidates, usurping the party's old function. By reporting a man's political strengths, they made him a front runner; by mentioning his weaknesses and liabilities, they cut him down. Teddy White, even in his wildest flights of megalomania, had never allowed himself this kind of power. The press was no longer simply guessing who might run and who might win; the press was in some way determining these things. The classic example was George Romney. Romney had opened his campaign almost a year before the first primary, expecting a press contingent of two or three reporters. Instead, twenty or thirty showed up for Romney's first exploratory trips around the country, and they all reported Romney's embarrassing inability to give coherent answers to their questions about Vietnam, thus dooming his candidacy. But Romney was the perfect, textbook example. The process was usually more subtle, and more difficult to describe.

The journalists involved in this selection process were a very small group, consisting mostly of the national political correspondents, and they formed what David Broder called "the screening committee." Of the two-hundred-odd men and women who followed the candidates in 1972, less than thirty were full-time national political correspondents. Most of the campaign reporters came from other beats around Washington —the Justice Department, the Pentagon, the Hill, or the White House. After the campaign, they would go back to these beats, and if they did well, they would rise to a management position at their newspaper, magazine or network. But the national political correspondents had covered the whole political scene for five, ten or fifteen years and were likely to continue doing so until they died in harness; and if the actuarial tables were correct, their jobs would kill them at a relatively early age. Many of the members of this group belonged to an organization called Political Writers for a Democratic Society, an organization whose evolution requires some explaining.

In 1966, a stolid, slightly pompous *Christian Science Monitor* reporter named Godfrey Sperling started organizing breakfasts where he and some of his friends could meet with leading politicians and government officials. He would have the *Monitor*'s secretaries call up Warren Weaver of the *Times*, David Broder of the *Post*, Phil Potter of the Baltimore *Sun*, Bob Donovan of the Los Angeles *Times*, Peter Lisagor of the Chicago *Daily News* and nine or ten other political writers, to invite them to breakfast at the National Press Club, where for five dollars a head they would get scrambled eggs and hash-browns and a chance to further their acquaintance with some politician. The breakfasts were also "background" sessions—any news that came out of them was not for attribution but had to be treated as coming from "a highly placed Democrat" or a "Republican strategist." A great deal of useful information was served up with the orange juice at these sessions. Romney first stumbled over Vietnam at one of Sperling's breakfasts, and Agnew made his debut as a buffoon by declaring that Humphrey was "soft on communism." At another breakfast, shortly before the 1968 Republican Convention, the reporters kept suggesting to Nelson Rockefeller that his chances were nil. "Gee," Rockefeller finally said, "if I thought I was as bad off as you guys say I am, I'd drop out." The most memorable breakfast took place in January 1968, when Robert Kennedy anguished out loud for an hour as to whether or not he should run. The reporters there recalled the scene in the stories they wrote when Kennedy finally decided to enter the race.

By 1970, Sperling's breakfast club began to go to hell; almost anybody who wanted to could come, and the guests often spoke on the record, which meant that they said nothing of importance. But in the early days, Sperling restricted the breakfasts to his friends, which caused great bitterness among the writers who were not invited. Jack Germond, the chief political writer for the Gannett chain, was furious. He had eighteen papers in New York State and he was tired of getting scooped by *The New York Times* whenever John Lindsay, Nelson Rockefeller or Robert Kennedy appeared at Sperling's breakfasts. So in 1969 he and Jules Witcover, who was working for the Newhouse chain and was also shut out, organized a rival group. Witcover christened it, with tongue in cheek, Political Writers for a Democratic Society.

The main purpose of PWDS was to get to know politicians in easy, informal surroundings. The meetings were usually held at Germond's three-story row house in southwest Washington. The fourteen members would assemble once a month, have a couple of drinks with the guest, eat a catered supper downstairs in a big family room, and then go back upstairs to the long, rectangular living room. The guest sat in a large armchair in the middle of the room, taking questions from the reporters, who sat around him on sofas and other easy chairs. More drinks were served. Finally, after the guest had left, the men would pull out their notebooks and reconstruct the main points of the evening, trying to decide what the guest may or may not have meant in certain statements and generally sizing him up.

The most interesting thing about PWDS was its composition, which had been determined largely by Germond and Witcover. I cornered Germond one August night in the McGovern pressroom at the Biltmore Hotel in New York to ask him about the group. He was sitting all alone at one of the long typewriter tables, waiting in vain for a poker game to materialize and slowly getting drunk. He was a little cannonball of a man, forty-four years old, with a fresh, leprechaunish face, a fringe of white hair around his bald head, and a pugnacious, hands-on-hip manner of talking. He was not simply drawn to journalism as a profession; like Hildy Johnson in *Front Page*, he was addicted to it as a way of life.

Although he himself sometimes described his chain as a

"bunch of shitkicker papers," he was proud of his position as a national political writer and the dues he had paid to win it.* Nothing made him angrier than small-town newspapermen—"homers"—who came up to him during campaigns and told him that he was ignoring "local factors." "God," he said, "I remember this one homer in Columbus. I've worked in these jobs, you know, as a homer. I've been a city-side reporter, a statehouse reporter, I've done the whole bit—and I've worked for a bunch of obscure newspapers. Christ Almighty, they were obscure. And for some guy from Ohio who works for this goddam shitty newspaper to come up and tell me that I don't understand the whole thing—I've been covering this campaign for about sixteen months—and this asshole comes up and tells me this after two weeks' exposure—ooh, I was outraged. Got pretty testy in the saloon, I must say. Told him what I'd do with his fucking newspaper."

So PWDS was not for homers or tyros. It was for the professionals' professionals. More specifically, said Germond, sipping a Scotch and soda, the standard was this: Who are the men who cover an obscure Western governors' conference in an off political year? "Everyone covers the national governors' conferences," said Germond, "that's easy. You go out there and they just drop stories in your goddam lap. But you go out there and cover the Western governors, or the Southern governors in a year like '67 or '69, and if you can make a story out of that—if you can even convince your office they ought to pay your fare home—you're a goddam genius." Germond and Witcover had found fourteen men who passed this test. Not counting themselves, there were:

David Broder of the Washington *Post*
Paul Hope of the Washington *Star*
Robert Novak of the Chicago *Sun Times Syndicate*
Warren Weaver of *The New York Times*

* He was also the Washington Bureau chief for Gannett, which meant that he was as powerful within the organization and as well-paid as many of the publishers of the chain's newspapers.

Ted Knapp of Scripps-Howard
Bruce Biossat of the Newspaper Enterprise Association
Jim Dickenson of the *National Observer*
Loye Miller of Knight Newspapers
Tom Ottenad of the *St. Louis Post-Dispatch*
Marty Nolan of the Boston *Globe* (who replaced James Doyle
    in the group when Doyle moved from the *Globe* to the
    Washington *Star*)
Pat Furgurson of the Baltimore *Sun*
Jim Large of *The Wall Street Journal*

These people, said Germond, rated membership because of
what they did, not because of the organizations they represented. The rule was that no member could send a substitute
to a dinner. It was an elite group of men who, by their own
consensus, were the flame-keepers of political journalism—the
heavies. "We took a couple of guys who we thought were pretty
dumb," said Germond, "but we brought 'em in because they
were entitled by what they did." No doubt there were some
serious omissions—reporters like Johnny Apple of *The New
York Times*, Alan Otten of *The Wall Street Journal*, Peter Lisagor, Jim Doyle, Harry Kelly of Hearst, and Jim Perry of the
National Observer—who either were not congenial to the
group or worked for papers already represented. But by and
large this group was the elite's idea of the elite. They did not
consider the network correspondents to be serious political reporters, nor did they hold a high opinion of the wire-service
men (except for Walter Mears) or of newsmagazine reporters
(except for John Lindsay of *Newsweek*). But Lindsay could not
be admitted because he would have got more out of the dinners
than the rest—little pieces of color that the daily journalists
couldn't use. And Mears had to be excluded because, on the
rare occasions when a not-for-attribution story emerged from
one of the dinners, he would have put it on the wire and beaten
everybody else. "Most of the wire-service reports generally re-
flect nothing about what is going on," said Germond, "but Walter's good enough so that he would *whip our ass off*. Walter and
I are good friends and he was pissed and kept asking me why

he couldn't get in the group. And I said, 'Jeez, Walter, I brought it up and you had eight co-sponsors, but the vote was 13 to 1 against you.' "

The members of PWDS did not constitute a pack. They were too confident, competitive, proud, and self-sufficient for that. They also differed ideologically. Germond for instance was a political agnostic, leaning toward liberalism;* Novak was increasingly embracing the ideological tenets of the Sun King; and Nolan stood, on many matters, to the left of George McGovern.

But they did form a sort of club, with a certain code and certain rituals. If you shared a cab with members of PWDS, for instance, they would invariably dive for the back seat, leaving you to ride with the driver. At the end of the ride, one of them would say, "I think we'd better invoke the Germond rule."

"What's that?" you would say.

"The Germond rule states that the person who rides up front has to pay."

It was an established rule, widely accepted throughout the world of political journalism, and most people paid.

But PWDS was primarily a dinner group, and their main goal was to set themselves up for the 1972 campaign. They did the drudge work of political journalism, therefore they were entitled to an advantage, a closer relationship with the candidates. They saw the dinners as a new tool of the trade. The alternative was to go around, individually, and formally interview each new cabinet member or potential candidate—which would teach them next to nothing about the man's personality. "What we were trying to do," said Germond, "was to sit down with the guy without having to file any shit about his program or some-

---

* Germond often talked like a hardhat and made a point of being equally cynical about all the candidates. However, when Washington liberals decided to help rehabilitate the poor black southwest section of town by buying homes there, Germond had been one of the first people to move in. He was one of the last to leave the area after it became clear that the project was a failure.

thing. Have a couple of pops and dinner, talk, and decide 'What kind of a guy is this, has he got any class?' You don't hand down arbitrary, ex cathedra judgments—get to know the man. And this was true of cabinet members, Presidential candidates—you learn—the people are nice, a lot of them anyway. Or sometimes you don't learn anything. Our great non-learning session was George McGovern. Jeez, we were the dumbest bastards in the world about George McGovern."

McGovern actually came twice, and the second time, in 1971, he carefully spelled out his entire strategy for winning the nomination. "To show you how strange it was," says Warren Weaver, "I do not even remember it. I just didn't believe the man. I thought it was a pipe dream." That was the consensus of the whole group that night. "We thought he was a nice guy, even a savvy guy," says Germond. "But we didn't believe him. We figured he was a total loss." So George McGovern slipped right through the screening process. The incredulity of the press failed to stop him.

In fact, the dinners yielded very few tangible results. Mel Laird, Bob Finch, Teddy Kennedy provided nothing more than a few minor stories. From dining with George Wallace, the group was surprised to discover that he was consistently witty and genuinely puritanical, but they found out little else. The dinners provided only one solid insight—that Ed Muskie had a bad temper. At his first guest shot, in 1970, the members gave him the old George Romney treatment, boring in with question after question about Vietnam. Muskie kept giving equivocal answers and finally he blew up, attacking the group for trying to trap him. They *were* trying to trap him, but Presidential candidates were supposed to stay cool in the face of such questioning. Some of the members knew about Muskie's temper from covering his vice-presidential campaign in 1968, but most of them were stunned.

Muskie appeared again in December 1971, accompanied by his press secretary, a former Boston *Globe* editor named Dick Stewart. Every time Muskie began to lose control, Stewart would say, "Now, Ed, don't get testy!" They began to wonder a little about Muskie's stability, but most of them decided that it was just a minor flaw and wouldn't make any difference.

Nevertheless, when the national political correspondents— PWDS members and a few others—checked their scratch sheets at the end of 1971, Muskie looked like the only man who really had a chance. Johnny Apple had written a series of exclusive articles in the *Times* about various big Democratic politicians endorsing Muskie, and these articles helped to build up an impression that Muskie had it made. If he took New Hampshire he would be hard to stop, but because he looked like the one and only contender, he could not afford to do poorly in that first primary.

On January 9, 1972, David Broder, the most influential political writer in Washington, wrote from Manchester, New Hampshire: "As the acknowledged front runner and a resident of the neighboring state, Muskie will have to win the support of at least half the New Hampshire Democrats in order to claim a victory." At the beginning of the campaign, that was the wisdom of the screening committee of national political journalists. And when Muskie's big Scenicruiser bus rolled out of Manchester in January, most of them were on it—writing down every fact that might prove useful six months later when they did the big piece about how Muskie had won the nomination. Thanks to the screening committee, no other candidate in sight had half the press entourage that Muskie had.

The screening committee had never held a meeting to appoint Muskie the front runner. They had never even discussed it at great length. If there was a consensus, it was simply because all the national political reporters lived in Washington, saw the same people, used the same sources, belonged to the same background groups, and swore by the same omens. They arrived at their answers just as independently as a class of honest seventh graders using the same geometry text—they did not have to cheat off each other to come up with the same answer. All signs pointed to Ed Muskie as the easy winner, and as the wisdom of the national political men began to filter down through the campaign reporters and the networks to the people, victory began to seem assured for the Senator from Maine.

Of course, Muskie made no such predictions for himself. All he wanted to do was win, he said, and with all the time he had to spend shuttling back and forth between Florida and New Hampshire, he'd consider himself *lucky* to get fifty percent. Nobody listened to him. And when the returns came in on the night of March 7, leaving Muskie with only 46 percent of the vote, the press started muttering about a Muskie setback.

The next morning Muskie held a press conference in the dingy ballroom of the Sheraton Carpenter Hotel in Manchester, and several members of the screening committee turned out for it. David Broder and Tom Ottenad kept asking him about the percentage of his victory. Why hadn't he done as well as predicted? What had happened? Suddenly Muskie's temper exploded and he launched into a tirade, lashing out at Broder and Ottenad, who were two of the gentlest and most soft-spoken men in the business. The percentage, said Muskie, had nothing to do with anything. The press was misinterpreting it because the press was out to get him.

Nothing daunted, Broder asked him how, specifically, the New Hampshire results would affect his chances in Florida and in the other primaries. "I can't tell you that," Muskie snapped. "You'll tell me and you'll tell the rest of the country because you interpret this victory. This press conference today is my only chance to interpret it, but you'll probably even misinterpret that."

Broder just shrugged, but Marty Nolan, who was sitting directly behind him, raised his hand and said sternly, "Senator, will you answer the question?" Muskie simply looked at him and went on to some other subject. Nolan asked him again, and got the same response.

After the press conference, Nolan stalked over to Dick Stewart and some Muskie aides who were talking in a corner.

"Calm down, Marty, calm down," said Stewart.

"Look," said Nolan. "I've taken three and a half years of this kind of shit from Nixon and those people, and I'm not gonna take it from you pricks."

Muskie, who had known Nolan for many years, came over and put his hand on Nolan's shoulder. "What's the problem, Marty?" he asked in his gravest tones.

Nolan turned around and looked at him. "The bullshit you've been handing out—that's the problem, Senator."

Nolan then repeated to Muskie that he was tired of taking bullshit from Nixon and Agnew. "I expect much more of you and I intend to hold you to it," he said sharply.

"Well, Marty," said the Senator. "I guess you're right." For the next five minutes, he apologized for his outburst.

If the press had ever been more powerful than in 1972, nobody could remember when.

CHAPTER III

The Muskie Three and Other Campaign Reporters

THE JOURNALISTS on any campaign plane or bus were divided into two distinct types: the national political reporters, who were aboard for only a few days at a time and were free to go off and cover another candidate whenever they wished; and the campaign reporters, who were on board for the duration. The campaign reporters had been assigned to live with a single candidate for as long as he was in the race, or until further notice. They followed the candidate everywhere, heard his standard speech so many dozens of times they could recite it with him, watched his moods go up and down, speculated constantly on his chances, wrote songs about him, told jokes at his expense, traded gossip about him, and were lucky if they did not dream about him into the bargain. They ate and drank with his staff and, in some cases, slept with his lady staffers. At their best, they were his short-order biographers, experts on his positions, habits and character. At their worst—and the deadly fatigue of the campaign trail guaranteed that all but the hardiest of them were occasionally at their worst—they were like the foreign service officer who is sent abroad and goes native; they identified with the candidate and became his apologists.

In 1971, long before the primaries began, Jim Naughton of *The New York Times* and Dick Stout of *Newsweek* were assigned to cover Edmund Muskie. Later they were joined by Bruce Morton of CBS,* and together these three men made up the nucleus of the campaign reporters on the Muskie bus; they had been around the longest and had the best knowledge of the workings of the campaign. It was a great compliment to their abilities that they had been put on the front runner's campaign, but with the decline of Muskie, which was accelerated when he placed fourth in the Florida primary in March, they found themselves

---

* Morton's first assignment of the campaign year, starting in December 1971, had been to cover the seemingly quixotic campaign of George McGovern. While Morton did not appear overly disappointed with this job, his camera crew referred to the McGovern Bus as the "Morgue Patrol" and were convinced that they had been assigned to McGovern as a belated punishment for having botched CBS's coverage of the Tet Offensive. Six weeks later, however, Morton was rotated to the Muskie Bus. The networks tended to favor such rotations, on the theory that a change of pace prevented the reporters from getting stale or from growing too attached to a single candidate.

Apparently, however, CBS had not informed its correspondents of the rotation scheme, for David Schoumacher was shocked and angered when he learned, in mid-January, that Morton was to replace him on the Muskie Bus. Several weeks earlier than most of his colleagues, Schoumacher had realized that Muskie could be beaten; he thought that Muskie's demise would make a great story and wanted badly to stay with the Senator from Maine. He was so unhappy at being transferred to the Humphrey campaign that he began quietly negotiating with ABC, which was a land of opportunity for reporters who felt that their careers were being blocked at CBS or NBC. In recent years, Herb Kaplow (NBC), Bill Matney (NBC), and Harry Reasoner (CBS), had moved to ABC. Late in 1972, Schoumacher also made the move.

further and further from the center of the action. By the time the Wisconsin primary rolled around, in April, they had begun to look like characters in a Solzhenitsyn novel—forgotten men, and for no reason but fate's perverse amusement.

The member of the trio who had spent the longest time with Muskie was Stout. Stout had covered the Man from Maine in the '68 and '70 elections, had traveled to Moscow and Israel with him, and had come to know him more intimately than any other writer. Stout looked like an overgrown schoolboy—tall, hulking, overweight, his suit always rumpled, and his blond forelock constantly falling down over his perspiring forehead and his glasses. A native of Indianapolis, he had gone to De Pauw University and worked for papers in Dayton and Chicago. In the early sixties, he contracted "Potomac Fever" by reading *Advise and Consent*, and landed a job in *Newsweek*'s Washington Bureau as a general assignment reporter. He was capable of writing well, witness his book on Eugene McCarthy *(People)* or the campaign piece he did for the *Atlantic Monthly* in March 1972; but little of his prose survived the blades of the *Newsweek* blender.

Stout was a man of startling moods. When he was depressed, his gloom could drown the good mood of a room. But when he was feeling happy, he often displayed a terrifying sense of humor that hovered somewhere between Jack Benny Deadpan and Jonathan Winters Bizarre. He had an alarmingly strong sense of the absurd.

In August 1971, for instance, Stout was sent to Zanesville, Ohio, to interview a sample of twenty-five people for a segment in an ongoing mood-of-the-country series, which *Newsweek* had announced with much fanfare several months earlier. Stout did his twenty-five interviews, and he was on his way out of Zanesville when he came upon an encampment of Jesus freaks. Joining their prayer circle, he fell to his knees, threw up his arms and cried, "Oh, Jesus, I am a sinner! Dear Jesus, come and help this poor sinner!" The Jesus freaks were thoroughly convinced by Stout's performance. Later that evening, they insisted that he come to a formal church service, where they proudly pointed him out as their prize convert.

The day after Stout filed his Zanesville article, President Nixon announced his wage-price controls. Stout's editors decided that the announcement made the article dated and irrelevant, so it was killed. A week later, Stout was put back on the Muskie watch and the whole mood-of-the-country series was forgotten.

One of Stout's first moves was to refresh his acquaintanceship with the Muskie family. In the late summer of 1971, he had supper with them at their home in Maine. After dinner, he rushed back to his room in the Naragansett Hotel in Kennebunkport and scribbled in his notebook for an hour. The dinner had been full of just the kind of material that most appealed to Stout, and he could not resist writing it up as an FYI memo for his editors—one of the few such memos he filed all year. In the memo, Stout detailed Muskie's swearing at table in front of his kids, his pride in property, his observations on his golf game, and his arguments with his wife, Jane. At one point, Muskie had realized that he needed his tuxedo the next night, and that it was too late to send it to the cleaners. Muskie and his wife had locked horns in an argument over who was going to iron the tux. "You iron it," she said finally. "You're the tailor's son." Muskie had exploded in a rage.

HALF A YEAR LATER, during the Wisconsin primary, Dick Stout played a star role on the night when Muskie and the press had what was probably their most intimate get-together. After a long day, the Muskie Bus had finally pulled in at the Northland Hotel in Green Bay, one of those huge, ancient salesman's hotels that are forever burning down on the front pages of tabloids. The press gave off an aura of cheerfulness as they came out of the wretched snowy night into the relative snugness of the seedy hotel lobby, and then hunkered down for the first drinking of the evening. There was a party in the offing, a celebration of Ed Muskie's fifty-eighth birthday.

Around 9:30, reporters began to filter down a long corridor on the second floor, past a gauntlet of mean-looking Secret Service men, and into a small meeting room where a makeshift bar had been set up in the far corner. Just behind the bar sat an old-fashioned red Coca-Cola tub filled with ice.

Most of the fifty reporters gathered in the room had trudged after Muskie through the long, depressing days of his decline in Florida, Illinois and Wisconsin. They were ravenous for a good time. The entire stock of liquor at the bar was gone within fifteen minutes. The Senator himself was there, slowly sipping a bourbon and stiffly joking with reporters.

Soon after the liquor ran out, Dick Stout went to the Coke tub, placed on it a stand-up ashtray to use as a lectern, and took out his notebook, in which he had made some hasty notes that afternoon. The room fell silent as Stout began a laborious and sometimes deadly accurate parody of a Muskie speech. The main point of the speech was that, like any Muskie oration, it went on forever. But the reporters roared at anything that faintly resembled a punch line; they laughed until they cried. Stout was making wooden, Muskie-like gestures and laughing at his own jokes; he seemed to be having a wonderful time.

Muskie and Jane sat behind the table, a few feet away from Stout. Whenever he had to, Muskie gave a harrowing grin, as if he had just received a shock through alligator clips attached to his genitals. Jane smiled indiscriminately at everything, just to be on the safe side.

When Stout finished the speech, he and Naughton and Morton presented Muskie with gifts they had purchased the day before. The Senator winced as they handed him a Polish Power sweatshirt and other joke-shop fare. A large rectangular birthday cake was brought in, and Muskie rose to cut it. The cake was decorated to look like the White House. As he summoned each reporter by name to claim a piece of the cake, the party suddenly turned somber and formal. It looked like the Last Supper, with fifty Judases present. Several reporters gathered around Stout to compliment him on his wit, but Stout seemed distracted and uneasy. He was skating on thin social ice with the

Muskies. In December, *Newsweek* had cribbed a *Women's Wear Daily* account of Jane's mild swearing; William Loeb, the curmudgeon publisher of the reactionary Manchester *Union Leader*, New Hampshire's only statewide paper, used the *Newsweek* item in a vicious anti-Muskie editorial. Muskie had been defending his wife's honor outside of the *Union Leader* office when he broke down and started to cry. So it was safe to bet that somewhere in the back of Muskie's mind, *Newsweek* was mixed up with the fatal "crying incident" and Stout was mixed up with them both.

Now Stout had treated the Senator to a good roasting, which had been designed to burst the tension that had built up between Muskie, ever secretive and suspicious, and his journalistic adversaries. But the speech had left a curious malaise in the room. The party was meant to let off steam, but Muskie's safety valve was jammed.

As the Senator continued to cut the cake, he was approached by Jack English, his campaign coordinator. Jack English's hair was dyed jet black, and he had one of the last crew cuts to be given in New York State. He looked like a washed-up pug and was normally aloof, but tonight he was gregarious and almost pixyish. Prancing over to the Senator, he whispered something in his ear. Muskie peered over at Stout, grinned his first heartfelt grin of the evening, and said, "No, Jack, I don't think a Presidential candidate should stoop to slapstick comedy."

"What?" asked Jane Muskie, looking confused. "What are you talking about?"

Muskie ignored her and went back to dissecting the cake. But Jane puzzled out the exchange and suddenly a light bulb went on; she smiled a victorious smile. Picking up a piece of cake— marble cake with thick white icing—she marched over to Stout, who was standing alone, lost in meditation.

"Dick?" she cooed.

"Yes," said Dick, and turned around.

"Here," said Jane, and pushed the cake into his face. She smeared the cake around, as if it were a mudpack. The icing got

into Stout's nostrils, all over his cheek and into his left ear. He had the surprised expression of a poleaxed sheep.

"One good turn deserves another," said Jane, doubling up with laughter. Muskie looked as if he wanted to crawl out of the room. He chuckled good-naturedly for lack of anything to say. Some reporters laughed and others looked horrified. Stout looked humiliated and ineffably sad as he pulled out his blower and began to wipe off the goo. The party was over.

IT IS DOUBTFUL whether the press ever came closer to making contact with the Man from Maine than at that bizarre and manic party. At the start of the primary races, the press had by and large been disposed to like the Senator, but it took Muskie only a few short weeks to poison that good will. He whipsawed between begging the press and bullying them. On a flight from Los Angeles to Washington in August '71, he interrupted the reporters' cribbage game to tell them that his fate was in their hands. "You can make me or break me," he said. At other times he would turn on reporters, as he did at his post-election press conference in New Hampshire, and treat them to a stream of arrogance and abuse, blaming them for his setbacks.

Ironically, Muskie's campaign was a reporter's dream, for if the Senator treated the press badly, he treated his staff worse. He intimidated them, made scapegoats of them, and often ignored their advice. There was nearly always some wounded staffer who didn't mind telling you what was going on up in the Candidate's Suite. Surprisingly, very few reporters availed themselves of these willing sources, and several interesting developments in the Muskie campaign went largely unchronicled.

There was, for instance, the incident on election night in Florida when Muskie went into a rage over the poor returns and tried to resign. "All his major advisers were up there in his hotel room," recalled an eyewitness, "and Muskie just had a fit. He screamed and ranted like something out of *Marat/Sade*. He kept shouting, 'You guys made me commit political suicide! You made me come out against the Space Shuttle!' "

When Muskie had calmed down, he and his advisers left the room and crowded into an elevator to go down to the doomed election night party where he was to deliver his concession statement.

The dialogue in the elevator, according to the same eyewitness, went like this:

"What are you going to say, Senator?" asked Berl Bernhard, Muskie's campaign manager.

Muskie stared at him. "You'd like to know, wouldn't you?" he growled.

"Yes, Senator, we certainly would," Bernhard said nervously.

Muskie just stood and glared. Jane put her head on his shoulder. "Oh, Ed," she said. "If you go back to Maine we can have another baby."

And Muskie, said the eyewitness, suddenly seemed to change his mind. One thought of another kid in Kennebunkport, and he walked right out to the microphones and told the crowd he was still in the race. "I swear to God," said the eyewitness. "That's what did it."

Now, if the protagonist of this incident had been George McGovern, and the incident had taken place in the fall, it would have got into print without a doubt—though perhaps in sketchy, abbreviated form. The rumors of Muskie's attempt to withdraw were in the air within a few days after the Florida election. A little guileful prodding should have unearthed the whole story. But not even a hint of the story showed up in the press, except in a *Rolling Stone* column written by Hunter Thompson several weeks later.

A month and a half later, in a front page *New York Times* story that appeared the day after Muskie withdrew from the primaries, Jim Naughton finally revealed that the Senator had wanted to pull out after the Florida election. But why didn't the reporters trace down the full story at the time it happened? All of the ones I asked said that they had not heard the rumors. I believed them, but I thought another factor might have been operating. I thought that they *didn't want* to hear the rumors —not because they necessarily supported Muskie's candidacy, but because they wanted to be on the Winner's Bus.

There is nothing drearier than following a loser all the way to his grave. The candidate is exhausted, the staff is crabby, the hotels are bad and get worse, and the campaign generates less and less news. Off in the distance is the Winner's campaign—a cornucopia of big stories, excitement, power, money, and a burgeoning sense of promise. Everybody in the business is suddenly talking about the Winner's campaign. The best reporters seem to be there. It grows like a fad; you have to be there, at the center of the action.

But it goes beyond that. A campaign reporter's career is linked to the fortunes of his candidate. If he is writing about the front runner, he is guaranteed front-page play for his articles, and as Walter Mears once told me, "Everything is measured by play in this business." If he can hang on to a winner through the primaries, he will probably be assigned to follow him through the fall election—perhaps all the way to the White House.

A campaign reporter who covers one of the two major candidates is usually headed for bigger things. "The Presidential politics beat is one or two steps down from being a junior or senior executive on the paper," David Broder said after the election. "Most of the guys who covered the first campaign that I was on in 1960 are now editors of the editorial pages of their papers, or managing editors, or bureau chiefs who spend most of their time doing stuff around Washington." Ben Bradlee, for example, who covered Kennedy for the Washington *Post*, rose within a few years to become executive editor.

Even if the reporter does not immediately receive an editorial job, he may be assigned to the White House, which is also a springboard to executive positions. Robert Semple was a good example. In 1966, he had been covering urban affairs for *The New York Times*. His articles usually appeared at the bottom of page 63. In 1967, he was assigned to cover Richard Nixon, and he followed him all through the primaries and fall cam-

paign, and then served as the *Times*' White House correspondent for four years. At the end of 1972, he was sent to New York
as an assistant editor on the national desk, and many *Times*men
assumed that Semple was being groomed for the prestigious
position of Washington Bureau chief.

At the very least, a reporter who latches on to the Winner in
the primaries can always write a book about a losing Presidential nominee. But nobody wants to read a book about a losing
Presidential hopeful.

So the correspondents did not like to dwell on signs that their
Winner was losing, any more than a soup manufacturer likes to
admit that there is botulism in the vichyssoise. If the Winner
turned into a clear-cut loser, the campaign reporter might get
assigned to the new Winner. Or he might not. There was always
that nagging fear that the editor might have forgotten him, that
he might be destined to spend the rest of the year in some dull
secondary assignment. Besides, he had spent months making a
close, monomaniacal study of the candidate. He had become a
very narrow specialist. He could tell you everything about the
candidate from his favorite dish to the political opinions of his
war buddies. If there was any justice in the world, the reporter
thought, the candidate would come through and justify this
fantastic expenditure of time. Otherwise, what a tragic, absurd,
depressing waste . . .

For these reasons, I thought that the men on the Winner's
Bus subconsciously pulled for their man to come through.

When Muskie's campaign began to go down the tubes, it
didn't do much for the morale of Messrs. Stout, Morton, and
Naughton. "It didn't matter six beans to me whether Muskie
was or was not the nominee," Naughton told me months later.
But after Florida, Naughton began to have trouble getting his
stories in the *Times*. Half the time, he had to contribute his
information to some other *Times* reporter who was writing a
more general story about the campaign. "We all have large egos
or we wouldn't be in this business," said Naughton. "It made it
a bit harder to go through those twenty-hour days when you

didn't see any personal involvement in print."

After Muskie's birthday party in Green Bay, I walked into the dark cryptlike hotel bar and spotted Naughton, Stout, and Morton at a table behind a blue-mirrored column in the middle of the room. They were exuding gloom like three guys who had just dropped their life savings at the track. Five rounds of Scotch-on-the-rocks came to the table before closing time.

Stout was slumped in his chair with his collar open. Having abandoned all hope that he was riding on the Winner's Bus, he had found some degree of peace. Or perhaps the absurdist in him had already accepted the whole campaign as a bad joke. He was trying to bet everyone that McGovern would win in Wisconsin. No one wanted to bet against him.

Morton, who had weathered six months in the CBS Saigon Bureau and Nixon's 1968 campaign, was smoking nervously. He had been the No. 2 man on the Hill when CBS sent him to cover Muskie. He was forty-two, but his neat blond hair, his smooth features, and his eyeglasses made him look like an Eton boy. There was a weird contrast between his deep, confident voice and his frightened eyes.

At the third side of the table was Naughton. If Dickens' Tiny Tim had reached the age of thirty-four, he would look like Naughton—small, frail, with badly cut short blond hair, red-rimmed eyes, a small puckered mouth, and a bargain basement suit. He was a soft-spoken, meticulously polite graduate of Notre Dame who had learned to get what he wanted by quiet, subtle means. Whenever a petition was circulated or a prank was played, Naughton was almost always the invisible instigator. He would plant an idea in the minds of the other men and then quietly fade into the background. It was he who had organized the entertainment and gift-buying for Muskie's birthday party, for instance, although Stout had ended up in the spotlight.

Naughton was a natural leader, and the others followed him almost unconsciously. He was always in the middle of the excitement, and when he left a place, the others would slowly filter away. An ambitious reporter, he had an almost feminine knack for seeming to hold a casual conversation while really sucking out information like a bilge pump. It was no coincidence that he was the big winner in the running poker game—when he wanted to, he could draw another man out and never hint at what was in his own hand. He had a pleasant sense of humor which sometimes emerged in his lighter pieces. His black typewriter case was decorated with a "Dingbat for President" sticker.

The son of a dispatcher for a shipping company on the Great Lakes, he was the first writer in his family, and his greatest ambition was someday to take over Russell Baker's humor column in the *Times*. He had come to the *Times'* Washington Bureau from the Cleveland *Plain Dealer* in 1969, and had served as the back-up man at the White House. In the summer of 1971, he had put in for a campaign assignment, expecting to be given a minor candidate like Harold Hughes. To his complete surprise, he was told that he would cover Muskie. It was extraordinary for a rookie in the bureau to receive such a weighty assignment, and Naughton was fully aware of the importance of the job.*

Naughton was still covering the White House, but he immediately began, as an extracurricular duty, to familiarize himself with the candidate, his staff, and the financial situation of the

---

* While it was extraordinary for a reporter so new to the *Times* to rise so quickly on the paper, it was not unusual for a young reporter, inexperienced in Presidential politics, to be assigned to a candidate. Many of the 1972 crop of campaign reporters, perhaps a majority, were covering a Presidential campaign for the first time. Dick Stout, who had covered his first Presidential contest in 1964, said he supposed he was "as old a pro as there was" among the campaign reporters. "It scares me when I think about it," he said. "I have more experience at this thing than most of them, and I don't know *anything* about it." Stout later said that he thought campaign coverage was "pretty bad," but he couldn't think how to improve it. "I don't think very many publications or TV stations go at it with any sense of a pattern," he added. "They don't profit by experience, mainly because the turnover of editors and reporters is so rapid."

Muskie campaign. In trying to find out about the sources of Muskie's campaign money, he ran up against a roadblock—he learned that staffers and contributors had been told not to discuss the subject. So in August of 1971, he set up an informal, get-acquainted dinner with Muskie and some of his staffers at a Washington restaurant. "During the course of the dinner," Naughton remembered later, "I mentioned to Muskie that it seemed to me that if he really meant what he was saying about deserving the trust of the voters, he had to do business in a different way on finances. I told him how I had had this difficulty getting this information, and told him that it ought to be made public." Muskie blew up. He launched into a twenty-minute tirade, pounding the table and shaking his fist. Every time Naughton tried to say something, Muskie cut him off with "Don't give me any of those lawyer's tactics! Don't give me any of your weasel's words!" Naughton persisted in his argument and finally Muskie looked at him and said, "You're nothing but a goddam purist!"

"I only hope you think I'm a goddam purist after the campaign," said Naughton. Muskie laughed, and from that time on, the two enjoyed an amicable relationship. The only thing Naughton regretted about the go-around was that it had been off the record.

Sometimes Naughton seemed to be divided into two separate personalities, the questioner and the writer. As a questioner, he could often be as blunt and fearless as he had been at that dinner with Muskie—prodding, needling, playing a ferocious devil's advocate. But as a writer he tended to be prudent to a fault. It was as if he felt the entire grey-goddess tradition of *The New York Times* weighing down on him. "The *Times* is after all a record of history," he once told me. "I wouldn't want to vilify Richard Nixon if he doesn't deserve vilification—even though *I* may feel he deserves it."

His articles on Muskie, at any rate, were extremely cautious. "Naughton didn't have the confidence in himself to buck conventional wisdom," said an older, more experienced journalist.

"I think his major problem was that he didn't understand the internal politics of the *Times*. When he got a job as good as he got, he should have known he had clout to write it the way he saw it.

"But never did Jim say anything first. He was filing AP shit. Every time he talked about this problem or that flaw, it had already been headlined in the Washington *Post* or a national magazine. I think he knew what was happening, but he just wasn't sure of his instincts."

There were several examples of Naughton's pulling his punches with Muskie, but one stood out—the "crying incident" article. In his story of February 27, which was buried inside the *Times,* Naughton did not mention that Muskie "broke into tears" until the sixth paragraph. David Broder, the chief political writer for the Washington *Post,* played the incident in his lead, thereby producing a piece that had a devastating effect on the Muskie campaign. Naughton, constantly on the Muskie Bus, saw the incident as a minor feature in a generally bizarre day of campaigning. Broder, who had just flown into New Hampshire for the weekend, saw it as a major news story.

SINCE THE NEW HAMPSHIRE PRIMARY, I had formed my theory about the Winner's Bus, and I wanted to try it out on Naughton, Stout, and Morton. For some reason, even in the general emotional sag that followed the birthday party, I didn't feel reticent about inviting myself to join them in the Northland bar, or about bugging them with my theory.

"I think that you're going kind of easy on Muskie," I said after my first drink. "I don't mean that you're fudging things for him consciously, I just think that you give him the benefit of the doubt because you've put in a lot of time with him and you'd like to see him get the nomination to justify that time. I mean, life is short, and four or five months is a pretty big investment of time."

"Well," said Morton gravely and politely, "Stout has been

with him on and off for three years, for that matter. But I don't think we've favored him."

"No," said Naughton, "I think we've been hard on him, if anything. We took him to task for not disclosing finances, just among other things."

Stout leaned back in his chair and pointed at me. "Listen to the kid," he said. "He's got something to say."

That took me by surprise, and I didn't know quite what to say.

I began to attack Muskie in vague terms. "He's a whore like Humphrey," I said. "He'll sell out to anybody who will give him the Job." The interesting thing was that they responded to my attack on Muskie by taking up his defense.

"I'd rather see the nomination go to Muskie than to Humphrey, who *is* a complete whore," said Naughton. "I'm a pragmatist, and I think Muskie may be the best we can get. Coming off the White House beat, almost any Democrat looks attractive. Muskie has impressed me as being honest and candid. He's not just a politician."

"He wants to be President so bad he can taste it," I said.

"No," said Naughton. "The man is really a fatalist. He's been pushed into this race and he's accepted his role, but he'd be happier being a Senator from Maine for the rest of his life."

Morton nodded. "I'll grant you that he's petulant, that he's ill-at-ease with the press, and that he doesn't know what to say sometimes, but that doesn't mean he's all bad."

"You've got to remember that he's a state politician, and that he's being advised by people who have run state campaigns," Naughton said earnestly. "But he's learning. He's educable. That's why we told him about the importance of having an open administration during that bull session in Portsmouth, New Hampshire. We can educate him before it's too late."

Just before closing time, Naughton and I made a trip to the bar to collect the last round of drinks. As we stood at the rail, I realized for the first time that we were both quite drunk. Not pig drunk, but unnaturally loose-tongued. Naughton was talking to me intensely, but it was hard for me to concentrate on his words because Dick Stewart, Muskie's press secretary, was sitting only a few feet away and singing "On the Street Where You Live" at the top of his lungs. But I remember the gist of what Naughton said, and he has since repeated the rest for me.

"When I was in Cleveland and I was a young political reporter—fairly naive, fairly idealistic, fairly liberal—there was a state representative named Carl Stokes who came along. Black. A man of immense charm. Seemed to me to represent what was right, what was the future. I thought he would make one helluva mayor. And my news stories may have reflected that, and I'm sure my columns did. And that may or may not have helped get him elected.

"And as soon as he got elected, he turned around and shat on all the people who had worked their asses off for him. He was just a bastard. He had terminal ego. And that convinced me you should never place your trust in a politician. And I think that was a very valuable object lesson."

Four weeks after the night at the Northland, Muskie withdrew from the primaries. Naughton took several days off to write an obituary of the Muskie campaign for *The New York Times Sunday Magazine*. "I never really had a chance to stop and decide whether I was distressed about Muskie's withdrawal or whether I regarded Muskie as the most capable candidate," Naughton said later. "But I felt like the guy who had invested his life's savings constructing a building, only to see it collapse. I mean, I had spent hours and months getting to know the intricate details of the Muskie campaign and how it functioned, to the point where I was finally confident that I knew where to go and who to talk to and could put my fingers on the developments as they occurred. From that standpoint it was a great disappointment, because here was something I had gotten to know intimately and suddenly it wasn't there any more."

Muskie's demise threw the campaign reporters into a limbo of uncertainty. Naughton, for instance, had no idea what his next assignment would be, and at first his editors also seemed unsure. He was sent to Columbus to help analyze the returns in the Ohio primary. That done, he was told to fly to Detroit to coordinate coverage of the Michigan primary. No sooner had he arrived in Detroit, however, than he got a call from the Washington Bureau, telling him to pick up McGovern in Nebraska. At first, Naughton thought that this was a temporary assignment, but after a couple of weeks he realized that he was on the Winner's Bus again. Within a few weeks after the collapse of the Muskie campaign, Stout and most of the other Muskie campaign reporters also ended up with McGovern.

This massive influx of new reporters onto the McGovern Bus meant that most of the reporters who had followed McGovern since January had to be transferred to other, less glamorous assignments. For at the beginning of the year, the McGovern campaign, seemingly so hopeless, had been regarded as an ideal training ground for promising reporters who needed seasoning. "I don't have the vaguest idea what I'm doing," Michelle Clark, a young, extremely beautiful black reporter from CBS's Chicago Bureau had said during the New Hampshire primary. "I think they're just letting me get my feet wet."*

Like all campaign reporters, the small crew of early McGovern regulars had soon begun to identify with the candidate they were covering, and they spent much of their time trying to insure that their newspapers and networks would treat McGovern as a serious contestant. For instance, Christopher Lydon, a thirty-three-year-old *New York Times* reporter covering his first Presidential campaign, began to feel as early as January that McGovern had a chance to make a strong showing. Lydon rapidly became so enthusiastic about McGovern that Robert Phelps, the *Times'* political editor, felt obliged to remind him not to "write from the heart." Later, when McGovern surged in Wisconsin, Lydon began to pontificate in private, becoming

---

* Clark, who covered McGovern through Wisconsin and later covered Humphrey, proved herself to be an excellent correspondent. On December 8, 1972, she was killed in a plane crash at Chicago's Midway Airport.

a self-appointed expert on the McGovern phenomenon, and he was deeply disappointed at being bumped from the McGovern Bus and transferred to the Humphrey campaign in mid-May.*

Quite naturally, this first batch of McGovern reporters had not written in great detail about McGovern's proposals; they were lucky to get enough space to describe the day-to-day progress of McGovern's campaign. The band of ex-Muskie regulars who took over in May had a different problem. Coming in late, they had to learn about the workings of the McGovern campaign as quickly as possible. They had no time to study his more complicated proposals. Thus, neither group of reporters was able to give McGovern the careful scrutiny he deserved, and which might have saved him from making disastrous mistakes later on.

The people who saw this problem most clearly were the reporters on the Humphrey Bus, who felt that their candidate, a two-time loser in whom the public had lost interest, was being slighted, while McGovern, a bright and unknown new face, was fussed over. The most outspoken Humphrey reporter was *Newsweek*'s John J. Lindsay, a cynical, witty, melancholic old pro with a penchant for challenging political clichés.†

"We were captivated by a goddam hula hoop," Lindsay said in August of the press's attitude toward McGovern. By *we*, Lindsay really meant *they*—the editors who doled out space and the reporters who covered McGovern. He felt that the McGovern reporters had failed to look hard at the fact that McGovern would have done poorly in several primaries if not

---

* As it turned out, Lydon did such a good job covering Humphrey and carrying out other assignments that he was chosen to succeed Johnny Apple as the *Times'* national political correspondent when Apple moved to the White House beat in early 1973.

† Lindsay had covered Humphrey off and on since 1971 and followed him full-time from March through the Democratic Convention. Both he and Hayes Gorey, the Humphrey reporter for *Time,* had to live with the fact that their magazines gave less space to Humphrey than to McGovern. They also had to live with Humphrey's exhausting eighteen-hour days and his incompetent press secretary, who never learned that reporters needed time to file.

for the votes of Republicans and of Wallace voters who did not have Wallace on the ballot. Lindsay also thought that the McGovern press corps had failed to quiz the Senator rigorously on his defense budget and income redistribution plan.

"At least," said Lindsay, "Humphrey managed to turn a very dull primary season into something fairly interesting, and in the end became the only thing that stood between George McGovern and a free ride.

"Humphrey cut McGovern up a little bit in California, which the process is supposed to do. Cut him up on the issues. It disclosed to me for the first time that McGovern had gotten where he was by some alchemist's formula, but he sure as hell didn't get there on the basis of what he really stood for. He didn't know what the hell he really stood for. He didn't know what the hell his stands really implied. So Humphrey served a good purpose. And the opportunity was given to him on a silver platter by the press, because the press had never done it.

"From Wisconsin on, we should have been all over McGovern's *ass,* backing him up against the wall on the issues. The fact of the matter is that we're doing a helluva lot more damage to George McGovern right now, in August, by simply reporting what's happening to his campaign that if we'd done it last spring when it really didn't matter."

Lindsay was quite correct. In fact, only one reporter really probed George McGovern's stands in the spring of 1972—Richard Reeves, the political reporter for *New York* magazine. Reeves was a seasoned journalist in his late thirties who had recently cut the umbilical cord to what he called the "Mother *Times*" to do free-lance magazine work. Free at last to write with a sweeping authoritativeness that the *Times* had never allowed, Reeves was out on a shooting spree, turning his personal, sometimes opinionated style on every politician in sight. "If there's anything good about the guy, fuck it, his press officer will get it out," Reeves once told me. "So why should I waste my time, for McGovern or anybody else. I don't tend to think in terms of their problems."

Reeves regarded George McGovern as a garden variety pol

with an unwarranted reputation for saintliness. "George would rather be President than be right," he wrote in a *New York* piece which came out in early May. In the same article, Reeves pointed out that McGovern was fudging on busing (saying one thing in Florida, another in Massachusetts); that McGovern's accusation that forty percent of American corporations were paying no income tax was "ridiculous"; that McGovern gave little indication of caring much about the plight of the poverty-stricken Indians in his own South Dakota backyard; and that McGovern's ADA rating had plummeted from 94 to 43 in 1968, the year he ran for reelection to the Senate.

"Politicians are different from you and me," Reeves went on, apropos of McGovern. "The business of reaching for power does something to a man—it closes him off from other men until, day by day, he reaches the point where he instinctively calculates each new situation and each other man with the simplest question: what can this do for me?" Reeves saw that McGovern was a politician, and he predicted the compromises that McGovern would make with party regulars later in the year.

The article had little impact, and few of the reporters on the McGovern Bus seemed to share Reeves' perception of the Senator. Which was not to say that they wrote glowing, laudatory stories about the candidate. During the California primary campaign, in late May and early June, they gave thorough coverage to McGovern's inability to put a price tag on his welfare plan and to his growing defensiveness in the face of Humphrey's shrill attacks. At the same time, however, the phenomenon of the Muskie Bus seemed to be recurring; the McGovern reporters did not seem anxious to probe for McGovern's flaws, to examine the ruthless, pragmatic side of his personality. True, a few of the national political reporters, notably Jules Witcover and Marty Nolan, wrote a satirical song poking fun at McGovern for his political alliance with Meade Esposito, the old-guard Democratic Party boss of Brooklyn, New York. But many of the reporters seemed content to take McGovern at face value, accepting him as the anti-politician he claimed to be. In California, there was sometimes a feeling of general giddiness on the McGovern Bus. McGovern was so close to victory, and if he won the nomination it would be perhaps the most sensational political story since Lyndon Johnson took himself out of the running in 1968. No one wanted to spoil a story that good.

It would have been far better for McGovern if the reporters had regarded him as a common politician from the outset. For when, in the course of the Eagleton mess, they finally discovered that he could resort to expediency as quickly as the next pol, many of them acted as though they had been deceived and betrayed. Jim Naughton, for instance, sounded shocked and outraged in the "New Analysis" which he wrote on July 31. Naughton described the less-than-straightforward way in which McGovern had disposed of Eagleton and argued that it might have shattered McGovern's idealistic image. "The biggest political casualty in the Eagleton affair may prove to be not Senator Thomas F. Eagleton but the man who chose him to seek the vice-presidency," he wrote. "Mr. McGovern appeared, even to disillusioned members of his campaign staff, to be saying one thing and doing another—which was the charge he had been preparing to make against President Nixon. It all seemed to illustrate, as have other events since Mr. McGovern won the Democratic nomination, that he is, after all, a politician."

Naughton did not sound like the same man who had written about Ed Muskie. His on-the-one-hand-on-the-other-hand equivocations had been replaced by a tough, certain tone. But then Naughton's circumstances had changed. He was no longer covering a shaky primary candidate, wondering what the future held in store. He had made it through the eliminations and was one of the two anointed *Times* correspondents who had been assigned to cover the one and only Democratic candidate. As a result, he had a new confidence in himself, a self-assurance which allowed him to operate by the principle he had learned years before in Cleveland: "You should never place your trust in a politician."

CHAPTER IV

The Heavies

ONE AFTERNOON AFTER THE ELECTION, I asked Dick Stout what he thought of a certain campaign reporter. Stout was in one of his darker moods. "He's as good as any," he grumbled.

I waited for Stout to elaborate.

"Hell, political reporters," Stout said disgustedly. "Shit, they're like sportswriters. The job's a lot the same. It's fun to do. And the quality isn't very high. Anybody can be a political reporter or a sportswriter. Even though publications and networks put some of their best people on the candidates in an election year, they really don't have to. Because anybody really can do it. But you have to be exceptional to do it well. It really takes something to be a good one."

There were only a handful of reporters who everyone in the business agreed were exceptional. In any discussion or straw poll, the names that always came up were Johnny Apple, David Broder, Jules Witcover, Bob Novak, and Haynes Johnson.* Nobody could quite define what made these reporters exceptional. It was not just their wide knowledge of politics. Nor the fact that they worked for big papers. Nor that they were right all the time, because they weren't. When you asked around, the consensus was that they were a lot like other reporters except that they somehow had more energy, they were more monomaniacal about their work.

Here then are portraits of some of the Heavies:

Johnny Apple of *The New York Times*

"Take a look at Johnny Apple over there," said a celebrity-watching politico on the closing night of the Democratic Convention. "He practically goes around with a T-shirt saying, 'I work for the *Times:* I'm Number One!'"

R. W. "Johnny" Apple, Jr., *The New York Times'* national political correspondent, was standing in a shadowy area at the south end of the blue wooden stands of the Press Gallery. A chubby mid-thirtyish man with a pug nose and narrow eyes, he was wearing a polo shirt and slacks and looked like a country-club golfer. All of a sudden Ted Kennedy, who had just finished his speech nominating George McGovern for President, came around a corner a few feet away from Apple, walking briskly and followed by his entourage.

"Hey, Ted," shouted Apple, and waved him over. They chatted for about a minute.

"You know," said the politico as Ted left Apple, "Johnny

* Other names frequently mentioned were Al Otten of *The Wall Street Journal*, Peter Lisagor of the *Chicago Daily News*, Walter Mears of the AP, Jim Perry of the *National Observer*, and Jack Germond of Gannett.

thinks he's better than the pols he writes about. He thinks they need him. He seems to forget it's *The New York Times* they need, not him. If Johnny worked for the Denver *Post* and he said, 'Hey, Ted,' Teddy would have kept on walking."

Johnny Apple never hesitated to let you know that he was important. He once described to me the elaborate twenty-man "grid system" that the *Times* had developed to cover the primaries. "And then, floating above all that," he concluded, "is me. Nobody has as much authority as I do. I can do virtually any story I want to, and I can help shape what other people do."

In the eyes of many of his colleagues, Apple was a compulsive bullshit artist, the kind of man who could not resist adding $5,000-a-year when he told you his salary. Returning to New York from the *Times'* Saigon bureau, Apple announced that he had killed several Vietcong, which prompted one *Times*man to mutter: "Women and children, I presume." At least a few journalists saw Apple as a ruthlessly ambitious hustler who had stabbed and flattered his way up through the ranks of the *Times*. Not many people had ever accused Apple of dishonest reporting; it was Apple's personality that turned them off—his braggadocio, his grandstanding, his mammoth ego. In a business populated largely by *shy* egomaniacs, he stuck out like a drunk at a funeral.

I first met Apple around noon on the Sunday before the California primary. Along with a dozen other very heavy media people, he had passed up the tacky Wilshire Hyatt House in favor of the posh Beverly Wilshire, in Beverly Hills. Most of his fellow journalists were lounging by the pool, but Apple had been pounding on his Olivetti since eight, finishing up his story for Monday's paper. He was phoning the last paragraphs to New York as I arrived. In a room as elegant as a Design Research store window, with bronze foil wallpaper and mod furniture, he was sitting in white BVD's taking a last hurried look through the mess of yellow legal paper on the desk.

"Hi," he thrust out his hand, "John Apple." As he slathered soap on his face to shave, he enthusiastically outlined the *Times'* campaign coverage. Talking nonstop, he pulled on some sports clothes, led me through the lobby and commandeered a good table on the shaded patio of the hotel restaurant. Having ordered a bull-shot and a pack of Salems, he started attacking the basket of sweet rolls on the table. We were talking about the piece he had written for that morning's paper, in which he flatly predicted that a pack of Southern governors trying to stop McGovern would get nowhere.

"Believe it or not, they gave me an unlimited travel budget at the *Times*," he said, buttering a roll. "So when I get into a situation like that piece this morning, I *know* fifteen people in Georgia who I can get on the phone and will level with me, and I know another ten in Kentucky, because I've been all these places three and four times. That piece took about sixty-five phone calls—two whole days and part of a third. I'm a great string-saver—while I'm doing one story like that I'll duck into a phone booth and make half a dozen phone calls for another story.

"My all-time record"—he reached for a second roll and urged one on me—"my all-time record is a hundred calls in one day. That was on a story I did about five state conventions and a couple of territorial conventions or something. But I sat down at my desk at nine o'clock in the morning and got up at ten after seven. And I made about twenty-five of those calls trying to find out what happened in the Canal Zone. 'Cause I was determined I wasn't gonna have to write: 'A convention was also held in the Canal Zone, but we don't know what happened.' That's just a little matter of pride."

The waiter brought the poached eggs and caviar we had ordered. "The important thing is the amount of money a publisher is willing to contribute to travel," Apple went on. "Because travel is the soul of this business. You've gotta be there, you can't do it all on the telephone.

"Tell you a little story. When Tunney [Sen. John Tunney, D.-Cal.] and Moretti [Robert Moretti, Speaker of the California Assembly] made their announcement for Muskie, which I had a couple of days early, a rather bitter California reporter said to Moretti, 'How come we have to read what you're going to do in national politics in *The New York Times,* when *we* cover California?' And Moretti looked at the guy and said, 'If you'd been in my office four times in the last year drinking Scotch the way Johnny Apple was, maybe you wouldn't have to read about it in *The New York Times.*' "

Which implies that Apple got the story from his well-primed source, Moretti. That is not exactly what happened, according to a Tunney aide. The Tunney aide claims to have fed the story to Apple via a couple of intermediaries and for his own purposes. In other words, Apple was being used.

The Tunney endorsement was a big story, the first of a string of front-page scoops that Apple got on major political figures endorsing Muskie. Tunney was a bosom pal, law school roommate and fellow Senator of Ted Kennedy; if Tunney came out for Muskie, it was probably with Ted's consent and meant that Ted wasn't going to run.

Late in November '71, Muskie approached Tunney to ask for an endorsement. Tunney checked it out with Kennedy and got the green light. So Tunney's aide went ahead to make a deal: Tunney would endorse the Man from Maine if Muskie would promise to make him chairman of the California delegation at the Convention. Muskie agreed, and Tunney scheduled the press conference for a week later—Wednesday, December 7.

Meanwhile, Alan Cranston, the other Senator from California, got wind of Tunney's plans. Cranston decided he'd better endorse Muskie, too. So he called up Muskie and offered his endorsement in return for a promise that he would be chairman of the California delegation at the Convention. Muskie said yes. When Tunney's people found out that Muskie had promised the chairmanship to both Tunney and Cranston, they were furious. They called Muskie and raised hell. As usual, Muskie couldn't make up his mind what to do.

So, late on Monday, December 5, two days before the scheduled announcement, Tunney's aide decided to pull the rug out from under Cranston by leaking the Tunney endorsement to *The New York Times*. He found out that Johnny Apple was in Columbus, Ohio, seeing an old friend, John Gilligan, the governor of Ohio. The aide phoned Mark Shields, a Gilligan aide; Shields relayed the information to Gilligan; and Gilligan leaked the story to Apple. A three-cushion shot with Apple as the eight ball—it was hard for anyone to trace the story back to Tunney's aide and accuse him of screwing Cranston. On December 7, Johnny Apple's story—"Tunney Endorsement of Muskie in 1972 Race Is Reported Near"—appeared on the front page of the *Times*. It was almost an exclusive, but not quite. Just for insurance, Tunney's aide had also leaked the story to Sam Roberts of the New York *Daily News*.

In the next month, Mark Shields, the Gilligan aide, became a national coordinator of the Muskie campaign and proceeded to leak several Muskie endorsement stories exclusively to Apple, including the news that Leonard Woodcock of the UAW was going to come out for Muskie. Several high-level members of Muskie's staff were outraged that Shields was favoring one reporter and felt that Shields ought to be punished. But Shields, one of the shrewdest men on Muskie's staff, was sure he had done the right thing. By giving the stories exclusively to *The New York Times*, he had guaranteed: a) that *The Times* would give them front-page play and b) that every other paper in America would give them prominent coverage. Once a story hits page one of the *Times*, it is certified news and can't be ignored.*

"You build up confidence in people," Apple was saying as he

---

* Apple had played this game at least twice before. When Robert Kennedy was about to enter the Senate race in New York in 1964, said a colleague of Apple's, "the Kennedy people played him like a yo-yo. His needs and their needs absolutely coincided. They wanted to be in the paper every day and he wanted to be in the paper every day. They just leaked him stuff and he put it right in. And of course, the *Times* wanted a story on Bobby Kennedy every day. Same thing when Rockefeller was trying to decide whether or not to go in before the 1968 Convention. Again, the Rockefeller people played him like a yo-yo."

sipped his bull-shot. "They tell you things." No small part of Apple's success was that he had been, for as long as anyone could remember, a red-hot, gung-ho overachiever. He was editor-in-chief of the yearbook at his Ohio prep school, Western Reserve Academy. At Princeton, he ran the newspaper, got elected vice chairman of the student council, and was thrown out for bad grades. He worked for *The Wall Street Journal,* did a hitch in the Army (moonlighting for a newspaper in Virginia), and finally graduated *magna cum laude* from Columbia in 1961. He was editor of the newspaper there, too. After a couple of years as a writer for Huntley-Brinkley at NBC, he joined the *Times* and became a protégé of Abe Rosenthal, who was then the metropolitan editor.

". . . he never stopped running. . . ," Gay Talese wrote of Apple in his book on the *Times.* "The result was that he got more good stories into the paper than anyone on Rosenthal's staff. This is not what bothered his older colleagues so much, for they soon recognized his ability to get a story and write it; what really bothered them was Apple's incredible enthusiasm for everything he had been assigned to cover—a Board of Estimate hearing, a talk by the tax commissioner, a repetition of political speeches—and Apple's insistence, once he had returned, on telling everybody in the newsroom what he had seen and heard."*

Apple practically *ran* up the ladder of good reportorial jobs —Bobby Kennedy's 1964 Senate campaign, the Albany Statehouse, Vietnam, Nelson Rockefeller's '68 Presidential campaign, Africa, and then the whole national political scene. He was a golden boy. Someone once asked Abe Rosenthal what was the best decision he had ever made. "Hiring Johnny Apple," Rosenthal shot back immediately.

The lowlier employees of the *Times* were not so enamored of Apple. Among his fellow reporters, Apple had the reputation of

* *The Kingdom and the Power* by Gay Talese (New York, World, 1969).

an ass-kisser. He not only flattered Rosenthal, it was said, but also took pains to ingratiate himself with the Sulzberger family, who owned and published the *Times*. He had, for instance, gone out and written an enthusiastic feature about a radio show that was run by Ellen Sulzberger Straus (cousin of Punch Sulzberger, the publisher). It was around this time, in 1964, that David Halberstam returned to the *Times'* New York office after having reported on Vietnam for several years, for which coverage he had won a Pulitzer Prize. One afternoon, as he sat at his desk, Halberstam spotted a round-faced young man walking around the city room as if he owned it. Halberstam realized that this must be Abe Rosenthal's current pet, Johnny Apple. Apple sauntered over to Halberstam's desk and announced with studied nonchalance: "Say, I was over at Peter and Ellen Straus's— you know, Punch's favorite cousin—last night, and Harding Bancroft [vice president of the *Times*] was there, and your name came up and I thought you'd be pleased—it was very favorably commented upon."

Halberstam said his first words to Johnny Apple: "Fuck off, kid!"

What constantly amazed people, as the years passed, was that Apple remained the same eager, egregiously ambitious kid he had been when he first arrived at the *Times*. He still had a restless, stir-crazy desire to get every story first—a commendable trait in a reporter. But some of his colleagues thought that he was less interested in covering the election than in seeking out small pieces of information that some of his more eminent rivals, like David Broder, did not have in their stories. He did not seem to develop the depth, reflectiveness, and moral courage necessary to become a great journalist. He never stopped running for long enough to form any ideas; one could not imagine him writing a thoughtful magazine piece or a book review. "Johnny has not grown up in one way," said a reporter who had known him for years. "And that is that he literally believes that newspapermen are judged on how many by-lines they get, not what they say. We all used to think that way when we were kids

—'Gee, I got six by-lines this week'—but Johnny still talks that way. He travels all over and spreads himself thin. He should write one or two pieces a week and give people some insight into what the fuck's going on, but instead he tells people how many delegates McGovern had on Thursday as opposed to Tuesday. Scoreboard journalism, and the *Times* has a hundred good reporters who can do that.

"In April," the reporter continued, "Apple wrote one of the best stories of the campaign—that interview with John Gilligan where Gilligan talked about all the things that were going wrong with Muskie's campaign. Apple has worked Gilligan as a source for a long time and he got Gilligan to say things that politicians never say. It was funny, it was sad, it was insightful. And he blew it. He could have taken a week and made that interview the centerpiece for a long front-page article on what it's like to run a campaign and how Muskie's failed. But as it was he got that interview in two hours and got on a plane and the fucking thing ran way inside the paper with a one-column head and only professionals saw it. He just never bothered to develop it."

Some reporters, when they have passed thirty and have achieved some success, begin to nurture healthy doubts about their work, about the use of the power they have attained, about the difference between the reality they witness and what they report as news. Apple never seemed to feel a twinge of doubt. As long as he was getting exclusives, writing big stories, breaking news earlier than other reporters, he was happy. He was not anxious to analyze, to explore the meaning of events. He liked to write prediction stories, to be the first reporter to say that a certain candidate was going to win. I once asked Edward Folliard, the Washington *Post*'s emeritus political reporter, why so many reporters want to write prediction stories. "They do it because it's fun," said Folliard. A few reporters were gradually coming to realize that it did the public little good to know who was going to win or which way a certain state was going to vote—they would find that out on election day anyway. But it was a game with reporters to predict these things, and Apple liked to win the game.

Apple had a mania for being "one jump ahead." Over lunch at the Beverly Wilshire, he mentioned the story he had written three days before the New Hampshire primary, saying that Muskie was in trouble in three of the first four primary states. "We had men traveling with the candidates and men assessing the situation in New Hampshire, and that enabled me to stay one jump ahead," he said. "So in New Hampshire, I had talked to a lot of candidates, managers and local people I knew and I got this idea Muskie was slipping. I thought, 'Shit, if this is happening here, it must be happening elsewhere.' So I went to Florida and Wisconsin in the three weeks before the election, and it was as obvious as the nose on your face."

Apple always stayed ahead of the pack on day-to-day events, but he was seldom ahead of public opinion on major social issues. In 1966, when he first arrived in Saigon, he had aspired to be "Combat Johnny," wearing a German brush cut, talking tough, and bragging about the number of VC he had killed. By 1967, however, he perceived a general feeling that the war was not admirable; suddenly he began to write that the war was a stalemate—even though it had already been stalemated for at least a year.

"He is classically the reporter that the *Times* would have invented," says a fellow reporter. "He asks just the questions that they want asked and not one more; he doesn't probe too deeply; and if he ever started to doubt what he was doing, he would tell them about those doubts. He's not like that deliberately to please the *Times*. It's just the way he is."

For all Apple's energy, ambition, and haste to get to the top, he was not an overreacher. Although he thrived on leaks and plants, he never pretended to get information from a high authority when he had got it from a lowly source, and he was careful not to lie in print. The closest he ever came was in a dispatch from Saigon, in which he claimed that a bullet had split the seat of his pants while he was under enemy fire. When skeptical colleagues asked to inspect the evidence, Apple said that he had thrown the trousers away. "Threw them away!" one of the skeptics later exclaimed. "He's so full of it. I mean, you better believe that if a bullet *did* go through your pants you'd save the goddam things and frame them!"

The tale of the pants is among the most famous stories about Apple, but there are hundreds of others. Apple is probably the leading character in contemporary American journalistic folklore. Other reporters are fascinated by him and love to tell stories about him. Even back in the early sixties, when Apple was covering the Statehouse in Albany, his fellow reporters constantly traded anecdotes about his boastfulness and incredible aggressiveness. Apple stories so completely dominated the conversation of a group of Statehouse reporters who dined every night in the same restaurant that anyone who mentioned Apple had to pay a fine of fifty cents. One night one of the reporters angrily stalked into the restaurant and threw a ten-dollar bill onto the table. "That fucking Apple. . . ," he began, and went on to complain about ten dollars' worth of outrages.

There was a reason why reporters told stories about Apple: they recognized many of their own traits in him, grotesquely magnified. The shock of recognition frightened them. Apple was like them, only more blatant. He openly displayed the faults they tried to hide: the insecurity, the ambitiousness, the name-dropping, the ass-kissing, and the weakness for powerful men. So, like prep school boys tormenting the class goat, they shifted the spotlight off themselves by making fun of Johnny Apple. When they talked about him, they were really saying: "I hope it doesn't show so much in me. I hope I'm not that bad. I'm really much better than that."

At the same time, the reporters admired Apple. (The class goat happens to be a genius at Math and becomes popular at exam time). He knew more about the fine, mundane details of national party politics than almost anyone in the business. "During the primaries," said Jim Doyle, "Johnny did it best. Johnny became a source for many, many guys who weren't getting around as much as he was. He became a source for me."

Not only did other reporters read Apple's articles for unique information, they also looked to him for guidance whenever they had to cover a story where there were no handouts, no speeches, and no easy answers. Such a situation arose in late January, when the Democratic precincts of Iowa held caucuses to vote for delegates to the Convention. The Iowa precinct caucuses were the first test of Muskie's strength, and thirty or forty reporters—national political reporters, campaign reporters, and men from small papers—descended on Des Moines to report and interpret the results. When they crowded into the tiny, steamy Democratic headquarters on the night of January 24 to hear a local Democratic official announce the hour-by-hour returns, none of them could make much sense of the figures. Except for Apple.

A McGovern worker who was present recalled the scene. It was the first time he had ever seen the national press in operation. "It really amazed me," he said, "because what happened was that Johnny Apple of *The New York Times* sat in a corner and everyone peered over his shoulder to find out what he was writing. The AP guy was looking over one shoulder, the UPI guy over the other and CBS, NBC, ABC and the Baltimore *Sun* were all crowding in behind. See, it wasn't like a primary. No one knew how to interpret these figures, nobody knew what was good and what was bad, so they were all taking it off Apple. He would sit down and write a lead, and they would go write leads. Then he'd change his lead when more results came in, and they'd all change theirs accordingly. When he wanted quiet to hear the guy announce the latest returns, he'd shout for quiet and they'd all shut up. Finally, at midnight, the guy announced that Muskie had 32 percent and McGovern had 26 percent, and Apple sat down to write his final story. He called it something like 'a surprisingly strong showing for George McGovern.' Everyone peered over his shoulder again and picked it up. It was on the front page of every major newspaper the next day."

Because of Apple's enormous power, politicians were sensitive to anything he wrote and often had gripes with him. During the early primaries, Lindsay and McGovern people complained that Apple was favoring Muskie. Although Apple claimed that he had tried to insure from the beginning that the *Times* would give serious coverage to McGovern's campaign, the fact remains that he relied heavily on party regulars as sources. This constantly irritated the more liberal, reformminded Democrats.

On the last night of the Democratic Convention, I was waiting for a floor pass with a young lady journalist, who had taken time off in the spring to serve as Sissy Farenthold's press officer during Farenthold's bid for the Democratic gubernatorial nomination in Texas. Suddenly Apple came charging out of the Press Gallery, beaming and heading straight for us.

"Wasn't I right?" he demanded as he reached us. "Didn't I tell you back in California that McGoo was going to get the nomination!"

"Yeah, you sure did," I said. Apple always referred to McGovern as "McGoo." Apple was a *Times*man to the core, so to speak, but he often seemed anxious to prove that he was not a running dog of the establishment, especially when he was around young people. So he did naughty little things to assert his independence—like calling the candidate "McGoo," or wearing his hair long, or refusing to wear a jacket and tie—things that made him stand out from the stuffy grey image of the *Times*. He was one of the few men on the *Times* with aspirations to hipness.

I had a vague recollection of Apple telling me in June that McGoo had the nomination sewed up. "You were right about that," I shouted at Apple over the blare of the band and the clamor of the delegates.

He smiled again and launched into another sentence, but the young lady cut him off. "Boy," she said, "I've been meaning to talk to you. You completely misrepresented Sissy Farenthold. You were inaccurate."

"No I wasn't," said Apple. His smile crumpled and he began

to hedge away like a criminal who has just spotted the one witness he thought was dead.

"You said Sissy's issues were gun control, abortion, and the Texas Rangers, but they weren't . . ." the young lady fired away, but Apple had given a little wave, backed off fast, and disappeared into the crowd.

"My God," said the young lady. "Sissy's main issue was tax reform, and he never said anything about that. David Broder of the *Post* rode around with us, but we never saw Apple on the campaign plane. Instead, he got most of his information from some of Ben Barnes' people—the powerful oil-interest Democrats who were running against Sissy. I guess he saw a few of *our* staffers in Dallas. But Dallas is the home of Texas radical chic. He never saw the Chicanos and blacks and poor whites who were working for Sissy in Houston. He missed the whole point of the campaign. I always believed that the *Times* was accurate, but I'll never trust it again after reading that story."

Johnny Apple's confidence wasn't shaken like that very often. One of his virtues as a journalist was that he took confident stands in many of his stories. He didn't hedge a lot of bets. "Part of that is because I have the strong backing of a strong newspaper," he said at the Wilshire. "I'm never questioned on what I write. Never! Occasionally there will be a small hassle about phraseology—but as to my overall judgment of what a situation is, they don't argue."

So it shook him like an earthquake when the *Times* killed his major Democratic Convention story—his on-the-money analysis of the South Carolina vote. On Monday night, when the McGovern forces purposely "lost" the South Carolina challenge rather than risk a narrow "Twilight Zone" victory that would have brought up sticky parliamentary questions, Walter Cronkite announced that it was a serious setback for the McGovern people, and NBC acted momentarily confused. But Apple filed five-hundred words explaining the whole Byzantine mess, and showing that it was really a victory for McGovern's crack troops.*

Apple knew it was coming. The week before, he had written about the parliamentary skirmishing that was likely to break out at the Convention. That morning, in Monday's *Times*, he had a piece outlining the parliamentary game plans that the McGovern generals might put into effect. At one o'clock that afternoon, he got a memo from Jim Naughton predicting the McGovern tactic. And when the vote actually came up, he was sitting on a folding chair at the *Times* counter in the press bleachers, keeping a tally for Max Frankel, the Washington Bureau chief.

"When the two states switched—I knew people in the delegations—I turned to Max and said, 'Throw something in the story about how they're switching votes to put off the main showdown until the California vote," Apple recalled later. "Then I wrote a new top for my 'Convention Notes' column, explaining the whole thing. We sent it off and heard not a single word. We presumed it was in the paper, everybody was happy, and we went off to bed."

Around noon the next day, Apple sauntered into the *Times* office to look at his story in the late edition, which was flown to

---

* The South Carolina credentials challenge was not overly complicated in itself; the question was whether more women should be put on the South Carolina delegation in order to comply with the equality guidelines that McGovern's own party reform commission had handed down. What made this challenge a crucial battle was the fact that if the vote fell in the "Twilight Zone" between 1,496 and 1,509 votes, the Stop McGovern forces (led by Humphrey) would have been able to raise certain procedural questions that might have caused McGovern to lose 151 California delegates in a later credentials challenge. If that happened, McGovern might have lost the nomination. So the McGovern forces had either to win decisively or lose decisively, but they could not afford to get caught in the "Twilight Zone." Seeing that they could not win big, the McGovern command ordered their delegates to throw votes to Humphrey's side and deliberately lose the challenge. This move effectively blocked the Humphrey forces' last chance at sinking McGovern.

Miami every morning. The *Times* had the biggest office of any newspaper at the Convention; it occupied half of the vast East Riviera Room of the Fontainbleau Hotel. The far wall of the office contained plate-glass windows that looked out on the pea-green Atlantic. The near wall was a tall aluminum partition that had been erected to make the *Times* office a little fortress within the gilded and thickly carpeted ballroom.

When Apple walked in and picked up the *Times*, a UPI machine was softly sputtering away, a couple of operators were typing on the big Western Union machines, and several *Times*-men were working behind an array of steel desks. Apple carefully scanned the first section of the paper for his story. He couldn't find it. It didn't take him long to realize he couldn't find it because it wasn't there. The editors in the "bullpen" in New York had axed it. His face turned crimson, he wheeled, and then he lashed the *Times* against the aluminum partition. It made a sound like a locomotive hitting a Mayflower moving van. Several writers jumped in their seats. "Those motherfucking cocksuckers ought to be fired!" he screamed. "They are a goiter on the body of journalism!"

At least, that's what he said he screamed. Some witnesses claimed that he quit on the spot, but Apple denied it. "I had a cow, to say the least," he chuckled over Long Distance when I called to ask about the incident. "But I didn't resign. I only said I was going to resign. The whole incident was over within an hour because I had to get the hell to work on the next day's story. Gene Roberts, the national editor, got on the phone to New York. He was extremely angry and felt that we had been ahead on the parliamentary story; we had far more on the maneuvering than anyone else, and then, when the denouement arrived, they cut us off. They had no reason for doing it, no matter what the reason was."

It was rumored that the New York editors had killed Apple's story when they saw Walter Cronkite saying that the South Carolina vote marked a defeat for McGovern, that they had chosen to believe Cronkite over Apple. Everyone at the *Times* denied this, including Apple. "No," he said, "somehow one of the editors decided we didn't need any additional information to that in Max's story. Or that it didn't fit with what I had written before. He took one or two paragraphs out of mine and slapped them way down in Max's story."

In the end, the editors retooled Apple's story and ran it a day late, but it is difficult to measure the long-range effect of the whole explosion. Apple had reached the higher echelons of the *Times*, where politics is practiced almost as much as journalism, and the South Carolina incident occurred just as he was jockeying for the position of Washington Bureau chief. Max Frankel was getting a promotion, and the job was up for grabs. During June and July, Apple's hair was short and neat. He had got a haircut, it was said, to show the Powers in New York that he was just as clean-cut as Anthony Lewis (London Bureau chief and columnist), Robert Semple (White House correspondent), and Hedrick Smith (Moscow Bureau chief), who were also supposed to be contenders for the prize.

But when Apple showed up in August for the Republican Convention, his prematurely grey hair again flopped over his ears and crawled down the back of his neck. The night before the Convention, he was hopping around the Poodle Room in the Fontainbleau, a dark and noisy bar where middle-aged hookers hustled overweight Babbitts from Midwestern delegations.

"You're going hip," I said. "You've turned into a goddam longhair."

"Come on," he said, genuinely insulted. "You know my hair's always been long."

A young *Times*man wandered up and began to make in-jokes about internal politics on the paper. All *Times*-like propriety had dissolved many drinks ago.

"Hey," the young *Times*man needled Apple, "too bad about the Washington Bureau. What are you gonna do now?"

Everybody thought at this time that the fix was in for Anthony Lewis to be the new chief. The job actually went to Clifton Daniel in a surprise move several weeks later.

"Same thing I've been doing all along—I'm just a reporter," Apple said with his best country-boy smile.

"Come on."

"Naw," said Apple, "I never expected them to consider me seriously for the job."

"You know you wanted it."

Apple shrugged the way Rocky used to shrug when pressed about his Presidential aspirations. "Do I *look* like a Washington Bureau chief of *The New York Times?*" he asked rhetorically. And he flashed a big What-Me-Worry? smile. He had not watched a hundred concession speeches without learning a few tricks of the trade.

David Broder of the Washington *Post*

The high priest of political journalism, the most powerful and respected man in the trade, was David Broder. He was Johnny Apple's counterpart—national political correspondent—on the Washington *Post*, a paper which vies with the *Times* to give the best political coverage in the country. Since the *Post* is located in a city which has an almost insatiable hunger for political news, it devotes an enormous amount of space to politics, and its coverage is often more thorough and colorful than that of the *Times*. The *Post*'s only competition in the Capital is the Washington *Star-News*—a decidedly parochial paper that often ends up losing its best political writers to the *Post*. The *Post* is a great national newspaper, and a permanent berth on its national staff is enough to give clout to any reporter. But Broder's reputation transcends even the prestige of the *Post*. If he were to quit tomorrow and begin publishing a mimeographed tip sheet in his basement, Broder would still probably wield the kind of influence that can change campaigns in their course and other reporters in their opinions. "Broder's the mark," said another reporter. "You have to measure your own stuff against what he writes. He's also the target, and you always find things in his articles to tear apart. But at the end of a year, when you look at his total output, he's always given the best picture of what happened."

Many of the reporters on the press bus believed that in 1968 Broder divined, through some dark kind of journalistic voodoo, that Nixon would choose Spiro T. Agnew as his running mate. As a result they saw Broder, and sometimes venerated him, as a certified oracle. The Agnew story hardly ever failed to come up when Broder was introduced, and it had probably done more than anything else to enhance his reputation. Broder enjoyed exploding the myth.

"That story of mine was a plant," he said with a laugh when I asked him about it.

"A plant?" I said incredulously. "From whom?"

"From Nixon!" said Broder, as if he still couldn't believe it himself. "We were on a plane flying from Pendleton to Portland, Oregon, and Nixon sent somebody back to the press section to get me to come up and talk to him, and in about two minutes' time he had gone from the fact that he was confident of Oregon, to the fact that Oregon would cinch him the nomination, to the fact that he was now thinking seriously about what kind of person should be his Vice Presidential running mate. He threw out a couple of obvious names that you would have to think about, and then he said, 'What would be the reaction to Ted Agnew, what kind of a reputation does he have among the reporters?'

"And so we talked about Agnew, and Nixon said, 'You know, he's quite an urban expert, he was a county executive, he's a lawyer,' and I said, 'OK. I'm beginning to get the message.'"

High up in his subsequent story, Broder mentioned the Agnew possibility, wrapping it in many qualifications. "I wrote it in May, and promptly forgot about it. It never crossed my mind again that it was a serious prospect, and I was as astonished as everyone in that Convention when it came to pass. But out of that, I've become 'a great confidant of Richard Nixon's' and 'the only reporter who knew he was going to pick Agnew.'"

With his short, greying hair, his horn-rims, and his unhurried, straight-necked, dignified walk, Broder has the look of the youngest full professor on the faculty of M.I.T. Indeed, the columns which he frequently writes for the *Post*'s Op-Ed page often have a slightly professorial tone, as if he were giving a civics lecture. Unlike most political journalists, Broder has a philosophy, even a passion; he believes that the two-party system will save America. He admits that the two parties have shattered and rotted, but he wants to see them repaired. He believes in the system as it is outlined in the civics books and he wants to see it work. The alternative, he fears, is "the rule of the streets" and "confrontation politics, with its constant threat of violence and repression."

The son of a dentist, Broder grew up in Chicago Heights, Illinois, in a family that supported Roosevelt and constantly talked politics at the dinner table. He broke into journalism at the age of ten, when a friend got a hectograph machine for Christmas, and they began publishing a weekly sheet and peddling it around the neighborhood. After that, Broder never wanted to be anything but a journalist.

Broder acquired most of his political theory from a couple of left-leaning professors at the University of Chicago, who impressed on him the role of the state in creating the good life for individuals. But his first practical lessons in politics came from running the campus newspaper. Broder had entered college a couple of years after World War II, at a time when the Communist party was trying to take over student organizations. He was a leader of the liberal faction of student journalists that eventually beat out the Communist faction in a bloodless political battle for control of the paper. "Both sides used the classic tactics," he said. "Come early, stay late, vote often, pack the staff with your people, and always find an acceptable stooge to front for you. We had some incredible goddam fights. You even had to worry about the political affiliation of the guy who was taking the paper down to the print shop on any given night, because if he was on the other side he damn well might rewrite a lead or a headline to get the party line into the paper." Broder carried away from college both a fascination for the nuts and bolts of political organization and a strong distaste for political groups which tried to subvert the system.

After serving in the Army, he made a rapid rise as a political reporter, working first for the Bloomington (Ill.) *Pantograph,* then moving to Washington in 1955 to write for the *Congressional Quarterly,* then going to the Washington *Star.* In 1965, when Johnny Apple was still a Statehouse reporter, *The New York Times* hired Broder as its national political reporter; he resigned a year and a half later, having run into irreconcilable differences with the national desk. The *Post* immediately grabbed him as its national political man.

As he rose from job to job, Broder kept adding to his list of contacts; by the early sixties, he seemed to know every politician, county chairman, and legislative aide in America. His fascination with the machinery of politics continued to grow as he came to know it more intimately. For instance, no story intrigued him more than the way in which Richard Nixon set out to rebuild the fractured Republican party, and his own political career, in 1966. Broder's coverage reflected his awe for Nixon's impeccable professionalism.

In 1967, Broder flatly stated that Eugene McCarthy could not topple an incumbent President. As the antiwar movement grew, Broder first underrated its strength and then attacked it as a threat to the system. In the fall of 1969, while he was a Fellow at Harvard's Kennedy School of Government, Broder filed his now-famous "Breaking of the President" column. Broder accused the Vietnam Moratorium Committee of trying to destroy Nixon just to prove that it could. "There is no great trick in using the Vietnam issue to break another President," he wrote. "But when you have broken the President, you have broken the one man who can negotiate the peace." There was an immediate uproar. While the Republicans happily distributed copies of the article, protests poured in from antiwar leaders, and the graduate students in Broder's seminar insisted on hotly discussing the article for the whole first half of the semester.

At these discussions, Broder realized that he still really believed that "our party system was an exquisitely tuned mechanism, designed to deal with the regional, economic and political differences in a continent-sized democracy." He didn't wish to see that system damaged. He admitted that his was "essentially a very status quo view." And he began to see, for the first time, that there was a widespread disaffection with conventional politics throughout the country. But when he finished his year at Harvard, Broder wrote a book, *The Party's Over*, in which he argued that the cure for this massive disaffection was to reform and revive the two parties so that the system would work well again.

Most of Broder's colleagues felt that his hope for a revival of two well-disciplined parties, each with leaders committed to clearly delineated programs, was a pipe dream. Some felt that Broder's understanding of politics was narrow and mechanical, and that his fear of change, conflict and disorder continued to blind him to the broad political upheavals that were taking place outside of Washington. Saul Friedman, a political writer for Knight Newspapers who had covered the civil rights and antiwar movements through much of the sixties, had even written a rebuttal to Broder's "Breaking of the President" piece back in 1969. "Like many who are close to the people and processes of the American political system," wrote Friedman, "Broder knows and loves it best when it operates with undisturbed beauty. He is really concerned, I think, not only that the process is now being disturbed but that the disturbance comes from outsiders who do not practice politics for its own sake." Friedman felt that this still held true in 1972.

Of course, in his tendency to focus on old-fashioned party politics instead of new movements, Broder was no different from 95 percent of the political reporters in Washington. The difference was that he had more contacts than the rest and often had a quicker sense of what was happening in the arena.

He was also one of the few reporters in town with a clearly defined philosophy, which, if it limited his view, also gave his columns a coherency and helped him to put the crazy happenings of an election year into clear perspective.

Above all, Broder was a man who knew what he wanted. He wanted freedom to write about what he felt were the important stories and to supply the background and analysis necessary for understanding these stories. Broder had left the *Times* in 1966 partly because the editors in New York restricted his turf, not allowing him to cover stories in the New York area. But, as Gay Talese wrote in *The Kingdom and the Power*, Broder also "chafed repeatedly at the . . . general tendency in New York to overplay news stories with big names and to underplay trend stories or stories of a more analytical character." In a memo Broder sent to the managing editor after resigning, he complained that the editors favored political stories about extremists, about political action by Southern Negroes, and about the Kennedys. "These may be the grist of political talk at New York cocktail parties," he added, "but, as you know, they do not begin to embrace the variety of concerns that really animates national politics." Time and again, Broder's beloved analysis stories had been tampered with, killed, or held until they were stale, usually because of bureaucratic snafus. At the *Post*, Broder was largely free of these frustrations, free to travel where he wanted, write as he pleased, and to suggest and carry out innovations in the paper's political coverage.

Broder did not like anyone telling him what to write, including politicians. He was fully aware of the "mutual manipulation process that goes on constantly" between reporters and politicians, but while he accepted this as a fact of life, he himself was extremely wary of being used.

A professional political hustler, a man whose livelihood often depended on his success at "planting" stories, said: "You can't feed a story to Broder. If you call him up with a tout, he's insulted, he usually won't use it. He likes to find things out for himself. And he doesn't like to just *break* a story, he likes to look at the story and see what it means." Even when Nixon handed him the Agnew plant, Broder treated it as if it were a package that ticked and refused to make much out of it.

OF COURSE, Broder was far from infallible. In fact, it was Broder's fallibility that led Hunter Thompson, the iconoclastic *Rolling Stone* reporter, and myself to visit him at the *Post* on one tropical afternoon in June 1972. Thompson wanted to collect on a couple of bets. In Wisconsin, Broder had bet him a hundred dollars that McGovern would do better than 30 percent in the primary and another hundred that Wallace would get under 10 percent. He lost on both counts. McGovern did exactly 30 percent, not a hair better; and Wallace came in at 22 percent. Thompson immediately announced in his column that he meant to "hunt the bastard down and rip his teeth out if he tries to welsh," which may have accounted for the long silence from Broder.

Then Broder suddenly came out of his cave and offered to go for double or nothing. Humphrey, he said, would win in California. That scared the hell out of Thompson, but he took the bet. Thompson kept the bet a secret, though. He was afraid that if the rest of the press found out that Super-Wizard David Broder had money on Humphrey, they might start predicting a Humphrey victory and thereby give his failing campaign a last-minute lift.

After June 6, Thompson started looking for Broder and his four hundred dollars. Two weeks later, Thompson finally ran into Broder at a McGovern Victory Party in New York, at which time Broder hastily offered to make out on IOU on a napkin. But Thompson had a head full of mescaline and was in no condition to conduct serious business, so he put it off. By the time we showed up at the *Post*, Thompson was beginning to be troubled by guilt feelings about taking Broder's money.

Broder was standing in his shirt-sleeves by his grey metal desk in the *Post*'s brand new, flourescent-lit, morgue-like city room.

"Here come the *Rolling Stone* boys," he said with a big grin. He immediately proposed a new, astounding, double-or-nothing offer: Jules Witcover would run a foot-race with Jack Germond in the sand of Miami Beach. Broder was backing Germond.

Since Witcover's legs were twice as long as Germond's, Thompson agreed to the bet—on the condition that he could run a urinalysis on Germond. Broder accepted.* They shook hands on it. Then, like a couple of sports in a Canadian Club ad, we asked Broder out for drinks. He looked skeptical. It was three in the afternoon. But he straightened his tie, got his suit jacket, and we set off for the dining room of the Pick Lee Hotel, a few doors up from the *Post.* The dining room was closed, so we headed up the street to the next bar in sight, the New York Lounge. It was greatly to Broder's credit that he didn't flinch as we entered the place, which I later found out had been taken over by the *Post*'s linotypists. The reporters had their five o'-clock beers a couple of doors up, at the more respectable Post Bar. The New York Lounge was a grimy one-room affair, dark enough to suggest that no light bulbs had been changed since the fifties. There was a jukebox at the back, playing Smokey Robinson tunes, and a woman bartender named Lou behind the bar. We sat down in a rear booth, avoiding the part of the seat where the spring was coming through. Thompson put in a complicated order of Margaritas and beer, I ordered Scotch, and Broder asked for a Coke. An extremely disciplined man, he never smoked and hardly ever took a hard drink; his only vice was chewing his fingernails. I switched on the Sony, and Thompson and I began to probe the sensitive subject of fallibility in political journalism.

* Jim Naughton was later substituted for Witcover. In Miami, Germond "won" the race "by default," using the expedient of posting announcements all over the Fontainebleau Hotel to the effect that he was sorry to hear that Naughton had a "personal problem" and could not race. Although Naughton was in perfect health and willing to race, he gave in to Germond's ruse, and thus Broder was spared having to pay off the bet.

"I will now be an old fart for one minute," Broder said cheerfully, "and tell you that the most distressing thing about covering politics is that the guy who was absolutely right, whose wisdom was almost breathtaking one election year—you go back to that same man for wisdom some other year and he'll be as dumb as dogshit. That's why it's not a science. You can say, 'In 1968, I learned the following key lessons, which I'm going to write down in the front of my notebook and look at them twice a day all through 1972'—and you'll get absolutely deceived by doing that."

Which was true; anyone who tried to apply old lessons to 1972 would have looked hopelessly bad. Broder had tried to avoid the trap of fighting the last war, but he had gone astray nonetheless in 1971 and early '72. He had devoted a lot of space to Muskie (always with the caveat that it was nonsense to consider the contest locked up), he had spent no less than ten days researching and writing an exhaustive article on the Birch Bayh machine, and he had generally slighted the candidacy of George McGovern. We kept asking Broder where he had gone wrong, and whether it had been possible for even the wisest of men to foresee the situation this year.

"The one thing I'll say in my defense," said Broder, "is that I repeatedly wrote, 'Front runner is a meaningless term.' There's a lawyer named Milt Gwirtzman who works for McGovern, and I keep cribbing his laws of politics, and his first law of Presidential politics is that nothing that happens before the first Presidential primary really has any relevance at all. So those three years are a very artificial environment.

"They're campaigning for us and putting on parades for us in the press, they're putting on shows for other politicians; it has very little to do with the voters. A good case could be made that we shouldn't say anything about them at all, except that's an impossible rule to follow in this town because the appetite for politics is continuous. Also you want some sense of the evolution of these guys as personalities. But no matter how you play it, you're going to end up with a rather low yield of significant information in an odd-numbered year.

"I was very proud of that piece I did on how Birch Bayh, who seemed to have no following at all in the country, had nonetheless assembled this marvelous machine. Turns out I should have been looking at McGovern—bad judgment on my part. But I'm damned if I can tell you even in retrospect how I should have known at that point."

We nodded and asked Broder how any of us was supposed to know a year ahead that, for instance, a twenty-six-year-old kid named Gene Pokorny was already nailing down Wisconsin for McGovern. Did the press miss the McGovern story, or was it even there to get?

"Oh, yeah," said Broder, "I knew that Pokorny was there and I knew he was making lists, but he was one of twelve guys in twelve different Presidential camps who was busy, busy, busy making lists. As it turned out, *his* lists were made up of people who honest-to-god when the time came were ready to go to work, and the others weren't.

"That's why this all may be unknowable in advance. I went back over my notes from New Hampshire, and I had all this stuff about the Muskie organization in the fall of 1971. They had this very clear organization: they would have two thousand volunteers signed up by December 15, and they would do a sample run-through on this date and so on, and all of it was beautiful on paper. It was not until you came to the first of February and it was evident by even the most simple kind of check that *no* canvassing had been done for Muskie, that you began to be able to say, 'This is a facade.' "

Which was pretty nearly what Broder had said in a piece in late February. Broder and several other *Post* reporters had gone from door to door in several New Hampshire precincts, conducting a private canvass. They found far fewer Muskie voters than they had expected. The resulting article was the first to question Muskie's strength, and it had an enormous impact on the other reporters in New Hampshire, who immediately began to doubt the myth of the Muskie juggernaut. The article also infuriated the Muskie people, who were not yet admitting to themselves that their organization was a paper tiger. On the morning the piece hit the stands, Broder received three irate phone calls from Muskie people in Washington before he even got out of bed.

"I think," said Broder, "that it would have been useful for me to get out of Washington more. The Pokorny thing for instance. I ran into Pokorny at a picnic with a bunch of liberal friends of mine in Austin, Texas—I was there with Harold Hughes on one of his exploratory swings. And there was this strange Gene Pokorny in May of 1971, and he had flown in that day, and he and some of these crazy Travis County liberals were busy plotting about precinct caucuses a year from then. But what never crossed my mind was that their people really had a commitment to do some work and that George McGovern had a potential of developing a constituency beyond those five or ten thousand people who were obviously involved."

Misjudging McGovern was one mistake that Broder continued to make, which was why he was willing to put big money on Humphrey in California. He still hadn't adjusted to the new political situation. He figured that Humphrey would have his first big Jewish vote in California, his first big black vote there, plus a big last-ditch effort by labor. And he was right about all that (with the possible exception of labor). "Now, where I was wrong," he said ruefully, as he continued to nurse his Coke, "and where I have been consistently wrong all year, was in sort of underestimating the ability of the McGovern people to maximize McGovern's assets."

His wrong-headedness on this point often smacked of righteousness. He repeatedly indicated in his writing that he was afraid the McGovern delegates wouldn't be housebroken. It was the "Breaking of the President" piece all over again. In his column of June 20, he cited several examples of McGovern delegates misbehaving at state caucuses. (Except for pushing through a resolution sanctioning homosexual marriage, the delegates didn't do anything Richard Daley hadn't been doing for forty years.) Broder wrote:

"As word of these and similar incidents in recent weeks has filtered back to Washington, a shudder of apprehension has gone through Democratic ranks. For the first time, there is beginning to be widespread concern that the Miami Beach convention hall may prove to be the disaster for the Democrats that the San Francisco Cow Palace was for the GOP in 1964." Of course, it turned out to be the best-behaved Convention in history.

Broder was looking at his watch more and more frequently in the dim barroom light. Thompson was trying to catch the waitress's eye to order two more beers for himself. Our clothes were beginning to stick to the vinyl upholstery in the heat. So, while Thompson finally tore out of his seat to head off the waitress, I finished up the interview by asking Broder what changes he would like to see made in political journalism.

First, he said, the press was still using very primitive means to "gauge and describe the dynamics of public opinion." He liked the fact that the *Times* and the *Post* had both hired pollsters to help them out in 1972. Later in that year, he and Haynes Johnson, another *Post* reporter, would travel across America interviewing voters to see how they felt about the candidates and the major issues.

At the same time, Broder was not going out into the field simply to "make a special effort to understand Middle America," as Joe Kraft had advised the press to do in a famous article in 1968. "I disagreed strongly with that piece of Kraft's and do so now," he said. "I think what he did in that piece was to manage to suggest that somehow the limits of what we did as reporters ought to be defined by what was acceptable to the society in which we were operating, and that we ought to be very careful about our role. Well, if you begin to play that game, then you're in serious trouble. I think you define your role as a reporter in terms of what you understand the role of a reporter to be. And if that incurs a degree of popular wrath, then that's just a consequence of it.

"But I think that in 1968, we did begin to do what we should have been doing for years, which is to talk about what we think the role of the press is. And that's something that we still have barely begun to do. The basic point that we have never gotten across is that the Presidential campaign is not the property of the two candidates. It ought to belong, in some real sense, to the public. It's the only change every four years when they ought to be able to get *their* questions answered, and get the kind of commitments that *they're* interested in from these candidates.

"The second thing that interests me," Broder went on, "is the suggestion that you're getting now from some social scientists and psychohistorians that the press ought to look much more seriously at its role as the chronicler of critical incidents that shape the personality of these men who are running for President, instead of just sort of doing canned feature stories about these guys. But I don't want to go too far in that, because I'm mortally afraid of unleashing a bunch of newspapermen who would fancy themselves as amateur psychiatrists." (Later, in the summer of 1972, the *Post* would assign a reporter named Bill Greider to cover George McGovern, and he would provide the most sensitive running portrait of McGovern's personality of any journalist on the plane.)

Broder was down to the dregs of his Coke.

"The third area in which I think we still do kind of a poor job is *institutional* reporting," he said. "The story always tends to be this-guy-versus-that-guy, instead of the development and change of an institution. That the story may not be personal combat but the development and change of an institution is a notion that's very hard to get into the heads of newspaper people. Because they want to know 'What's the lead?' But you could look at the Democratic party, the majority party in the country, and what has happened to it—and not just Fred-Harris-out, Larry-O'Brien-in, or McGovern-versus-Muskie. And maybe McGovern wouldn't have surprised us if we'd done that."

But, Broder said with a sigh, there were not enough resources to handle that kind of story, even on the superfat *Post*—not enough money, manpower, time, or space. He himself had drawn up the blueprint for the *Post*'s election coverage, late in the summer of '71, stretching five full-time men from the national staff and a few younger reporters from the state and city staffs so that they would cover all twelve Democratic candidates, plus the two Republican challengers. There was no one to spare for the Democratic party saga.

It was four o'clock. Broder looked again at his watch, announced with finality that he had to get back to work, and led us out of the bar. As we walked the block back to the *Post*, we talked about Martha Mitchell, who had been telephoning reporters to announce that she was a "political prisoner."

Broder shook his head and said something about being disappointed that the papers were running that kind of "shoddy story." I was brought up short. It seemed to me that Martha was getting what she deserved and that the papers were serving their proper function by giving her enough rope. But I had to admire Broder for being so righteous. He had lived in the world's biggest den of thieves for sixteen years, yet he had managed to hang on to an almost Victorian sense of decency. Sometimes when I climbed onto the press bus and saw Broder, I half expected him to be wearing a clerical dog collar. While the other reporters talked tough, he spoke gently. While they hoarded stories, he generously shared the goods. In New Hampshire, he had quietly told Curt Wilkie of the Wilmington *News-Journal:* "You better go out and knock on some doors. It's not there for Muskie." Which, for a journalist, was tantamount to an act of sainthood.

"He's a very conventional journalist," said a colleague, "but by sheer perseverance he really has taken conventional journalism to a new peak; he tells you as much as a well-informed non-genius can tell you. A Broder column tells you exactly where the political situation is on that given day. It might take a Mailer to tell you what it all *means*, but Broder is almost always on the money about what has happened."

CHAPTER V
More Heavies

THESE FOUR MEN also deserve special attention:

Jules Witcover of the Los Angeles *Times*

"Jules is like a leashed tiger," said a reporter one afternoon late in McGovern's campaign. "He's going crazy. He can't get his stuff in the paper." We were standing in the middle of a huge pressroom in the Pittsburgh Hilton, sipping beers. Jules Witcover was over in the corner, talking intensely into a phone. He was a tall but unprepossessing man of forty-five, with a weak chin, blank eyes, and thinning hair. He had the pale, hounded look of a small liquor store owner whose shop has just been held up for the seventh time in a year.

"Chances are," the reporter said, nodding toward Witcover, "chances are, he's having a go-round with some editor out there who's just shit-canned one of his articles."

Witcover wasn't doing his best work in 1972. The reason was that the Los Angeles *Times* was cramping his style. All his friends knew it. It seemed to be the story of Jules' life; he had always been better than the paper he worked for.

Witcover was a very straight, conventional journalist, but throughout the year he had tried to inject some analysis into his stories, to interpret the campaign for his readers. Some of his analysis stories got into print. Others were killed by the editors. And sometimes a story would get set in type and then just sit there for one or two weeks. "Well," said a friend of Witcover's, "it's human nature that if you've got one story in type that hasn't appeared yet, you're not going to bust your ass on another. And that happened a lot." On still other occasions, Witcover had the edge on a story, had it a little earlier than everyone else; he would phone the story in, and it would mysteriously turn up in the paper one or two days late, after everyone else had already printed it.

All of this was more or less standard operating procedure for the majority of American newspapers, but it was slow torture to Witcover. He was a gifted, ambitious, hard-working journalist, and he took enormous pride in his work. He had worked like a dog to become a national political reporter. He had gone through almost twenty years of writing for obscure papers, taking long-term assignments he didn't like, and turning out magazine pieces on the side to get recognition. For many years, the Washington press establishment had tended to slight Witcover, because he came from a lower-middle-class background and said "duh" instead of "the." Now he was among the most respected reporters in town.

Having served such a long indentureship, Witcover was deadly serious about his craft. He had given a great deal of thought to his own role as a political journalist, and he was extraordinarily sensitive to the role that the whole press corps played, to its problems and failings.

At the same time, Witcover was definitely one of the gang. On every press bus, there was always an inner circle of veterans, and whenever Witcover was aboard he was part of the circle. He gossiped in the nether reaches of the bus, drank late, and generally participated in the rituals of the bus. He was a compulsive, driven worker; besides his newspaper and magazine work, he wrote books. When he was going full throttle, he worked early in the mornings, over weekends and during vacations. Like all compulsives, he sometimes let himself go with a spectacular release of energy, such as the night in a St. Louis restaurant when he and Walter Mears stood up on the banquette shouting: "Escargots! We must have escargots!" When the order finally arrived, Mears was in a phone booth filing a story. Witcover threw one of the snails at him, landing it squarely in his ear.

But Witcover sometimes stepped back and examined the press with the fascination of an anthropologist who has just discovered a pristine tribe. Like the songs. The reporters enjoyed writing satirical songs about the candidates. Late at night in some hotel bar, or shivering in the cold, waiting for the candidate to come out of some closed meeting, Witcover and his friends would write these awful lyrics to popular tunes. The lyrics did not read well in print, but Witcover liked to put them in his books—as if they were artifacts, clues to what the press was really thinking. "It's a funny thing," he said one day during the California primary, "I was remarking to some of my colleagues just the other day that we privately had Muskie's weaknesses pretty well identified back in January, but we didn't write them hard enough. We kind of gave him the benefit of the doubt. But we wrote songs—satires, parodies—just for our own amusement, and most of the ingredients of those songs were the difficulties that Muskie was having about his temper and his inability to make decisions quickly."

Witcover was not a professional press critic, an A. J. Liebling;

he was simply an "activist" reporter. He showed concern for the press's problems in many ways. It was Witcover who had helped Jack Germond to found Political Writers for a Democratic Society. In 1970, he and another reporter had put together the "Washington Hotel Meeting," which was the press's first and last organized attempt to deal with the insularity of the White House. He was the only political reporter in town who contributed regularly to the *Columbia Journalism Review*—a rather conservative publication, but nevertheless the country's major organ of serious press criticism. In his three books (on Robert Kennedy, Richard Nixon, and Spiro Agnew)* he discussed at length the ways in which the press had affected the careers of the three politicians. In his book on Nixon, Witcover blasted reporters, including himself, for not having written more about Nixon's use of media and his relentless evasion of hard questions from the press during the 1968 campaign.

Even in some of his articles for the Los Angeles *Times,* Witcover broke the old convention that the press was not supposed to be seen or heard in campaign coverage. He treated the press as an active force in the campaign, and was quick to sound the alarm when George McGovern tried briefly to shut out reporters. The piece, headlined "McGovern's Campaign Tactics Resemble Nixon's in 1968," ran in early September. It read in part:

> On landing in Portland, as local newsmen attempted to question McGovern about reports of disorganization in his campaign, Press Secretary Richard Dougherty broke in and ended the questions.
>
> He led McGovern back to the steps of the plane where the candidate waited for the cameras and then read his prepared statement on the Olympics tragedy. When McGovern finished, Dougherty interposed: "No questions, no questions please" and McGovern was hustled off. A motorcade then

* *Eighty-five days, The Resurrection of Richard Nixon,* and *White Knight,* respectively.

went straight to a senior citizens' center in suburban Gresham. En route, reporters in the press bus were given strict instructions by a local McGovern aide to go directly into the center's cafeteria, where most of the elderly were waiting, and to "stand in one place" against the walls.

He informed the reporters that the average age of the residents was 74 and thus there was "the possibility of a heart attack" if the newsmen created too much stir.

In these first days, McGovern granted some interviews, but only to local radio and TV reporters, with a few representatives of the travelling press permitted to sit in and act as pool reporters for the rest. In this first week's schedule, through next Saturday, there is no provision for any press conference.

All this is reminiscent of the 1968 Nixon campaign, in which nearly all public events were geared for television, where the writing press was given extremely limited access to the candidate. . . .

In this shakedown swing, McGovern is being watched by his travelling observers of the press as much to examine his tactics and style as to record and assess his words. If a pattern of isolation and insulation is established at the outset, it doubtless will create still another public relations problem for the underdog candidate at a time when he can ill-afford any new ones.

Some of the other reporters on the plane felt that this piece was unfair to McGovern. After all, McGovern had led an incredibly open campaign all year long, and Nixon hadn't even begun to campaign yet. They thought Witcover had overreacted to McGovern's few days of inaccessibility. But the article served its purpose. It made the McGovern people very upset, and a few days later, McGovern once again became available for questions.

WITCOVER WAS RESERVED with people he did not know well, and he did not talk easily about himself, at least not to me. Then one night in October, he loosened up. After a long day on the road, almost half of the McGovern press corps had adjourned to a new restaurant called Jimmy's in New York. Witcover and I were sitting on tall stools at the circular bar. Shirley MacLaine was sitting there too. Not one to let an opportunity for propagandizing slip by, she kept saying things like, "Jules, I *know* you just want to smash Nixon and have George win," to which Witcover would gently demur.

A white-haried New York Republican party boss was buying drinks for everyone. "Mr. So-and-so will be hurt if you don't have another," the bartender kept saying every time he refilled our glasses. After a while Witcover began to tell me the story of his life. The verb that he used most often was "scramble."

His father had owned a gas station in Union City. Witcover scrambled to make it out of Union City, via the Navy, Columbia College (on the GI Bill), and Columbia Journalism School (supporting himself with odd jobs). He wanted to be a sportswriter, and he became one on the Providence *Journal*. But his main ambition was to work for a big paper in New York City. The nearest he could get to New York was the Newark *Star Ledger*, a member of the Newhouse chain. Seeing after a year that he wasn't going to make it across the river to the city, he took up an offer to work in the Newhouse Washington Bureau. He spent his career at Newhouse struggling to get national political assignments and trying to get a job on a major newspaper. It took him seventeen years.

While he worked a lot of beats he didn't like—such as writing about the New York delegation in Congress for a couple of Newhouse papers in Syracuse, or covering the Pentagon—he kept scrambling for political assignments. In the summer of 1966, he hustled himself an assignment to travel with Nixon. It proved to be Witcover's big break. One afternoon in Roanoke, Nixon gave him a long interview, which he turned into a piece for the *Saturday Evening Post*. It was the first article to treat Nixon as a serious contender for the 1968 Republican nomination, and it later made Witcover look very good.

After 1966 he began writing daily political pieces for Newhouse. He also wrote more magazine articles, to gain visibility, and he finished his first book, a finely detailed account of Robert Kennedy's 1968 campaign. The book made his reputation. A year later, the Los Angeles *Times* hired him as an assistant news editor. The paper had no national political correspondent. Within a year, he talked the bureau chief into creating the position for him. Witcover was delighted; he finally had the job he wanted on a major paper.

The Los Angeles *Times* was supposed to be among the best papers in America. It was often ranked third, after *The New York Times* and the Washington *Post*. It paid excellent salaries. But it was also a greedy paper which devoted far more space to advertising than to news. As a result the Los Angeles *Times* was rich; in 1972 it made about 42 million dollars after taxes. But the reporters and editors and bureau chiefs had to fight to get their stories into the tiny news-hole.

Witcover arrived while a complicated internal political battle was going on at the paper. One faction wanted to use the limited news space for more local coverage, and wanted the newspaper to be run tightly by the Los Angeles office. This faction was led by Frank Haven, the managing editor.

The other faction wanted the paper to emphasize national news and wanted less interference by the Los Angeles office. This faction included David Kraslow, the Washington Bureau chief, who had hired Witcover.

Haven's faction slowly won out. Haven was a Pasadena WASP, very West Coast, who knew little about national politics. Haven kept asking the Washington Bureau for frivolous stories, or demanding major articles to be written in impossibly short amounts of time, or killing Washington articles to make room for Los Angeles news. Kraslow constantly fought these unrealistic moves. In April 1972, Kraslow was replaced by a Haven protégé, a bland company man named John Lawrence, who had no experience covering politics or government. It was a staggering blow to the people in the Washington Bureau. They feared that Haven, with his narrow, conservative Southern California mentality, would continue to push serious political news out of the paper. According to his friends, Witcover was deeply shaken by the Kraslow firing, but not so shaken that he seriously considered leaving the paper. That decision was brought on by other indignities.

Several weeks after the Kraslow incident, Witcover arrived in California to cover the primary and was shocked to learn that he had been locked out. He was abruptly informed that two political reporters from the metropolitan staff—Richard Bergholz and Carl Greenberg—would cover the candidates. Haven wanted it this way. So Witcover knocked around for two weeks, chasing after a couple of secondary stories and writing two long analysis pieces that never got into the paper. The rest of the press corps were amazed at the stupidity of the Los Angeles *Times*. It was true that such jurisdictional disputes between metro and national staffs were common, even on *The New York Times;* these disputes were not unlike the feuding between state troopers and the FBI over a big case. But this was something special. For once, the whole press corps was camped out in California and had almost no choice but to read the Los Angeles *Times* (which was nearly impossible to find back in Washington). But, instead of exploiting this great opportunity to show off its star national political man, the *Times* gagged Witcover and gave the job to two reporters whom the press corps considered competent but hardly extraordinary. The whole fiasco made the paper look idiotic and drove Witcover further up the wall.

Witcover became increasingly frustrated as the campaign went on. The paper seemed less and less willing to make space for national news. But what pained Witcover the most was that the paper refused to allow him to analyze and interpret the news. He couldn't understand this. It wasn't as if he were some kind of wild-eyed advocacy journalist. In fact, he deplored the rise of advocacy journalism. He thought that too many of the young journalists who worked for the underground press were undisciplined, lazy, and irresponsible; they went into a story with a fixed point of view which prevented them from digging and looking at all the facts: why find out anything that would contradict their prejudgment of the story? Witcover felt very strongly that the establishment papers had to combat this trend, and that the only way to compete with advocacy journalism was to provide interesting, compelling, responsible analysis based on a thorough review of the facts. If the establishment papers went back to the cut-and-dried formula stories of the forties, Witcover thought, they would bore everybody to death.

So Witcover kept writing meticulously fair analysis stories, and the *Times* kept balking. The biggest showdown came at the end of September over a story on Nixon's non-campaign. As the weeks went by and Nixon kept refusing to face the public, Witcover knew that he would have to write a story about it, pointing out the injustice of a one-candidate campaign. After all, he had slapped McGovern for trying to avoid newsmen. But he kept putting the article off, waiting for a news "hook" that would allow him to write that story in a way that wouldn't offend the *Times*. Finally, at the end of September, McGovern solved the problem for him. Addressing a conference of UPI editors, McGovern accused the press of failing to meet its responsibilities by not forcing Nixon to answer questions on the issues and by not pointing out that Nixon was refusing to face reporters, while he, McGovern, was running an open campaign. It was up to the press, said McGovern, to restore some balance to the campaign.

So Witcover began his story by quoting McGovern's accusations. While McGovern's argument was self-serving, wrote Witcover, it did point up a serious problem: how could the press provide balanced coverage when only one candidate was campaigning? Of course, Witcover went on, the President did have some legitimate reasons for not campaigning—for instance, the risk of assassination, the fact that Congress was still in session.

But then Witcover pointed out the dangers of a lopsided campaign. The public needed a chance to see both candidates questioned on the issues. When only one man campaigned, the whole system was undermined.

Finally, Witcover concluded that although the President might have real reasons for not going out on the stump, he could still hold a press conference in the safety of the White House and answer political questions, something the President had refused to do at the few news conferences he had held earlier in the year.

Witcover, who was by now paranoid about the *Times'* attitude toward analysis stories, showed the Nixon story to several of his friends on the bus and asked them if he was going "too far." All of them found the story very mild. Walter Mears said that with a few minor changes in form, he could have put the story on the AP wire with no difficulty. Bill Greider of the Washington *Post* could not imagine why Witcover was so worried.

The editors in Los Angeles killed the story. They told Witcover that it didn't "come off" and that it was an "opinion" story. Witcover couldn't believe it. He felt that the story was a classic example of the difference between analysis and opinion. He had marshaled all the facts, and drawn his conclusion solely from them. But the editors couldn't see it. Witcover, who was covering McGovern in New York, had long arguments with them over Long Distance. The solution was simple, they told him. All he had to do was get other people to make the same points and draw the same conclusions and then write the article *in their words.* Yes, said Witcover, but that was *reporting,* not *analysis.* It wouldn't have the same impact as an analysis article. The editors asked him again to do it over. He refused. Didn't they see? The piece might be no good in two or three days. The piece was important *now.*

The very next day, Nixon held a press conference at which he answered political questions. One of the main reasons for Nixon's decision to hold a press conference was an analysis piece by David Broder—similar to Witcover's but much tougher—which had appeared four days before. Witcover was now even more miserable, because he knew that both he and the *Times* would have looked very good if his piece had run on the eve of the press conference.

After the fight over the Nixon story, Witcover knew that he would have to leave the Los Angeles *Times*. "I can't stand this much longer," he told his friends. "I'm going crazy." During the Republican Convention, Witcover had been approached with a job offer from the Washington *Post*. He told them that he felt he had a commitment to stay at the *Times* through the end of the campaign; he had helped to plan the campaign coverage, after all, and there were still a few stories he hoped to do. But when the *Post* made him an offer shortly after the election, he accepted.

On January 1, 1973, he joined the *Post*'s national staff. His friends knew exactly why he had made the move. "There wasn't a rat's ass of difference in the money," one of them said, "but the *Post* is a reporters' paper. They give you freedom there, they give you leeway, and Jules would have been a fool not to move."

But the editors of the Los Angeles *Times* never quite understood why they had lost Jules Witcover.

Rowland Evans and Robert Novak, of the Publishers Hall Syndicate and the Chicago *Sun-Times*

From their office a block from the White House, Rowland Evans, Jr., and Robert D. Novak wrote what was probably the best-read column in America—five times a week it ran in nearly three hundred newspapers here and abroad. Unlike most columnists, they didn't write "think pieces." They wrote "dope pieces," inside information on domestic politics and foreign affairs. Of course, it was close to impossible to dig up sufficient inside dope to make five significant pieces a week. So they were part-time hoke artists. They would take a small incident (which they and they alone had discovered by prodigious digging) and they would blow it up into a campaign crisis. Or they would inflate a small remark into a trend. They claimed to be straight reporters with no ax to grind. Which was ridiculous. Their columns were consistently distorted by their conservative bias.

Evans and Novak made an odd couple. "Rowley" Evans was the gregarious, flesh-pressing member of the team—a smooth, well-connected aristocrat from Philadelphia's Main Line who still talked with a slight case of prep school drawl. A Yale classmate of Mayor John Lindsay's, he was small and lean and still looked like an Ivy Leaguer in his crisp, pin-striped shirts and conservative suits. "For the last fifteen years, Rowley has looked forty-two and just blond enough," said a veteran Washington reporter. "And he's still a Dewey Republican."

He fought with the Marines in World War II, started in journalism as a fifteen-dollar-a-week copy boy on the Philadelphia *Bulletin,* and got to know the Washington scene by covering labor and the Senate for the AP. In 1956, he moved to the *Herald-Tribune*'s Washington Bureau. His career took off four years later when Jack Kennedy became President. Evans, Charles Bartlett, and a few other preppy reporters were old buddies of Kennedy's, neighbors of his in Georgetown when he was in the Senate, and suddenly they were in the center of things. Their people were running the government. They knew everyone at the White House on a first-name basis. Suddenly Charlie Bartlett of the Chattanooga *Times* had a syndicated column, and Jock Whitney, the *Tribune*'s publisher, was offering Evans a column too. Evans realized that he couldn't handle a five-day-a-week column by himself, so he invited Novak to be his partner.

Novak had come up via the AP route, working in Nebraska and Indiana before moving to Washington. As a young reporter at *The Wall Street Journal*'s Washington Bureau, he had quickly earned a reputation for being one of the great political reporters. The two began their column in May 1963. "We had never been social or personal friends," said Novak, "but Evans respected me as a reporter."

The general consensus of the press corps was that Evans was the lightweight of the team. Reporters saw him as the one who kept up the Georgetown contacts and peddled the column to newspaper publishers around the country: He was not exactly stupid, but, well, he was just not that sharp. Which was probably unfair to Evans. It was just that Novak was so highly regarded. Novak might have been a little short on warmth and general humanity, but he was considered a great notebook and shoe-leather journalist, an incredibly hard-working man, almost a machine, who always seemed to know which lobbyist was with which Senator in which hotel room. During his days on *The Wall Street Journal*, he had become almost a legend, and his knowledge of politics was still widely respected.

I saw Novak for the first time on the night of the second California debate. The debate was taking place live on NBC's *Meet the Press*, and Novak was one of the four reporters who had been chosen to fire questions at Humphrey and McGovern. About a hundred reporters had gathered on the cavernous, klieg-lit sound stage in NBC's Burbank studio to witness the event, and they were making a party of it—waving, backslapping, telling stories, laughing. But Novak was standing off by himself. He was short and squat, with swarthy skin, dark grey hair, a slightly rumpled suit, and an apparently permanent scowl. He kept his hands in his pockets and looked at the floor. Some of the other reporters pointed him out and whispered about him almost as if he were a cop come to shush up a good party.

"Novak looks evil," said a gentle, middle-aged *Times*man. "He can't help it, poor fellow."

"Do you think Novak's going to land his ABM on McGovern in the first round, or wait?" one wire-service man asked another.

"There's a real tight coil of bitterness in the guy," said a magazine writer. "So much of what he writes and talks about in private tends to reinforce one impression: he's against anything good-looking, anything fashionable, anything slick—and liberalism is fashionable in the circles he travels in. I think that's why he's down on it."

The debate got under way and Novak hit both Humphrey

and McGovern with tough questions. As soon as the program ended, I found him and asked for an interview. *Rolling Stone*, I explained, was doing an article on the campaign press.

"No," Novak frowned. "Your readers have never heard of me."

"Well, that's just the point," I said. "We want to inform our readers."

"No," he said, already walking away. "*Rolling Stone*—that's another world."

Another world indeed. Novak had come back from serving in Korea and gone to the University of Illinois in Urbana on the GI Bill, and he considered a college education to be a sacred privilege. He could never accept the idea of students challenging a college administration. He could not stand student revolutionaries or even student activists. In one of their early columns, he and Evans had gone after the Student Nonviolent Coordinating Committee, the radical civil rights group. "SNCC will never be the same after our columns," Novak had proudly told a friend. So he certainly had no love for a magazine devoted to the counter culture.

Later in the year, at the Democratic Convention, Abbie Hoffman and Jerry Rubin, both of them stoned, walked up to Novak and threw their arms around him while a photographer friend of theirs took pictures.

"Leave me alone," Novak barked. "Get away from me!"

Rubin planted a kiss on Novak's cheek. "Unless you pose with us," said Rubin, "we'll endorse *your* candidate. We'll endorse Richard Nixon!" Novak's opinion of the counter culture sank to a new low.

In the early years, however, the column had not been altogether conservative. What had made it such a sensational success was its tantalizing unpredictability. It would contain inside stuff on everybody, no matter who was helped or hurt. Novak prided himself on being a maverick, a loner. He had, for instance, been a great friend of Lyndon Johnson's. One night, several years before Johnson became President, Novak had taken Johnson home after a party. Johnson was blind drunk, and as Novak steered him up to the door, Johnson drawled, "Bob, you know the trouble with you? I like *you* but you don't like *me.*" Novak did like Johnson, but in later years he went out of his way to be tough on him. He knew that he was losing Johnson as a friend, that Johnson was beginning to say things like "I never have to be told when Bob Novak's around, I can *smell* him." But he didn't let up. He was very hard on Johnson and very fair. Eventually he and Evans wrote *Lyndon B. Johnson: The Exercise of Power*, probably the best book in print on the subject.

But Novak's insistence on being apart from the crowd, said a friend, also drove him steadily to the right. During the Kennedy and Johnson years, it became smart and fashionable in Washington to be liberal. Attention was focused on the young. And the press community, especially, became actively interested in liberal causes. So Novak, the maverick, deliberately went off in the other direction. The leftist surges of 1968, and especially the campus movements, made him more and more reactionary. In his coverage of the battle for the Democratic nomination, he championed the old-guard party regulars, the more conservative the better. In breathless accounts of closed meetings and campaign infighting, he and Evans repeatedly depicted Muskie as a man in danger of being seduced by foolish liberal advisers. They applauded in November 1971, when "tough-minded" George Mitchell gained full political control of the Muskie campaign. "What makes this so important," they wrote, "is that Mitchell, unlike other key Muskie advisers, regards the Senator as a centrist who must also reach out to the right."

They were convinced that Muskie would win. Much more than Johnny Apple's news accounts, their columns sensationalized and popularized the notion of the Muskie Bandwagon. They continually relied on old party regulars for their information, and this information repeatedly proved to be wrong. Here are some excerpts from their columns and their biweekly newsletter:

Jan. 19, 1972—[The nomination of Muskie] . . . is just about locked up, we believe . . . incidentally, if Muskie loses to Wallace in Florida and Tennessee, those primaries, not Muskie, will lose credibility.

Feb. 16, 1972—Muskie: Despite trouble . . . we still feel he is the odds-on choice for the Democratic presidential nomination . . . the brilliant Muskie campaign strategy of lining up politicians' endorsements has so pre-empted the field that it is still hard to see how he could lose many of them.

Feb. 28, 1972—At best, McGovern cannot hope for more than 25 percent [in New Hampshire], a poor showing in a drab field.

[McGovern got 37 percent of the vote in New Hampshire.]

March 15, 1972—The Florida primary election was a staggering political event. The biggest winner was President Richard M. Nixon . . . the biggest loser was Sen. Edmund S. Muskie, followed closely by the entire liberal wing of the Democratic party . . . Sen. George McGovern's boomlet after New Hampshire is nearly extinguished.

March 29, 1972—Sen. Hubert H. Humphrey is the clear favorite to win next Tuesday's Wisconsin primary, with a close race shaping up for second place between Sen. Edmund Muskie and George McGovern . . . after all the post-Florida scare talk of Wallace coming into the convention with a huge block of delegates, we are having trouble finding very many delegates outside of the South.

[Five days later, McGovern won in Wisconsin, with Wallace second, Humphrey third and Muskie a poor fourth.]

April 5, 1972—Although Sen. George McGovern scored a stunning victory last night in the Wisconsin primary, the real winners are Sens. Hubert H. Humphrey and Edward M. Kennedy . . . Reluctantly Democratic politicians are coming to the realization that Alabama Gov. George Wallace is no longer a merely regionally popular figure, mouthing merely regional issues . . . but like George McGovern, he cannot be nominated in Miami.

And so on. Their reliance on conservative sources among the party regulars and on their own prejudices queered their predictions again and again. Yet they continued to hand out subtle kudos to the conservative advisers in the Humphrey and Muskie camps and demerits to the liberal advisers; the conservatives got complimentary adjectives like "splendid" and "tough-minded;" while the liberals were branded with pejorative modifiers.

They saved most of their venom for George McGovern, however. They called McGovern "the doyen of the Democratic Party's left fringe." They consistently played down his victories and scoffed at his candidacy. They delighted in quoting any party regular who portrayed McGovern as a hopelessly irresponsible radical. After McGovern's Wisconsin victory, for instance, they wrote him off again and quoted a "powerful lieutenant" of Mayor Daley's Chicago machine: "This McGovern's going to have all those woolly heads around him. He might as well forget about the support of our kind of people."

In July a divinity student named Peter McGrath wrote an article entitled "Why McGovern Can't Win: Because Evans and Novak Won't Let Him" for the *Chicago Journalism Review*. McGrath cited Evans' and Novak's record of downgrading, ridiculing and attacking McGovern and concluded that the two columnists did not "trust people who think that politics has a moral component." But he didn't mention the lowest blow of all, the Evans/Novak column that doomed McGovern in Omaha.

The column, which appeared on April 27, about two weeks before the Nebraska primary, was called "Behind Humphrey's Surge." Evans and Novak argued that Humphrey's stock was soaring because "regular Democratic politicians" were desperate to stop McGovern and agreed that only Humphrey could do it. "They fear McGovern as the Democratic party's Barry Goldwater," the column said.

"The reason is given by one liberal senator, whose voting record differs little from McGovern's," they went on. "He feels McGovern's surging popularity depends on public ignorance of his acknowledged public positions. 'The people don't know McGovern is for amnesty, abortion, and legalization of pot,' he told us. 'Once middle America—Catholic middle America in particular—finds this out, he's dead.' "

Now, this was simply wrong. These were not McGovern's

"acknowledged public positions." Evans and Novak must have known, if they read the newspapers, that although McGovern favored the granting of amnesty, he was against the legalization of marijuana and his stand on abortion was that it was not a question for the federal government to decide. Whoever the liberal Senator was, he had "long ago endorsed Muskie" and conceded that he would probably "end up backing Humphrey."

In Ohio, Henry Jackson had thrown these hysteria issues at McGovern, and in Nebraska Humphrey began to use them, too. So the Evans/Novak column was a godsend for Humphrey. It was reprinted as part of an advertisement in a popular local Catholic weekly called *The True Voice*, reportedly at the expense of a Humphrey supporter. Omaha is a Catholic city and a lot of people there read *The True Voice*. The ad helped to kill McGovern in Omaha, and the only thing that saved the election for him was the vote of the farmers in outlying counties.

The McGovern people, naturally, weren't happy about the column. "It was a cheap shot," Dick Dougherty, a high-level staffer, said later. "Well, those guys have to write five columns every week, so I guess sometimes they sort of soup things up to get a good story." In Omaha, Dougherty's language had been stronger.

All through the primary campaigns, Evans and Novak kept insisting that blue-collar workers voted for McGovern in the primaries because of "faulty perceptions," because they did not know that he was "radical" on issues like pot, abortion, and amnesty. Once they found out that he was a "radical," said Evans and Novak, the blue-collar workers would repudiate him. McGovern's disastrous defeat in November appeared to prove them right, but most evidence showed that the blue-collar people did not reject McGovern because they thought he was a "radical"; they voted against him because he looked like a chronic bumbler, which is quite another thing. Even if Evans and Novak were correct in claiming that the blue-collar workers had voted for McGovern in primaries because of "faulty perceptions," they never examined the crucial question: assuming that the blue-collar people did not know that McGovern was a "radical," what *did* they think he was?

All the same, Evans and Novak were experienced political observers. Early in the year, they caught some of the serious flaws in McGovern's candidacy—his faulty economic proposals, for instance, and his lack of rapport with the Democratic regulars. But instead of really examining these flaws, they used them vindictively, to prove that McGovern could not win the nomination.

In spite of their steady assault on McGovern, they kept insisting that they were straight reporters and had no conservative bias.

I made several appointments to see Rowland Evans at the Democratic Convention, but had to cancel all of them. Finally, it was arranged that I would phone him at 7:45 in the morning in his suite in the Eden Roc Hotel. "Jesus!" said the sleepy voice. "I'm completely fucked! I have to do two columns and a newsletter today." The interview was short and none too snappy. I wanted to get his reaction to the *Chicago Journalism Review* article.

"I haven't seen it," he said, "but I absolutely disagree with any charge of bias in anything we've written about McGovern. I mean, I've been flabbergasted about the McGovern operation. I thought it was a joke. But we weren't out to get him."

Then what were they doing? Weren't they conservatives?

"*Time* once called us 'zealots of the Center,' " he said. "I don't think that's a bad description. No, I don't think we're conservative. I just think politics moved to the left in the last five years, since Vietnam began to warm up, and we stayed in the center."

The next time I saw Robert Novak was also at the Democratic Convention. He was coming through the front door of the Fontainebleau Hotel to collect his rented car on the huge porte-cochere outside. "No. 5!" yelled the car jockey. Novak was wearing wrinkled checkered pants, scuffed black buckle shoes and a seersucker jacket that was buttoned too tight over his pygmy belly. As he waited, he acknowledged hellos from passers-by. "Hi, Governor," he said, nodding at an obscure Southern pol.

I went up and asked for an interview and this time he agreed to talk to me if I would drive with him to the Carillon, Humphrey's headquarters. We slid into his green compact Olds and started inching up Collins Avenue, with the air conditioning going full blast. I asked him what he had thought of the *Chicago Journalism Review* piece.

"Well," he said, "I thought obviously it was hostile. But take away the rhetoric and there was a kernel of truth. As he said, I *do* feel that the function of a political party is to win elections. If it can't, it has ceased to serve its function. The Democratic party is in danger of becoming defunct in 1972. I feel most comfortable when there is very little difference between the parties. I don't think the system works very well when there is a great difference, as in 1964. There were a lot of inaccuracies in that Chicago article. He claimed we said McGovern was an ideologue. We never said that. We said he was influenced by ideologues and in some instances bound by them.

"The article did make one point I will fully agree with: Just because we've criticized McGovern doesn't mean we're conservative. Eight years ago, no one would have called us conservative. The *National Review* denounced us because we were critical of Goldwater. I don't think we've changed.

"I mean, Evans had a warm personal relationship with McGovern," he said, rubbing his lips nervously. "They used to have breakfast in the Kennedy years. But Presidential campaigning is a hard game, and all personal friendships go out the window. I was quite close to Barry Goldwater, but he hasn't spoken to me since '64. Lyndon Johnson gave the reception for my wedding in 1962 and then our relationship completely deteriorated during his Presidency."

Novak didn't look at me as he talked, but he spoke fast and

volunteered a lot of points. He and Evans had written a lot of critical articles about Nixon, he said, without getting the "cry baby" reaction they had gotten from many McGovern supporters. "Oh, I don't mean McGovern, or Mankiewicz or Hart, I mean the rank and file. They became so accustomed to the uncritical press they received during the first part of the campaign that they were astounded by any criticism.

"I don't want to call McGovern an extremist, but I think some of his positions are radical positions. He denies that, because in American politics, radical is a bad thing to be. Now, the country may be moving in the direction McGovern says it is, but I don't think so. I base that on what we feel the country is about, and we do a lot of traveling and interviewing of rank-and-file voters. We use Oliver Quayle staffers and questionnaires, and either Evans or I go along on every canvassing trip. I actually ring doorbells and fill out the forms myself. We try and do fairly high saturation in what are called barometer precincts—this year I've been in Jacksonville, Milwaukee, Chicago, Queens, L.A., Pittsburgh, Philadelphia, and Detroit. And we found data to indicate that there have been a lot of misperceptions of McGovern's proposals by rank-and-file voters. This country is unhappy, McGovern is right about that, but the country is much more conservative than he is."

We had broken through the worst of the traffic on Collins Avenue, and were coming up fast on the Carillon, so I asked Novak about his fabled sources.

Novak wouldn't name any of his sources and didn't seem to want to talk about them. "Evans and I are switch-hitters," he said. "We write different columns and have different news sources. I use about fifty to a hundred sources regularly, I suppose. I don't really know how many. God bless 'em, though."

Beside Novak, on the front seat, there lay a manila folder, filled with Xeroxes of his columns. On top of that was a small yellow sheet, with his day's schedule typed on it. It said: "3:30, Pierre Salinger, Doral Hotel." No matter what Evans wrote about McGovern, the fact still remained that McGovern needed them more than they needed him. So Salinger was very much at home to Novak, and, the next night, Frank Mankiewicz smiled and smiled and was only too glad to show Evans around the McGovern command trailer.

Later, during the fall campaign, things would change. In September, Novak showed up to follow the campaign for a couple days, and Mankiewicz insisted on banishing him from the Senator's plane, on which all the reporters from the big papers rode, and putting him on the Zoo Plane, with the foreign reporters and TV technicians. Novak did not take this well. At the first stop, he went up to Mankiewicz and protested vociferously. Mankiewicz was implacable. It was the Zoo Plane or nothing.

"OK," said Novak, in his one endearing comment of the campaign, "No more Mr. Nice Guy."

Haynes Johnson of the Washington *Post*

In 1972, Haynes Johnson seemed to be a man whose time had come, for the genre of which he had long been the acknowledged master—the "mood-of-the-country" piece—had suddenly come into vogue. This sudden increase in articles which analyzed the disposition of the American voter actually sprang from events which had taken place four years before, and its origin had much to do with the turbulent state of American journalism in the late sixties.

The whole press corps had been jolted by the New Politics in 1968. The McCarthy surge in New Hampshire took them by surprise, and then the madness for Bobby Kennedy. Then they had received another jolt from the opposite direction—for the event that shook them up the most in 1968, that left the final, bitter taste in their mouths, was the Chicago Democratic Convention. The single most influential piece of journalism that year, among the press corps at any rate, was the column written by Joe Kraft a week after Chicago.

Kraft, a former speech-writer for John Kennedy, was a legendarily aggressive social climber, a member of the set of Georgetown journalists who did much of their legwork on tennis courts and at supper parties. His ambition, combined with a good analytical mind, had won him that most prestigious of showcases, a regular column in the Washington *Post;* his opinions carried weight in the Capital.

On September 3, 1968, Joe Kraft wrote a column in which he asked, rhetorically and repentantly, whether the press did not suffer from certain prejudices.

"The answer, I think, is that Mayor Daley and his supporters have a point. Most of us in what is called the communications field are not rooted in the great mass of ordinary Americans— in Middle America. And the result shows up not merely in occasional episodes such as the Chicago violence but more importantly in the systematic bias toward young people, minority groups, and the kind of presidential candidates who appeal to them."

Kraft went on to argue that Presidential candidates like McCarthy, Kennedy and even Nelson Rockefeller, who campaigned among college kids and blacks, got all the coverage, while Richard Nixon, who made his pitch to ordinary Americans, "was almost entirely out of the news in the weeks before he walked off with the Republican nomination." Kraft thought that this was because the press was dominated by an "upper-class outlook" which could afford to be indulgent to rebellious Negroes and kids. The press was out of touch with the public.

"In these circumstances," Kraft concluded, "it seems to me that those of us in the media need to make a special effort to understand Middle America."

Joe Kraft had put his prestige behind a fear that many journalists felt but had not wanted to express. Right away, a number of press people joined in the *mea culpa.* Walter Cronkite helped set the tone by giving Dick Daley a nice, respectful interview.

Within the year, both *Time* and *Newsweek* had done cover stories on Middle America. All of this happened before Spiro Agnew had said a single excoriating word against the press.

The Kraft line of thinking had deep and long-lasting effects on campaign coverage. In early 1968, the press had been flying high—reporting the sensational, irresistible story of McCarthy's overnight rise; thrilling to Kennedy's charisma; helping to topple an incumbent President. The press felt its oats when Johnson fell. The bulk of reporters felt that they were powerful as never before, in tune with the country, expressing the feelings of a huge constituency that hated the war. Then, suddenly, Chicago blew up in their faces. Beaten by cops and jeered by delegates, reporters found themselves openly detested as a biased, leftist elite. The violence in Chicago radicalized a few journalists; in Tom Wicker, for instance, it precipitated what can only be described as an identity crisis, and he increasingly became the champion of the young and oppressed. But most of the newsmen were simply shocked and hurt to find out that a majority of Americans thought that the press sucked. They brooded over the wound for three years, along with the editors and network executives. And when they sat down in 1971, around tables in board rooms and city rooms all over New York and Washington, to plan the election coverage, they decided to make "a special effort to understand Middle America."

That was the great leap forward in 1972. Almost every sizeable news organization in America made an attempt, however sketchy or erratic, to canvass precincts, interview families, check out local issues, and find out what the voters were thinking. Everyone talked about getting away from the old system of covering elections by sending out a man to ride around isolated on a bus and report that candidate's speeches. Of course, some reporters had been canvassing for years, but it had not been the official, universal policy of the nation's press.

Now *The New York Times* set up a "grid system," with men in every primary state to explore local political factors and describe the effect that the candidates were having on the electorate; later the paper commissioned a fifty-state survey of voter preferences, which was written up by Johnny Apple. Most large newspapers and chains sent their national political reporters to canvass a few key precincts for a week at the opening of the fall campaign and a week toward the end; usually the purpose of the canvassing was to answer one or two crucial questions, such as whether traditional blue-collar Democrats were going to abandon the party in November. *Newsweek* announced a mood-of-the-country series, but soon lost interest and let it peter out; *Time*'s attempt was likewise half-hearted. CBS and NBC made occasional forays into key precincts. ABC confined its efforts to Columbus, Ohio, which it called the "ABC City"; a special correspondent periodically invaded the privacy of a dozen families there to inquire how they felt about the candidates and the issues.

Of all the news organizations, only the Washington *Post* had a grand design. It consisted mainly of a series of articles based on interviews with 443 registered voters in fifty precincts (chosen by precinct-expert Richard Scammon) in the ten largest states. The *Post* could have serialized a good portion of *War and Peace* in the space it devoted to this series. Indeed, the series had the Tolstoyan aim of giving a complete picture of the mood of an entire society. The main architect of this project was Haynes Johnson.

Haynes Johnson was not yet forty, but he was already an institution. In the business, a certain kind of feature that attempted to sum up the national attitude toward specific issues or trends by using interviews with "typical" voters from certain blocs was known as a "Haynes Johnson piece." Haynes Johnson had written his first Haynes Johnson piece in 1960. Having gone to the University of Missouri School of Journalism and received a master's degree in American History from the University of Wisconsin, he became a night city editor for the Washington *Evening Star* at the age of twenty-five, and later a copy editor. But he wanted to write, so he went to the *Star*'s editor and sold him on the idea of a series about Black America.

Johnson spent six months doing door-to-door interviews with blacks all over the country, and he turned out an authoriative series which pleased the editor. So Johnson began to do "Mood of America" pieces for the *Star*, wandering around the country on his own, refining his technique, finding typical labor districts, typical Jewish neighborhoods, typical conservative small towns, and interviewing people in their homes. It wasn't a totally new kind of piece. Ernie Pyle had done much the same thing for Scripps-Howard before World War II, except that Pyle had driven around the country in a battered Ford coupe and approached the whole thing much less scientifically.

During the sixties, Johnson wrote a best seller on the Bay of Pigs invasion and a biography of William Fulbright. He helped cover the '60, '64, and '68 elections, but he did not consider himself a political reporter. He wanted to keep developing his specialty, so in 1969 he moved to the Washington *Post*, where Ben Bradlee let him fly around the country writing more mood-of-the-country pieces. But more important, he and David Broder began to lay out plans for covering the 1972 campaign. The idea was that the campaign coverage of the future would not center on traveling with the candidates, but on gauging the attitudes of the public. So they set up an elaborate system, with questionnaires, computers, key precincts, and a flying squad of reporters. There would be three surveys—one in 1970, one in 1971 and one in 1972 just before the election.

"We wanted to chart the mood of the country over a period of *years*," said Johnson, "so that when we got into the campaign we would really have something to base conclusions on. We would really have a sense of the major issues and what was moving people." He was sitting in the *Post* cubicle at the Republican Convention, a large, athletically built man with a square jaw and black-framed glasses. "Obviously," he went on, "a problem with the press corps is that there is too much of a tendency to stay in the group, to talk of official sources, to rely on the past, and not to recognize that there are changes that aren't measured in the polls, that aren't measured by getting

.

endorsements. We have the most mature, sophisticated electorate in our history, and it's going to be even more so. And if you don't understand how people's attitudes are changing, how complex they are, it seems to me you miss the whole potential in the country. And that's what the press missed."

The most interesting Johnson/Broder series was the second one, a huge eight-part spread which appeared in December 1971. It examined public attitudes toward the two-party system, and the professionals' feeling about their own parties. It showed that the parties were breaking into fragments, that bosses no longer controlled votes, that patronage was no longer effective, that few people felt party loyalty, that the public felt a deep distrust of politicians and no affection for any of the Democratic contenders, that powerful grass-roots organizations had grown up around issues like ecology and the war, and that the political situation was volatile and the way was open to new leaders. In other words, Johnson and Broder described the situations that would make it possible for McGovern to win the nomination.

The two reporters used their usual system. They began together, interviewing voters and party pros on tape and filling out questionnaires together. Then they split up for several weeks and worked separately, interviewing from morning until late at night seven nights a week; at the end they finished up together, and then collated the materials back in Washington. The tape recorder was an important tool, because Johnson insisted on reproducing large chunks of transcript in "boxes" alongside the body of the text. "The suspicion of the printed word today is so immense," said Johnson. "If you do a lengthy series on some controversial topic, you find an enormous outpouring from people who don't agree with what you're saying and therefore simply don't believe that you've been there. So we use these transcripts to give the reader a sense of 'By God, whether or not I like it, *that's* what the man said.' " Thus they had a ward heeler from New Hampshire tell in his own words why nobody came to the party's bean dinner any more. And there was a photograph of the ward heeler drinking coffee in a diner, just to nail down the credibility. There was, over the course of eight days, an impressive array of witnesses—reformers, consultants, bosses, local chairmen, all describing the shaky status of the two-party system.

After finishing the two-party system survey with Broder, Johnson worked with a *Post* reporter named Nick Kotz on another long series about the American Labor Movement. He did not catch up with the primaries until late in the spring, and when he did, the prevailing mood he found was one of total apathy. "Despite all this collective political sound and fury, or perhaps because of it, this campaign is characterized by public indifference," he wrote during the California primary. "You cannot travel across California today without being struck by the lack of emotion being generated by the politicians."

On the few occasions when he appeared on the press bus, Johnson was not exactly everybody's favorite reporter. No doubt this was partly because he gave the lie to the fuss that the rest of the press was making over the primaries; he was telling them that the public didn't care. But many reporters who had known Johnson for years quite sincerely regarded him as a pompous, conceited stuffed shirt. Resentment of Johnson reached a peak on the night of George McGovern's nomination, when Johnson somehow became the only daily reporter allowed to stay in McGovern's suite throughout the evening. There was some bitter talk of Johnson's being an "ass-kisser."

While most reporters were impressed with the series Johnson had written with Broder in December 1971, they did not think so highly of the series that came out in October 1972.

Broder helped to research the October series, but it was written almost entirely by Johnson, and most of the men in the press corps found it interminable and dull. There were long articles on the Labor Vote, the Catholic Vote, the Old Vote, the Youth Vote, and on and on. Many reporters felt that the series simply belabored the obvious—Nixon was not beloved but held a commanding lead nevertheless; America's young people were not going to vote as a radical monolith; the nation was unhappy and distrustful of politicians. "He tells me what's happening, but he can't explain it," said one national political reporter of the Johnson series. "I don't know whether the whole series is worth it. It's a tremendous commitment of money, it's very expensive to do. It took most of the important guys on their national staff a couple of weeks to do the interviews, and what did they get out of it? A series of blockbusters that nobody's reading. I can't get through it. My friends can't get through it. We all care about that stuff, but I don't know anybody on the bus who's reading it all the way through. So if the press isn't reading it, who the hell *is* reading it? When that first survey came out in 1970, I thought it was just pseudo-sociology. Then I thought that the survey in 1971 made a real contribution. Now I've begun to wonder again."

Many reporters felt that Johnson had begun to parody himself and that his pieces were becoming fatuous. On the night George McGovern lost the election, a bunch of half-drunk campaign reporters at the Sioux Falls Holiday Inn ripped Haynes Johnson's election night wrap-up off the wire machine. One of them read it out loud while the others laughed. It seemed to crown the dismal inevitability of the whole thing. "Once every four years," the piece went, "the American past and present come together. Last night, as always on these occasions, the voters gave their quick, clear and overwhelming verdict on the direction of the American future. It is to be, after all, four more years."

"Jesus," said one of the reporters. "The same Haynes Johnson piece I've been reading for three years. I could have written it myself, word for word."

There was some jealousy in this, but also some truth. Much of Johnson's writing in the fall had been long and dull. But it was also true that the country, in the fall of 1972, was in a dull, passive, contrary and confused mood, and to turn such a mood into interesting reading was close to impossible. Had the election been a cliff-hanger, Johnson's pieces might well have been fascinating. At any rate, it was his specialty and he was not about to give it up. It was more expensive and less fun than following a candidate around with the rest of the pack, but it was the only way to draw any useful conclusions from the chaos of an election year. No doubt the *Post* would remain in the vanguard of "Mood of America" coverage until an exciting election came along to make the technique look appealing. Then the rest of the press would follow.

CHAPTER VI

The Newsweeklies

IN 1972, *Time* magazine had 4,250,000 paying readers. *Newsweek* had 2,625,091.

Time and *Newsweek* might have looked alike, read alike, and had the same people on the cover week after week. But there was one crucial difference: 1,624,909 readers. Given that monstrous gap to close, *Newsweek* ran a relatively lean, we-try-harder, underdog operation. And *Time,* home free in the circulation race, fairly reeked of extravagance.

Item: *Time* threw big parties at both Conventions, with sumptuous buffets and special perks for VIP's and advertisers. On the first night of the Democratic Convention, *Time* collected the floor passes from all its correspondents and gave them to big advertisers so that the advertisers could walk around the Convention floor and gawk for a couple of hours.

Item: *Time* hired a fleet of fifteen Cadillac limousines that stood ready to whisk *Time* correspondents and messengers to any point in Miami, including Flamingo Park. ("The Zippies all wanted a ride," said a correspondent.)

Item: *Time* ran its Convention operations out of a sultan's tent in the Fontainebleau's Exhibition Hall that made every other newsprint operation look like a hovel. On three sides, the *Time* office was fenced in by blue muslin curtains, with a grey-uniformed security guard at the entrance flap. (No other publication had thought of that touch, the security guard.) The fourth side of the office was the back wall of the Exhibition Hall, a riot of red whorehouse flock, adorned with an orchestra of plaster cherubs.

At any given moment, a dozen correspondents sat in a row, staring right into blue curtains and banging out reams of copy, while a crew of shirt-sleeved editors huddled around a complex of steel desks, making tactical decisions. The lines to the Front (at the Convention Hall) were kept open by a telephone operator in a flowered dress who ran a full-sized switchboard and set off beepers in the pockets of stray editors and correspondents; and by a dozen couriers who sat on a row of chairs behind the switchboard—half of them *Time* editors' sons who had reportedly been flown in at company expense. *(The New York Times,* which ran many more words about the Convention than *Time,* managed to get along with no switchboard and no couriers.)

All in all, *Time* brought 130 people to the Democratic Convention, including 23 photographers who exposed 400 rolls of film in the first three days. Several senior editors were there, but were not often seen outside of the tennis courts and parties. The senior editors wore hotel haircuts, pin-striped suits and horn-rimmed glasses. "You could switch the senior editors with the Board of Directors of the Chase Manhattan Bank," said a *Time* staffer, "and nothing would change at either the magazine or the bank."

All of the bureau chiefs came to Miami for the week, except for the chief of the Houston Bureau. There just wasn't enough room for him, so as a consolation prize he was flown to Hyannis to babysit with Ted Kennedy. There was room, however, for most of the twenty-three members of the Washington Bureau, which, as *Time*'s largest outpost, filled eighty percent of the "Nation" section every week.

Many of *Time*'s best correspondents worked in the Washington Bureau, reporters like Champ Clark, Hays Gorey, Simmons Fentress, and Dean Fischer, all of whom, it was said, could probably have held down front-line positions on *The New York Times*. Some of them were legends within the *Time* organization, but to the public at large they were about as well known as engineers at Cape Kennedy. Everybody in the *Time* office, for instance, knew that Champ Clark was writing an epic-length narrative of the Convention and that every line was uproariously funny. But Clark never saw his narrative, much less his by-line, in print.

Most correspondents had to live with this frustrating condition, which was sweetened by the fact that they made around $30,000 a year. The correspondents filed about 750,000 words every week, and then the editors took over. The editors worked in the New York office, and their job was to throw away about 700,000 of those words. Then they rewrote about 85 percent of the remaining copy.

The Washington Bureau put out a little sheet of its own, called "Washington Memo," which contained some of the gossip and rumors that the correspondents thought unfit to go in the magazine. "Washington Memo" was sent to *Time*'s New York office and most of the bureaus, but each copy was numbered and copies were not allowed out of the office. The "Washington Memo" was supposed to keep *Time* editors abreast of backroom happenings in the Capital, but most correspondents refused to give their best stories to the "Memo." "Some editor will just phone you and try to get you to do a story about some rumor that you put in," said one correspondent, "and you know it's true, but you feel bad because you know you can't ask your source to back you up on it."

There were other gripes that the Washington correspondents sometimes voiced, very privately, about the editors of the Nation section.

"This whole bit about the Eastern Press Establishment has some basis in fact," said one correspondent. "These six or seven guys who determine the final editorial content of the Nation section all sit around New York most of the time. Occasionally, they try to shake them out of their ivory tower. They bring 'em out. They brought the Nation section, lock, stock and barrel— the editors and the researchers—down to Washington last year.

"Now they bring 'em down to Miami, the whole crew, and they assign each one of them to a correspondent, kind of like on the buddy system. The correspondents had a conference the other morning before the Nation section got here and one correspondent said, 'The question I want to ask is about what I would have to call the Helplessness Factor. Are we responsible for picking these people up, taking them around and taking them to the bathroom?'

"A lot of correspondents just sort of ignored their Nation person, and a lot of the Nation people went off and played tennis. A few of the Nation people did make an honest effort to tag along, find out what was going on, and meet the people they were writing about. But for the most part, it was a kingsize waste of money."

The Nation people, in fact, didn't have much contact with politicians and they didn't seem to have heard of the first rule of Old-Fashioned Menckenesque Political Journalism—that all political types ought to be regarded as guilty until proven innocent.

The Nation section's two-week junket to Washington was a case in point. Each morning, the whole section met to be addressed over breakfast by some Washington notable. On the first morning, said a correspondent who was there, the notable was Chief Justice Warren Burger. When Burger was done with his spiel, the whole table, except for the correspondent, gave Burger a standing ovation. Thinking about it later, the correspondent felt that maybe they had applauded out of respect for the office of Chief Justice. The next morning, however, Ron Ziegler, the former Disneyland ad executive who became Nixon's press secretary, spoke to the *Time* editors. They gave Ziegler a standing ovation too.

On yet another morning, Wilbur Mills was the honored guest. The same correspondent took the opportunity to ask him whether he had lobbied to become Speaker of the House when John McCormack had stepped down. According to an observer, Neil MacNeil, *Time*'s Congressional correspondent, "went bananas."

"How could you ask the chairman that?" MacNeil demanded of the correspondent. "He was very insulted."

It was not just the Nation editors from New York who seemed so completely wedded to the establishment. It was also some of the men who had been in the Washington Bureau for a long time like MacNeil or the bureau chief, Hugh Sidey. Sidey was known around the bureau as Hugh Sidestep. He was famous for the weekly pieces he wrote about the Presidency for *Life*. The pieces were loaded with "mood" and "color," but they did not have a great deal to say about what was really happening inside the Administration. Some of the reporters in the bureau felt that while Sidey might have had a flair for the *form* of politics, he never bothered really to study the *substance*—the content of bills, economic programs, or major statements on issues. One morning in the late spring, for instance, Sidey had come into the bureau upset and grumbling about McGovern's "confiscatory tax program." Several correspondents had to explain to him what McGovern's tax program really was and assure him that the Senator did not intend to confiscate wealth.

"The meetings they have in the Washington Bureau sound like cabinet meetings," said a correspondent who had recently departed *Time*. "The older men are the cabinet members and Sidey is like the President. They sit around and refer to the

Administration as 'we.' Like once I was in a meeting—it was around the time of the May Day demonstrations—and Sidey asked me, 'Do you think we can handle them? Do you think we can keep them from disrupting things?'

"I said, 'No, I think they'll succeed.' And Sidey looked at me as if I were from the Vietcong."

Newsweek's TEMPORARY BUREAU IN MIAMI was just a few feet up the hall from *Time*'s. Enclosed on all four sides with blue muslin, it was smaller, humbler and quieter than *Time*'s office. No guard and no switchboard. Just a couple of reporters chatting around the coffee urn, a secretary on the phone, and three or four other reporters pecking at typewriters. Most of the editors were back in New York. But if there was less boondoggling around *Newsweek*, and less conspicuous waste, its bureaucracy was still very much like *Time*'s. The correspondents whipped out tons of copy, and the New York editors dumped, trimmed, or rewrote almost all of it.

"My copy usually ends up looking like a goddam chicken that's been hit by a fucking truck,"* said John J. Lindsay, a *Newsweek* Washington correspondent, who was known by his friends as "Real John" to distinguish him from the mayor of New York.

"You've got to be happy if they get your facts right," said Lindsay. "Since January I don't think I've recognized a damn thing I've filed. I just pour everything out of the goddam boot. Otherwise, you get a phone call at three in the morning asking you why you left out that the candidate had his teeth drilled that morning."

John Lindsay was a fixture of political journalism, a sensitive and observant man who was deeply dissatisfied with the world and had cultivated a cynical manner to deal with all the hypoc-

---

* Lindsay later told me that these words referred to his own imperfections as a journalist and were not intended to refer to *Newsweek*.

risy that he saw. He was in his late forties, with a thin face and sharp features, and he spoke with the accents of an old Boston ward heeler, for he was one-half Massachusetts Irish. He grew up in a small Massachusetts town and entered politics for a few weeks in his youth, managing a losing campaign for a man who wanted to be state representative from Milford, Mass. "I had a job digging graves at the time, but I didn't have the presence of mind to vote anybody from the cemetery," he said. "It was a clear indication that I wasn't cut out for politics." So he confined himself to writing about politics. He had been on various papers and he worked for ten years on the Washington *Post*, but daily journalism frustrated him because he rarely had time to "take that last step and lock in a story." For this reason, he moved to *Newsweek*.

It was the morning after the last night of the Convention. We were in the Fontaine Room of the Fontainebleau Hotel, a blue ballroom decorated with painted statues of busty Marie Antoinette shepherdesses in low-cut bodices. In front of us, the three hundred-odd members of the Democratic National Committee were sitting in gold chairs, waiting for George McGovern, the newly nominated candidate, to come and address them from the stage. Some network crews were hanging around the stage. A couple of dozen newspaper reporters were standing around the back of the room, looking worn out. They had stayed up all through the night, either drinking or writing. Lindsay had filed copy all night but, being an ex-alcoholic, he did not drink. He and I were leaning against a disused bar at the back of the room, hoping McGovern would show up soon. Despite his lack of sleep, Lindsay looked quite sporting in his blue blazer and beige espadrilles, with his horn-rims and greying hair.

"I can't write worth anything," he said with a sad smile, "but I'm a good reporter, I can cut through the bullshit. And there's a lot of bullshit in this business. You'd almost have to get in on a phone line, or something like that, to get the real story—'cause what goes on up there on the platform isn't really what's happening."

Without the aid of any phone taps, Lindsay had a pretty good idea of what was happening, and in the next few minutes I got a sample of some of the political perceptions that are presumably cut from his copy. I have never seen anything like them in *Newsweek*.

Just then, Lindsay was sighted by one of the ubiquitous political fixers who were plying their trade in Miami.

"Hi," said Lindsay. "Who you working for now?"

"Matty Troy."

"Oh, Matty Troy, the liberal Gauleiter!" said Lindsay. A perfect description! Matty Troy was a crazy egomaniac who supported McGovern, drank with Jimmy Breslin, and ran the Democratic Party of Queens with an iron fist—a liberal version of one of the Nazi "Gauleiters" who ran German districts in the thirties.

Lindsay and the Troy aide began to discuss the McGovern forces, whom they mistrusted. "Give me an old pol like 'Onions' Burke,"* said Lindsay. "If he was gonna double-cross you, he would wink while he was shaking your hand. But these guys don't even give you a tip-off."

McGovern suddenly appeared at the entrance of the ballroom, surrounded by aides. As TV cameramen crowded him, he edged his way to the gold-curtained stage, where Lawrence O'Brien, the Democratic Party Chairman, was sitting. O'Brien was being kicked out of his job to make way for Jean Westwood, McGovern's choice. McGovern reached the podium and acknowledged the applause of the Democratic National Committee. Then he began to sing O'Brien's praises, saying what a great chairman O'Brien had been.

"Keep looking for the cloud," said Lindsay. "They're gonna take McGovern up on a cloud."

"I would like to thank Mr. O'Brien for his wonderful service to the party," McGovern intoned.

---

* William "Onions" Burke was once a power in the Massachusetts Democratic Party.

"Not to mention for saving the nomination for me last week," Lindsay said out of the corner of his mouth.

McGovern finally got around to nominating Jean Westwood as the new party chairman. The committee dutifully elected her and she accepted.

Then McGovern nominated Pierre Salinger, his choice for vice chairman of the party. Salinger was standing underneath one of the sexy shepherdesses. The TV crews trained their lights on him and the cameras whirred. He was obviously thinking over his acceptance speech one last time; everyone expected the committee to vote him in without a peep of protest.

But suddenly Charles Evers, the black Committeeman from Mississippi, was on his feet nominating another candidate, Basil Patterson, a black from New York.

"Black power strikes again," was Lindsay's comment.

McGovern looked agitated. He couldn't oppose a black without looking bad. He leaned toward the microphone and said, "I would like to make a suggestion."

"Take a dive, Pierre, take a dive!" said Lindsay, reading McGovern's mind.

"I think that either Pierre Salinger or Basil Patterson would be perfectly acceptable to this committee," said McGovern.

"I think Pierre just got the signal from George to jump out the window," said Lindsay.

Salinger put up his hand and announced that he wanted to address the committee. He walked quickly to the stage and stood beside McGovern at the podium. Looking deflated, he said brusquely that he sensed it was the will of the committee that Basil Patterson be the next vice chairman.

"He not only sensed it," piped Lindsay. "He saw how many weren't standing up!"

Then McGovern took the microphone to praise Salinger for withdrawing. "I would like to thank Pierre . . ." McGovern began.

"For taking that beautiful parachute dive!" Lindsay said, trying not to laugh out loud. He peered over at the side of the ballroom, trying to catch a glimpse of Frank Mankiewicz and Gary Hart.

"Boy, did the McGovern boys ever bail out on that one," he said. "But tomorrow we'll find out it was a beautiful scheme that Mankiewicz had in his pocket the whole time."

McGovern was still droning on, and Lindsay was getting restless. "I've had enough of this shit," he said finally, and went off to file a story on the meeting.

I looked very carefully in the next week's *Newsweek*, but I couldn't find a word about the Democratic National Committee proceedings.

CHAPTER VII

Television

THE YEARS SINCE 1968 had been rough ones for TV newsmen. Spiro Agnew had been making it hot for them, ranting about how the newtworks slanted the news and hinting darkly about what the FCC might do to incorrigible news-twisters. The phrase "media event" had entered the language, and become a dirty phrase. At some time or other in 1972, nearly everybody —right-wing editorialists, left academics, Nixon aides, McGovern staffers, and newspaper reporters—accused the networks of distorting reality. Many newspapermen complained that they would soon be relegated to the role of drama critics; they would merely write reviews of the spectacles staged for the benefit of TV crews.

The TV people were extremely sensitive to all of this

hostility, and even they were growing slightly resentful of media events. So in 1972, whenever the setup was too blatantly artificial—like Mayor John Lindsay milking a cow in Wisconsin or putting on a wet-suit to probe the muck of Biscayne Bay for ecological disasters—the networks often shied away or tried to be the first to brand it a "media event." In California, when McGovern's people began handing out free video tapes of McGovern's speeches to any station that would take them, NBC devoted three and a half conspicuous minutes to a report on McGovern's use of the media. The NBC people even spent a day filming themselves filming McGovern.

During one brief period, in the early fall, when McGovern began staging media events, Cassie Mackin, the NBC correspondent, felt downright insulted. McGovern would spend a whole morning hauling the press corps to some farm in the Midwest just so that he could appear against a background of grain silos when he made a statement about the wheat scandal. "This is a Presidential campaign and we don't need pretty pictures to get on the air," said Mackin. "Why can't they just run their campaign and let us take the responsibility of finding something interesting to say about it? It would be fine with me if they did nothing for the media."

At the same time, TV people were increasingly prone to admit the limitations of their medium. While NBC still had the gall to take newspaper ads claiming that its news program provided "All You Need to Know," many TV journalists were more humble. "I don't think people ought to believe only one news medium," Walter Cronkite told an interviewer during the Republican Convention. "They ought to read and they ought to go to opinion journals and all the rest of it. I think it's terribly important that this be taught in the public schools, because otherwise, we're gonna get to a situation because of economic pressures and other things where television's all you've got left. And that would be *disastrous*. We can't cover the news in a half-hour every evening. That's ridiculous."

Others went even further. "A lot of TV reporters are not really reporters at all," said a CBS correspondent who wished to remain anonymous. "They've come up from local radio and TV stations, and they really don't know much about politics. But all they have to do is run around and dredge up a minute and a half of thought. It makes no difference if they're ignoramuses because there's no space on the program anyway."

A lot of newspapermen would say amen to that. In the early sixties, when the TV people began appearing in large numbers on the press bus, the older newspapermen had regarded them with outright loathing—they were dilettantes, glamor boys, know-nothings. Over the years, the newspapermen had come to treat the TV people with more respect, but they were still not prepared to accept them as big leaguers. In August 1972, Lewis W. Wolfson, an Associate Professor of Communications at American University, polled fifty-seven major political journalists, asking them: "Which political correspondents (in print or TV) do you respect the most?" Of the fourteen journalists mentioned most often in the results, not one was a TV journalist.

The print men on the bus did admire a few TV reporters, mostly correspondents who covered Washington full-time such as Doug Kiker (who was a refugee, after all, from the old *Herald Tribune*), Dan Rather, Cassie Mackin, Roger Mudd, and Dan Schorr. These people were good, they dug for news; but still, how could you take seriously a person whose daily output lasted two minutes on the air? In newspaper terms, the TV news amounted to putting out a paper that contained only ten stories every day, with only four paragraphs to each story. In fact, if you put a whole transcript of a network news show into newspaper type, it covered only a third of the front page of *The New York Times*.

The galling thing was not just that these TV people, many of them, bordered on being show-biz celebrities, or that they were pulling down big salaries, or that women threw themselves at some of the TV men (who had been in the living room so often that they seemed like second husbands). The worst of it was that the networks were booming while the newspapers kept dying off.

Yet the newspapermen got along well enough with the TV

reporters. They ate and drank together without any conspicuous apartheid. Except, perhaps, for David Schoumacher.

Schoumacher was a tough, somber, extremely aggressive reporter who had a reputation for approaching political campaigns more as an infiltrator than a reporter. He invited staffers out to lunch, took secretaries horseback riding, cultivated anyone who might possibly give him a story. Which sometimes led to accusations that Schoumacher was going too far. Covering Eugene McCarthy in 1968, for instance, Schoumacher had become so obviously immersed in the campaign that supporters of Robert Kennedy complained bitterly that Schoumacher was serving as a shill for McCarthy. Four years later, Schoumacher ran into a different kind of accusation—that of poaching on a fellow reporter's turf.

In January 1972, Schoumacher went out on a Muskie sortie with Jack Germond and a few other reporters. On the plane one morning, Germond overheard one Muskie staffer telling another that Senator Adlai Stevenson III of Illinois was going to endorse Muskie. It was not a great story, Germond thought, but the Gannett papers in Illinois would be delighted to break it. Around noon, Germond's deadline, the campaign party finally arrived at a motel in Tallahassee. Germond rushed to the press room and phoned in his exclusive story. The only other man in the press room was David Schoumacher. As Germond was dictating the story, it occurred to him that he should have gone outside and used a phone booth, but he didn't think much about it.

At the next stop in Tallahassee, Germond heard that CBS radio had broken the Stevenson story. They had got it on the air before his papers had even hit the stands. Germond was pretty sore, but his friend Witcover was furious. When they got back on the press bus, Witcover asked Schoumacher where he had got the story. Schoumacher said he had not heard it from anyone in the entourage.

"Well, I couldn't prove he got the story off me," Germond said later. "But, come on, I don't believe in the fucking Easter Bunny."

After the Florida incident, some of the newspapermen regarded Schoumacher with suspicion. They wanted to discipline him somehow, but couldn't think of a way. "What do you do?" said one reporter. "Pull out his plugs?"

The rest of the TV reporters were fairly well liked. It was just that they were . . . different. They were always flying off to the nearest town with a big TV studio in order to edit their film; they missed a lot of dinners and poker games that way. They had to go everywhere chained to a human ball and chain, which consisted of a cameraman, a sound man, a lighting man and sometimes a producer as well. It wasn't really the TV reporters that got in the way, but those cameramen and sound and light people who looked like garage mechanics and dressed in plastic ski parkas and Hush Puppies were always grunting and shoving and stepping all over everyone to get to the front of the crowd. And in the final analysis, the TV reporters were wedded to their cameramen, to pictures.

The TV reporters were the direct descendants of Nathaniel Currier and James Ives, the pioneers of American pictorial journalism. In 1860, Currier and Ives mass-produced cheap, accurate prints (sold at corner newsstands) of Lincoln, Douglas, and Breckinridge. For the first time, the public knew exactly what the candidates looked like. The Currier and Ives operation was a wild success, and it was based on the principle that would become the cardinal rule of TV news: "Don't just tell a story, show it."

Above all else, TV reporters were trained to search for a good picture. Every night, there was a glut of stories pouring into the newsroom, and the surest way to get on the air was to find interesting visuals. If a TV reporter failed to get good footage of the speech, or could not make his sources talk on camera, his piece would probably be killed. Chancellor, or Cronkite, or Smith would take the essential facts of the story and condense them into a twenty-second spiel that would have practically no impact. For years, the networks had slighted stories that were hard to illustrate, such as economic stories. They were just beginning to give such stories the attention they deserved.

A TV story with good visuals could sometimes run a print story into the ground, not to mention a rival TV story with not-so-good visuals. But what a chore it was to get the pictures! "You've got all that claptrap equipment," said Roger Mudd of CBS, "so you can't move as fast as the newspapermen. You're always worrying about this shot or that shot and you can't quite concentrate on what the candidate is saying because you're worrying about the mechanics, and you're thinking *Oh, Christ, we ran out of film!*"

So the test of a good TV correspondent was not primarily whether he was a great political observer. It was whether he could deal with all of the technical problems, guide his cameraman toward the right shots, and put the film together to form a coherent story. When a producer wanted to compliment a gifted TV correspondent, he said, "So-and-so writes well to film." Which meant that the correspondent had a gift for weaving the copy and the film into one neat, indivisible strand of meaning; each picture illustrated a point that the voice was making. The making of a television campaign report was a specialized process that was three parts television technique and one part political journalism.

Take, for example, the California primary. None of the newspapers were printing much about McGovern's welfare plan or his defense budget, so there was no pressure on the networks to get involved in these complicated, nonvisual stories. In California, the basic story was that McGovern had an incredible organization whose tentacles seemed to reach everywhere, and Humphrey had no organization at all; he was a "one-man band." So the networks did takeouts (feature stories) on the Black Vote, the Brown Vote, and the Blue-Collar Vote, which reflected the fact that McGovern's organization was making heavy inroads. "We haven't been doing so much event coverage," said Bob Eaton, a West Coast producer for NBC. "Instead we're doing trends in the campaign, big movements, stories about the state."

Pretty soon the story became not that McGovern was going to win, but how much he was going to win by. Exactly a week before the election, ABC received the results of a poll it had commissioned. The poll said that McGovern had a twenty-two-point lead over Humphrey. The ABC people got cold feet. They decided to wait two days for a "second wave" of polling they had ordered. There were rumors that Humphrey's people were putting enormous pressure on ABC executives, telling them that they would look like idiots when the Field Poll came out at the end of the week. The Field Poll, they claimed, would show McGovern only six points ahead. But an ABC vice president denied that Humphrey staffers talked ABC out of running the first results. "It pays to be cautious," he said. "You don't fool around if you want to keep your reputation intact."

Meanwhile, an ABC employee carelessly let the results slip to McGovern's people, and the McGovern people, being nothing if not shrewd, immediately told CBS. The next night CBS scooped ABC on its own poll: McGovern out front by twenty-two points. ABC was furious, and the night after that, they revealed that McGovern was really only seventeen points ahead (according to their second set of figures). The same day, the Field Poll came out: McGovern out front by twenty points. Four days later, McGovern won the election by only six points. Mervin Field, the director of the Field Poll, said he thought that the poll might have "interfered with the electoral process," presumably by making the McGovern people complacent in the last week and by frightening the Humphrey people into making a desperate last-ditch effort. "In all my twenty-seven years of polling," said Field, "I have never seen the likes of the publicity that one got. The publication itself became a campaign event."*

---

* The enormous publicity given to the polls may indeed have skewed the results of the California primary election. But it is also possible that the polls were wrong, that McGovern never really had such a huge lead. Almost every publication and network in America chose to accept the polls as gospel and to report McGovern's eventual

The day after the Field Poll broke was a Friday, and I spent most of it watching Jack Perkins and John Dancy, the NBC correspondents, filing their reports. Both Perkins and Dancy had been newscasters in Cleveland, Ohio, and worked at NBC as all-purpose, general assignment reporters, not as political reporters. But on Friday, June 2, at least, the situation demanded more video know-how than political wizardry. Perkins and Dancy had ninety seconds each. The hot story was obviously the reactions-to-the-poll story. It was entirely predictable, but still hot. McGovern (covered by Perkins) would be delighted with the poll, but warn against overconfidence. Humphrey (covered by Dancy) would dwell on the fallibility of polls and insist that the election wasn't over yet. So Perkins and Dancy had the job of confirming what everybody knew the candidate would say. The assignment was inevitable, the time limit was set, and the idiosyncrasies of film and TV equipment (and the candidates' schedules) virtually dictated the content of the stories.

Jack Perkins was a tall, big-jawed man who wore goggle glasses and was just as easygoing and bemused as he appeared on TV. When NBC sent him to Los Angeles several years ago, he went native; today he was wearing a white necktie, a blue rancher's shirt, tan Levi slacks, a handwoven string belt and Hush Puppies. He was with Bob Eaton, his producer, a short, round-faced man also in his thirties and also dressed West Coast informal—he wore cowboy boots. On Friday morning they

---

six-point victory as a "setback." One of the few publications to challenge the accuracy of the polls was *The New Yorker*, which wrote in June 1972: ". . . McGovern's victory by six percent was called a 'setback' for him by most of the press; just as Muskie's victory in New Hampshire was called a 'setback' for him because he hadn't won by the margin that the press had decided he should win by. In both cases, failures on the part of observers were made to seem failures on the part of candidates." At any rate, the press's theory that McGovern had suffered a reversal gave Humphrey and Muskie the courage to continue fighting him after California; their persistence caused a deep rift within the Democratic party.

were both hovering at the rear of a McGovern press conference in the San Francisco Hilton, where Meade Esposito, the Democratic Boss of Brooklyn, was love-feasting with the Senator. As the conference broke up, I asked if I could follow them on their rounds. Sure, they said, friendly as missionaries. We set off from the Hilton and walked a few blocks to KRON, the local NBC affiliate. At KRON, we walked up a long fluorescent-lit hall to one of the cutting rooms where the processed film was waiting for them.

The cutting room, which was the size of a kitchenette, contained a Bell and Howell projector, a small screen on the far wall, a large boxlike speaker beneath the screen, a counter to one side with a Moviescope film-splicing machine on it, and a middle-aged film editor named Marie. Perkins and Eaton took off their jackets and watched as Marie ran several short reels of film on the projector—footage of McGovern visiting a hospital for senior citizens early that morning, of Perkins doing a "stand-up" introduction at the hospital, and of a McGovern rally at San Jose the night before. Both men began to splice the film inside their heads.

"I was thinking," said Eaton, "forty-six seconds of your opening and the hospital, twenty of the rally, and that leaves room for something at the end."

"Sounds good," said Perkins.

Marie put the first couple of reels on parallel tracks of the Moviescope. When she moved one of the reels by hand, George McGovern's voice came out of the speaker like a chipmunk's.

"Make him say, 'You've seen the polls,'" Perkins said. Marie wound the reel until McGovern said the words in a little helium voice. (In cutting rooms, politicians are treated like puppets. Later that afternoon, Marie looked into the Moviescope screen and ordered, "Put your tongue in your mouth, Humphrey!" and then rolled the film until he did.)

Perkins and Marie pored over the hospital footage, looking at the part where McGovern advised his troops against complacency. "Schoumacher got the quote," Perkins said disgustedly.

"He wanted to get a nice close-up, so he didn't wait for the news conference, he had to get it right there at the hospital. There's good stuff on McGovern here, but Jesus, we also get these nice close shots of Schoumacher. I'd use the quote from the San Jose rally, but McGovern's shtick there never ends and it gets no response. So we're stuck with Schoumacher."

(Schoumacher would doubtless have smiled his annual smile if he could have heard. The day before, I had overheard him instructing his cameraman to "lean hard on Houston," who was Perkins' cameraman.)

Eaton, who had gone out to call the executive producer in New York, came back and said, "We're fine for a minute and a half. We're go." With that, Perkins and Eaton went to the neighborhood Zims for lunch. Even there, they were not free of the producer in New York. In the middle of a hamburger, Perkins was paged by the bartender—New York had some small question to ask him.

Arriving back at the cutting room, the two men kept on doing sums in their heads, trying to make the film clips add up to 90 seconds. Marie kept offering film clips as if they were hats to try on, and the men kept making technical decisions.

"Do you want Jack here?" she asked, showing the end of Perkins' introductory speech on the Moviescope screen.

"No," said Eaton. "Give me Jack's voice from the A roll, but give me a picture of McGovern on the B roll, with just a little background noise." Marie slipped the A roll film out of the Moviescope and fitted in the B roll. Then she pulled the B roll through the Moviescope while she pulled the A roll over a sound head, so that Perkins talked while McGovern pressed the withered flesh of an old man.

"That's good," said Eaton.

"OK, just tell me where you want to go out," said Marie, as she continued to pull the film.

"There!" said Eaton. Marie snipped the film with a small scissors and Scotch-taped the loop to the counter.

"Now we cut to the old woman," said Eaton. Marie found the right segment in the B roll.

"Cut it right there, after she says, 'Nice to see you,' " said Eaton. "Then Jack comes in again."

Perkins left the cutting room and went to the newsroom to write his script on one of the giant-type typewriters. He wrote about three pages in type that was slightly larger than the letters in a Dick and Jane book. Meanwhile, in the cutting room, eight or nine loops of film were now hanging from the counter like smoked eels. Marie looked at them doubtfully. "You have me completely confused as to how you're putting this together," she said to Eaton. It was two o'clock—five o'clock in New York. John Chancellor would go on the air in an hour and a half. Eaton began to draw up an outline for Marie.

Perkins suddenly opened the door, flooding the darkened cutting room with light from the hall. New York wanted two thirty-second clips of Humphrey's and McGovern's reactions to Nixon's Moscow trip. The reactions were incredibly boring and Perkins had tried to talk the New York producer out of the project, but to no avail. "They're doing a roundup," he shrugged. The cutting room was getting tense.

Several minutes later, John Dancy, a short, compact man dressed in a light suit, arrived in the cutting room to help prepare the Humphrey footage. Dancy had to do a matching piece about Humphrey. The networks always liked to cover candidates as symmetrically as possible so that no one could accuse them of violating the fairness doctrine.

Perkins had said that the polls showed McGovern leading with every block except senior citizens. Dancy had to say that Humphrey was way behind even with his traditional black and labor supporters, and that he didn't have the kind of money he needed to catch up.

Marie ran the Humphrey footage on the Bell and Howell. There was some wonderful footage of Humphrey raving at a press conference. "I'm not dropping out, I'm about to take off," he piped. He babbled on about Victory in Miami. "Nixon thinks Hubert Humphrey is the strongest threat," said Humphrey. Smoke was coming out of his ears. It was terrific stuff. Better than anything else I had seen, it caught the frazzled desperation that was Humphrey's trademark in the last week of the California campaign. But all this footage landed, literally, on the cutting room floor. It was too long (about three minutes) and too blatantly damning. It wasn't a good match for the light and varied tone of Perkins' piece.

Instead, Eaton and Dancy decided to use three other segments: Humphrey on an early morning talk show (to show that he had to scrounge for free TV time); Dancy interviewing Humphrey in the street about the poll; and Dancy at a Humphrey Labor Rally, telling the camera that "lukewarm labor support has denied Humphrey both money and campaign workers he might ordinarily have expected." Dancy left some final instructions with Marie and went off to write his script. Marie put the segments of film on reels in the right order and sent them to another room where the final splices would be made.

Eaton wandered up the hall to the newsroom and sat on the edge of a steel desk among the wire machines and clattering typewriters. Perkins and Dancy were still working on their scripts. It was getting late, but Eaton couldn't do anything until the control room was ready to "feed" the stories to New York. I asked him whether New York had assigned the stories.

"No," said Eaton, with his customary smile, "this is very much what Jack and I feel is the story. Even more than with newspapers, TV reporting is an individual thing. Just because of the mechanics. They get our story maybe a half-hour before air time; there's no time to change it. They have to rely on the whole thing being produced in the field."

I asked about the thrown-away Humphrey footage. "Surveys have shown that TV news is the dominant factor in deciding undecided voters," said Eaton, who was beginning to glance nervously at the clock. "So I would feel hesitant about doing anything that would influence the outcome. I mean, over the last week we *have* shown that McGovern is ahead, but I spent the fall of '68 with the Humphrey campaign, and I'd be reluctant at this point to write his political obituary."

TV journalists weren't quite the easy riders that Eaton made them out to be. In the world of straight, "objective" journalism, the more freedom you gave a reporter, the more he censored himself. "Freedom" scared a reporter out of his mind, because it wasn't really freedom at all. "Freedom" simply meant that nobody had clearly marked all the pitfalls and booby traps, so the reporter became cautious as a blind man on a battlefield. A network correspondent worried about the FCC breathing down his neck, he prayed that he wouldn't cross some little quirk of the network-news president, and he thought of all the money he was pissing away—about $5,000 for a two-hundred-word story. (The next day, to cover McGovern's whistle-stop train, NBC would use two camera crews and a Lear jet—at a cost of about $10,000, or $5,000 per minute of air time.) To say that TV reporting was an "individual thing" was to say that if a reporter fumbled a story, the shit-hammer came down squarely on his head. There were no middlemen to blame.

Finally, at 3:12 P.M. (eighteen minutes to air time), the director called Eaton, Perkins, and Dancy into the control room. The director, a glowering man with earphones attached to his head, sat behind a huge console in the control room, flanked by four assistants in sport shirts. They were all facing four large TV monitors mounted in the far wall. Perkins and Dancy stepped into a tiny soundproofed booth on the left side of the control room, and sat down in front of a huge, old-fashioned radio microphone. They looked like Bob and Ray.

Down the hall, in the projection room, a couple of engineers had just finished putting the various reels of film on four different projectors. The A roll, the film of Perkins talking at the hospital, was on Projector One. When the director wanted the A roll, he would shout, "P One!" and one of his assistants would hit a button on the console to start Projector One. The Perkins film would show up on a large monitor in the center of the wall, and at the same time it would be fed onto a master tape at the NBC studio in Burbank. Then, at the right second, the director would hit the button to bring in the film of McGovern shaking hands at the hospital, which was on Projector Two, and would point to Perkins, who would read the commentary from his script: ". . . things seem to be going so well that the candidate has taken to warning his followers of overconfidence."

The director had to conduct a crazy little electronic orchestra —cueing Perkins and Dancy in the sound booth, bringing in each new segment of film, bringing up the background sounds of the film segments under the voices of Perkins and Dancy. It would all make one coherent story on the master tape at Burbank, and Burbank would then transmit the whole thing to New York. The director gave all the orders in code, and it sounded like an Apollo launching.

Fifteen minutes before air time. "Stand by," the director said in the tensely quiet control room. "Ready to come up. P One film. Roll 'em."

Perkins appeared on the monitor in rich compatible color, smiling and announcing: "McGovern led in every category but senior citizens—and, as it happened, that is where McGovern began campaigning today."

"P Two background sound," said the director. No background sound came up.

"What happened?" snapped the director. "Where's the sound?"

A voice from the Projection Room came over a loudspeaker: "We'll have to do it again obviously."

Eleven minutes to air time. Perkins was as unruffled as if he were making a telephone call. "We may have to feed live," he explained, "while Chancellor is on the air. Feeding live is like swinging across a ravine on a rotten rope. We're feeding to Burbank, and they're taping it and feeding it to New York, so there are a lot of switchboards where people can screw up."

The voice on the loudspeaker announced that the projection room was ready. Eight minutes to air time. Everything went smoothly until a "bloom" showed up on the monitor—a flash of light caused by a sudden transition from a dark to a light piece of film. The machine which was supposed to adjust brightness had overcompensated.

Another wait. Five minutes to air time. The director started to call the plays again. Perkins and Dancy read their scripts with perfect smoothness. An assistant director whispered into his headphone telling New York where to put the mats, the cards which said "Jack Perkins, NBC News." They finished, and the director picked up a phone.

"Did they buy it?" Perkins asked.

The director listened to the voice at the other end. "They bought it," he said finally.

Perkins and Dancy got up and sauntered down the hall to the newsroom, where they sat down and watched the news with some KRON people. Chancellor had just introduced the first piece, Irving R. Levine talking about the economy. As the program unrolled, the people in the room dissected it like a journalism school class.

"Three minutes of voice on economic junk, no visuals, and into an ad. And they expect us to beat CBS!" a KRON man bitched.

The roundup of reactions to Nixon's trip came on. "Mike Mansfield quoting Richard Nixon," grumbled Perkins. "Scintillating television!"

Then, at seventeen minutes into the half hour, Chancellor began doing a neat little intro into the California story. The screen showed 46 points, in yellow, for McGovern, and 26 points, in blue, for Humphrey. "And here are reports from John Dancy and Jack Perkins," said Chancellor.

"How about Jack Perkins and John Dancy?" said Perkins.

They watched in relative silence.

"Jack got a B minus for starting with a shot of himself talking," a KRON kibitzer said when it was over. "John's visual was much more interesting."

THERE WAS ONLY ONE NOTICEABLE "MEDIA EVENT" in the California primary—McGovern's "Victory Special"· whistlestop trip down the San Joaquin Valley, which the McGovern people scheduled as a stalling measure to preserve what they thought was a twenty-point lead. CBS declined to cover the trip ("We've done train rides to death," Schoumacher told someone); NBC and ABC gave it short shrift.

The Conventions, however, were the greatest media events on earth. The Convention Hall was the world's biggest TV studio, lit for TV with rows and rows of hard white spotlights, wired for TV with 150 miles of electric cable, and with almost every public event staged expressly for TV. The networks dominated the Conventions by sheer numbers. CBS had a staff of 500; NBC and ABC had 450 each. The most popular cliché in Miami was that the Conventions were really conventions of media people; that the reporters were the stars, not the politicians; that the reporters spent a great deal of time interviewing each other about the coverage of the Convention. At the very center of all this attention were the TV people, the biggest stars of all, the most familiar faces in the land. Eric Sevareid, when curiosity prompted him to inspect the Zippie encampment at Flamingo Park, felt it necessary to disguise himself with a false mustache, sunglasses, a Harry Truman/conventioneer shirt, and a cane.

The main attraction of the Conventions was that they brought a mind-boggling collection of rich and powerful people into one small place. So anyone in America with a commodity to sell showed up at the Conventions to try to get a piece of the power and the money. Hookers peddled ass, Mr. Peanut peddled goobers, pushers peddled dope, managers peddled dark horses, and the networks peddled themselves. Since 1952, the networks had used the Conventions as all-purpose promotion gimmicks. As Richard Reeves wrote in *New York*, "The young industry used the conventions to grandly introduce its innovations—coast-to-coast network broadcasting in 1952, Huntley-Brinkley in 1956, the creepie-peepie camera in 1960, then color." The Conventions gave each network a chance to grab a bigger piece of the news audiences away from the other two networks. And the head of each network-news division broke his back for great ratings so that he could prove to his boss that the news division ought to get a bigger chunk of the network budget.

Of course, the network newsmen pointed out the great opportunity the Conventions provided—a chance to study a cross section of the nation, to examine the party system, to present a full spectrum of views, to render, in short, a great public service. That too, that too. But the networks came to Miami because it was good business. In July, the networks did a more expensive job of peddling than anyone else in town—including the Democrats. According to Richard Reeves, the networks spent about eight million dollars on the Convention, while the Democratic candidates and Party spent less than three million.

No small amount of this vast expenditure was earmarked for the press departments of the three networks. Each network had a Winnebago trailer in back of the Hall, and each Winnebago was filled with about a dozen gnomes whose job it was to sit over typewriters all day and turn out tons of hype to send to hard-up TV editors at newspapers all over America. Any editor with a six-inch hole to plug on his TV page could throw in a handy handout from CBS entitled "The Shimmering Maze Behind the Convention Hall," describing the makeshift CBS Convention offices. Or he could use a release that started: "Mrs. George McGovern gave her first reactions to the California credentials vote in her husband's favor to CBS Correspondent Mike Wallace." The CBS press department hoped that people who read about Mike Wallace's coup would switch to CBS and that CBS's ratings would go up.

These press department trailers were very depressing places. The flacks themselves were wretched, pale, middle-aged men who had the burnt-out look of alcoholics and who invariably wore ascots or loud ties, which only accentuated the blankness of their faces. They would congratulate each other with a false bonhomie whenever a press release showed up on the front page of a newspaper, which sometimes happened. A lot of them were failed reporters, and now they were reduced to touting successful reporters. Yet they were very important. They helped to pump up the ratings. And that was why the networks were in Miami.

The press departments were also supposed to hand out passes to journalists who wanted to observe the network control rooms and to interview the anchor men. But at the Democratic Convention, the press departments were wary of visiting journalists, mainly because of an article that Richard Reeves had written in *New York* just before the Convention started. Reeves had described the frantic preparations that each of the networks was making to capture the best Convention ratings. He had also tossed in some colorful touches, such as the fact that many CBS correspondents considered Walter Cronkite an "air hog."

Many network executives were furious over the article. When I asked a lady producer from CBS to get me a plastic pass I needed to get into the CBS compound, she politely replied, "I won't even ask them, because first of all they'd say no and second of all I'd get my head chopped off—they're still all steamed up and paranoid about the Reeves article." The best I could get out of CBS was a cursory tour of the compound from a lady press officer who kept me on a short leash and jerked me around with a brusque "I'm sorry!" whenever I tried to stray in search of a friendly face who might let me into the control booth.

The CBS tour was awkward, but nowhere near so unpleasant as my dealings with NBC. NBC gave me the bum's rush. My relationship with NBC's press department had been strange and shaky from the outset. Back in April, Cassie Mackin, an NBC correspondent, had arranged for me to get a couple of NBC passes for election night in Wisconsin; all I had to do was find a press officer named Joe Derby who would give them to me. Late one night I finally located Derby, who was drinking in the Ole! Room of the Pfister Hotel with Ham Davis of the Providence *Journal*. Derby was a burly Irishman with grey, curly hair and a Father Christmas face. I introduced myself and Derby peered at my press tag.

"Rolling Stone," he said, looking at me hard. "You underground guys—you're always knocking the establishment. Well, what's wrong with the establishment? I'm gonna get that paper of yours and read what you say, and it better be good." I couldn't tell whether Derby was doing a weird Gaelic put-on or threatening my life, but I laughed and said I would watch what I wrote.

Derby took a new tack. "You guys from the newspapers, you're always putting down the networks, and then you come around asking for help because the networks have all the best resources and you need them." It was true that NBC had a giant computer in Cherry Hill, New Jersey, all primed and ready to spew out precinct analyzes, and that every reporter in Milwaukee showed up at NBC on election night to get the teletyped print-outs and use the typewriters and phones that NBC had laid out. "But then you turn around and knock the networks," Derby complained.

"Don't worry, I like John Chancellor," I said.

"Listen," Derby said, "you never worked one-tenth as hard as John Chancellor has worked and you'll be lucky to get a fraction as far as he's gotten! You say anything about John Chancellor and he'll put you in the hospital! And if he won't, I will —you wiseass!"

Ham Davis looked alarmed at the heavy turn the conversation had taken. "He's a good guy," he said, pointing to me.

"Naw, he's a wiseass," Derby growled, and then he suddenly surprised me by flashing an angelic smile and putting a big arm around my shoulders. "I'm only kiddin'," he said. "I can see you got a nice face. I just wish you weren't a wiseass, that's all."

In the morning, I ran into Joe Derby again. He was quiet, sweet, helpful, and only too glad to give me two plastic NBC passes. That was the last I saw of him until the eve of the Democratic Convention in Miami, when he offered to get me into the NBC control booth. "I don't have any booth passes right now," he said, "but come back and see me tomorrow." I went to the NBC press trailer for three days in a row, but never found

Derby. As I stood around the trailer on the third night, I started looking at the bulletin board for lack of anything else to do. The board was hung with trophies—clippings about NBC Convention coverage from *The New York Times*, the Washington *Post*, and the Miami *News*. I took out my notebook and started jotting down the dates and page numbers of the articles. Suddenly, a tall man with a lantern jaw and sinister tinted glasses came at me like a police dog. "I thought I made it clear the other night that NBC has no interest in cooperating with *Rolling Stone*,"he said very firmly.

"What!" I said, my jaw dropping. The man had never talked to me before except to tell me, on one of my previous visits to the trailer, that Joe Derby was nowhere to be found.

"I thought I made it clear that NBC has no interest in cooperating with *Rolling Stone*," the man said.

"So why's that?" I said. "This is news to me."

"I thought I made it clear etc.," said the man.

"Well, so what did I do to offend NBC?" I asked.

"I think you'd better leave," he said threateningly.

I left. A few minutes later I was strolling outside the press trailer with Dick Reeves and we came across the man and Joe Derby. We had the same dialogue again, only more heatedly. Reeves copied it down in his notebook and later wrote it up in *New York*. It turned out that the man was Bud Rukeyser, NBC's vice president of corporate information. Reeves got Rukeyser's quote a little twisted and had him saying: "I thought I made it clear NBC has no interest in helping publications like yours." Reeves interpreted the contretemps to mean that NBC was so out of touch that it couldn't tell *Rolling Stone* reporters from Zippies.

Rukeyser, who liked to think of himself as a friend of the Underground Press, was very upset by the article. He sent a letter to *New York*, saying that the real reason he threw me out was that I had been "rummaging through papers" in the press trailer, not because I was from *Rolling Stone*. So I called up Rukeyser to straighten things out. "You know I wasn't rummaging through any papers," I said.

"Well, I saw you taking notes about the things on the bulletin board, and I considered that by itself enough to throw you out," he said. "But as long as we're being so frank, what about the beer?"

"The beer?" I asked. He'd surprised me again.

"Well, I heard that someone from *Rolling Stone* had thrown a glass of beer at someone in the Railroad Lounge, and so when I saw you taking notes from the bulletin board I frankly figured I had had enough and I threw you out."

I later asked Hunter Thompson if he had thrown beer at anybody in the Railroad Lounge, which was a private press bar in the Convention Hall. He looked puzzled, and then the memory dawned on him. "Oh, yeah," he said. "They wouldn't let me take my beer out of the lounge so I hurled it into this huge oil drum they had at the door and it made a huge BOOM that you could hear for miles."

Rukeyser couldn't seem to make up his mind as to why he had given me the heave-ho. He told his superiors at NBC that I had been "going through drawers," told *New York* that I was "rummaging through papers," and told me about the beer. But as I walked away from the press trailer that night, slightly shaken, it occurred to me that the networks regarded themselves as omnipotent and sacred institutions, roughly like the Presidency.

Maybe the correspondents didn't, but the corporate heavies did. Later in the year, I would come across the same mammoth PR operation, the same desire to classify the most trivial and worthless information, the same arrogance, and the same mindless lickspittle respect for any higher executive—at the White House, of course. Ronald Ziegler and Bud Rukeyser could have traded places with no trouble. Like a White House press secretary, Rukeyser collected a fat salary for keeping the press from revealing that his employers had a human and fallible side.

As I headed toward the Press Gate of the Convention Hall to begin the tedious business of scrounging for a floor pass, I spotted a friend of mine, a professional political fixer whom I will call Paddy O'Hustle. Paddy had come to the Convention to troubleshoot for three separate clients: John Tunney, Gov. John Gilligan of Ohio, and George McGovern.

"Hey, Paddy," I said. "Can you get me a floor pass?"

"Maybe I can," he said solemnly. "Do you know anyone at NBC?"

"Yeah," I said. "I know Cassie Mackin."

"Well," he said, "I'll give you a delegate's pass if you can do me a favor."

"Sure," I said, desperate for a pass.

"You go out there and tell her that Ted Kennedy's supposed to make a statement at eleven, but she can find out about Kennedy sooner if she talks to John Tunney. 'Cause Tunney's Ted's best friend, see, and he knows exactly what Ted's gonna say. And this way, I get Tunney some air time. But for chrissake, don't tell her that."

"OK," I said, grabbing the pass.

"You think she'll do it?" he shouted after me.

"Yeah," I shouted over my shoulder. "I think so."

I had no idea whether Cassie would do it. She was a smart, pretty, thirtyish ex-Hearst reporter who, having been at NBC for only a year and a half, had landed a job that many male correspondents had coveted for fifteen years. She was a "floor person" at the Convention, an assignment that can put rockets on a career. She had developed an iron self-confidence and a touchy professional pride; she bridled at any suggestion that NBC had made her a floor correspondent as a sop to Women's Lib. "Five years ago, they'd have said I was sleeping with the right people," she would snap.

I had seen her the night before, crisscrossing the floor in search of interviewees, and later she had stood alone at the foot of the rostrum, sagging with exhaustion. "I'm so sick of it at this point," she said. "There's no one out there left to talk to." She had developed a waitresslike memory which juggled profiles like orders. She knew the names and salient features of about three hundred county chairmen, delegates, and campaign staffers, and she knew the first questions to ask each of them if an interview should materialize. That night, she had interviewed Kenneth Gibson, the black mayor of Newark; Ted Van Dyk, the McGovern staffer; Joe Duffey, the would-be-Senator from Connecticut; and Dick Gregory, the war protestor, among dozens of others. In most cases, she herself decided whom to buttonhole and what to ask. Sometimes a voice from the control booth would come through her grey plastic headset to instruct her to ask a certain question. "Reuven Frank, the president of NBC News, came on the headset while I was talking to a kid from Virginia," she said. "He said, 'It's the Harris Proposal he's talking about,' so I asked the kid about that. In fairness to me, that's the only time it happened."

But I couldn't sight Cassie tonight. Armed with my delegate's pass, I elbowed my way through the noisy, hypertense crush of delegates. The only way to make speedy progress through the mob was to yell "Hot coffee!" but so many people were used to the trick that it no longer worked. Celebrities were standing in little pools of charisma. I shoved through delegates who were fighting to snap pictures of Art Buchwald and John Lindsay smoking fat cigars, of Warren Beatty, Germaine Greer . . .

Over by the Texas delegation, Garrick Utley stood out like the Eiffel Tower. His face was lifted toward the rafters, as if in prayer, and his lips were moving. "Jesus," I thought. "The pressure really gets to some of these guys." Then I realized that Utley was talking to one of the NBC telephoto cameras that was perched in the gridwork. One of the reasons that every small-town mayor, fashion model, Jaycee and publicity hound in America will *kill* to get onto the floor is that, once you have arrived, there is no way to avoid getting on TV. The eyes of the networks are constantly scanning the floor, like the cameras that scrutinize shoplifters at Macy's. If you stand around for a few minutes you will inevitably become part of the background for an interview, or part of an interview.

Finally, I caught a glimpse of Cassie's blond head and pushed my way to the back of the floor where she was standing with her "floor manager" getting ready to question some delegate. A floor manager is a portable bouncer; when the interview starts, his job is to put out his arms like a tightrope walker and keep passers-by from blocking the camera's view.

"Listen, Cassie," I said, jingling the thirty pieces of silver in my pocket. "I got a hot tip. Ted's supposed to go on at eleven, but John Tunney can tell you what he's gonna say. You could probably get a scoop."

"Oh, that sounds good," she said enthusiastically. "I have to do this thing, and then I'll look for him."

"Great," I said. "He's right over there in the California delegation. He's tall, you can't miss him."

"Thanks a lot for telling me," said Cassie.

"Glad to help," I said.

About an hour later, Paddy O'Hustle came barreling toward me, grinning wildly.

"Did Cassie ever get to Tunney?" I asked.

"No," he said, "but don't worry. I went up to Doug Kiker [also of NBC] and I said, 'Doug, was it you or Cassie Mackin that was interested in seeing Senator Tunney about Kennedy's decision?' Kiker said, 'It was me!' and ran off to find Tunney. Then I went up to Roger Mudd [of CBS] and I said, 'Roger, was it you or John Hart that was asking to see Tunney . . .' and Roger said, 'Must have been me!' Roger got Tunney, too. So in the last hour, I've had Tunney on all three networks and I've got him in *The New York Times*, the Washington *Post* and the Boston *Globe* for tomorrow. I'd call that a good night's work."

Ted Kennedy never had any intention of appearing on television that night, since he had nothing to tell the press. According to [*More*] magazine, a group of bored reporters had asked Dick Drayne, Kennedy's press secretary, if he would join them at a Hyannisport "fish house" at 11 P.M. "When he accepted," [*More*] reported, "an overzealous UPI reporter bashed out a bulletin saying Drayne had called a press conference."

The floor reporters were fueled by a mixture of adrenalin and dogged competitiveness. They had to get to the big stories before the other networks did. One had to compete with the other floor people from one's own network for the jangled attention of the executive producer in the control booth. Yet the floor people stayed remarkably cool and civilized. There was nothing to match the scene in 1964 when Frank Reynolds of ABC had tried to grab Bull Connor away from a CBS producer who was setting up an interview. The CBS producer had punched out Reynolds.

There were a few problems at CBS. One CBS correspondent complained that they had "Walter to Walter coverage." The difficulty, said the correspondent, was that nobody dared tell Walter to shut up. It wasn't really Cronkite's fault. In the midst of the turmoil of the 1968 Convention, some CBS executive had sent Cronkite a note advising him that he was using the word "erosion" too much. Cronkite sent back a note which read, "I QUIT." Now everybody was afraid of offending him.

"When Walter keeps talking and you can't get your story on the air, it's terrible," said the correspondent. "It's not like on a newspaper. If you're a newspaper reporter and some editor kills your story, you get pissed off, sure. But if you're a TV reporter, it's different. Your face is attached to the story. They're not just rejecting some disembodied piece of copy, they're rejecting *you*. So you get horribly angry. Roger Mudd sounded like he was going to quit a couple of times. At the Republican Convention, Mike Wallace quit because they didn't put him on the air when he had cornered Maurice Stans. But that was nothing new. He had quit three times the day before and three times just that afternoon. We all quit all the time."

And in spite of the enormous staffs and elaborate preparations—or perhaps because of them—things still went wrong at the networks. On the first night of the Democratic Convention, CBS fell on its face by announcing that McGovern had suffered a defeat on the South Carolina challenge—which was, of course, a major tactical victory for the McGovern forces. CBS later undertook an investigation to find out the reasons for the failure. The results of the investigation remained top secret, but the main reason was simply that CBS had had a bad night.

Roger Mudd, a knowledgeable political reporter by any standards, was in the South Carolina section but did not know what was happening. Later, he ruefully admitted that he simply had not done his homework. Mike Wallace, who kept asking the wrong questions of Frank Mankiewicz and Gary Hart, did not know either. Neither did Cronkite. All of the floor reporters were supposed to have been briefed by Marty Plissner, CBS's full-time political editor. But Plissner had been too busy preparing delegate counts. David Schoumacher, who was covering McGovern Headquarters at the Doral Hotel, walked into the pressroom there and saw a bunch of newspaper reporters laughing at Cronkite. He managed to get on the air and say that the McGovern people seemed happy with the way the vote had gone. Hearing Schoumacher's report in his earphone, Roger Mudd finally caught on. Offcamera, he got Gov. Pat Lucey, a McGovern man, to confirm his suspicion that the McGovern people had thrown the South Carolina vote on purpose. He called this information into the CBS control booth, but it got lost in the gigantic, electronic maw, and Cronkite did not straighten out the story for another couple of hours.

"The thing with television," Roger Mudd said later, "is that everybody's a high-priced communicator and nobody can really communicate. You know, it's a hung-up, inarticulate bunch of people. Even when we put things in memos we can't seem to get through to each other."

As much as any Convention in the electronic age, the 1972 Democratic Convention went its own way, in defiance of the dictates of television. The McGovern people's South Carolina victory depended on a lack of coverage rather than on any manipulation of the medium. And the McGovern people allowed the long, inane Vice Presidential nominations to push McGovern's acceptance speech out of the prime-time hours. The Democrats had a real, spontaneous Convention, with real rifts, boredom, chaos, and chicanery. The network reporters had to struggle to keep up with the happenings. They missed a lot, but they gave a fairly accurate picture of the drama and tedium of the Convention.

At least, the Democrats gave them a show. The Republicans gave them a perfectly scripted TV Convention, and it was as dull as a three-day-long treasurer's report.

"You were lucky to get on the air twice a night," Roger Mudd summed it up, "and even then you felt ashamed to go on with such junk. You know, everybody has their vanity, and you want to get on the air, and you want to show people that you're still working. I was not proud of my work at the Republican Convention, but I've told myself that there really wasn't that much for a reporter to do down there if he was a television man and trapped on the floor. It was *arranged* so there wasn't much to do. You were a prisoner on that floor and every time you got going on something they'd kill the house lights and roll the film so you couldn't broadcast anyhow."

The most interesting story of the Republican Convention took place well off camera. On the second afternoon, a messenger from the Republican National Committee's press office dropped off a sheaf of press releases in the "in" box of the BBC. The BBC was working out of a tiny pasteboard cubicle which was crammed with tables and equipment and was decorated with several gas masks hung on the wall in anticipation of Zippie demonstrations.

The office was being run by the BBC's chief U.S. correspondent, a wiry, forty-nine-year-old jockey-sized man named Charles Wheeler. When Wheeler looked through the papers in the box that afternoon, he came across one unbelievable treasure, a minute-by-minute script of the Convention. The script simply confirmed what everybody already knew, that the Convention was a totally stage-managed coronation of Richard Nixon. But it confirmed it with incredibly damning detail.

The script instructed the speakers when to pause, nod, and accept "spontaneous" cheers. It stipulated that at a certain point, a demonstration would interrupt the convention secretary in midsentence. And at 10:33, according to the script, the President would be nominated and there would be a "ten-minute spontaneous demonstration with balloons."

Wheeler was still examining this document when three new

messengers showed up to demand that he give it back. Wheeler told them that he could hardly consider doing such a thing. The messengers stalked off to fetch the sergeant-at-arms, but they came back instead with a lady from the Republican National Committee press center named Kit Wisdom. She was thin as a blade, had a very sharp nose and spiky dyed hair. She did not argue for long with Wheeler. She simply grabbed the script. Wheeler grabbed it back. Kit Wisdom pulled it out of his hand. Wheeler pried it away from her and pitched it across a couple of tables to a young radio correspondent named Christopher Drake, who might have played the Albert Finney part in an English movie. Kit Wisdom ran around the tables and reached for the script, but Drake poled her off with a straight right arm. "Naughty, naughty, naughty," he said. Finally, she walked away, close to tears.

Wheeler went on the air and told the British people about the script and the scuffle. He was the first reporter to discover the script and the only one to have to fight for it. The Republicans later realized that other copies had been sent out by mistake but despaired of trying to hunt them down. Copies soon fell into the hands of network correspondents, and all of the networks reported on it. ABC gave it good play on its evening news. CBS and NBC did very brief reports on it from the floor of the Convention Hall. None of the networks bothered to mention that the Republicans had tried frantically to retrieve the first missing copy, nor did they mention Charles Wheeler's valiant defense.

That night, I went to the NBC central control booth to watch the NBC executives directing the coverage of the nomination of Richard Nixon. Since the Democratic Convention, phone calls had been made, differences had been smoothed over, and Bud Rukeyser was now willing to cooperate with *Rolling Stone*, or at least with me. So I was led into the NBC complex, which consisted of a dozen or so Winnebagos connected by carpeted bridges. In the center of these was the small wood-paneled control room. At the back of the room were two booths with sliding glass panels—one for Julian Goodman, the president of NBC, who had the power to interrupt the proceedings at any moment via a red phone and overrule a decision; and the other, occupied by several executives from Gulf, which was sponsoring the NBC Convention coverage.

In the middle of the room, Reuven Frank, the president of NBC News, and George Murray, the executive producer, were seated side by side at a long slim desk that was covered with telephones—blue phones to Chancellor and Brinkley, the red phone to Goodman, beige phones to everywhere else. In the greylit darkness, they were peering at a wall that contained fourteen TV screens—screens for ABC, CBS, and PBS; a screen for the pool camera that covered the podium for all the networks; screens that showed what some of the NBC cameras were doing both inside and outside the hall; and in the middle, two big screens, one showing the actual broadcast and the other, marked Preset, showing whoever was on deck.

Reuven Frank, an intense man with prematurely white hair and a scholarly face, was making comments in a low voice. Murray, with a truckdriver's physique and a fringe of black hair around a balding pate, did all the shouting. Murray was barking commands toward a door on his right that led to the trailer containing all the hookups to the cameras inside the Convention Hall. Somewhere in there, a director named Tony was looking at another set of screens and telling all the cameramen in the hall what to do.

It was about eleven o'clock (the Republican script was running late); the roll call was about to end. Gerald Ford was about to announce that Nixon had been nominated. The delegates were about to go wild in a ten-minute spontaneous demonstration and 20,000 red, white, and blue balloons were about to drop from nets in the flies of the Convention Hall.

"Watch the balloons up there," Murray yelled at Tony. The balloons showed up on the Preset screen. The control room was growing tense. From inside the adjacent trailer, Tony could be heard shouting into a microphone, directing his engineers and cameramen. He referred to the cameramen by number.

"Five, hold five! Hold three. Hold four!"

Suddenly the balloon drop commenced.

"Here they come! Here they come!" shouted Murray. His eyes were glued to the main screen, and he was very excited.

"Go! Start the zooms, Tony!" Murray yelled, getting even louder. "In and out, in and out! Yo-yo! Yo-yo!"

Yo-yo was part of the technical jargon. It meant to zoom in and out very fast. Balloons were dancing all over the screen. It looked like New Year's Eve in Valhalla.

"Switch, switch," Murray screamed. "Go, Tony! Now! Four, five, seven, three!"

The screen jumped with sudden cuts from one delegation to another. There was a giddy collage of laughing faces, banners, standards, balloons, more faces, people dancing in the aisle. Tony was cutting so fast from one camera to another that the screen seemed to whirl.

"That's it, Tony!" Murray lashed him on. "Beautiful! Cut like a maniac! Come on! Faster, faster! No more yo-yo, just cut. One, two, one, two—get the beat, Tony! That's it."

The pandemonium went on for several minutes. Finally, it was over and Murray slumped back in his leather swivel chair, exhausted. Congratulations were exchanged. Murray looked happily done-in, like a virtuoso who has just left the stage after playing a tricky concerto.

Over in the CBS newsroom, they were furious. Everyone there was bitching that NBC had been "editorializing" by making the demonstration look more exciting than it actually was. It was a niggling thing to say, but CBS was right. The demonstration had been a stage-managed bore. The whole Convention was a bore. So George Murray had hoked it up. But he didn't look like a man bent on distorting reality. He had obviously played around with the cameras on the balloon extravaganza to have a little fun. And he had had the time of his life. He had got off on all the shouting and the flashing images. He and the other producers out there in the control room were grown men playing with one of the most amusing electric trains ever built.

ACROSS TOWN, comfortably settled in a large white stucco house in a posh section of Miami Beach, was a very different operation called Top Value Television. TVTV, as they liked to be known, was a collective of twenty-eight young cable-TV reporters who had got press passes to the Conventions, and who had rented the house from a French landlady who did not object to their long hair. Using inexpensive videotape equipment, they made an hour-long documentary about each of the Conventions at a total cost of $25,000—or roughly the cost of a couple of minutes air time on one of the networks. The money had come partly from cable TV stations and partly from private philanthropists. The two documentaries were shown on cable stations across the country, getting an excellent review from the television columnist of *The New York Times*. They were extraordinarily intimate portraits of the Convention and, surprisingly, they reflected no particular ideology. The first tape, on the Democratic Convention, showed Willie Brown, the slick black McGovern staffer from California, telling his delegation how to vote on the South Carolina challenge and explaining the whole strategy; it showed the making of the challenge that unseated Mayor Daley; it had Cassie Mackin talking about the job of being a floor person and declaring ecstatically, "There's nothing to it, there's nothing to this a woman couldn't have done a long time ago." The tape of the Republican Convention included pep talks from Ronald Reagan, an interview with an embarrassed Eddie Cox, scenes with Vietnam vets, with Paul McCloskey, and with the Nixon Youth preparing for one of their "spontaneous" rallies.

At times, the tapes were blurry, jiggly, and patently non-professional. But they gave a robust whiff of the Conventions, and had a caught-by-surprise, off-camera feeling that the networks could not and probably would not want to approach. The most striking thing about the tapes was the absence of narration. Except for a few handwritten titles, the pictures and sounds of the Conventions spoke entirely for themselves; watching a narratorless news broadcast was a strangely exhausting and disturbing experience. There was no easy gloss to take the sting out of what was happening on the screen.

The leader of the TVTV collective was a twenty-nine-year-old dropout from *Time* magazine named Michael Shamberg. When I arrived at the stucco house one afternoon during the Republican Convention, Shamberg was reclining on a sofa, while random activity went on around him. Upstairs, people were viewing and editing new tape. A barefoot girl came in and cried that she had inadvertently erased the best part of the Walter Cronkite footage. Outside by the swimming pool, where azaleas bloomed, a young man was filling balloons from a blue tank of laughing gas and passing them around for his friends to inhale. Inside, the living room was cluttered with cameras, Sony Porta-paks, tape, wires, cables, newspapers and large hand-lettered signs and assignment sheets. One of the signs said:

THE BIG STORIES

1. The Underbelly of Broadcast TV
2. The Vietnam vets
3. Those zany Republicans, young and old
4. The White House family/celebrities

Are *you* on a big story? Does your big story *connect* with the others? Is your Little story part of the big picture?

The Management

Dressed in a loose green T-shirt and gold corduroys, Shamberg looked like a model kibbutznik. He was handsome, lithe, had long black hair and spoke in a sleepy suburban drawl. Shamberg had written a book called *Guerrilla TV* and he believed that cable was the wave of the future. The networks, with their economic dependence on mass audiences and mass advertising, would eventually go the way of the mass magazines like

Life, he thought. And cable TV—local, decentralized, appealing to small audiences and specialized tastes—would gradually take over. This might not happen until Shamberg was as old as Walter Cronkite, but he was in no hurry. He was simply happy that TVTV's first major project was turning out so well. He liked the network people. They had been very open and cooperative with the TVTV people. It was just that Shamberg believed in a different style of television.

"Look at the economy of production in broadcast TV, with that expensive equipment and unions and shit," he said. "They *have* to produce that stuff. But around here, we're talking about little Sonys that cost only 1,400 dollars and tape that costs ten dollars for thirty minutes and that you can reuse.

"The networks have never understood that the expensive equipment they have dictates a style, which is what's pissing people off. They have to force behavior. When they're on live, or even when they're filming, they have to have something happening when the camera's on. Everything they do costs so much that they can't afford to be patient. That's why they have correspondents who are always talking to give you the illusion that something's happening. They can't wait and really pick up on what's happening.

"We never do that. We just like to hang out. It's more of a print notion. Like, when you do a story, you probably don't do formal interviews as much as you hang out. We're trying to do the same thing.

"The network people are essentially giving people a radio with a screen. If you turn the picture off, you don't miss a thing. They never let you hear environmental sounds. They always make people express themselves in a format determined by the announcer. They never say, 'How do you want to explain the problem? Do you want to take me around and show me or what?'

"Another thing is, they shoot film and take it back to the studio and process and edit it, and the subject of the film never gets any say in it. But we can play a tape back for people immediately. If they don't like it, we'll erase it. People rarely ask you to do that. But you can establish a rapport with people that way if you're working in an alien situation.

"That's how we got our stuff on the Nixon Youth. They were very uptight about us shooting, so we let them see themselves and get a feeling for how they came across, and it relaxed them."

The barefoot girl suddenly returned. She was ready to show the marred Cronkite tape. Shamberg and several other TVTV people gathered on a long curved couch in the living room and watched as Cronkite flickered onto the little Sony set. He was in his shirt-sleeves, leaning back and good-naturedly giving his ideas on Convention coverage. The Cronkite segment was one of the last pieces they had shot for their tape of the GOP Convention, and the team that had shot it kept talking about how nice Cronkite had been and how much they liked him.

Shamberg was relaxed and happy. Like everybody else, he and his friends had seen the Conventions as a chance for national exposure, and the TVTV people had got that. Now they would move on to other subjects, leaving political journalism behind.

But Cronkite and Co. would be at it every night, and they were slowly beginning to accept some of the same technical innovations that the TVTV people were using. The networks were gradually trying to develop less obtrusive equipment so that their news teams would not change the nature of the events they were covering. NBC and CBS were experimenting with small, lightweight eight-millimeter cameras. They were trying out faster film that needed no bright lights. They were exploring the possibilities of portable tape units like the ones that had given the TVTV people such mobility and allowed them to film people so unobtrusively.

There were young producers at the networks who wanted to make innovations. At CBS, for instance, there was a long-haired, piratical-looking, defiantly hip producer named Stanhope Gould, an enormously energetic man in his thirties, who had been given the two most important assignments of the election year, the Wheat Deal story and the Watergate story. Gould deplored the network tendency toward "Top 40" news, and favored longer, more complex stories. He was looking for new ways to "punch through" to people, and he was willing to use graphics, charts, diagrams, actors playing out skits, anything that would work.

Early in September, George McGovern charged that giant grain exporters and speculators with inside information bought up wheat at low prices before news of the magnitude of the Soviet grain sale drove prices up, and that they did so with the silent consent of the Administration. Cronkite immediately smelled another Teapot Dome scandal and decided that CBS should investigate the wheat deal. Gould worked on the story for two weeks. He assembled a staff of six, including an agricultural expert who knew his way around the Department of Agriculture. He sent crews to Kansas and Texas to film interviews with wheat farmers who were angered by the deal. He filmed experts and government officials in Washington and New York. He and his research team discovered new evidence damning Clarence Palmby.*

There was nothing new about this intensive fact-finding. CBS had a superb research department, including an Elections Unit that sent out a weekly newsletter to correspondents, and the network often assembled stories from stringers and correspondents all over the country. What was unusual about the wheat story was the form that it took. It was in two segments, the first one eleven minutes in length, the second one five minutes long. In the first report, on September 27, Cronkite began by announcing the intention of the report—to find out "who be-

*Palmby was the Assistant Secretary of Agriculture who moved to a job at the Continental Grain Company after having negotiated the wheat deal with the Russians, but before the deal was made public. Continental then proceeded to close the biggest deal of any grain company, 150 million bushels, three days before the government announced that it was possible to sell grain to the Russians.

nefited from the grain deal"—and then laid out the whole history of the deal, getting up from his desk to go to a blackboard
and use stick figures to show which officials had moved from the
Department of Agriculture to private companies. It was almost
unprecedented for a network news show to devote such a large
amount of time to unraveling a complicated story. It was an
admission on CBS's part that the old formats had not been
getting through to people, that you could not report a complicated story like the wheat deal in isolated, two-minute fragments and expect viewers to make sense of it. Instead, you had
to pull all the facts together in a sort of illustrated lecture.

By the end of the second report, many Americans understood
the wheat deal for the first time. There was an immediate response from fellow reporters. *New York Times*men phoned to
say that CBS had told the story better than the *Times*, and no
form of praise meant more to network people than recognition
from the *Times*. Cronkite was elated; he was reliving his youth
as a crusading reporter. He ordered another "Special Report,"
this time on the Watergate Case.

Gould got the assignment again, and he went about it in the
same way, checking out dozens of sources, filming all over the
country, and helping to prepare a script that used diagrams and
stick figures to make the situations crystal clear. In the end,
Gould relied mainly on Washington *Post* articles for his information, but again the report pulled together all the stray facts
and made a coherent story out of them. The first segment of the
Special Report ran on October 27. It began:

> Cronkite (standing in front of dark screen showing build-
> ings identified with tags as Watergate, offices of CRP—Com-
> mittee for the Re-election of the President—the White
> House): Watergate has escalated into charges of a high-level
> campaign of political sabotage and espionage apparently un-
> paralleled in American history . . .

It was a tought report, which included excellent filmed segments from Dan Rather and Daniel Schorr. It ran an astounding

fourteen minutes. Cronkite was careful to mention the Administration's denials of all the evidence, but the graphics told a clear story of political sabotage with a line that led straight to the White House. And there was to be a second report, also lasting fourteen minutes.

There were many complimentary phone calls on the first report, but there was at least one very unfavorable call. It came from Charles Colson, special counsel to President Nixon, and it went to Bill Paley, the chairman of CBS. No one was sure what Colson said to Paley, but Colson managed to change Paley's mind about the second segment. A meeting was held on the subject and CBS executives told Gould that the second segment was too long and had to be cut in half. The executives never mentioned the phone call from the White House. They simply said that the piece was too long. Gould argued against the decision but was ordered to cut the piece.

The abbreviated version of the piece contained all the vital information, but it lacked the impact of the first Watergate report. Gould's method was to lay out the facts slowly and carefully so that they made sense. The second Watergate report, which was to have traced the laundering of the money in the secret fund, cried out for this approach. But in shrinking from fifteen to six minutes, the report became a rushed, run-of-the-mill takeout, difficult for the average viewer to follow.

In the wake of the cutting of the Watergate report, many of the younger people at CBS worried that the news department was abandoning its new approach, that the Wheat and Watergate Special Reports had been two aberrations from the norm instead of the beginning of a hopeful trend. Even more, they worried about the increasing power of the White House.

PART TWO

COVERING NIXON'S CAMPAIGN

CHAPTER VIII

Nixon Before the White House

EVERY PRESIDENT, when he fiirst enters the White House promises an "open Administration." He swears he likes reporters, will cooperate with them, will treat them as first-class citizens. The charade goes on for a few weeks or months, or even a couple of years. All the while, the President is struggling to suppress an overwhelming conviction that the press is trying to undermine his Administration, if not the Republic. He is fighting a maddening urge to control, bully, vilify, prosecute, or litigate against every free-thinking reporter and editor in sight. Then, sooner or later, he blows. Teddy Roosevelt sued newspapers. Franklin Roosevelt expressed his displeasure over a certain article by presenting its author with an Iron Cross. Lyndon

Johnson . . . but there is no sense singling out a few. Every President from Washington on came to recognize the press as a natural enemy, and eventually tried to manipulate it and muzzle it.

But no President ever had any prolonged success at muzzling the press, and most of them came ruefully to accept the press's adversary role as healthy and challenging. In mid-Presidency, Harry Truman served notice that he was "saving up four or five good, hard punches on the nose, and when I'm out of this job, I'm going to run around and deliver them personally." But at his last press conference he said, and sincerely: "This kind of news conference where reporters can ask any question they can dream up—directly of the President of the United States— illustrates how strong and how vital our democracy is."

Richard Nixon, however, was different. Nixon felt a deep, abiding, and vindictive hatred for the press that no President, with the possible exception of Lyndon Johnson, had ever shared. Nixon had always taken *personally* everything that the press wrote about him. The press, he believed, never forgave him for pulling the mask off its darling, Alger Hiss; so the press tortured him, lied about him, hated him. Over the years, Nixon conceived and nursed one of the monumental grudges of the century, a loathing so raw, ugly, and obvious that it only served to make him vulnerable. To borrow a phrase from Iago, Nixon wore his heart on his sleeve for daws to peck at. The daws had a field day. Painfully, Nixon learned his lesson. He learned to control and disguise his hatred, to use it in subtle ways to defeat his enemies in the press. It was precisely for this reason, because Nixon hated for so long and studied his foes so well, that he had become the nemesis of the press. No other President had ever worked so lovingly or painstakingly to emasculate reporters.

IN 1960, EIGHTY PERCENT of the nation's newspapers and all of the mass circulation magazines endorsed Nixon for President. Which was no surprise, because publishers always tell their editors whom to endorse, and the majority of publishers are staunch Republicans. But publishers do not exercise such neat control over their reporters, and Nixon regarded the press that followed him as a malicious band of thugs and Democrats who had sworn to do him in. Accordingly, he decided to cut them dead.

"*Stuff* the bastards," a Nixon aide told Theodore White in June 1960. "They're all against Dick anyway. Make them work —we aren't going to hand out prepared remarks; let them get their pencils out and listen and take notes."* During that year the Nixon people punished the press for their supposed hostility by withholding transcripts of speeches; late in the campaign, the Nixon people finally realized that this was a self-defeating tactic and began providing handouts. They also inaugurated singalongs. Herb Klein, Nixon's short, smiling press officer, passed out sheet music on the press bus and tried to lead a disgusted chorus of reporters in old favorites. Meanwhile, Nixon stayed aloof, holding few press conferences, making no effort to get his ideas across to the reporters. By the time Nixon lost in November, most of the reporters who had been trapped with him were glad to see him go.

Two years later, Nixon stalked to the microphone at the Beverly Hilton and made his never-to-be-sufficiently studied "You won't have Nixon to kick around any more" statement, which appeared to have croaked him for good. But it hadn't, of course. Five days after the statement, ABC ran a documentary called "The Political Obituary of Richard Nixon." The network got about 80,000 letters in response to the show and most of the writers thought that ABC ought to be hanged by its thumbs. The first benefit that Nixon reaped from his Kamikaze statement was the comforting knowledge that there was a constituency out in the heartland that resented the press as much as he did.

* *The Making of the President 1960* by Theodore White (New York, Signet Books, 1967), p. 377.

There were other benefits as well. Mainly, Nixon found, over the course of the next few years, that he had succeeded in putting the press on the defensive. His accusations of bias contained some truth. In 1960, many reporters had become shills for Kennedy (as they would later become shills for Johnson, in the honeymoon months following Kennedy's assassination and, later still, shills for Robert Kennedy). The reporters on Kennedy's plane referred to the candidate as "Jack," talked constantly about his "style" and "grace," cheered his speeches, and sang anti-Nixon songs with Kennedy staffers around hotel bars. The Kennedy people encouraged this claque atmosphere. They made the reporters feel like part of the staff, like cherished advisers or bosom friends. Kennedy's standard speech contained an anecdote about a certain Colonel Davenport; often, at the fifth or sixth rally of the day, Kennedy would change this to Colonel Bradlee or Colonel Bartlett, thus sending a winking message to his friends in the press.

If there was ever a gung-ho Winner's Bus, it was Kennedy's in 1960. The reporting was fairly straight. Most of the Kennedy reporters believed, as reporters always believe, that they could be friends with the candidate and still write objectively about him. Some of them pulled it off (just as in 1968, several reporters who liked Bobby Kennedy very much, nevertheless tore him apart for resorting to demagoguery in a speech in Indiana). But the Kennedy reporters did not really stop to examine their writing for traces of creeping anti-Nixon bias. On the plane and the bus they flaunted their personal contempt for Nixon. So what if they made it obvious that they adored Jack? He was going to win, and Nixon was not going to matter any more.

Thus, when Nixon crawled out of his manhole and dusted himself off in 1966, there was more than one reporter who felt like a small-time mobster when he hears that the padrone has got out of the pen and is ready to settle a few scores. Nixon, who was blessed with the acute sensitivity of a paranoiac, knew this. By June 1966, when Jules Witcover interviewed him during a speaking tour of the Midwest and South, Nixon was already claiming that his infamous "last press conference" of 1962 had worked out for the best.

"California served a purpose," he said. "The press had a guilt complex about their inaccuracy. Since then, they've been generally accurate, and far more respectful. The press are good guys, but they haven't basically changed. They're oriented against my views. But I like the battle. I like to take them on in a give-and-take. I used to be too serious about it. Now I treat it as a game. I'm probably more relaxed and not so much is riding on it . . . I have a lot of friends in the press. They tell me, 'I like to cover you. You're news.' I do give the correspondents a lot of news. And I like the press guys, because I'm basically like them, because of my own inquisitiveness . . . The press is very helpful with their questions."*

Nixon had roughly the same number of friends in the press as he did in Alger Hiss' immediate family. His basic strategy (which was to keep himself isolated from reporters) and his basic attitude (which was that reporters were scum) hadn't changed. But he had smartened up and learned one crucial lesson—to "give correspondents a lot of news," in the form of handouts and a few discreet one-to-one interviews.

It was a handout that put him back in the headlines in 1966. In November of that year, Bill Safire, one of Nixon's aides, peddled a handout on Vietnam to *The New York Times.* The *Times* played it on the front page, and once again Nixon was back in the news, just in time to take credit for the Republican Congressional landslide. Then Nixon decided to hide out for a year and stop feeding the press handouts. Instead he fed it George Romney. "I want him to get the exposure," Nixon had said in private. "We have to keep him out at the point."

From the time that Romney began his campaign, with an exploratory stumping of the Rocky Mountain states, the reporters who traveled with him pegged him as a lightweight. The

* *The Resurrection of Richard Nixon* by Jules Witcover (New York, Putnam, 1970), pp. 151–152.

private vocabulary of journalists reeks with obscenity, but the dirtiest word it contains is "lightweight." A lightweight, by definition, is a man who cannot assert his authority over the national press, cannot manipulate reporters, cannot finesse questions, prevent leaks, or command a professional public relations operation. The press likes to demonstrate its power by destroying lightweights, and pack journalism is never more doughty and complacent than when the pack has tacitly agreed that a candidate is a joke. As soon as a candidate shows his vulnerability by getting flustered, or by arguing when he shouldn't argue, the pack is delighted to treat him as the class clown.

Such a candidate was George Romney. In February 1967, when Romney began campaigning, it was generally assumed by the national political reporters that the winning candidate would be the one who could come up with a new and independent stand on the war in Vietnam. Unfortunately, Romney didn't know enough about Vietnam to have a stand, so he had to improvise one, which is always a dangerous game. At first, Romney refused to talk about the issue, but the press hounded him with questions, and Romney could not resist answering. His answers were inconsistent and patently ignorant. The reporters grilled him relentlessly at one press conference after another, and the more he said, the more his credibility crumbled.

Then, in August 1967, Romney went on a Detroit talk show and told the host how he had "had the greatest brainwashing that anybody can get when you go over to Vietnam." The remark was forgotten until the talk show host, greedy for publicity, sent the transcript to *The New York Times*. The *Times* ran the story on page 28, under the headline: ROMNEY ASSERTS HE UNDERWENT "BRAINWASHING" ON VIETNAM TRIP. The networks, always guided by the *Times*, picked it up. The papers in Romney's home state of Michigan, chagrined at having missed such a big local story, compensated by turning it into a monumental issue. The Detroit *News* called on Romney to withdraw from the race. The "brainwashing" remark encapsulated all of

Romney's ineptness in one easily remembered word, and it finished off his chances. He kept on campaigning until the end of February 1968, in the same way that a corpse's fingernails keep on growing.

Meanwhile, Richard Nixon had not been obliged to answer any questions about Vietnam, because Romney had been getting all the press's attention. Now, about three weeks before Romney pronounced himself dead, Nixon rolled the stone back from his own tomb and came out. He announced his candidacy before a well-attended press conference at the Holiday Inn in Manchester, New Hampshire. "Gentlemen," he said, "this is *not* my last press conference."

That night, he gave a party for the reporters at a motel in Concord. He drank with them, joked with them, offered big hellos to old acquaintances, offered candid observations, and generally acted like Conrad Hilton at a Hotel inauguration. Then he got up on a small chair and told a lousy joke about the weather, which received (according to one witness) "polite titters and more than one grimace." He announced that there would be statements handed out every day and ran down the details of his press operation. He emphasized that he would be accessible; he would give interviews and briefings and the press would always be kept informed of his whereabouts.

The next morning, the reporters woke up and couldn't find Richard Nixon. Then a Romney staffer tipped them that Nixon had got up early and quietly driven off to the nearby hamlet of Hillsboro to tape a "completely unrehearsed" discussion with a carefully selected contingent of townsfolk and farmers, for use in TV commercials. Some of the reporters protested to Nixon staffers, who blithely explained that the commercials were being taped secretly so that the press wouldn't inhibit the participants.

The reporters bitched among themselves, and lodged some more protests with the Nixon staff, but they were anxious not to break the tenuous truce with Nixon—Henry Kissinger would as soon rush to insult Le Duc Tho. Conscious that the press had blown its credibility by openly despising Nixon in 1960, they were in no hurry to get into a pissing match with a notorious skunk. So a compromise of sorts was struck. The next day, a Nixon bus took the reporters to the Hillsboro Community Hall and they were allowed to wait outside while Nixon continued to tape his commercials. The door was guarded by a private security force.

The Hillsboro caper set a precedent for the whole campaign: no newsmen at tapings. Which meant that the reporters could not cover the real campaign. Nixon's advisers had the revolutionary notion that they could run their candidate from the safety of a television studio, thereby eliminating the meddlesome press. People would believe the version of Richard Nixon that they saw on TV, rather than the version that the reporters presented, secondhand, in the newspapers. Besides, TV had long since eclipsed the newspapers as a means of reaching the electorate.

Nixon's TV campaign was definitively documented in Joe McGinniss' *The Selling of the President*, a year after the fact. Many reporters resented McGinniss's book when it came out. They thought it made them look like fools. "McGinnis made it look like he discovered the TV thing," said Walter Mears, who had traveled a great deal with Nixon in 1968. "Well, come on, that's ridiculous. We knew what was happening and we all wrote stories about it."

These stories, however, did not have much impact. Perhaps it was because they did not make their point quite as forcefully as McGinniss, who wrote that Richard Nixon "depended on a television studio the way a polio victim relied on an iron lung."

The main problem was that the press took Nixon's campaign at face value. They did not see it for what it was—a charade designed to divert attention from the real campaign, which consisted of stage-managed question and answer shows on television.

Nixon fed the reporters a phony campaign, and many of the

reporters ate it up. Nixon kept showing off a group of "young intellectuals" he had gathered around him, people like Len Garment and Dick Whalen who had no real influence on the campaign. Nixon made a great fuss over his "youth movement" in order to create the impression that he was building up his own New Frontier. More than one reporter was taken in by this ruse and helped to create the myth of the New Nixon, while Nixon's brightest staffers, long since disillusioned, sat back and laughed.

Nixon gave the reporters a lot of news—rallies, a few press conferences, infinite handouts. He also gave them a great running story, the perennial loser winning for once. However, he did not give them a position on Vietnam.

The first question of the whole campaign, asked by a reporter at the first press conference in Manchester, was: "What are you going to put forward to the American people as a policy toward Vietnam?" Like Romney, Nixon had no policy on Vietnam. But he did have a terrific answer, and he had no qualms about repeating it an infinite number of times. The answer was double-talk. It contained no substance. But it sounded good to the housewives and cab drivers who questioned Nixon on the TV panel shows. After all, they were amateurs at the art of cross-examination.

The pros on the press bus at least knew that Nixon wasn't saying anything. But somehow they never ganged up on Nixon the way they had on Romney. In nine months of trying, they failed to make him cough up a stand on Vietnam. Some, like Jules Witcover, tried very hard.

At a press conference one day in late February, for instance, Witcover thought that Nixon had left himself open on some point in one of his answers about the war. When the conference had ended and Nixon was about to get into his car, Witcover ran up to him in the snow and began to ask a follow-up question. A look of alarm spread over the face of the aide who was standing next to Nixon, and before Witcover could finish, the aide had shoved Nixon into the car. Witcover got the front seat on the bus, and sat watching the back of Nixon's head during the ride to the next stop. When they arrived, Witcover jumped out of the bus and tried to talk to Nixon again.

"No soap," Witcover said later. "Couldn't get to him. They hustled him off. Just the idea of your going up there and confronting the candidate—the guys around him were startled, they couldn't believe their eyes that you were doing this. And they learned very, very quickly, and it didn't happen much after that. They just didn't let you do it."

Witcover was one of the few reporters who felt any urgency about pinning Nixon down on Vietnam during the spring. Most of his colleagues were far more worried about *who was going to win* the nomination—would Rockefeller take Nixon? The Vietnam issue could wait. But then Nixon had the nomination, and he became even more inaccessible than in the primaries. All of a sudden, the men who had seemed so powerful with George Romney felt very impotent. Excuses were made. If only Humphrey would attack Nixon on the war, said the reporters, then we could use Humphrey's charges to corner Nixon and make him answer. But Humphrey wanted to avoid the Vietnam issue for his own reasons. So the two candidates had a tacit agreement to lay off the war. What could the press do?

It never seemed to occur to the reporters that they had a duty to stand up and take the place of Nixon's nonexistent opponent.

"It's easy to look back now and say, 'Jeez, this was very important and you didn't ask the guy about the war,'" said Witcover. "But he would have press conferences and we'd ask him about the war, and he'd slough it off, you know. And after a while you get tired of asking the same question. That was really what it was more than anything else. We just didn't continue to go at it.

"I remember one guy who did was Ted Knapp. God, right up to the end, every time he got a shot at Nixon, he'd ask him about the war. Got to be a broken record. But most of us, myself included, figured, 'Aw, it's no use, we're gonna get the same runaround.' And, you know, maybe we would have continued to get the same runaround, but at least we should have made more of an effort."

Ted Knapp, the man who had the quixotic habit of always questioning Nixon on the war, was the chief national political reporter for the Scripps-Howard chain of newspapers. He was a dapper, fastidious man, with wavy grey hair and a soft, ruminant, cultivated manner of speaking. He never spoke harshly about anyone, including Richard Nixon. Reminiscing in 1972, he was almost fatalistic about 1968. "I feel that the persistence of our questioning him, though unsuccessful, was largely responsible for his shying away from us, and for his having a limited number of news conferences, both in the campaign and during his Presidency," he said. "I remember one press conference in particular, on a Sunday morning in Pittsburgh, after his nomination in 1968. There was repeated questioning on how he intended to end the war and a refusal to accept the pat answer that he had been giving. I'm 90 percent sure that after the news conference there was quite a spell when he was totally unavailable."

Richard Nixon learned a lot about the press from the 1968 campaign, far more than the press learned about him. He learned that the press was still on the defensive because of '60 and '62. He found out how to undermine reporters in subtle ways. He discovered that he could be an effective performer on TV, and that he could use television to get around the press. The main lesson he took from the campaign was that he could isolate himself from the press with no dire consequences to his political well-being; he could refuse to come to terms with the major issue of the day for nine straight months without risking a mutiny from the press.

As President, he lived by this lesson. He held only twenty-eight press conferences in his first four years of office, by far the most abysmal record in modern times. In the campaign year of 1972, he held only seven press conferences, and only two of those dealt with political matters. This should have come as no surprise to the reporters. It was they who had let him know that he could get away with it.*

---

* However, though nobody succeeded in smoking out the incumbent, in 1972 David Broder did nevertheless try to make the Democratic candidates commit themselves to weekly press conferences. "The point at which we have maximum leverage on these guys is the point at which they declare their candidacy for the White House," Broder said later. "At the first conference that the candidate has after announcing, I would like to see the question routinely asked: 'Are you willing to commit yourself *now* to holding weekly press conferences throughout your campaign and during your Presidency if you are elected?' Just get them on record. I've argued this for some time, without any success at all. We did ask that question of Humphrey, Muskie and McGovern when they came to lunch at the Washington *Post* in early 1972 and we got fairly good responses." Broder and Jim Naughton also tried to pin Muskie down to frequent press conferences at a late-night, off-the-record bull session at a motel in Portsmouth, N.H., in February.

CHAPTER IX

The Old Squeeze Play

OCTOBER 17, 1972. Not a very extraordinary newsday in the annals of the White House press. Having breakfasted at their suburban homes and their houses in town, and then perhaps stopped at the office to scan the *Times* and the *Post*, they began to arrive just after 10:30. From the direction of the National Press Building (only four blocks off), they came strolling up Pennsylvania Avenue in ones and twos, past the Treasury, past the Quakers and crazies, and finally they came to the Northwest Gate, where there stood a white guardhouse. Fishing for billfolds, they pulled out their plastic laminated White House passes—a little color picture of the bearer in the middle of each pass—and waved them at the sergeant on duty.

The sergeant, who was not a bad sort, smiled at the regulars from behind the plate-glass window and pressed the button which springs the catch in the wrought-iron gate and, with a push, they were inside the fortress. From there, they trudged up the driveway toward the west lobby; if they had held a straight course, they would have walked smack into the full-dress Marine who stood at attention on the porch of Henry Kissinger's chandeliered office, but instead they veered to the left, up the path a few yards and through the French doors of the pressroom.

Pressroom? It looked more like an antechamber of a fat Wall Street law firm. Just the kind of venue that made the Nixon staffers feel at home, even if it was not quite what the press was used to. Before the Nixon regime, the reporters had camped out in the West Lobby, piling their coats, hats and cameras on a huge circular Philippine mahogany table, fighting for lounging privileges on the one beat-up sofa, and wandering in and out of the press secretary's office. The reporters also had a small pressroom just off the lobby, which was crammed with desks and contained forty telephones. For purposes of identification, each of the phones rang on a different note. Often, all of the phones rang at once, producing a jangled symphony that the old hands grew to like.

The White House reporters found the lobby very cozy, but in 1970, Ronald Ziegler announced that he was going to move the press to "more comfortable quarters" in the Executive Office Building, across the street from the White House. A number of reporters complained loudly, accusing Ziegler of trying to banish the press and cut off their access to White House staffers. Ziegler indignantly denied this, but he did come up with another plan—fill in the West Wing's swimming pool and turn it into a press room. Lyndon Johnson had liked to strip down and plunge in with publishers and network executives, but skinny dipping was not Richard Nixon's style and he did not object to giving up the pool.

Even then, some of the reporters worried that the new setup

would deny them access to Ziegler's office. "You will always have access to my office," Ziegler solemnly promised them. Somehow the promise got lost in the move. Ziegler's office was now well off the main pressroom, and the reporters had to run a gauntlet of remorselessly efficient secretaries to get to Ziegler.

The White House decorators boarded up the old pool and redid the place in various businesslike shades of brown: beige walls, beige drapes, beige sofas along the walls, big chestnut-colored chairs, tan carpet. The ashtrays were cleverly disguised as Roman urns, the table lamps were made out of China vases, and the walls were hung with Currier and Ives snowscapes. At the front end of this long rectangular room was a darkwood lectern, with a light blue curtain on the wall in back of it. An elegant waiting room, in short, steeped in just that flavorless, impersonal gloom that one associates with all rooms where people are made to cool their heels.

ON THIS TUESDAY MORNING, there were already a dozen reporters here, talking about nothing, or reading the *Times,* or simply looking bored. At the rear of the main room, a short corridor led to another room. On the right wall of this corridor, there were coathooks and a row of glass "bins" that contain the day's handouts—a radio statement by the President, a fact sheet on a bill that he had signed, the schedules for Edward Finch Cox, Tricia Nixon Cox, Julie Nixon Eisenhower, and Mrs. Richard Nixon.

The next room contained rows of padded cubicles, each equipped with a typewriter and two phones for all of the major newspaper and news-chain correspondents. At the rear, there were three larger booths, one for each of the networks. The left wall was lined with phones for foreign correspondents, most of whom did not rate cubicles; these were direct lines to the Washington Bureaus of British newspapers, European newspapers, and Iron Curtain news agencies. On the left of the room, another corridor led to a smaller, dark green room which contained candy and soft-drink machines, a coffee maker, three wire tickers, and a round table where the TV technicians had already begun the daily game of gin rummy. There was a story that Eddie Folliard, having emerged from retirement to be given a tour of the plush new premises, shook his head in disbelief and said, "I'll have a drink, but I won't go upstairs."

Back by the handout bins, a flight of stairs led down to another collection of booths and cubicles—booths for each of the radio correspondents and cubicles for the lesser papers. Also, another row of wall phones—the Avenue of the Rising Sun, it was called, because the phones belonged to the Japanese correspondents. Three or four Japanese showed up for every briefing, took copious notes, and then mysteriously drifted away; nobody knew what they thought or what they wrote, largely because nobody within memory had bothered to inquire. The Avenue of the Rising Sun was a quiet place, except when a major textile agreement was announced. On those occasions, the Japanese stampeded for the phones and screamed the details across bad connections to their home offices. Fay Wells, the dowdy correspondent for the Storer Broadcasting Company, once produced a legendary thirty second spot by saying, "This is how Japan got the message when the White House lifted the United States trade ban with the People's Republic of China," and then opening the door to hold out the microphone and record twenty seconds of shrill, hysterical Japanese.

It was an odd congregation, the White House press—a strange mixture of professional witnesses, decree-promulgators, cheerleaders, hard-diggers, goldbricks, and gadflies. There were shadowy figures like Trudy, a small birdlike woman who worked for a Jewish newspaper in St. Louis and who seemed to do nothing but receive dozens of mysterious phone calls on a downstairs pay phone; or Alan Lidow, the correspondent for Gene Autrey's Golden West Broadcasting Company, who had never been known to ask a question at a briefing, and who seemed to be present mainly so that the FCC would not forget the existence of Golden West.

Roughly 1,500 reporters paid dues to the White House Correspondents Association, an organization whose sole function was to sponsor an annual dinner held in the banquet room of one of the large Washington hotels. But only sixty or seventy of these reporters regularly attended the daily White House briefings.

The regular White House correspondents could be divided into two basic types. There were the old-timers, who had come into the job as a sinecure, a reward for long years of faithful service; to them, the pressroom was one more quiet men's club. And there were the young, ambitious types, the future Tom Wickers and Max Frankels, who saw the job as a showcase for their talents. If they did well, they would move up to become bureau chiefs and editors. No ambitious young man wanted to stay in the White House forever, because the job was a slow death.

"It is a strange, airless kind of work," said Russell Baker, who had covered the White House in the fifties and early sixties. The White House was like a Stuart court, Baker thought, and all the correspondents lingered like courtiers in the antechambers. The Preisdent's aides were like sycophants who protected the monarch, fed the courtiers information that would make the Great Man look good, and nursed the ego of "this monstrosity, this Queen Bee" who was at the center of court life. Whenever he left the White House to cover a story on the Hill, Baker felt as if he were climbing out of a closed sewer and going up onto a mountain, into the fresh air. "There were 435 people up there on the Hill," said Baker, "and they *all loved to talk.*"

Nevertheless, some reporters thrived in this suffocating palace atmosphere. They began to think of themselves as part of the White House, and they proudly identified themselves as being "from the White House press" instead of mentioning the paper they worked for. They forgot that they were handout artists and convinced themselves that they were somehow associates of a man who was shaping epochal events. The walls of the White House press complex were covered with mementos of the past, framed and yellowing photographs: a line of somber men in straw boaters and high collars with Woodrow Wilson in the center, like a Sixth Form and its Master; a larger and merrier group with Franklin Roosevelt; a loose circle of men in Hawaiian shirts and Bermudas, laughing with Harry Truman in Key West; several rows of men in flannel suits posing formally with Ike on the White House lawn.

The faces of these men were infused with a funny expression, a pathetic aura of pride, a sense that they were taking part in the colossal moments of history. Now most of these moments were forgotten, and no one remembered a word that any of these men had written. The strikingly sad thing about all these pictures was the anonymity. Except for the Presidents, not a single face was familiar. They were journalistic Prufrocks and they measured out their lives in handouts. Deferential, glad to be of use, they enjoyed some prestige in their day, but none of them had passed into legend as a great reporter—with the exception of Merriman Smith.

MERRIMAN SMITH came to the White House in 1941, a young United Press reporter of twenty-seven with slick black hair, a pockmarked face, and a moustache he had grown to make himself look older. He remained on the beat until his death in 1970. A straight, old-fashioned reporter who thought that his job gave him "a front seat at the making of history," he reported what the President said, whom he saw, and where he went. No interpretation or analysis. But he stood out from the pack because he had the aggressiveness, resourcefulness, and sometimes the ruthlessness of a great police reporter. He was prolific: he once filed 30,000 words of copy in a twelve-hour period on a Presidential train trip. He was fast: he could write a story in his head in the thirty seconds it took him to run from the Oval Office up to the UP's phone booth in the pressroom. His sprints to the phone booth were legendary. He trampled anything or anyone in his way; he once slipped and dislocated a shoulder on the way to the phone but dictated for an hour before passing out from the pain.

He went to incredible lengths to score small scoops. It was rumored, for instance, that he always was the first reporter to know that Nixon was going to go to the Western White House, because he had cultivated a clerk at a San Clemente motel who called him whenever the whores came up from Vegas in anticipation of the arrival of the Secret Service.

For years, he doggedly hung on to his seniority privilege of sitting in the middle of the front seat of the pool car on Presidential trips. He was in this cherished spot on November 22, 1963, in the Dallas motorcade. When he heard the sound of gunfire, he grabbed the radiophone (which was on the transmission hump, directly in front of him) and started to dictate. Jack Bell, Smith's rival from the AP, was in the back seat. After Smith had dictated four pages of copy, Bell demanded the phone. Smith stalled, saying that he wanted the Dallas operator to read back the copy—the overhead wires might have interfered with transmission. Everyone in the car knew that Smith had a perfect connection—they could hear the operator's voice coming over the phone. Bell started screaming and trying to wrestle with Smith for the receiver. Smith stuck it between his knees and hunched up into a ball, with Bell beating him wildly about the head and shoulders. UPI beat the AP by several crucial minutes on the story, and Smith won a Pulitzer for his coverage of the Kennedy assassination.

In later years, Smith watched with alarm as the White House turned into a massive public relations operation, exercising more and more control over the distribution of the news. But by that time, his personal problems had begun to outweigh his professional ones. "Hell," Lyndon Johnson told Smith in 1966, "I don't have anything like the troubles you have—you lost your boy in Vietnam while you were going through a divorce from your first wife, behind in your taxes, poor-mouthing me on the

Merv Griffin show to make money for big tuition bills—I've got it a lot better than you have."* Smith also had a bad drinking problem which increased as the White House job wore him down physically. In 1970, he learned that he had incurable cancer and shot himself with a pistol.

Unlike most reporters, Smith left behind a legacy of books. In these books, he chronicled an era of White House reporting that now seems heartbreakingly simple and innocent. In the forties, the reporters gathered once a week in the Oval Office to throw questions at the President for as long as they pleased; and the President, only a few feet away on the other side of a huge desk, responded with wit and candor. Presidential advisers still roamed freely and talked to the press. Reporters were still allowed to badger every visitor who left the President's office. The reporters felt a patriotic affection for the President, and did not mind engaging in what Merriman Smith called "a friendly conspiracy" to keep the public from finding out that Roosevelt was confined to a wheelchair.

The pressroom, in those days, was as raunchy and intimate as a police shack, and the reporters knew each other well, drank together in the long afternoons, and played pranks on each other.

NOW, IN 1972, THE WHITE HOUSE PRESS COMPLEX was as flavorless as a large insurance office, so impersonal that the people downstairs scarcely knew the people upstairs. It had lost the sour camaraderie of the police shack—except for an obscure little group of six men who were permanently hunkered down in a corner of the downstairs room. At almost any hour of the working day, you could find them reading the papers and grumbling articulately, slumped in a circular arrangement of armchairs and sofas, with their feet up on the central piece of

* *Merriman Smith's Book of Presidents*, edited by Timothy G. Smith (New York, Norton, 1972), p. 61.

furniture from which they took their name, the Knights of the Green Ottoman. The six Knights were united by a bond of vague discontent—with the White House operation, with their jobs, or simply with themselves.

There was Don Fulsom, the UPI audio man. Fulsom was an open, friendly thirty-four-year-old with a long face who was considered a troublemaker by the White House staff. A question of his attitude. He had been fired from his first radio job, at a station in Buffalo, N.Y., when he began the news on Easter morning by saying: "Today, millions of Christians around the world are celebrating the alleged resurrection of Jesus Christ." In private conversation, he never called Nixon anything but "the Trick."

In the next armchair sat Jim McManus, Westinghouse's correspondent, a neatly dressed man with a lean, almost Jesuitical face and a quiet manner of speaking. He was one of the few men ever to walk out of a White House briefing in protest.

On the sofa was Howard Norton, sixty-one, grey-haired, wearing a white shirt and a White House tie-clasp. In 1947, his investigations of racketeering had won a Pulitzer Prize for the Baltimore *Sun*. Now he filled the minimal needs of *U.S. News*, which, being almost a house organ for the Administration, did not demand much investigative reporting. Norton did not say a great deal, but when he talked he was very frank. "This job," he said, "has ruined more good reporters than any job I know."

Then there were Al Sullivan, a USIA reporter in his thirties who had some surprisingly unofficial-sounding opinions about the White House; Gil Butler, about the same age, the reporter for TV station WTOP, who was chuckling over a volume of Mencken; and finally, Gary Axelson, a plump young man who was sorry that his employers at Metromedia had promoted him from the State Department beat, where he used to be able to dig up good stories. At the White House he found only frustration.

It was quarter after eleven on this Tuesday morning, and the Knights were getting restless. They were making the ritual joke about tranquilizing gas. The gas, they said, came out of the vents above the sofa before every briefing and subdued nettlesome reporters. "Well, I guess they got us just about comatose enough," said Fulsom, squirming in his chair. "They can bring out Ziegler now."

McManus looked at his watch. "Looks like the old squeeze play," he muttered.

"Yeah," said Sullivan, "the old squeezeroo."

"What is the squeeze play?" I asked.

"Well," said McManus, like a teacher going back to a familiar lesson, "the press briefing is scheduled to begin at eleven. You will notice that it is now eleven seventeen. Inexplicably, the briefing starts late more often than not. Now, if anybody is going to get a telephone and make any sense out of the information they have and still get it moving on the wire or over a broadcast facility, the briefing simply cannot be allowed to run beyond fifteen minutes until twelve. At the absolute outside, say ten minutes until twelve. And if it was the Second Coming, you could probably make it two minutes to twelve, but you'd bust into everything, just absolutely break into all the wire circuits. I mean, it would *have* to be the Second Coming.

"Noon is a crucial hour for newspapers across the country. You see, most of the papers that these wire services do business with are one-edition dailies. The services have got to get that copy out to them or it's simply not going to get set in type. And they've also got their eye cocked on their broadcast clients when it comes up to major newscast hours, like noon.

"The point is that if you are a press secretary, you use all these little tricks. You start the briefing late, you compress the time, you increase the anxiety in the room. Then, you throw out something that the wires are going to want to run with, but that not everyone else necessarily wishes to run with, so that the wire reporters are at odds with the other reporters."

It almost boiled down to a formula: the more troublesome the briefing promised to be, the later it started. A week before, on October 10, the Washington *Post* had reported that the Watergate bugging incident was merely one facet of a massive spying and sabotage campaign set up by the Republicans, and the *Post* identified a young lawyer named Donald Segretti as one of the operatives in the campaign. Two days before, the *Post* had charged that Nixon's appointment secretary, Dwight Chapin, was Segretti's contact in the Administration.

Because of these articles, Ziegler had had a great deal of trouble with the press. Smelling blood, the reporters had momentarily come to life, stinging him with question after question about the Watergate, Segretti, and Dwight Chapin. Ziegler had piled up record numbers of "no comments" which the wire services dutifully counted. He was beginning to look ridiculous, like a gangster who takes the Fifth when the DA asks him his address. So the briefings got later and later.

As the delay grew longer, the Knights continued to beef about the White House system. It was all they had talked about the previous week, and it was all they would talk about in weeks to come. They complained about Ziegler's penchant for setting up ground rules—bringing out someone like John Ehrlichman, and then telling the press that they could only question him about one limited subject. "If any governor tried that, he would be laughed out of office," said Al Sullivan, who used to cover the governor of New Jersey. "But a lot of these guys are caught up in respect for the White House, so they respect the stupid ground rules."

McManus, who at one time covered the governor of Indiana, nodded in agreement. "This Watergate thing has been going on for weeks now, and all we get is no comment. And what has happened? Do you see the publishers breaking down the gates of the White House, or the editors jamming the switchboard with protests, or the reporters screaming with rage? Nothing. Nothing at all."

"What can you do about it?" I asked.

"I don't know," said Sullivan, shaking his head. "I don't know."

"We should hold Ziegler there for four or five hours and make him *run* out of the room," said McManus.

At 11:23, a voice came on the PA system. "There will be a

briefing in the briefing room," it said. It was a sweet female voice and Don Fulsom knew it well because it belonged to a secretary with whom he once had a run-in. About a year ago, when Ziegler had quietly dropped the regular afternoon briefings, Fulsom was one of the few reporters who bothered to protest. The secretary, who heard him protesting, called him a creep. So Fulsom mentioned in his radio report that a "White House staffer called a reporter a creep." The secretary had refused to talk to him ever since.

By now everyone was rushing into the briefing room, the stenographer was seated and ready to take transcript, the Signal Corpsman was at the sound console, adjusting the controls of the PA system, a deputy press secretary and three female secretaries were standing by in case Ron Ziegler needed any additional information, and Ron Ziegler was standing at the podium, smoking nervously and looking wary.

In fact, with his pudgy, baby face, he looked like nothing so much as a high school teacher who is a little too young to command total respect. He began the briefing, but some of the reporters in the back went on talking, so a certain sternness came into his voice, as if to show them that he didn't care. And like a high school assembly, the briefing started out with a long series of tedious announcements: the President met with labor leaders from twenty-four countries; his remarks would be posted. There was a photo opportunity with the President and the members of the National Advisory Council on Drug Abuse Prevention; a press release on the meeting would be handed out later.

The announcements went on for several minutes, with everyone fidgeting and coughing and making few notes. Then Ziegler announced plans for trips to Philadelphia and New York State later in the week, and everyone perked up a little and wrote down the itineraries. From there, Ziegler moved on to announcements about seventy-one bills that Congress had sent the President, and about legislation still pending, like the spending ceiling. "Now the eyes of many people in this country are on the Senate to see if they will meet their portion of the responsibility to keep taxes down and inflation under control by acting affirmatively on the spending ceiling legislation." Blatant propaganda, and everyone was going to sleep, but someone asked Ziegler if his remarks were meant as a form of pressure on the Senate and Ziegler said yes, and handed out some more propaganda. There were some intelligent and well-informed questions about other bills, but Ziegler told the reporters to save their questions until he had finished making his announcements.

Then he dropped the big sop of news he had been saving: "I'd also like to tell you now at this time that the President has asked Dr. Kissinger to go on from Paris to visit Saigon to review with President Thieu the status of the Paris negotiations." The questions began, dozens of little questions of detail—when was Kissinger last in Saigon? who will be going with him? had he wrapped up the Paris talks for good? "See," said McManus, "if there's a danger they'll ask about the Watergate, all he has to do is pitch them something about Kissinger, and the wires can hardly wait to get it on."

For a few minutes, everyone focused on Henry Kissinger's trip. They asked some probing questions and some stupid ones, but the striking thing was the high school atmosphere that pervaded the briefing. It was as if they were all chafing under the teacher's authority, and they wanted to humiliate him without getting caught. So whenever anyone asked a question that carried the slightest hint of naughty disrespect, they all giggled. When Ziegler's microphone suddenly started to vibrate wildly, causing him to back off in alarm, someone shouted "Sabotage!" and there was a great laugh from the whole class.

The microphone, after all, was one of Ziegler's most effective weapons. It made him sound booming and authoritative, and it made the questioners, who spoke in unamplified tones, sound comparatively timid and mousy. I was standing next to the ancient representative of a formerly great Midwestern daily, who arrived every morning befuddled with drink and proceeded to pore over the *Times* sports section during the briefing. As he turned the pages, which he did absent-mindedly, they made a noise like a four-year-old jumping in a pile of leaves. Consequently, the reporters standing around him could not hear many of the questions asked at the front of the room. But they could hear Ziegler's replies coming out of the four hidden speakers in the room.

The questions continued. Someone asked whether Kissinger used an interpreter. "I can't provide you that information, but Dr. Kissinger does not speak North Vietnamese," said Ziegler. A wave of mocking laughter and comment moved back through the room. The question was asked twice more. "Ron, why can't you tell us whether he uses an interpreter?"

"I'm not prepared to discuss the talks in any way whatsoever," Ziegler said curtly.*

After a while, the wire people began to get edgy. Fran Lewine, the No. 2 AP correspondent, tried to end the briefing. "Thank you," she called out in a bored singsong from the back of the room. The rest of the group roared with disapproval. "Wait a moment, wait a moment," they all grumbled. So the briefing moved on to other questions, important questions. Fulsom asked whether the President had found out yet if those

---

* Ziegler made a habit of refusing to answer even the simplest and most innocuous of questions. Most of the White House reporters convinced themselves that Ziegler was merely a "mouthpiece" for the Administration and was not given enough information to answer these questions. My own impression, however, was that he refused to answer these questions out of simple spite. At the briefing for Monday, October 16, for instance, Ziegler repeatedly refused to say whether Donald Segretti had ever been employed by the White House. Then, after several minutes of questions on the subject, he suddenly said: "Donald Segretti has never been employed by the White House." Marty Schram and I later asked him why he had not saved everyone a lot of time by answering the question immediately. Ziegler responded with some doubletalk about how he had been "making a case, establishing a position, making it clear that I wasn't going to *dignify* the question with a comment." Then he smirked and said: "You can't just have the news funneled to you."

were American bombs that had been dropped on the French Consulate in Hanoi. (He had not.) McManus followed up and asked if the President did not have an interest in finding this information out. (He would receive and had received information along this line, but the Defense Department was the place to ask that question.)

Phil Potter of the Baltimore *Sun* asked Ziegler about the President's trip to Atlanta two weeks before. Potter was an unreconstructed hawk of retirement age who frequently got into noisy arguments about the war at the Press Club bar, but he asked good, tough questions. Potter said that during the Atlanta motorcade, he twice saw somebody, "apparently a security agent," grab or tear down a McGovern sign being held by a demonstrator. He wanted to know if that was approved. In his blandest tones, Ziegler answered that "our policy is the total opposite of that kind of activity . . . we are opposed to any violence at all." (Two weeks later, at a rally in California, Curtis Wilkie of the Wilmington *News-Journal* would see Dwight Chapin instruct a pimply faced young Nixon supporter to go and bat down the signs of the McGovern supporters.)

Someone else followed up, saying that the incident had been widely witnessed and asking if Ziegler was sure that it had not been condoned. Ziegler showed his first flash of anger and spoke sternly: "That was a public motorcade on a public street and I don't have a comment or any basis on which to judge that situation or comment on it. I've given a response to you in terms of what our policy is on this over and over again. I've stated it and I think it's clear."

It was clear that they wouldn't get anything out of Ziegler on that subject, so they moved on. John Osborne of the *New Republic* asked a question about Clark McGregor. Fulsom came back to the French Consulate question. "Is the President concerned that it's taken so *long* to get a report to him on whether these were American bombs?"

"Uh," said Ziegler, beginning to seethe. "The uh . . . a very complete investigation of that is being conducted."

More intricate questions about Kissinger's travels. And then finally, for the first time in almost twenty-five minutes, someone got around to asking about the scandals.

"Ron, is there anything new on the Dwight Chapin affair?" called out Peter Lisagor of the Chicago *Daily News*.

"Nossir," said Ron tersely.

"Thank you, Ron," shouted a harried wire service man.

The room erupted in protest. Ziegler started to walk away from the lectern. "Wait a minute! Wait a minute! Ron! Ron!"

McManus got the floor. "Ron, " he said, "there's a great straining in the back of the room to go tell the world about Henry Kissinger. Now, if we're going to end this briefing, let's have a briefing at three o'clock."

Ziegler was furious. His voice was cold and hoarse. "The normal procedures that we will follow and we are going to follow is that the wire services will cut this briefing off, " he said, his anger eating away at his grammar. There were shouts for attention.

"There will be a posting at three o'clock," Ron concluded, and began to leave again.

"Now, wait a minute, Ron," shouted Robert Pierpoint of CBS. Pierpoint was probably the hardest and most persistent interrogator of any of the network men. (The briefings drove him crazy, but he blamed "the system," not Ziegler: "It's kind of fruitless to make life difficult for Ziegler. But I do it. The reason I do it is that I want the people who read the briefings, including, hopefully, once in a while the President, to know that I am dissatisfied with the situation.")

"The wire services have no more right than any of the rest of us," Pierpoint said angrily. "You've just given them that right. Now, we have other questions that we would like to ask."

"I did not just give them that right," said Ziegler, and curiously he sounded just like an angry Richard Nixon.

"It has not been a right that they had before," said Pierpoint.

"It has been standard procedure," said Ziegler in cavernous Nixon tones.

"Since you took over, it's been standard procedure," said Pierpoint. "Now, several of us have questions we've never been allowed to ask and we'd like to go into it if you're not going to see us at three o'clock." And before Ziegler could stop him, Pierpoint was sliding into another question about the peace talks.

Ziegler was icy. "Uh, I'm not prepared to, uh, be responsive to that question, Bob," he said.

"Yeah, but . . ." Pierpoint began to ask another question, but Jim Dickenson of the *National Observer* had already begun to talk, asking another question about the Atlanta incident, and Ziegler had recognized him to spite Pierpoint.

"Well, wait a minute," said Pierpoint, in a high plaintive voice. He sounded as if he were about to cry with frustration. "Jim! . . . aw, Christ!"

Dickenson wanted to know whether the White House had tried to determine whether the sign-destroyer in Atlanta was a government security agent.

No, said Ziegler, because the White House had only been informed of the incident by Phil Potter after it took place. Pierpoint raised his voice again and got in two more questions about the Paris talks. Ziegler answered them curtly.

"Ron, I have a question I've been anxious to get in, and I don't believe it's been asked," said John Osborne.

He spoke in a gentle Southern accent from his seat in the middle of the room, and his voice carried a quiet authority. The others listened carefully, because Osborne had the reputation of a man who knew what he was doing. Born in Corinth, Mississippi, sixty-six years ago, Osborne had grey hair, a prominent nose that gave his face a mole-like appearance, and a shy manner that hid an iron will. Having worked for newspapers in the South and for the AP, he became a National Affairs writer at *Time* in 1938 and quickly rose to become Foreign News editor. He was a controversial figure around the Luce offices, a man of strong and often dogmatic convictions. Militantly pro-Soviet during World War II, he later did a complete about-face and became a terrifyingly hard-line cold warrior. In 1951, he wrote in an editorial: *"Life* sees no choice but to acknowledge the existence of war with Red China and to set about its defeat, in full awareness that this course will probably involve war with the Soviet Union as well."

Over the years, he had mellowed. "He is," said a former *Time* associate, "one of the few men I know who keeps improving with age." In 1961 he left *Time-Life* to free-lance and by 1968, through a process he claims is too complicated to discuss, his views had changed sufficiently to allow him to sign on as one of the two full-time writers on the liberal *New Republic.* Since then, he had devoted all his energies to observing the White House, writing a weekly column called "The Nixon Watch."

Osborne had been the only journalist in America to give a consistent, clear, comprehensible picture of Nixon's machinations, aspirations, successes, and failures. He was a meticulous craftsman, and he pieced this picture together like a restorer filling in the missing portions of a Greek vase. He searched for clues in statements, speeches, or simply in the air around the White House, and every Wednesday morning he sat down to write a 1,000-word column that was witty, discursive, personal, and full of educated conjecture. It was this speculative tone which made "The Nixon Watch" so much more useful than anything that appeared in a newspaper, for conjecture was a necessary tool in cracking the secretiveness of the Nixon Adminstration. And Osborne was scrupulously fair. His even-handedness, discretion, and unobtrusive manner appealed to many of the Nixon staffers, who were constantly surprised to receive praise from the *New Republic* when praise was due. So they sometimes cooperated with him to the extent of letting him come into their offices and ask a question or two. It was said that Ziegler's boss, Bob Haldeman, actually liked John Osborne. Which might have been the reason why Ziegler treated him with respect.

*   *   *

ON THIS TUESDAY, Osborne asked the best question of the day. The *Post* that morning had implied that Herbert W. Kalmbach, Nixon's personal lawyer, and a fund collector for the Committee to Re-elect the President, had access to the Watergate "secret fund." Incredibly, no one had mentioned the subject yet.

"Two related questions," said Osborne. "First, this Mr. Kalmbach of Newport Beach. Is it a fact that he is Mr. Nixon's personal attorney? And two, has Mr. Nixon been in touch with him in the last two days?"

Ziegler gave him a detailed and courteous answer, saying that Nixon had not been in touch with Kalmbach in months.

Someone else asked whether the White House had tried to contact Kalmbach to determine whether there was any truth in the *Post* story.

"To my knowledge, there has been no contact with Mr. Kalmbach," snapped Ziegler.

Then Sarah McClendon spoke up. Ziegler saw no need to be courteous with her. Sarah McClendon was a frumpish woman in a purple pants suit and star-in-circle earrings, with tousled platinum hair, and a sweet, toothy smile. At the outbreak of World War II, she had sold her clothes for twenty-one dollars traveling money, left her hometown of Tyler, Texas, and joined the WACs. Her only pair of shoes had high heels, and she drilled in them for two weeks. She was sent to Washington to work in the WAC PR operation. After the war, she married, was deserted by her husband, and went to work as a legwoman for a Washington correspondent, nine days after having given birth to her daughter. She did not tell the correspondent about the baby for fear of being fired.

After years of struggling, she became a correspondent herself, doing piecemeal work for several radio stations in the South, writing for a handful of Texas newspapers and the North American Newspaper Alliance, and turning out a weekly newsletter. She also became the comic relief at Presidential press conferences. Whenever they were in a tight spot, Kennedy, Johnson, and now Nixon would point to her with an indulgent smile and wait for her to ask some stupid, irrelevant question, which, it was true, she sometimes did. But no matter what she asked, all the male reporters laughed.

Sarah McClendon was vulnerable because she was a woman in a male chauvinist profession and she did not work for a large paper. Lyndon Johnson thought nothing of getting her fired from several of her Texas papers so that she could be replaced by Les Carpenter, a Johnson shill.

In the spring of 1972, she had investigated some questionable government contract dealings by Strom Thurmond and Harry Dent. She wrote up her findings for the NANA syndicate, but when Dent found out about the article he made such loud and horrible threats that NANA not only killed the story in question but stopped running her articles on other matters as well. A thousand such bullyings and petty cruelties had not daunted her. She had a revenge of sorts; she was now as tough as any reporter in Washington, and she was not afraid to ask a question for fear of sounding silly. It was no coincidence that some of the toughest pieces on the 1972 Nixon campaign came from Sarah McClendon, Helen Thomas of UPI, Cassie Mackin of NBC, Marilyn Berger of the Washington *Post*, and Mary McGrory. They had always been the outsiders. Having never been allowed to join in the cozy, clubby world of the men, they had developed an uncompromising detachment and a bold independence of thought which often put the men to shame.

But the men still tittered whenever Sarah McClendon asked a question, and Ziegler still treated her as if she were a wino who had wandered in off the street (although he was always very sweet to her *after* the briefing, which only disgusted her more).

"Ron, was Mr. Kalmbach the man who took Mrs. Martha Mitchell to the hospital to have her fingers sewed up after she was pushed against the glass?" asked McClendon.

"I don't know," said Ziegler, as if he were trying to shake off the village idiot.

"You don't know. Could you find out that for me, please?"

"No, I won't."

"Why not?"

"It's not part of the White House information."

McClendon started to argue, but Ron began talking over her as if she didn't exist.

"On this briefing matter," he said, "I'd like to select Pierpoint, Bill Theis [of Hearst], Jack Horner [of the Washington *Star*]—who's the current president of the White House Correspondents Association?"

"Ed Poe."

"Edgar Poe [of the New Orleans *Times-Picayune*], and Aldo Beckman [of the Chicago *Tribune*] and Jerry Schecter [of *Time*], to, uh . . ."

"Put a woman on there!" yelled Sarah McClendon.

"Fran Lewine . . . to gather together and make a recommendation to me as to how these briefings will end. The standard procedure we've been following over the last three years is that the senior wire-service reporter has been cutting it off and the press has responded to that. If you want to designate another procedure to do that, that's all right with me, but we're not going to have this type of chaos in future briefings. I gave in to it today because there seemed to be some question of understanding these rules. But I'd like to establish a procedure and if that group will meet and make recommendations for me, we'll follow them."

Various voices began to argue. Ziegler was furious.

"I don't want to discuss it here in a public briefing," said Ziegler, "but those people who are named, please form yourself as a committee as you would and make recommendations to me to how these briefings should be run."

"Well, Ron, who gave you the right to name a committee like that?" asked McManus, prompting some giggles from the crowd.

"Well, uh, the right to put some decorum into these briefings so that this doesn't take place again."

"Will your committee also look into the possibility of returning to the twice-a-day briefing schedule?" asked Fulsom.

"That's a decision that I will make—and *I'm* the committee on that —and will post this afternoon," said Ziegler.

"Well, it seems that that's part of the problem, Ron," someone said. "If we were having a second briefing, this question wouldn't come up."

"As far as this briefing is concerned, and I'm ending it, it's ended!" said Ziegler. He was pale and shaking with anger.

There was silence as Ziegler began to stalk out to his own office. Then somebody very cautiously shouted: "Four more years!" Everyone gave a great laugh of relief.

McManus came up, closing his notebook. "Have you got the picture now?" he asked softly.

Yes. The image was quite clear. The White House Press had all the solidarity, effectiveness, and maturity of the French Chamber of Deputies.

Ziegler had called in the old squeeze play, but he had squeezed a little too hard, and it had blown up in his face. The newspapermen and the TV men had been pushed too far and had openly rebelled against the traditional privilege of the wire services to end the briefing. Ziegler hadn't counted on that, hadn't expected the press to break one of its own time-honored rules. He had lost control of his class—terrible humiliation for any teacher.

But no matter. Nothing was lost save face. Within a few minutes everything had returned to normal. Though the briefing had gone well beyond noon, no one had turned into a pumpkin. Most of the reporters simply walked back to their cubicles and filed something about Henry Kissinger, a quick and easy story. Then they left and had a good lunch. When they returned, about two o'clock, there was, as usual, little to do. John Osborne sat in his captain's chair and took some notes from transcripts of past briefings, which are kept in a looseleaf notebook. Other reporters sat around and read the *Evening Star.* The Knights of the Green Ottoman snoozed like tycoons on an ocean liner.

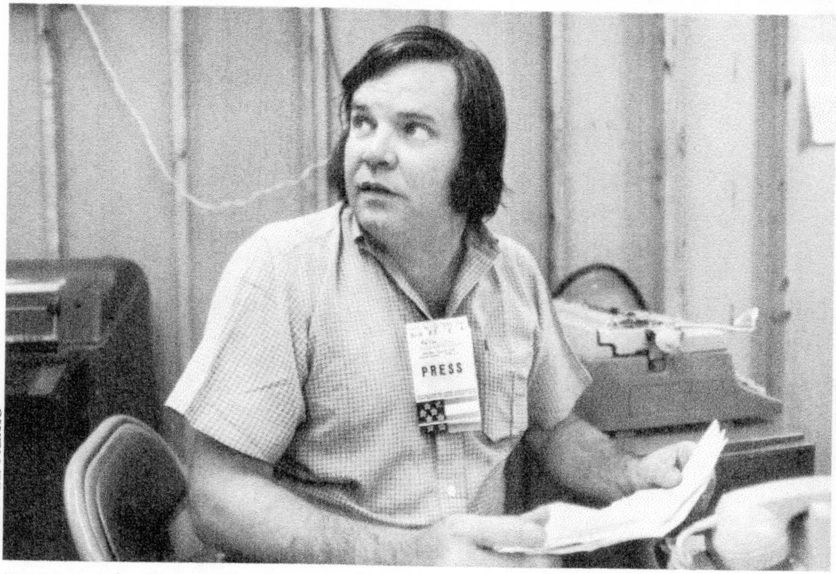

OWEN FRANKEN

R. W. Apple, Jr., of *The New York Times*

David Broder of *The Washington Post* hands out pastries aboard McGovern's campaign plane

STUART BRATESMAN

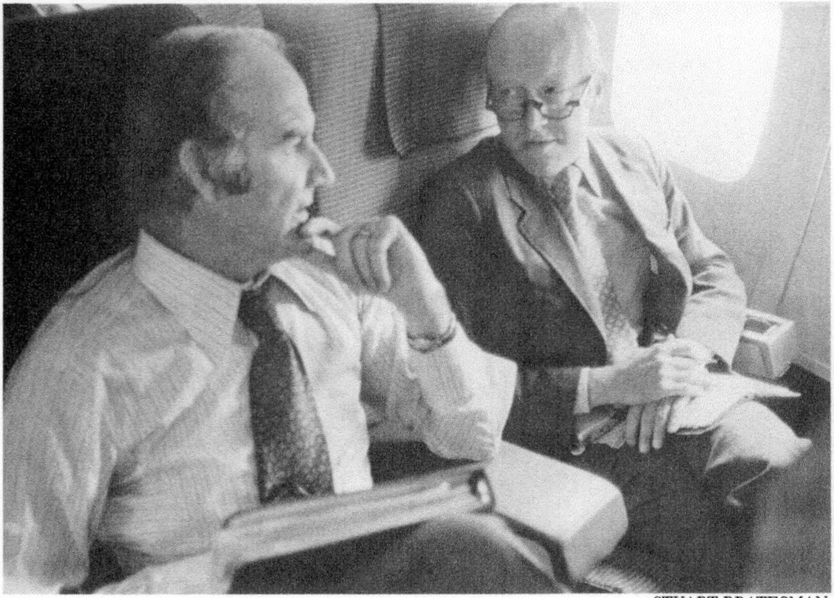

STUART BRATESMAN

Senator McGovern with Rowland Evans, Jr.

Robert Novak

STANLEY TRETICK

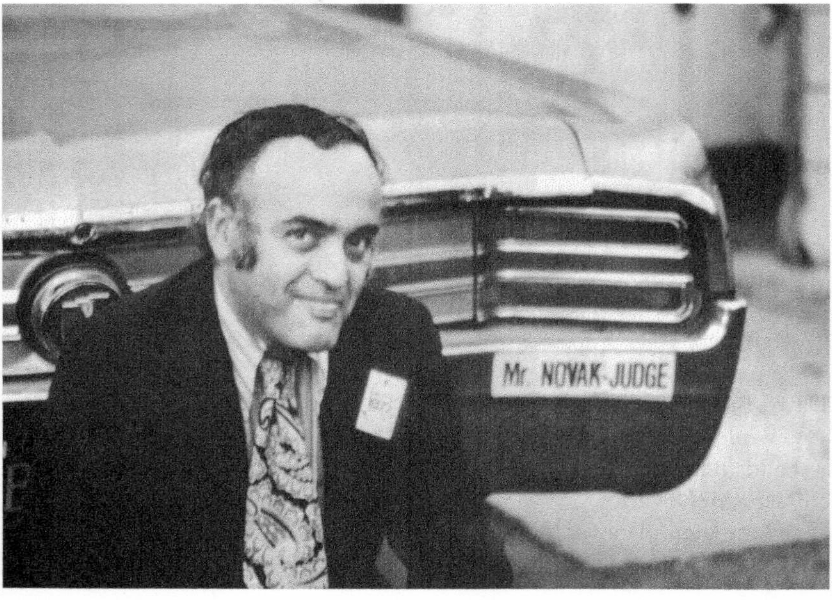

R. W. Apple, Jr., of Theodore White waits to interview George McGovern in June 1972, prior to McGovern's New York primary victory speech

Hunter S. Thompson of *Rolling Stone*

Cassie Mackin of NBC covering McGovern at Houston
Space Flight Center

From left to right: Bob Boyd of Knight Newspapers; Adam Clymer of the Baltimore *Sun*; Fred Dutton, a McGovern aide (with back to camera); Bill Greider of the Washington *Post*; Richard Dougherty, McGovern's press secretary

Front row (from left to right): Jules Witcover of the Los
Angeles *Times*, Walter Mears of the AP, Senator
McGovern. Back row: James Naughton of *The New
York Times* (left), Gordon Weil of McGovern's staff (right).

Dick Stout of *Newsweek* on McGovern's campaign train in California

Carl Leubsdorf of the AP (center with tape recorder) and James Doyle of the Washington *Star-News* (right rear)

A little after lunch, the members of Ziegler's committee met in the briefing room and had a cordial discussion. Every so often, you could make out a clear phrase among the low voices: "... be firm about it ... three points ... Ron shouldn't be the one to say no." Later in the afternoon, the following communiqué was posted.

To All Hands:
A special committee of correspondents has recommended to Press Secretary Ronald L. Ziegler that all new briefings continue to be terminated by the Senior Wire Service Correspondent present.

However, in case of breaking deadline stories, anyone has the right to request that the briefing be postponed while those stories be filed—unless *THE MAJORITY OBJECTS*.

A request also was made to Mr. Ziegler to resume the 2-a-day briefings to provide additional time for correspondents to ask questions.

THE COMMITTEE

Around three o'clock, some of the reporters began looking at a pair of little white plastic stars on the wall. (There was a pair upstairs and a pair downstairs.) The stars were lit with a flickering light. When the light stopped flickering, it meant that there was a "lid" on the day's news—there would be no more briefings, announcements, or press releases. Downstairs, Don Fulsom was reading the paper, but his peripheral vision noticed the flickering cease. "That's the lid!" he said. Within ten minutes, the place was almost empty.

CHAPTER X

Divided
They Fall

THAT AFTERNOON, McManus came back early from lunch and went to Ron Ziegler's office. He had a long, calm discussion with Ziegler and urged that the second daily briefing be instituted again. Ziegler listened and, of course, did nothing to revive the afternoon briefings.

When McManus finished treating with Ziegler, he came out and slumped in one of the captain's chairs in the middle of the empty briefing room. He began to talk to me quietly and almost sadly about the White House. "This morning Ziegler said that his interest was in decorum in this room," said McManus. "Well, I don't believe we ought to stand around this room and shout at each other, but the reason the people were shouting in this room today is that they were being denied the right to ask questions. And that's all we really get to do around here. We're sequestered.

"The press secretary has the power to obviate these problems, but instead he plays on what I call our structural incompetency. The weaknesses of our structure are just like a series of levers and any press secretary can manipulate them with ease, if he cares to. I mean, it's as if he's been handed five dogs conditioned by the Pavlovian method and a tinkle bell."

Ziegler had no qualms about playing on the weaknesses of the press. That was, after all, one of the main functions of a flack. And, at thirty-three, Ziegler was the compleat flack. He started as a press agent for the Southern California Central Republican Committee and later, as an executive at J. Walter Thompson in Los Angeles, he touted Disneyland. In 1968, he had watched public relations men win the election for Richard Nixon, and now he saw them beginning to rule the world. His old mentor at J. Walter Thompson, the haughty and automatous Bob Haldeman, was now the second most powerful man in the White House. While many flacks were former journalists who secretly loathed themselves for sinking into the whoredom of press agentry, Ziegler gave every sign of considering public relations a profession superior to journalism; after all, journalists merely wrote what flacks told them. "He was never torn, as some of his colleagues who had been newspapermen often were, between protection of his candidate and the public's right to know," Jules Witcover wrote of Ziegler's performance in the 1968 campaign. "That was journalism school stuff; on the field it was 'us' (the Nixon team) against 'them' (the press)."*

Ziegler was the perfect spokesman for the Nixon Administration. He was totally loyal to his boss and he treated the press with a bland contempt that was quite genuine and unaffected. At the briefing lectern, he was smug, condescending, and relentlessly evasive, often refusing to answer the simplest and

* *The Resurrection of Richard Nixon* by Jules Witcover (New York, Putnam, 1970), p. 376.

most innocuous of questions. He talked in a kind of flackspeak that would have given Orwell nightmares. He sometimes accused reporters of "trying to complexify the situation," and he reversed White House positions by the simple expedient of announcing that he had "misspoken" himself in the past.

After the briefings, of course, Ziegler came on as a nice guy, a regular fellow who could tease and be teased. And most of the White House correspondents actually fell for Ziegler's act. Like Bob Semple of *The New York Times*. One afternoon, I was sitting next to Semple in the White House press plane, sipping wine and eating grapes, and I asked my standard question, which was: When are you people going to mutiny?

"Well," Semple assured me, "we'll get tee'd off. And it's gonna be over the issue of when can we ask the guy [Nixon] some questions. Ziegler's very, very good at his job. I don't mean very good about giving out information, but he's a marvelous buffer. And actually I kind of like the guy because he has a redeeming sense of humor. Ron is capable of saying, you know: 'Why am I doing this? Here I am on a plane and this is my whole life, and I don't ever see my wife . . .' So, you know, he's capable of taking on the complaints of the press."

Of course, Ziegler never did anything about any of those complaints. But at least he was sometimes there on the press plane, and the reporters could go up and actually talk to him, provided they weren't on his ever-expanding shitlist. They usually couldn't get in to see anyone else on the White House staff, and Nixon didn't like to give press conferences. So Ziegler was the only President they had, and they tried very hard to like him.

A few people, like McManus and Fulsom, thought that Ziegler was a royal phony and a menace to the press, and they let him know it. And on one long flight in October, Helen Thomas of the UPI put her cards on the table. She was sitting in the cramped rear compartment of the President's plane with four other pool reporters when Ziegler came back to banter and remind everyone what a good guy he was. Helen Thomas started in on the Watergate scandal. "Lies," she said, "we get nothing but lies. And someday those lies are going to catch up with this Administration." Ziegler kept smiling and saying things like "Gee, Helen, I can't agree with you there." Suddenly Helen Thomas gave Ziegler a very hard look and said, "I'll say one thing for you, Ron. You've never lied to us directly. *But I don't know how you stomach your job.*"

But Thomas, McManus, and Fulsom were like the last people to crack in a Prisoner of War compound. Here was this awful little POW camp, with an officious pouter pigeon of a junior officer—the camp commander's favorite—who bullied the prisoners, studied their flaws, rewarded their failures, beat them for their successes, and encouraged them to turn each other in. And yet, under the mind-bending strains of four years' captivity, nearly all the prisoners had convinced themselves that the little bully was really not that bad a guy. They were grateful for the times when he kidded around with them.

In a way, one could not blame Ziegler for openly disdaining the White House press corps. They were such a bunch of patsies. If they bought his act, they would buy anything. Ziegler, and the men from whom Ziegler gladly took orders, consistently harassed reporters in the most petty and most underhanded of ways. And yet, the reporters never cried "foul" and never mutinied. A few cases of harassment, such as the Daniel Schorr affair, received a good deal of publicity.* But smaller examples of harassment happened almost daily at the White House. These dirty tricks can be divided into several categories, including divide-and-rule operations, freeze-outs, sheer balls tactics, and tax scares.

DIVIDE-AND-RULE

Divide-and-rule was one of Ziegler's favorite tactics. One example was the way in which he used the Henry Kissinger story to

---

*After doing a critical piece on the Administration, CBS's Schorr had been investigated by the FBI on the phony pretext that he was being considered for a "high government post."

set up a fight between the wire-service reporters and the straight reporters. At other times, Ziegler played on the simple fact that one reporter will always cut another reporter's throat for even the most trivial scoop. In this way, Ziegler drove Jim Doyle out of the White House.

In 1969, having served for several years as the Boston *Globe*'s Washington Bureau chief, Doyle moved into the chair recently vacated by Haynes Johnson at the Washington *Star*; one of Doyle's assignments was to cover the White House on Saturdays.

During the rest of the week, the job was done by Garnett "Jack" Horner, who had served on the *Star* since 1937 and had covered the White House since the early Eisenhower days. Jack Horner was a White House lifer, the permanent secretary of the White House Correspondents' Association. He was an overweight sexagenarian who looked like Charles Laughton, and every morning he sat in a captain's chair in the middle of the briefing room, resting his wattles on his chest. Not that he was a lazy man—he scurried around all day protecting himself by filing new leads and inserts on every handout that issued forth from the White House propaganda machine; he was an absolutely thorough and "objective" stenographer, recording every official happening, never tainting his copy with the smallest speck of insight.

He was also a remarkably complaisant man. Once, when Horner was part of the pool on Air Force One, Lyndon Johnson invited all the reporters up front to have a chat. Horner plumped one soft question after another into Johnson's lap. After the conversation, as the reporters were making their way back to the rear of the plane, Johnson said in a stage whisper that half the plane could hear: "Boy, that Jack Horner really is a big ass-kisser, isn't he?"

Horner was always so pleasant and helpful around the White House staff. Whenever Ziegler started stumbling through a particularly tortuous answer, Horner always came to his aid with: "Ron, aren't you merely trying to say . . .?" He also liked to make life easier for the President, and he once sought out Ziegler before a press conference and asked, "Is there any fertile ground we should plow tonight?"

In contrast to Horner, Doyle was young, restless, liberal, and unhelpful in his questioning.

One Saturday afternoon in the spring of 1970, Doyle was sitting around the White House pressroom when the *Star* called to say that a report had just come over the wire from the Chicago *Tribune* to the effect that Robert Finch was quitting his post as Secretary of Health, Education and Welfare in order to become a White House aide. The *Star* wanted Doyle to get the report confirmed and find out more details. Doyle found Gerald Warren, the deputy press secretary, and started questioning him about Finch's impending move. Warren, an innocuous, spindly, bankerish type, kept protesting that he couldn't say anything about the matter himself and couldn't take the problem to Ziegler. So Doyle decided to let the problem wait until later in the afternoon and went off to cover an Agnew press conference on youth and drug addiction.

When Doyle returned to the pressroom, Jack Horner was sitting in the *Star*'s cubicle. Horner was a man who never missed a chance to come in and work for overtime pay. Without saying anything to Horner, Doyle went to a phone and called the *Star*'s city desk.

"Jack Horner's here," he said.

"Don't worry," said the man on the desk. "We'll tell you why when you get back to the office."

Doyle drove back to the *Star* and asked why.

"Well," said the man on the desk, "Ziegler gave Jack the Finch story, so Jack's going to do it. He gave it to Jack on the condition that he doesn't let you or anyone else in the pressroom know about it."

Doyle was incredulous. "You mean," he said, "that you're letting a guy set ground rules against another guy on the staff?"

"Well, just this once," said the desk man. "It won't happen again."

You're damn right it won't," said Doyle. "I'm not going back to the White House. Ever." And he never did go back, although he occasionally covered a Presidential trip.

Meanwhile, Jack Horner continued to accumulate gold stars on his wrinkled forehead. Ziegler fed him one exclusive after another as a means of punishing the *Star*'s competitor, the fractious Washington *Post*. Shortly before the 1972 election, Horner's exemplary behavior earned him what he called the biggest beat of his life, an exclusive interview with Richard Nixon. There was only one ground rule—Horner was not allowed to print the questions he asked the President. Which meant that Nixon could virtually ignore Horner's questions and simply spew out his carefully prepared remarks. Horner was being used as a funnel, but he did get his scoop. As he sat there in the Oval Office, feeling the delicious whirr of the little tape recorder that he always carried strapped to his waist like a pacemaker, Jack Horner must have thought to himself: "What a good boy am I."

THE FREEZE-OUT

Stuart Loory was the *Herald Tribune*'s Moscow correspondent for several years in the early sixties. He covered the White House from 1967 until 1971 for the Los Angeles *Times*. He left partly because Ziegler and other White House staffers made things uncomfortable for him whenever he wrote an unflattering or unorthodox article about the Administration. "I found great similarities between covering the White House and the Kremlin," he said later. "When the Kremlin was unhappy with you, they shut you out. They didn't invite you to press conferences. They didn't let you travel. The White House put the same kind of pressures on you when you wrote something they didn't like. The way Marty Schram was treated, for instance, was a typical Russian tactic."

Marty Schram was the White House correspondent for the Long Island daily, *Newsday*. He was a serious-minded, rabbinical looking young man who wore black-rimmed glasses and a Groucho Marx moustache. In the summer of 1971, Schram helped Newsday's Pulitzer Prize-winning team of investigative reporters to carry out an exhaustive investigation of Richard Nixon's best friend, Bebe Rebozo.

The investigation resulted in a six-part series, carefully documented with maps and charts, which laid out the shady business dealings of Rebozo and his friend Sen. George A. Smathers (D.-Fla.). "The deals made by Bebe Rebozo and the Smathers gang have tarnished the Presidency," *Newsday* declared in an accompanying editorial.

When the series came out in October 1971, Ziegler was asked to comment on it.

"We have absolutely no concern about the integrity of Mr. Rebozo, and I'll have no further comment on those stories," said Ziegler. Then he put the freeze on Schram.

Without ever mentioning the Rebozo series, Ziegler suddenly began to act as if Schram did not exist. He refused to talk to him, except to give curt and rude answers when Schram asked a question at a briefing. If Schram tried to broach a question after a briefing, Ziegler would cut him off with a brusque, "I don't have time now," and walk away. When Schram made an appointment to see Ziegler about the problem, Ziegler kept him waiting for an entire afternoon and then left via a back door.

Ziegler steadfastly refused to admit that this treatment had anything to do with the Rebozo series. In February 1972, reporters who were not on the list to go to China were summoned to Ziegler's office, one by one, to receive the bad news. Schram was among those called. Ziegler made a number of excuses as to why there was no room on the plane for *Newsday*. Schram pointed out that *Newsday* met all the criteria that had been set up, while many of the papers on the list did not. Ziegler made more excuses.

"Come on, Ron," said Schram. "It's the Rebozo series."

Ziegler denied it.

"Well, then, what is it, Ron, what's the reason?" Schram kept asking. Ziegler kept answering that certain, uh, decisions just had to be made.

Even after the China trip, Ziegler continued to exclude Schram from pool assignments. This banishment did not cripple Schram, but it did hurt him because he liked to embellish his features and takeouts with the kind of atmosphere and fine detail that could only be gathered by observing Nixon at close range. He still collected information from several friendly sources he had cultivated on the White House staff, but it pained him whenever he saw the pool trooping into some state dinner, the pool members being mostly "hard news guys who didn't give a shit about the background stuff."

Almost a year after the Rebozo series appeared, Nixon went to campaign in Nassau County, where *Newsday* was delivered to seven out of ten homes. As usual, Schram didn't make the pool. "But what am I supposed to do," he shrugged, "act wounded? They shouldn't choose the pool, anyway. The press should choose it."

SHEER BALLS

Every so often, when bullying and intimidation failed, Ziegler and his superiors would resort to a tactic that can only be described as sheer balls. They would tell a lie so Stalinesque in its grandeur or would make a demand so preposterous that the reporter in question was struck dumb and did not know where to begin his counterattack.

One of the most spectacular examples of White House ballsmanship was the attempt to convert Nicholas von Hoffman at the time of student uprisings over the invasion of Cambodia and the shootings at Kent State. Nick von Hoffman was a prematurely grey-haired forty-two-year-old columnist for the Washington *Post* who voted for Nixon in 1960 and 1968 for reasons which he has never been able to explain satisfactorily. People who discovered von Hoffman's voting record were invariably surprised by it, because von Hoffman had been slamming Nixon all over the *Post*'s "Style" section ever since the inauguration of the column (and of Nixon) in 1969. One of von Hoffman's charms was his maverick inconsistency, but his stands were invariably radical and he himself described the content of his column as "bolshie drivel."

After the invasion of Cambodia, he wrote a column saying that the situation was so appalling that "the Washington monument went limp." So it came as something of a shock to von Hoffman when the Nixon White House attempted the old Lyndon Johnson hustle of soliciting his advice to try to bring him on as a member of the team. Even Johnson, who used to spend whole afternoons cajoling reporters, would never have taken on a hard-core radical like von Hoffman. Von Hoffman wrote an account of the incident for the *New American Review,* and he swears it's all true. (He didn't write it for the *Post* because the *Post* refused to print the exact language he had used.) The article deserves to be quoted at length:

> The crew-cut press aide who stands at parade rest while Ziegler does his monologue begins inviting people backstage. I am approached and led into Ziegler's office. Outside the window is Nixon, hands behind his back, talking to Kissinger, strolling on the lawn, maybe still grooving on his crisis euphoria or maybe he's already crashed. The four at Kent State have already been killed; two more will die at Jackson shortly.
>
> John Erlichmann [sic] comes into the room . . .
>
> "I'm sure John would like to hear your ideas," Ziegler says.
>
> "Suppose you're right about Vietnam," I begin, and they make as if I'm about to give them the unique word, instead of being one among who knows how many reporters they've run through their office. Most of us believe against certain knowledge that if only we could get in there and tell them, they'd listen. So I am in the White House and the President's man has said he wants to hear. You don't have to be a politician to be infatuated with your own possibilities.
>
> "Suppose you're right about Cambodia," I continue, "suppose you're right about the military situation, suppose you're

right about everything, don't you see you still can't fight this fucking war?" I fancy that the word hasn't been spoken in the building since Lyndon Johnson. I also imagine that bad language may make them pay attention. "In a democracy, see, fifty-one percent is good enough to build a road or exempt the oil companies from taxation, but not to fight a war. You gotta have ninety percent for that, and you boys didn't pull that in the election. That cocksucker was elected to end the war, not spread it."

Ziegler is a two-expression man, blank and smiling. No frowns, no pensive looks, no screwing up in distaste, it's the blank or the smile. The blank is for when you're speaking; the smile is for when you're finished and he's about to talk. Having a conversation with him is like playing tic-tac-toe with a computer.

"People'll feel differently when it works out. Opinion'll change when it's a success," Ziegler says. An efficient organization silences all opposition by declaring high quarterly dividends.

"Millions of people don't give a shit if it's a success. Christ almighty, they don't even know where Cambodia is much less want to conquer it."

The President has gone from the lawn.

"We know that. We're pulling out. We're withdrawing. Vietnamization is working."

"Oy!"

"As people see that the President's policy is a success, they'll support him."

"If you keep pushing this way, these kids are going to burn down the country. Get off people's necks."

Erlichmann says something to indicate that things are nastier than he'd like to see them. There is more talk about the stock market, the businessmen, the different kind of people who've had it. Erlichmann agrees it is serious, remarking it has probably cost Governor Rhodes of Ohio the primary. I repeat the prediction of bloody trouble. Erlichmann replies, "We're counting on leaders like yourself to keep things calm."

Leaders like who?

We're doomed.

TAX SCARE

In 1969, Jules Witcover wrote a book about Nixon's 1968 Presidential campaign called *The Resurrection of Richard Nixon.* The White House, getting wind of the project, called up all of Witcover's sources and instructed them not to talk to him any more. Fortunately, Witcover had already completed most of his research.

In 1970, when the book came out, Witcover went on *The Dick Cavett Show* to publicize it. Cavett asked him whether the Nixon people had been cooperative, and Witcover recounted how the Nixon people had tried to stop him by cutting off his information. A week later, Witcover's wife received a phone call from an Internal Revenue Service agent who announced that Witcover was going to be audited.

Witcover had to take time off and assemble all his tax materials. An IRS agent looked through every check Witcover had written in the last year, and found nothing amiss. For weeks, Witcover tried to make the IRS tell him why he was being audited, what in specific they were looking for. The IRS never came up with an answer, except to say that they were testing a new system and that his name had been chosen at random. Witcover, however, was convinced that he was the victim of a political audit.

Witcover was not the only journalist to receive a visit from the taxman. At the time of *Newsday*'s Rebozo series, Robert Greene, the head of the paper's investigative team, had his tax returns audited by the IRS. So did William Attwood, the publisher of *Newsday,* and David Laventhol, the editor. The IRS also examined the newspaper's financial records.

DAY AFTER DAY, Ziegler and his superiors frustrated and harassed the White House press corps in petty ways. Yet the correspondents refused to stand up and defend each other. No one, for instance, ever lodged a protest in behalf of Marty Schram or investigated the IRS audit of Jules Witcover.

Meanwhile, the White House kept building up a powerful public relations machine whose function was to compete with the press, to go over the heads of the press and straight to the people. The White House sent off tons of mailings to newspapers and individuals. The White House frequently demanded and received free network television time so that the President could present his arguments to the public and even so that the Vice President could attack the press.

The Nixon aides were advertising people, Dan Rather said as he sat around the pressroom one afternoon; they knew ten times as much about the media as the Johnson people had. They had known that if they squawked enough about post-speech analyses by network correspondents, they could make the networks back down. And they knew dozens of little tricks which allowed them to use television to their own advantage, said Rather. For instance, in October 1972, Nixon hardened his stand on amnesty in a speech which he made over the radio. CBS had a clip from an old TV interview in which the President had put forth a much softer position, and Rather would have liked to have shown the two statements side by side to demonstrate that Nixon was toughening up his position for political reasons in an election year. But to do this, Rather needed a *picture* of the second statement. The White House people had realized this, and that was the reason Nixon had made the statement on the radio.

So the voice of the White House grew stronger while the voice of the press became weaker.

One morning in September, as we were flying out to California on the White House press plane, I tried to find out from Peter Lisagor why the press corps was so docile. Lisagor was a fixture of Washington journalism; as the veteran "special" correspondent of the Chicago *Daily News,* he could write more or less what he wanted. While his White House articles usually opened with a "news peg" from the daily briefing, rather than the kind of "trend" lead that John Osborne favored, Lisagor was nevertheless very good at standing back and putting official statements into perspective. When Ziegler announced the end of the draft, for instance, Lisagor carefully pointed out in his lead the political implications of the move—its appeal to young voters. At the same time, Lisagor was a living monument in the Washington press establishment, a former president of the White House Correspondents Association, and a man who did not like to rock the boat too hard.

"Why not a mutiny?" I asked.

Lisagor stopped typing on the lightweight portable he had set up on the tray in front of him.

"Well, you see," he said, in his polite way, "because the White House people managed successfully to put the press in the ambivalent position of being an entity separate from the public interest or the public, the press has not much to stand on."

"When did you first see that tactic used?"

"Well, it was first articulated by the Nixon Administration. The others had accepted the notion that the press was a legitimate vehicle for disseminating information to the public. But the Nixon Administration gave the press an identity of its own, separate from the public interest, and then began to characterize the press either as friendly or hostile or what have you."

As Lisagor continued to talk, it became clear that he felt the Nixon people had maneuvered the press into a kind of Dien Bien Phu, isolated and abandoned without any hope of rescue. If Nixon wanted to make himself inaccessible, there was nothing the press could do. "It can't sue him," said Lisagor. The press had no legal rights, except for the First Amendment, which was a thin reed. It wasn't an institution set up by the Constitution. It could kick and scream, but that didn't produce any results because "the public doesn't give a damn about our problems." The only thing the press could do, Lisagor concluded, was to work more vigorously to ferret out information from the government, "recognizing that no Administration owns the public's business—that it *is* the public's business, and that the public is the proprietor of it."

But not many White House reporters got around to ferreting

out information. One problem was that the White House swamped them with press releases. Perhaps a greater problem was the beat system.

The ideal way to find out what was going on inside the White House was to approach it from the outside—drive over to State or HEW, for instance, and look up some Young Turk who had just had a pet program sold out by Haldeman or Ehrlichman in order to placate some right-wing governor; the Young Turk would be angry and would gladly tell the whole story. But usually a White House reporter didn't have time to cultivate sources outside the White House. The White House was his beat and he had to stay there to protect himself in case a story broke, and also to fill in his colleagues on other beats when they needed information from the White House.

Bob Semple, for instance, used up large portions of every working day getting the White House reaction to various developments for fellow *Times*men on the Hill or at the State Department. If he could not get a comment from Ziegler, he would have to sit down and write a summary of past White House statements on a certain bill (if he was helping out the man on the Hill) or a certain international situation (for the man at State). Which meant that Semple was tied down to his desk at the White House. Although some newspaper editors and bureau chiefs had begun to talk about freeing up their White House men to do more investigative work, this was not being done during the first Nixon Administration.

Since few of the White House correspondents had opportunities to ferret out information, since they *were* largely sequestered from staffers and outside sources, they needed decent briefings and press conferences if they were going to do a creditable job. Above all, they needed a revival of Presidential press conferences. In the days of Franklin Roosevelt, the weekly sessions in the Oval Office were considered indispensable by the White House correspondents. Arthur M. Schlesinger, Jr., wrote in *The Coming of the New Deal:* "By according the press the privilege of regular interrogation, Roosevelt established the

Presidential press conference in a quasi-constitutional status as the American equivalent of the parliamentary question period —a status which future Presidents could downgrade to their peril."*

For years, political scientists, political reporters and historians like Schlesinger considered the Presidential press conference an unshakable institution. Nixon changed all that.

"What we assumed, and it seems sort of dumb in retrospect," said David Broder, "was that just because the press conference had grown up from Wilson on and seven or eight Presidents had adhered to it, it had somehow become institutionalized. It's not institutionalized at all. In fact, you could effectively say that Richard Nixon has abolished the Presidential press conference as an institution. He may grant two or three a year, but when they're that infrequent they don't really mean anything."

There was a school of thought, led by John Osborne, that held that press conferences did no good anyway. Osborne thought that Nixon was "altogether too good for the common good at using press conferences to present himself and his policies in a favorable light." Other reporters echoed him, saying that reporters never were able to follow through on a line of questioning and pin Nixon down, that too much time was wasted on trivial questions. But many of these reporters had forgotten, or had never known, what a real press conference was like.

"You have to go back to the Kennedy period or even the Eisenhower period to see what a Presidential press conference *system* really looks like," said Broder. "The key thing is the frequency. If you have them weekly—as was the custom under Roosevelt, Truman, and Eisenhower—it doesn't make any difference if you blow ten minutes on some trivial thing or if you don't get to follow up on a question, because the President is going to be back there the next week and you'll have another chance. You can look at those old press conferences and get a

* *The Coming of the New Deal* by Arthur M. Schlesinger, Jr. (New York, Houghton Mifflin, 1959), p. 562.

very actute sense of what was agitating public opinion at the time, of what questions were up for political discussion. Now obviously, if you're down to three or four a year, the press conference doesn't serve that function at all. You just get scatterings of bits of information. But on a weekly basis, it serves an extremely important function. It requires the President to think about what *other* people may have on their minds."

FOR THE CORRESPONDENTS to do a proper job of covering the White House, they needed regular Presidential press conferences and they required briefings from a press secretary who was not in love with the art of obfuscation. The only way to extract these necessities from the Administration was joint action—a petition or a boycott, supported by the whole White House press corps, that would put pressure on the Administration to change its smug ways.

But whenever I suggested joint action to reporters around the White House, they looked at me as if I had suggested cutting off their typing fingers. They invariably launched into speeches about how reporters were fierce individualists who defied any attempt to regiment them. Everyone made basically the same speech, but Dan Rather made one of the best. "You know," he said when I broached the subject of joint action, "journalists by their nature are not an organized lot. The average journalist, including myself, is a whiskey-breathed, nicotine-stained, stubble-bearded guy, and journalism is not a business that attracts very organized people." Rather was wearing a beautifully tailored blue suit and he gave off the healthy glow of a man who has just emerged from a hotel barber shop. I had never seen him smoke and I doubt whether, on a typical day, his strongest exhalation could budge the needle on a Breathalyzer.

But the curious thing about political journalists is that they often work as a herd when they should act as individuals, and they claim their right to perform as individuals when they should close ranks and act as a group. The most sheeplike herd in Washington—the Pentagon press corps—boasted the loudest of its individuality; the reporters at the Pentagon bragged that they were so independent that they had never formed even a ceremonial organization like the White House Correspondents Association.

But it was not just the worst reporters who shied away from joint action. Some of the best and the toughest also had qualms. "We're all reluctant to gang up," said Jack Germond. "Ganging up is a bad business. I mean, there aren't many guys I want to gang up with. I don't agree with their methods. I have a different judgment on what I think is news. I have a different judgment on what I think is a fair way to go at something. I have a different judgment about my ability to beat them on my own, so why should I join up with them?

"There are occasions when some kind of ganging up is necessary, I suppose," Germond conceded. "And Nixon's campaign in 1968 was probably one of them."

"Let the editors fight those battles," said Jules Witcover. "We're in the trenches every day and we're just trying to get access. It's like professional football. You start going straight in and it doesn't work, so you loop and you stunt and you just see how the game goes. This business of getting together and forming a committee or boycotting or something else—that doesn't deal with the ongoing changes. It's just constant and you've just got to keep making your moves and being aware that they're doing those things, and try to cope with them on your own."

"But Jules," I said, "that doesn't seem to work. The White House keeps getting away with murder."

"There's nothing wrong with looping and stunting if everybody does it, but there are not enough guys who do it," Witcover admitted. "There are not enough guys who see this happening. I think there are still too many guys who just cover a campaign like its an evolving set of speeches."

Most of the reporters seemed to perceive, however dimly, that they were the people's representatives in the executive mansion and that the President had no right to keep them in the dark and to use the media solely for his own ends. But at that point they balked. They would not admit that this extraordinary situation called for extraordinary action by the press; they refused to consider a strike, a boycott or any kind of dramatic gesture that would point up the gravity of the crisis. "There's just an awareness that this would be a politically unwise thing to do because you'd leave yourself open to attack," said Jules Witcover. Nixon had the reporters so thoroughly on the defensive that they forgot that they, as a body, had considerable power and that they had certain rights.

It was not as if pressure had never succeeded in the past. In 1967, during the Johnson Administration, Ben Bradlee, the executive editor of the Washington *Post,* decided to fight the system of backgrounders.* Bradlee instructed his reporters to "fight like hell" to get everything on the record, and he got *The New York Times* to go along with him. A few days later, when the White House tried to hold a backgrounder on the Common Market, the *Post's* Carrol Kilpatrick and the *Times'* Max Frankel protested and insisted that they had to know why the briefing was for background only. The briefing was put on the record. Having won a small victory, however, the *Times* and the *Post* did not keep up the fight, and backgrounders continued to flourish.

During Nixon's first term, there was only one group effort to deal with the White House, the "Washington Hotel meeting," and all the reporters involved went out of their way to explain that they weren't trying to gang up on the President. The Washington Hotel meeting took place in December 1971, when Nixon had avoided holding a press conference for nineteen consecutive weeks. When Nixon finally announced that he would hold a press conference on December 10, Jules Witcover

---

* Backgrounders are small press conferences where government officials give out information on the condition that it will not be attributed to any source. Using backgrounders, officials can float trial balloons or simply lie without assuming any responsibility.

and Stuart Loory, who were both then working for the Los Angeles *Times*, decided that it would be a good idea if some White House reporters got together and discussed how to make Presidential press conferences more productive.

Witcover and Loory realized that if they weren't careful, the White House would try to brand the meeting a "press conspiracy," so they did everything they could to make the meeting open and innocent. They got John Osborne, whom the White House regarded as if he had won the Nobel Peace Prize, to chair the meeting. Then they phoned about forty reporters and invited them to come. Some simply refused to consider the invitation, fearing the "conspiracy" charge. Others consulted with their editors and agonized for days over the decision. Bob Semple consented to attend, but only as an observer. Witcover and Loory considered setting up a miniature press section for him—a separate table, with a typewriter and free drinks.

Finally, twenty-eight reporters met one December morning for a coffee-and-cruller session in a room on the mezzanine of the Washington Hotel, a second-class place just up the street from the National Press Building. The meeting was as innocuous as a student council session. The first subject they discussed was whether it was cricket for them to meet. They agreed that it was. Then they talked for over an hour, arriving at a consensus on two points: it would be nice if somebody would ask the President at the upcoming press conference whether he intended to see the press more frequently; it would also be nice if reporters were more diligent in following up each other's questions, so that the President could not slip by with an evasive reply. Some of the reporters had misgivings about asking the President about the press conference situation—the viewing public might be offended to see the press taking up time with an "inside baseball" type of question. But eventually everyone at the meeting agreed that it was a good thing to ask because it was in the public interest to have more press conferences.

It was a very informal meeting, with everyone gulping coffee and smoking. At the end, John Osborne was asked to go over to the White House and tell Ziegler about the subjects that had been discussed and the conclusions that the reporters had reached. When Osborne appeared in Ziegler's office that afternoon, the press secretary smiled and said that he already knew about the meeting. Osborne gave him a short summary of the discussion and Ziegler said "Fine," thanked him, and led him out of the office.

Of course, Osborne's mission did no good. Soon after the meeting, Herb Klein (the White House director of communications) wrote an article for the Op-Ed page of *The New York Times*, hinting darkly that the reporters had been up to no good: ". . . some of the reporters who were there took pains to say they were not part of a cabal or conspiracy and that in no way did they discuss either the order or the subject matter of the questions that would be asked at the forthcoming conference. Whether or not they did, the timing of the meeting did nothing to enhance press credibility."

Later, Allen Drury, *The New York Times*-reporter-turned-conservative-novelist, painted an even darker picture in *Courage and Hesitation,* his semiofficial book on Nixon: "A group of major correspondents, fantastically, has actually held a secret meeting, their ostensible purpose to arrange the sequence of questions, their real aim to get Dick Nixon."

It was true that the press conference on December 10 was probably the roughest one Nixon ever had to face. "But that meeting didn't make it rough," said John Osborne. What made it rough was the fact that Nixon had piled up a lot of things to answer for, like calling Charles Manson "guilty" before the trial, firing Walter Hickel, and letting unemployment rise. Two or three reporters asked nasty questions, but there were very few follow-up questions, and Nixon dodged the tough ones with his customary skill.

Nixon always had the advantage at these conferences. The reporters were disorganized and many of them suffered from stage fright in front of the live television cameras. Nixon, on the other hand, spent several days preparing himself, polishing answers to possible questions; he even memorized the seating chart so that he knew exactly where to point whenever he felt the need for a soft question from a friendly or notoriously incompetent reporter.

Toward the end of the half-hour press conference on December 10, Herb Kaplow (then of NBC) asked whether the President would hold press conferences more frequently in the future. Kaplow phrased the question very tactfully, and Nixon gave his standard reply, right out of one of the loose-leaf briefing books he'd been studying for three days. Of course, he had an obligation to inform the American people, but there were several ways—press conferences, formal reports to the nation, television chats with one or two correspondents. He thought that the American people had a right to hear his views directly, not just through the press. "And I think any member of the press would agree on that," he said. He would like suggestions on how to keep the nation informed without dominating television too much, as some had charged. Maybe the answer was "more conferences in the office."

"But," said Nixon, "you make the vote."

A few weeks later, Peter Lisagor, acting as head of the White House Correspondents Association, sent a list of suggestions to Nixon via Ziegler. Ziegler announced that the President was "pleased." The list was promptly forgotten. None of the suggestions, including a plea for weekly press conferences, was adopted.

Thus, in the long run, the Washington Hotel meeting was a flop.* It was like a resolution by the General Assembly of the

---

* There were also a few smaller, less formal attempts at organized resistance, all of which failed. For instance, on the eve of the China trip, Charles Wheeler of the BBC tried to organize a boycott of a cocktail party the White House was giving for correspondents who weren't going to Peking. "My God," Wheeler said later, "they had made space for parish newsletters with circulations of seven hundred

U.N.—there was no clout behind it, so it was ignored. If there was a conspiracy in Washington, it was a White House plot to cripple the press, not a press conspiracy to get the President. The White House conspiracy, if anything, *demanded* a counter-conspiracy from the reporters to regain their rights. But the White House reporters refused to assert themselves, except to write a few sniping, ineffective articles about the lack of press conferences. Later, during the 1972 campaign, Nixon naturally felt free to seclude himself.

And even the best of the White House correspondents despaired of making the President account for the actions of his Administration. John Osborne, for instance, wrote a column about a press conference which Nixon held on August 29, 1972. A couple of reporters asked Nixon about the Watergate, and Nixon skated around the issue for a while, finally concluding with a statement that "no one in the White House staff, no one in this Administration presently employed, was involved in this very bizarre incident."

Osborne noted that nobody bothered to ask Nixon about John Mitchell, Hugh Sloan and other assistants who were alleged to be involved with the Watergate affair but were no longer "presently employed" at the White House. "He was not asked, either," Osborne went on, "whether with all of these investigations on he now knew who had ordered the bugging and why it was ordered. I stood within 10 feet of him and didn't even try to ask that simple and obvious question." Later in the article, Osborne summed up by saying that the thing he would always remember about "Mr. Nixon's first 'political press conference' of 1972 was his handling of the funds and bugging matter and our failure to handle him as a vulnerable candidate should have been handled. It was a lesson in the mesmerizing power of the presidency."

---

and fifty, but they weren't allowing any foreign correspondents to go. And then they tried to buy us off with a cocktail party. So I phoned around and said I didn't think we ought to go to the party. But several people went anyway, just for fear that they would miss something."

*   *   *

BUT MESMERIZING POWER had nothing to do with the case of Clark Mollenhoff. Mollenhoff was a fifty-one-year-old bull of a man, with greying closely cropped hair and glasses, who had been drafted by the New York Giants in 1943, but gave up a pro football career to enter journalism. An Iowan who still spoke with a Midwestern nasality, he joined the Des Moines *Register* and gradually earned a reputation as the toughest investigative reporter in Washington.

He prided himself on having "no ideological hangup." He fought injustices in the State Department and the Agriculture Department and in 1953 he began to expose labor rackets and convinced Robert Kennedy to enlist the Senate Government Operations Committee in the battle against labor racketeering. As Jimmy Hoffa was led off to jail in 1967, he spat on Clark Mollenhoff. Nobody could intimidate Mollenhoff, not even Presidents. Eisenhower once told him to sit down at a press conference. He stayed on his feet. In time, he won every prize in the business, from the American Legion's Fourth Estate Award to the Pulitzer.

For all his success, Mollenhoff was unpopular among some of his colleagues. In 1964, when he was heir apparent to the presidency of the National Press Club, a group of members mounted a successful stop-Mollenhoff movement. Many people found Mollenhoff dogmatic and egotistical. Moreover, for an investigative reporter, he had a curious weakness for participating in government. Under Kennedy he served on the U.S. Advisory Commission on Information Policy while still writing about the Administration. While covering the Goldwater campaign in 1964, he wrote a memo bringing one of his pet injustices to the candidate's attention; Goldwater based a speech on the memo. Finally, in 1969, he became an ombudsman for the Nixon Administration, a $33,500-a-year bureaucrat who was supposed to warn the President against corruption within the ranks of the Administration, investigate complaints, and ferret out wrongdoings in past Administrations. Mollenhoff resigned after a year.

His detractors said that he was eased out after making a fool of himself by clumsily and stubbornly defending the nomination of Clement Haynsworth to the Supreme Court. *He* claimed to have left because the Nixon staffers engaged in "footdragging" over things he "was suggesting for their own good."

Two years after Mollenhoff had quit the White House and returned to his desk in the Motel Modern surroundings of the Des Moines *Register*'s Washington Bureau, the Watergate affair broke. Mollenhoff was appalled at the implications of the break-in and once again started suggesting moves that the White House ought to make for its own good. But this time he was suggesting them in the public prints. In a long series of tough columns, Mollenhoff called on Nixon to set up a bipartisan panel which could investigate the affair and clear the Presidency of all taint of wrongdoing. He also charged that the Justice Department could, if it wanted to, force at least one of the indicted men to tell who had financed the operation—by granting immunity from prosecution.

On October 5, Mollenhoff was typing in his plaque-studded office when the news came over the bureau's wire machine that Nixon was holding an impromptu press conference in the Oval Office. Mollenhoff dashed the four blocks to the White House and arrived while the press conference was still in progress. But he was not allowed to go in. Standing around the empty White House pressroom, Mollenhoff began to smolder. He was convinced that the White House had purposely avoided notifying him for fear that he would badger Nixon with questions about the Watergate affair.

Later that afternoon, Mollenhoff stormed into Ziegler's office to give the press secretary "a piece of my mind." Mollenhoff accused Ziegler of trying to block the "tough, informed questions" which he had been raising in his column for weeks. Then he began to question Ziegler about the financing of the Watergate burglary. He asked if Ziegler seriously believed that Gordon Liddy and James McCord, two of the arrested men, had used their own money on the project.

"No," said Ziegler.

"Then where did it come from?" asked Mollenhoff.

"Why, I didn't think there was any question but that the money came from the Committee," said Ziegler.

Mollenhoff was startled. He couldn't believe that the White House press secretary would admit that the Watergate break-in had been financed by the Committee to Re-elect the President. So he asked again.

"There is no question but that the money came from the Committee," Ziegler repeated.

The next morning—October 6—Mollenhoff had a story on the front page of the *Register* based on the Ziegler quote. Reporters immediately began to phone Ziegler about the quote, and Ziegler read all callers a prepared statement which said that the quote was a "misinterpretation" of what he had told Mollenhoff.

"I said I have no personal knowledge of any aspect of this matter other than what I have read in the press," Ziegler's statement continued. "Therefore I am not in a position to draw any conclusion or to make any authoritative statements whatsoever, and the reporter for the Des Moines *Register* was so informed."

That evening, Ziegler called Mollenhoff and read him the statement, too.

"Well, are you denying that?" Mollenhoff asked him.

"Well, no," said Ziegler, and repeated that he had not been authorized to say anything, and that he didn't know anything about the Watergate.

"Well, if it stays within that context and it's clear it's not a denial, that's fine," said Mollenhoff.

But many papers treated Ziegler's statement as a denial, which angered Mollenhoff. A week after the story appeared, he went to the morning White House briefing to battle openly with Ziegler and to defend his own reputation as a journalist.

The briefing began with some pleasantries from Ziegler and an announcement that the President would make a radio speech on crime the coming Sunday. There was a long string of questions on the Paris peace talks. Then Mollenhoff, standing at the front of the room about ten feet from the lectern, initiated his exchange with Ziegler.

Mollenhoff: Ron, there has been some dispute about our conversation as of last Thursday, and I wanted to go over that with you here to make sure there is no misunderstanding about what you are denying. You are not denying the quote itself, that there is no question but that the money came from the Committee, is that right?

Ziegler: I have issued a statement on that, Clark. I will stand by it.

Mollenhoff: My story has been questioned on this. That is important to me. It is an important point relative to the Watergate investigations. I want to go over this. I want a confrontation out here where we have witnesses, where the question of accuracy is settled.

Ziegler: I have issued a statement and I stand by it.

Mollenhoff: I don't want you to get away that way. I want to go over the context in which this was said. You said this on defending the Administration on the general thoroughness of the investigation. You said that the question had been answered and that there is no question but that the money came from the Committee. We had just gone over the $1,600 that Liddy had in his possession. We had just gone over the $3,500 that was spent for the electronic devices by McCord in connection with the Watergate bugging.

At that point, you said—I raised the question about the sources of this money, and we had agreed that it was absurd that they would spend their own money for this—and at that point you said, "There is no question but that the money came from the Committee" and there was not any question about what money it was or what committee it was. Do you challenge that?

Ziegler: I have issued a statement and stand by it.

Mollenhoff: That is the kind of crap we have been getting out of this White House all along. You may not know anything about this, but you have been denying implication of the White House and the Committee people on top for the last two months. I was not aware that you were unauthorized to speak on the subject, because certainly the press conferences up to now have indicated that you were.

Ziegler (looking around the room): Any other questions?

Somebody immediately popped up to ask a question on the bombing, leaving Mollenhoff stranded and shaking with anger. Ziegler was pale and his pudgy face was drawn, but the bombing question and some subsequent queries about campaign plans gave him a chance to calm down. Mollenhoff kept raising his trembling hand and coming in with more questions, but Ziegler kept putting him off. Nobody helped him. In the back of the room, a reporter shook his head as Mollenhoff came in for his third attack. "There," said the reporter, "is the male Sarah McClendon." Everyone in the room knew all the details of the Mollenhoff affair, which had been reported in the Washington *Post*. Most of them probably believed that Mollenhoff was in the right.

But Mollenhoff was a comic figure to his colleagues. He had thought that he was too good for journalism, but he had failed as a mandarin in Nixon's White House. He was like a cocky kid who had left his small town for good, proceeded to fail dismally in the Big City, and was now forced to come back to the small town covered in shame but putting up a good front. So no one was anxious to defend him. They watched him for a while as he flailed against Ziegler, and then, instead of demanding that Ziegler answer Mollenhoff's questions, they stepped in with questions of their own. "Ron," someone said, sounding faintly bored, "may I change the subject?" Nobody seemed to care whether Ziegler denied the quote or not. That was Mollenhoff's problem, not theirs.

Mollenhoff was no proponent of joint action. "If they don't have the guts to do it individually," he said later, "there's no point getting together to rig a conspiracy to get them off their asses." But he did expect some help from his fellow newspapermen. He kept looking around in a beseeching way, until someone in the back of the room finally asked Ziegler: "Did Clark

Mollenhoff quote you accurately in that story?" Ziegler said he had already given a response on that point. The subject was dropped.

Mollenhoff managed to get off one parting shot. "The speech Sunday on crime—will that include the Watergate?" he asked Ziegler.

At the end of the briefing, a group of reporters gathered around Mollenhoff to slap him on the back and shake his hand. "That a way, Clark!" they said. "That was certainly some performance! It sure is good to see someone take on Ziegler like that!"

The White House press corps always admired a show of fierce individualism.

CHAPTER XI

Nixon's Campaign

Every so often in the course of the fall campaign, Jules Witcover appeared at a White House briefing in his black, funereal raincoat, looking like a cut-rate version of the bad fairy. He would wait until the questioning started to hum and then, with his eyes all blank and innocent, he would catch Ziegler's attention and ask, "Ron, what did the President do today as a candidate for reelection? Did he do anything?"

Ziegler would bristle and fight the impulse to snap, and then he would give a very composed answer detailing all the Presidential duties that Nixon would discharge that day, and he would completely ignore Witcover's question. Witcover would come back a minute later with something like, "Ron, *as a candidate,* did the

President read the *Times'* story on Segretti?" Witcover never could get over the fact that all the White House staffers took offense the moment you said or even implied that Nixon was a candidate for President. Around the White House, it bordered on treason to call Nixon a candidate; the big plan was to run him as the President and try to bury the fact that he was a politician. Ziegler tore up the English language looking for euphemisms for the word "campaign." Someone would ask him about one of Nixon's upcoming campaign trips and Ziegler would answer, "Yes, on Monday the President will go to New York to, uh, *follow the schedule we've announced.*"

Whenever he could, Witcover liked to remind the White House that Nixon was running for office. Dan Rather, for his part, began signing off his reports with the tag line: "This is Dan Rather with the Nixon campaign at the White House." Some of the better political writers around Washington, like Peter Lisagor and Jack Germond, tried in their articles to point out the political motivation behind each of Nixon's Presidential acts. Nevertheless, it was difficult to keep writing political copy about a stubborn non-candidate, a man who made only eight token campaign outings during the entire fall.

Nixon had already taken a couple of these trips when the White House press office, which had been ignoring my pleas for accreditation, did a sudden, mysterious about-face. On September 26, a stern, no-nonsense White House secretary phoned to say that I had passed the requisite security check and could ride the press plane on the Presidential Trip to New York City, San Francisco, and Los Angeles. The trip had already begun, she said, but I could catch the Presidential party if I got out to Liberty Island in New York Harbor on the double.

I got there just in time to see the press coming into the island in three Chinook helicopters, the kind that were used to carry troops in Vietnam. The choppers circled the island three times so that the cameramen on board could get aerial shots of the Statue; you could feel the blades pounding the air.

Meanwhile, the 36th Army Band played Sousa marches. I was

standing in back of the crowd—which consisted almost entirely of plaid-uniformed girls from Catholic schools and little boys in yarmulkes from Hebrew schools, all of whom were broiling and screaming for Cokes in this shadeless park right beneath the Statue's backside—when the White House press corps started charging single file through a hole in a nearby hedge. The wire-service men and the regulars headed straight for a row of phones that had been set up on a table at the rear of the park. They had just found out that Henry Kissinger and Xuan Thuy had decided to extend the peace talks for one more day. Robert Pierpoint's sound man hastily removed the mouthpiece of one of the telephones and wired a tape recorder to the inner workings of the receiver so that Pierpoint could phone the story into CBS radio. Pierpoint shouted into his microphone above the crowd noise, but the sound man kept looking at the dials on the tape recorder gesturing that something was wrong. "Come on, New York, the sound level's too high," the sound man yelled into another phone. "I *told* you the sound level was too high!"

"Christ," Pierpoint said to no one in particular. "When you try to work with these guys, they *do* not understand that we are under tremendous pressure."

Ziegler came bustling through the throng of reporters. "Lisagor!" he shouted. "Lisagor! This *is* the first time the talks have ever been extended. All the others have been one-day sessions. But, just off the record—don't push it too much." Ziegler accompanied this advice with a vague but ominous cranking gesture.

Lisagor, who was chatting with Carroll Kilpatrick, the tall, grey-haired Washington *Post* correspondent, did not seem greatly excited over the information that Ziegler had checked for him. "I don't see many Negroes in the crowd, do you, Carroll?" he said.

"Hey," he continued, "have you heard Claudel's title? He's head of Frogs for Nixon."

Claudel was Henri Claudel, the French Consul General, who had come to present some citation to the American Museum of

Immigration, which Nixon was officially opening this afternoon. Nixon was using the occasion to show how much he admired America's Heritage Groups—such as Italians, Ukranians, Poles, and especially Jews. Nearly half an hour after the press arrived, Nixon himself finally appeared to the cheers of the schoolchildren and proceeded to give a speech about how immigrants made America great. The speech contained all the old "melting pot" clichés. Most of the reporters crammed themselves onto a wooden platform in the middle of the park and craned their necks for a look at Nixon.

Suddenly a small group of antiwar veterans, who had apparently crashed the rigid security of this by-invitation-only affair, began to shout "Stop the bombing, stop the war!"*

Nixon stared into the cameras on the wooden platform. "I have a message for the television screens," he said. "Let's show, besides the six over here"—he pointed to the war protesters— "the *thousands* over here." He gestured to all the schoolchildren, who were dutifully screaming "Four More Years!" Then the protesters were dragged away by the police.

Jack Germond was pacing the pavement at the back of the park, studying a tip sheet. "Jesus," he said, "this is the ultimate media event. Nixon at the Statue of Liberty! It's a piece of fiction. I just hope we get into the OTB parlor before five o'clock. I got a good horse in the eighth."

Frank Lynn, *The New York Times'* specialist on New York City politics, was covering the New York leg of Nixon's trip in accordance with the paper's tradition that a reporter from the New York office takes over whenever the President is in the metropolitan area. Bob Semple, the *Times'* White House man, immediately recognized that the day's story was Nixon's blatant grab for the ethnic vote. He tactfully suggested this to Lynn,

---

* Months later, some of these veterans told *The New York Times* that the New York office of their organization, Vietnam Veterans Against the War, had mysteriously received invitations in the mail a few days prior to the ceremony.

and he also warned Lynn that the speech which Nixon was scheduled to deliver that evening would harp on a hackneyed theme which Nixon had put forth dozens of times in the past —that America must maintain a strong defense. The next morning, Lynn led his story with the sentence: "Calling for the maintenance of a strong defense establishment President Nixon urged Americans last night 'never to send the President of the United States to the conference table with anybody as head of the second strongest nation in the world.'"

(Several weeks later, seeing Lynn at another Nixon function in Westchester, Semple felt a curiosity welling up inside himself. He wanted to know why that lead had ended up on Lynn's story. Semple sensed that he shouldn't question Lynn about the matter, but he could not resist. He had a second or third martini and then went over to Lynn and asked, "Say, Frank, did the desk rewrite that story of yours . . .?" The moment the words were out of Semple's mouth, he saw a look of shame in Lynn's eyes and knew that he shouldn't have asked.)

Later that afternoon, after the speech was over and the President had taken off in his helicopter to go to a meeting with "Jewish leaders," the press was taken back to Manhattan on a Circle Line ferryboat and then bused to the Commodore Hotel. Dan Rather went back to Manhattan on a specially chartered tugboat. For some reason, there was a chimpanzee on the deck of the tug, and he was persuaded to clap his hands at the press assembled on the deck of the ferry. Which called for repartee from the press. "Hey, Dan," they yelled, "is that your producer?"

The monkey provided the best moment of the afternoon. The bus ride through the city was depressingly quiet. There was a pall of defeat and futility over the White House press corps. Inside the White House, their broken, sheeplike behavior seemed somehow natural. But here, in the world outside, it was painful to watch. Three thousand miles away another bunch of reporters were careening about the West Coast with the McGovern campaign. They were suffering from a blinding fatigue, but at least there were signs of life on the McGovern bus; there was noisy speculation about the prospects of a candidate who made mistakes and acted in unpredictable ways. But here in New York, the White House correspondents knew that nothing unpredictable would happen. The word that appeared most frequently in their pool reports was "uneventful." They were too resigned to the tedium to fight it. During the fall, the only major acts of protest and defiance came from the shock troops —reporters from outside the White House press corps who were only covering Nixon for a little while.

That evening, the buses picked up the reporters at the Commodore Hotel and took them across town to the Americana Hotel, where Nixon was going to address a thousand-dollar-a-plate dinner. At the top of a wide stairway, uniformed guards directed the guests to a huge ballroom on the right and the press to a smaller meeting room on the left. Total Quarantine for the press.

Lyndon Johnson, in the halcyon days when he was still wooing reporters, used to invite three or four of them, and their wives, to almost every state dinner. It gave the reporters a big thrill to see their names on the official invitation list, and on the Washington *Post*'s society page the next morning. Johnson knew that this was a simple enough thing to do—letting the press in with the white folks every so often—and it earned him an enormous amount of good will. But Richard Nixon was hardly ever willing to spoil his parties by inviting the press. He didn't mind having four hundred Youths for Nixon crash the party that night. (They kept yelling "Four More Years!" on cue.) But he wanted the press out of sight.

The eighty reporters in the pressroom lined up for paper-dry turkey sandwiches and a shot at four bottles of whiskey (which were cleaned out by the first fifteen men in line). The myth dies hard that the Nixon operation was first-class all the way. But it died for me that night. The food was stale and scarce. Although the President was staying at the Waldorf, the press was billeted for the night in the Commodore, a grimy, seedy railroad hotel whose main distinction lay in having pioneered the technique of piping sexually explicit films into hotel rooms. Some of the men had been to their rooms and caught the porno classic *Vixen*, which the Commodore was featuring that week. *Vixen* was already a topic of conversation.

"Did you see the scene with the trout?"

"Isn't that something?"

"Naw, that's famous. Haven't you ever heard of the trout scene?"

"Four more years in the Commodore, that's what we need!"

THE PRESSROOM was arranged like a classroom, with three rows of baize-covered tables facing a podium and three Sony televisions at the front. Most of the reporters went about setting up their Olivettis on the tables, sipping drinks from a cash bar, and talking shop. One of the local reporters appeared at the well-guarded door with a guest from the dinner across the way—a suburban Marie Antoinette, dressed in a smart neo-Moroccan pant suit. The lady sniffed delicately at the scene, taking in the dozens of slouching, puttering figures. "They don't seem to be doing anything," she said. "Why don't they report something?"

As if to satisfy the lady, the Sony monitors began to buzz and lit up finally with the image of a tuxedoed Robert Dole, the Chairman of the Republican Party. As Dole spoke, a wave of comment gradually rippled through the room. The absurdity of the insult was sinking in. Dole was speaking from a dais not two hundred feet away, just across a marbled hall, yet the press was not allowed to see him live—except for a four-man pool. It was no big deal to see Robert Dole once again in the flesh, or even Nixon, but the restriction was so petty that it began to loom large as a taunt.

"I looked forward to a Convention full of surprises and excitement," Chairman Dole was saying, "and those of you who were there know just how exciting it was. Tonight we are fortunate to have a video tape of the most exciting moments of the Convention, and we are going to show it to you on these big screens." There were different reactions to this statement in the pressroom. There were a few reporters who probably agreed; one or two others may have concluded that Republicans simply had unusual criteria for excitement; but most of the reporters were stunned by the enormity of the lie. The room began to reverberate with jokes about the "exciting moments" being shown on the monitors—Sammy Davis hugging Nixon, Pat taking a bow, Nixon's banal acceptance speech. Ralph Harris of Reuters, a small, rumpled, grey-headed Englishman who had been stationed at the White House for many years, stared at the monitor and shouted: "Throw Nixon out of work!" John Farmer, a political writer for the Philadelphia *Bulletin,* looked at his typewriter and kept repeating, "You can't cover this guy. They won't let you." Peter Lisagor shook his head and walked off to join the other pool reporters in the ballroom. "I've got to smell this crowd," he announced. "I've got a feeling you really got to smell this crowd to know it."

These comments were mostly muted because Ron Ziegler was on the prowl, pacing up and down the aisles between the rows of tables. Not that there was any crack in Ziegler's bland smile to show he was picking up hostile vibes. No, Ziegler was like an expert floorwalker who would spot a shoplifter, walk calmly to the nearest phone, ring Security, and adjust his pocket hanky as the security thugs dragged the shoplifter away.

Ziegler was now hovering around the front of the room, where Jim Doyle was sitting. Doyle had locked horns with Ziegler at a briefing earlier in the evening. Doyle kept asking whether "the candidate" was going to have a press conference during the trip. Ziegler became furious and finally snapped: "Don't worry, we'll tell you if there's going to be any news conference, Doyle!"

"Hey, Ron!" Doyle now shouted at Ziegler. "Do *you* get to go inside?"

"Yes," said Ziegler, staunchly oblivious to the sarcasm. "I'm going in with the Youth for Nixon. I'm going in right now." And in he went.

Meanwhile, the Exciting Moments movie had ended and the action had shifted to the simultaneous fund-raiser in Chicago, linked by closed circuit, where Anne Armstrong, the Party's Vice Chairman, was introducing Spiro Agnew. "All day long," she said, "I've been trying to think of one word to describe Vice President Agnew."

"I'll bet it's shithead," said Doyle, in a loud voice. "It'll bring down the house."

Anne Armstrong listed a number of virtues she associated with the Vice President. "And he can transmit these qualities to others," she said.

"Like a leper!" said Doyle.

Just then, Gerald Warren, the deputy press secretary, appeared at the door. He was in a floorwalker's suit like Ziegler's.

"What's it like inside, Gerry?" Doyle asked him. "You been inside?"

Warren slumped his shoulders and let his tongue hang out. "Hot!" he said.

"Nice to know there *is* an inside," said Doyle.

At 10:30, Nixon entered. The reporters watched him on TV as he made his progress through the lobby, came up the stairs, stepped onto the dais, acknowledged applause, and started to speak. There was a low steady clatter in the room now. The reporters were intently taking transcript on their portables. All in a day's work. Listen for the lead and file the story. Here and there, people were quietly boiling with indignation—mostly people who were not regulars at the White House. Cassie Mackin sitting in the front row taking notes, looked grim. "Isn't this incredible?" I said to her.

"The Republicans certainly have things organized, don't they?" was all she said.

"Why do they just sit here and take it?" I asked.

"They've been worn down," she said, very low. "We need some new ones."

Nixon was making his standard speech, embellished with little winks, gestures, and turns of phrase ("Now, in very personal terms, may I tell you . . .") that implied that he understood that a very special bond existed between him and the fat-cat audience. Nixon's behavior with these people bordered on crassness and cried out to be described; it was a story in itself. But, as far as I could tell, such a story did not suggest itself to the reporters who watched him, and certainly none ever got into print.

About halfway through his speech, Nixon got to the part where he announced how happy he was that young people could vote. It was significant, Nixon congratulated himself, that "right here in this room, at this great dinner where it costs, I understand, a great deal to sit down and eat, that the young people were able to come in and at least enjoy the speeches."

That was too much for Doyle. The needle in his bullshit detector hit the red zone. He was up on his feet shouting at the tube. "How about the press!" he screamed. "How about the press!"

"You're not young, Jim," somebody said. "You gotta be young to get in." But Doyle went on yelling at the monitor, half joking and half off the handle.

"This is terrible! This is awful shit. I just want to take a look at him! Is he alive? How do I know he's alive?" People stopped typing for a moment, turned around in their chairs to look at Doyle, assured themselves that he wasn't really dangerous, and then went back to their jobs. Doyle sat down and looked around him, half expecting to see everyone else up and raging. All he saw was the White House press corps, hunched over the baize like blackjack addicts, taking down every word Nixon uttered. At the end of the trip, Doyle wrote a piece about the "surrealistic atmosphere" of Nixon's isolation, but the article failed to match the fire of his outburst.

After the dinner ended, Cassie Mackin went out into the hall to do her "standup" in front of the NBC camera crew. She got as far as the second sentence, and then she doubled over in a fit of laughter and had to stop. The guests were being allowed to leave through only one of the doors, but were trying to get out through all of them. The beautifully dressed people still in the ballroom were actually pounding on the doors, and the security guards and police were leaning against these doors from the other side.

"They're banging on the doors to get out!" Mackin kept saying between paroxysms. "I'd love to see them break the doors down!" Then she would compose herself, signal the cameraman, try to do her introduction and collapse in laughter again. It was not healthy to flaunt that kind of an attitude around the Nixon people, and one didn't have to be prescient to predict that within forty-eight hours Mackin would run afoul of the Thought Police.

The next morning, the reporters were bused to LaGuardia. They walked past Nixon's blue and silver plane, which the White House people insisted on calling "The Spirit of '76," and boarded an oversized Eastern 727, which was at once tackier and less comfortable than either of the McGovern press planes. As I came to the top of the ramp, I met Cassie Mackin again. "Welcome to the Spirit of 1984," she said.

There were four or five assistant press secretaries aboard— Tricia Nixon replicas in neat skirts and blouses. They sat in the first-class section with typewriters and a mimeograph machine, and about halfway to Oakland they began passing out the prepared text for the speech that Nixon would make at a thousand-dollar-a-plate lunch in San Francisco. They also handed out the text of the speech the President would give that night in Los Angeles. Since both speeches ran about ten legal-sized pages in length, the White House press people had helpfully prepared a page of salient excerpts from each.

I was kneeling on a seat in front of Lisagor and Bob Semple, turned around so that I could talk to them. Semple was typing away on his portable Olympia and sipping wine when the handout arrived; he immediately scanned the excerpt sheets and looked alarmed. He underlined a sentence from the Los Angeles speech that went: "Those who call for a redistribution of income and a confiscation of wealth are not speaking for the interests of people . . ." Nixon was obviously referring to George McGovern, but at no point in either speech did he actually mention McGovern's name.

"There is some pretty sleazy operating going on in this thing," said Semple. "I don't understand it. The guy obviously isn't reading us." He laughed. "I mean, I don't think McGovern is calling for confiscation of wealth, do you?"

Semple began to read the San Francisco text. He underlined a sentence which referred to certain "proposals that would put the United States in the position of having the second strongest" Navy, Air Force and Army in the world. "It would be a move toward war," the speech said. The author of these nefarious "proposals" was not identified.

"All right," said Semple, "let's say we use a lead saying President Nixon declared today that Senator George McGovern's defense policies represented—you know, this is simple, wire-service stuff—*a move toward war*. Now how long do you think it would take for McGovern . . .?" Semple laughed, apparently at the idea of McGovern launching an indignant counterattack. "I mean, that's tough business."

"Well," said Lisagor, "that's how it's gonna be handled."

"It's an interesting question," Semple went on enthusiastically. He had curly brown hair, a long, smooth, boyish face, and blue eyes that widened and lit up whenever he grew excited about something. "I think just to put that in your lead is not necessarily serving Nixon's purpose—not when you're using outrageous statements like that."

"Even outrageous remarks seem to help Nixon this year," I pointed out.

"And to be recorded flatly, it helps him more," said Semple, completely contradicting his first position.

"Yes, but I don't know why that is," I said.

"I can tell you why," said Lisagor. "It's because Nixon is one of the best students of journalistic formats of any politician we've had in a number of years. He understands the one-dimensional format of the wire service, where you can't qualify anything and where you've got to go with a hard punchy lead, and that's what this speech is designed to do."

"Well, I'm trying to work out a way around it," said Semple firmly.

"Share it with me," Lisagor said drily.

"Well," said Semple, looking at the handout again, "I may just say that he came to California and played on very familiar themes in terms that seem to admit to no debate, that show no consideration for the complexity of the issues."

Semple thought that over for a moment and then added, "Yeah, but then the desk will go like this." He made a ripping sound and tore up an imaginary piece of copy.

"Yeah, right," said Lisagor.

"Yeah," said Semple, to me. "But not because the editors are pro-Nixon. It's just the rules—and they're good rules. But I'll tell you about that later." And he went back to his wine and his typewriter, leaving me to talk to Lisagor.

"The rules of objectivity are such," said Lisagor, "that a man can make political capital out of them by being clever in the way he presents a particular issue." Joe McCarthy, said Lisagor, was the prime example of a man who had taken advantage of the rules. McCarthy made outrageous accusations, knowing full well that the wires would print his statements deadpan, with no qualifications and no counterstatements from the people he accused. McCarthy had understood what made a headline, what made a good lead. Nixon knew these things, too. He knew that the "move toward war" statement would make a good, crisp lead for the wires.

(Nixon also knew that his attack on McGovern would get good play, while McGovern's defense, coming a day or two later, would not have as much impact. Nixon himself stated this law of journalism back in the fifties, when he saw himself as a victim of attacks from the left. "A charge is usually put on the front page; the defense is buried among the deodorant ads," he said.)

"All politicians make these simplistic charges," said Lisagor.

"It becomes a problem for the press to put these charges in proper perspective. But a lot of reporters feel that they've discharged their obligation if they just report what the man said."

IN THE NEXT THREE DAYS, Bob Semple wrote three stories about the trip—one for the *Times* of September 28, another on September 29, and a final piece for the Sunday "Week in Review" section on October 1. In his first piece he wrote:

> The President discussed neither his programs nor his opponent's in detail. Instead, he employed broad strokes to paint the South Dakotan as a willing captive of the left who had isolated himself from Mr. Nixon's vision of the American temperament.

But not once did Semple write that Nixon had *wrongly* accused McGovern of wanting to confiscate wealth and weaken the country militarily. In effect, his stories said that Nixon had begun to use strong rhetoric and had thrown some tough accusations at McGovern, but then McGovern was doing the same thing to Nixon. We talked about the stories while he was writing them, and at one point Semple said: "You can say that Nixon's attack on McGovern was couched in severe language and general terms, but you can't then write—'and bore no resemblance to what McGovern has been saying.' "

SEMPLE WAS NOT INTIMIDATED by the White House; it was just that he was a model *Times*man, and therefore painfully conscious of the rules of objective journalism. He came from a large, close-knit, cultured Midwestern family. (His father, who ran the Wyandotte Chemical Company, not only served as president of the Detroit Symphony, but also sat in as second clarinetist several times a season.) Early in his teens, he was sent to Andover, where he ran the school paper. Later, he went to

Yale, became chairman of the *Daily News*, and acquired an accent somewhat similar to that of William Buckley, who had held the same position in an earlier era. After graduating he studied history at Berkeley for a year and flirted with the idea of going to law school. But he could not face the prospect of more schooling; he rejected the professions one by one until he finally settled upon journalism *faute de mieux.*

In 1961, he went to work for the fledgling *National Observer;* two years later he wrote to James Reston, asking for a job on the *New York Times.* He was hired and served a two-year apprenticeship as a deskman in the Washington Bureau. By 1965, he was lobbying heavily for a job as reporter, and Tom Wicker, who was then bureau chief, finally made him the No. 2 man at the White House. From then on, he rose quickly, for he wrote gracefully, worked fiendishly hard, and charmed everyone with his open, good-natured manner. In late 1967, Wicker assigned him to cover the long-shot candidacy of Richard Nixon.

Semple would later think that he had been a good choice for the assignment, for he was able to convince the Nixon people, who hated the *Times,* that he was looking at the candidate with "a fresh eye." In one of his first pieces, Semple wrote that the old, Red-baiting Nixon had vanished. "In his place," wrote Semple, "stands a walking monument to reason, civility, frankness." (Even in June 1973, after the Watergate scandal had broken, Semple claimed that he was not embarrassed by this early assessment. "I guess I'm victimized by the same thing as Scotty Reston," he said. "I'm perfectly prepared to believe in redemption.")

Later, after Nixon had won the nomination and launched his Presidential campaign in earnest, Semple became less enchanted with him, but found it hard to express his doubts within the narrow, hard-news form of reporting preferred by the *Times.* In the fall of 1968, a mildly worded piece he wrote pointing out Nixon's trick of declaring "moratoriums" on issues he did not wish to discuss was greeted with skepticism by the editors; they balked at running it. The *Times* was loathe to break away from the traditional, simplistic forms of election coverage, and Semple had to fight for over a week to make them accept a piece which contained so much analysis. Though he continued to write such pieces over the course of the next four years, he did so with extreme caution, for he shared the *Times* fear of mixing conjecture with straight news. Although he admitted in 1973 that the press needed some new form of journalism to deal with the obscurantism and dissimulation of the White House, he was always leary of pioneering such forms himself. "I just didn't know how good I was at it," he said.

When Semple followed Nixon into the White House, his belief in redemption continued to spring eternal. Though he realized, and wrote, that Nixon's staff was concerned mainly with re-electing the President, he still searched for higher motivations. In April 1970, for instance, he wrote a magazine piece about John Ehrlichman in which he depicted the Nixon aide as a "compassionate and easy-going" middle American who was seeking to push Nixon away from the right and toward the middle of the road on issues such as welfare and civil rights. Not all of Semple's colleagues agreed with this appraisal.

"Why are you so nice to Ehrlichman?" Marty Nolan asked him. "He's just a sleazy arrogant thug like the rest of them around here."

"I think there's such a thing as being too cynical," Semple replied.

Even in 1973 Semple did not feel compelled to apologize for the gentle treatment he had given Ehrlichman. He had been writing about the "substance of ideas, pieces of legislation" rather than about Ehrlichman's character, he said. He had avoided denigrating Ehrlichman's character in order not to affront him. "I had to keep lines open to Ehrlichman to find out what the hell Nixon was doing."

Semple prided himself on keeping the lines open. It was for this reason, he said, that he remained at the White House no matter how discouraging the assignment became. "There were many months when nobody would see me. But I felt that it would be even more difficult for somebody else to give it a try. They were more likely to return *my* phone calls, simply because they knew what I looked like."

Semple drove himself hard in the White House job, often growing so absorbed in his duties that he became woefully absent-minded. (On a later Presidential trip to California, for instance, he woke up one morning in his hotel room, packed his suitcase, placed it outside the door, and heard the baggage handler pick it up; it was only as he was about to go out for breakfast that he realized he had packed his shoes. He had to spend the day padding around in his stocking feet.) He was one of the three or four men in the White House press corps who went beyond the briefings and press conferences to cultivate sources on the staff, study the White House hierarchy, and dig out original "inside" stories. But by the time of the 1972 campaign, he was growing increasingly bored and frustrated. With the election at stake, his best sources were drying up. "When you're reduced to the status, as we were toward the end, of listening to Nixon's speeches and listening to Ronald L. Ziegler once a day, then you're reduced to guesswork," he said later. "And that is not work for a grown man."

Of course, John Osborne's work sometimes consisted largely of guesswork, and it was consistently the most informative writing on the White House. But Semple was playing by the rules of *The New York Times,* and they did not allow for guesswork. Nor did he push Ziegler especially hard for more information. That wasn't Semple's style. Semple did not want to demean the dignity of the *Times* by getting into any open fights with the Administration. Ziegler usually treated him cordially, and Semple did not seem to know, or want to know, about the ways in which Ziegler abused reporters from lesser papers. Semple resigned himself to writing pieces which did little more than report what Nixon said, and much of his reporting in the fall of 1972 lacked guts. At the end of the year, he left the White House and became a deputy national editor in New York. Many of his colleagues guessed that he was being groomed to be chief of the

Washington Bureau in four or five years time.

Yet people who knew Semple sometimes felt that for all of his complaisance and willingness to play by the rules, he anguished over his failure to confront the Nixon people in the White House. Among his closest friends were some of the toughest Washington journalists—Tom Wicker, Peter Lisagor, and John Osborne—and he often talked to them about the problems of covering the Administration. Semple went out of his way to do things which seemed almost to be acts of contrition. For instance, he pulled the few strings he had in the White House to try to get credentials for Hunter Thompson of *Rolling Stone.* Semple knew Thompson slightly from the days when they both worked on the *National Observer,* and he liked Thompson's wildly satirical writing. He seemed to enjoy using his influence to put Thompson on the same plane with Ron Ziegler.

WHEN THE PRESS PLANE LANDED IN OAKLAND, the weather was gloomy and overcast. The White House operatives and the Secret Service immediately herded the whole pack of journalists into a tiny area which had been formed by stretching yellow plastic ropes around red, white and blue oil drums. The band was playing "Yankee Doodle Dandy" and the crowd, drummed up by the Nixon advance team, was pressing against the airport fence. I looked around and suddenly spotted Hunter Thompson heading for the press enclosure in his springy lope, looking only moderately bizarre in his blue pants, white jacket, red-and-white shirt, and light blue aviator's sunglasses. I introduced him to a Secret Service man, who got him his credentials. Meanwhile, Air Force One had landed and taxied to within fifty yards of the press. The door swung open and Nixon stepped out on the ramp, grimacing and waving. "Go get 'em Dick," Thompson yelled. "Throw the Bomb!" The whine of the plane's engines drowned him out, but he got a few funny looks from immediate neighbors. "Fifty years more!" he yelled. "Thousand-year Reich!"

Then Nixon headed for his panzer-limousine and the press headed for the buses, with the women in curlers screaming "Dan, Dan!" at Dan Rather, who acknowledged the screams with a curt nod and little shooting motion of the index finger, reminiscent of Elvis Presley. They carted all the reporters to a newly finished terminus of San Francisco's BART system, where Nixon was sighted for a moment, on the other side of a glass partition, shaking hands with six subway functionaries. Then to a San Francisco Hotel to eat a buffet lunch in the pressroom and hear Nixon's speech piped in over loudspeakers. Most of the men filed, it being early afternoon, typing furiously and then holding up a page and shouting "Western!" for the plane's resident Western Union man to pick it up.

Next the reporters flew to Los Angeles, where they saw the President emerge from the plane again. The press was bused to the Century Plaza Hotel, where the Nixon people had set up a press headquarters in a little pseudo-Spanish meeting room that had a tiled fountain in its center. Standing outside the press-room in the late afternoon, Hunter Thompson told Bob Semple how appalling it was to observe the White House press, even for a few hours. "They're like slugs on a snail farm," he said, taking a nervous puff on his cigarette holder. "Jesus, Ziegler treats them like garbagemen and they just take it."

Semple was beginning to reply when Ziegler himself rounded a corner and Thompson went over to ask him a question. McGovern had stupidly charged that Nixon was soon going to introduce a right-to-work law and put an end to collective bargaining—which even McGovern must have known was ridiculous. Thompson asked Ziegler, talking very fast, "Uh, will there be any comment from you people on McGovern's charge that Nixon is backing a right-to-work law?"

Ziegler didn't even stop to look at him. "No!" he said, but it was more of a popgun explosion than a word. Thompson was stunned by this display of rudeness.

"Does he ever talk like that to you?" he asked Semple.

"Yes," said Semple, and mumbled something about how the

job was making him crazy. "Excuse me," he said, "I have to get a martini."

That night, there was a large antiwar demonstration outside the Century Plaza. Many of the reporters watched the milling, chanting throng from the hotel balconies, which gave the demonstration a gladiatorial air. A few reporters, Jim Doyle among them, went out to have a closer look at the demonstration. As he stood outside the hotel, watching the protesters wave signs and beat wooden sticks against an iron railing, he said, "I used to think this was power. But these people have no power."

By 9:30, most of the reporters had returned to the press headquarters in the Granada Room to watch another thousand-dollar-a-plate dinner on the same Sony monitors which had been set up in New York the night before. The dinner was taking place just upstairs. This time the featured guest was Bob Hope, in his pathetic court-jester-to-the-GOP incarnation.

"McGovern's running out of money," piped Hope. "Yesterday, he mugged an Avon lady!" You could divide the pressroom into two types—those who laughed and those who didn't. Cassie Mackin sat there stonefaced, taking notes and furiously chain-smoking small cigars. David Broder looked somber and angry. Germond slumped in his chair, half-asleep, his head in one hand. Bob Pierpoint patted a dour John Osborne on the shoulder, rolled his eyes, and said, "You inspired?"

"McGovern had a hundred-dollar-a-plate dinner the other night," said Hope, "and they stole the plates." Over in another corner of the Granada Room a bunch of reporters were jiggling with laughter over Hope's routine. Bill Theis, a white-haired mesomorph from the Hearst papers found it very funny, as did some other men from Midwestern papers. But no one found it as killingly funny as George Embrey of the Columbus *Dispatch*.

George Embrey loved the President. Nixon had a habit, whenever he got into his helicopter at the airport, of going to the window for a moment and waving at the crowd. George Embrey was the only member of the press who would always wave back. "Goodbye," he would cry softly as the helicopter started to take Nixon away, "Goodbye!" Embrey was a blank-faced, clean-cut man who wore white shirts, striped ties, neat suits, well-shined shoes; he spent a great deal of time at the National Press Club bar, soliciting votes to become the club's secretary. He liked pool assignments, and once blew up at Zieg-ler for not letting him follow Nixon out the kitchen exit of a hotel. "My job is to stay with him *at all times!*" said Embrey. What he really wanted, many of his colleagues thought, was to become a Secret Service man.

He liked to hang out with other ultraconservative reporters, like the man from the Dallas *Morning News*. Sitting together on the bus, they chatted happily about how much they loathed George McGovern. On one trip Embrey expressed shock that McGovern had used the phrase "Kiss my ass." Embrey said that he had washed his son's mouth out with soap for using that kind of language—someone ought to do the same for George McGovern.

Embrey adored Nixon, but he was not considered the fore-most shill in the White House. That distinction was generally conceded to Frank van der Linden of the Nashville *Banner*. Van der Linden was a short, redheaded man with the thin lips and rimless glasses of a mean little principal of a very backward high school. The Administration fed Van der Linden an "exclu-sive interview" whenever it sensed that the right wing was about to blow. In December 1971, when some of the White House aides were beginning to worry that John Ashbrook's insurgent candidacy might steal the right from Nixon, a White House aide named Harry Dent summoned Van der Linden. Harry Dent, a former factotum to Strom Thurmond, did little chores for President Nixon like rescuing Southern textile firms which were about to lose defense contracts just because they refused to hire Negroes. Frank van der Linden had written a book based on the premise that Nixon was a great leader be-cause he was a super-hawk. "In private, he is tougher than Spiro Agnew," Van der Linden said approvingly in his book. One of

Harry Dent's jobs was to keep Van der Linden happy by reinforcing the impression that Nixon would nuke anybody in the world for the sake of peace. So on December 24, 1971, Van der Linden wrote this in the *Banner:*

> Washington—President Nixon is moving to quell a revolt in the right wing of the Republican party by urging the mutineers to have faith in his devotion to his aim of "keeping America No. 1."
>
> "That's what I hear him say more than anything else—'I'm not going to let the United States ever be less than No. 1,'" said Harry Dent, his chief political technician in the White House.

And so on. Frank van der Linden also liked the Vice President, even though Agnew wasn't as tough as Nixon. When Agnew went on his trip to Greece, Van der Linden led the pack of shills and conservative columnists who accompanied him. In one of his first dispatches, Van der Linden described Agnew as a "consummate diplomat," which set the general tone of the reporting. Walter Mears was also along on the trip, and he felt the odd man out. One day on the plane, Agnew announced that the U.S. would keep sending aid to Greece, no matter what Congress wanted to do. After the party landed, Mears went to his hotel room and filed the story. Later he found out that Van der Linden and the rest of the reporters had agreed to "embargo" the story until the Agnew people put out a full text of Agnew's remarks. They always insisted on handouts, because they didn't like to have to take notes; the Agnew people always obliged.

When Mears came down to breakfast at the little hotel in Crete the following morning, he found he had unwittingly broken an embargo. "Van der Linden starts leaping all over me and screaming, waving his arms and raising hell," Mears later recalled. Van der Linden and his cronies got so ugly that Mears finally called New York and told the AP to hold the story for a day. But even then, Van der Linden wouldn't lay off him. He kept bitching and whining at regular intervals throughout the day about how Mears had tried to betray the group. Finally, at Knossos, standing right in front of the Labyrinth, Van der Linden started in again. Mears decided to shove him into the Labyrinth. But just as Mears was about to deliver the blow, Spiro Agnew appeared around a corner, surrounded by Secret Service men, waving, smiling, and yelling hello. Thus was Frank van der Linden saved from meeting the Minotaur.

THE NEXT MORNING IN LOS ANGELES, Nixon made a final speech to a group of cancer scientists amidst the tacky splendors of the Biltmore Hotel. Then most of the reporters flew home to Washington with Nixon, but Cassie Mackin stayed behind. She was completing her two-week tour of duty with the Nixon campaign and was therefore expected to do an overview piece. She had been thinking about it for several days, and she knew precisely what she wanted to say. She shot her "standups" at the Biltmore immediately after Nixon's speech and went to the local NBC affiliate station to edit the piece and feed it to New York. At the time the piece went on the air, she was boarding a plane to fly back to Washington, so she did not find out until late the next morning that she had just filed the most controversial piece of the year. Cassie Mackin was the first, if not the only, member of the press to point out that the emperor had no clothes.

She opened her report by observing that "the Nixon campaign is, for the most part, a series of speeches before closed audiences, invited guests only." Then she moved into the heart of the matter. She said: "On defense spending and welfare reform, the two most controversial issues in this campaign . . . the two issues that are almost haunting George McGovern, there is a serious question of whether President Nixon is setting up straw men by leaving the very strong impression that McGovern is making certain proposals which in fact he is not."

She showed a film clip of Nixon saying: "There are some who

believe that we should make cuts in our defense budget . . . that it doesn't really make any difference whether the United States has the second strongest Navy, the second strongest Army, the second strongest Air Force in the world."

Then Mackin said: "The President obviously meant McGovern's proposed defense budget, but his criticism never specified how the McGovern plan would weaken the country. On welfare, the President accuses McGovern of wanting to give those on welfare more than those who work, which is not true. On tax reform, the President says McGovern is calling for 'confiscation of wealth,' which is not true."

Mackin concluded: "When all is said and done, it's like Mr. Nixon says, he is the President and it is the power of the Presidency that makes it possible to stay above the campaign and answer only the questions of his choice."

Before the Nightly News was off the air, Herb Klein was on the phone to NBC, demanding corrections. The next morning, Reuven Frank, the president of NBC News, looked at Mackin's script and could not find anything to correct. Nevertheless, as Mackin was about to leave her home for the White House, which was her assignment for the day, she got a phone call from NBC telling her to come to the office instead. That was the first she heard about the White House protests, and she had to spend the day compiling background material from Nixon and McGovern speeches to substantiate her report. She sent the material to New York and heard nothing more about the matter. Rumors circulated in Washington all week to the effect that NBC was getting ready to fire her, but the rumors were apparently generated by alarmists in the McGovern office.

The extraordinary thing about her piece was that it was virtually unique. Nobody else who reported on the trip said in simple declarative sentences that Nixon had made demonstrably false accusations about three of McGovern's programs. Bob Semple said that you couldn't do it—it was against the rules. But Mackin did it, without even thinking about the consequences. Even months later, she did not like to talk about the piece, because she felt that it put her in the position of defending an action that was natural and obvious, an action that required no defense.

The reason that the piece packed such a wallop was that it was so simple and direct. There were no lengthy film clips to *prove* that McGovern didn't believe in confiscation of wealth. There were no complicated references to "observers" or "experts" who would vouch for McGovern. Mackin was confident of her own honesty and intelligence, and she simply expected people to believe her when she said that Nixon was wrong. This was a revolutionary belief; hers was one of the few reports on the White House during the fall that did not automatically assume a need for dozens of built-in defenses against an anticipated assault from the Administration. Perhaps it was no coincidence that it was a woman who went for Nixon's jugular. Mackin was an outsider. She had neither the opportunity nor the desire to travel with the all-male pack; therefore, she was not infected with the pack's chronic defensiveness and defeatism. Like Helen Thomas and Sarah McClendon, she could still call a spade a spade.

OTHER PEOPLE ON THE TRIP wrote tough pieces about the absurd isolation of the President and the lack of access to even his most junior advisers. David Broder wrote the toughest. In fact, it was clear that Broder had seen things in San Francisco and Los Angeles that touched off his obsession with the fragility of institutions. Broder took one look around and sensed that Nixon was trying to kill off that most sacred of institutions, the Presidential election. He wrote:

> In every way possible, the Nixon entourage seems to be systematically stifling the kind of dialogue that has in the past been thought to be the heart of the Presidential campaign. That is the source of McGovern's unhappiness, but it's a problem the press must address—directly, even at the risk of being thought partisan.

An election is supposed to be the time a politician—even a President—submits himself to the jury of the American voters. As a lawyer, Richard Nixon knows that if he were as highhanded with a jury as he's being in this campaign, he'd risk being cited for contempt of court.

The press of the country ought to be calling Mr. Nixon on this—not for George McGovern's sake, but for the sake of its own tattered reputation and for the public which it presumes to serve.

The editors of the country and the television news chiefs ought to tell Mr. Nixon in plain terms, that before they spend another nickel to send their reporters and camera crews around the country with him, they want a system set up in which journalists can be journalists again, and a President campaigns as a candidate, not a touring emperor.

With that, Broder retired from the campaign trail for the rest of the year. "You shouldn't write that kind of a piece and then come back as an 'objective reporter' immediately thereafter," he said. So he left the day-to-day work to his chastened White House colleagues, who actually seemed to like the piece—since they were always momentarily braced by any show of balls— and he went off with Haynes Johnson to take the pulse of the electorate.

I WENT ON ONLY ONE MORE "TRIP OF THE PRESIDENT" (as it said on the hexagonal press tag that hung around my neck). This was in late October, an excursion to Westchester and Nassau counties, fat suburbs to the north and east, respectively, of New York City. Nixon was going to motorcade through Westchester County and then fly to Nassau for a big rally. Since it was only a day trip, it afforded small papers a chance to see the campaign on the cheap. Enough reporters came to fill seven press buses. In honor of the motorcade, the Nixon people revived the custom of piping in a running pool report over the PA system of the buses—a technique which they had pioneered during the 1968 campaign.

"It was a big leap forward in press bus technology," recalled Stuart Loory. "You no longer had to rely on the pool-after-the-fact. You had the pooler up there broadcasting, so you could sit back there in the press bus and know what was happening a mile ahead. This guy became known as the Z-pooler, Z for Ziegler, because he rode in Ziegler's car."

In more innocent times, they used to let anybody be Z-pooler. Loory once had the job when Nixon went to Manila. "Having seen a lot of manufactured demonstrations, by what we used to call Rent-a-Crowd in Moscow," said Loory, "I noticed that the Manila demonstration had all the signs of being manufactured, as if John Ehrlichman had been there with the balloons before-hand. And I reported it that way over the microphone. My colleagues loved it." Ziegler had been sitting next to Loory in the car, connected by earphone to almost every other aide on the White House staff. "Ziegler was on a different channel, and he was getting feedbacks on what I was saying, or else he was getting heat from Haldeman, I don't know. They were embarrassed. They wanted to cut me off but they couldn't. So they started pointing out positive things for me to report. I would attribute that stuff to Ziegler. I was having fun. I was really enjoying it. That was the last time they let me have that job."

After the Loory fiasco, the White House began to refine the technique of Z-pooling, and by October 1972, they had found the ideal Z-pooler—Forrest Boyd of Mutual Broadcasting. Boyd was such a congenial type that you could hardly tell he was a reporter. In fact, Boyd was one of the very few journalists whom Nixon sometimes invited to a state dinner. Boyd was up there with Ziegler on this cold, gusty October afternoon. First came a limousine containing Nelson and Happy Rockefeller, then came the 500,000-dollar tank carrying Pat and Dick Nixon, then a Secret Service car, then a pool car, then five open pickup trucks containing rheumy-eyed, shivering, mutinous network camera crews, then the seven press buses full of reporters guzzling soda and beer and listening to the squawk of the PA system. Though Forrest Boyd identified himself quite shamelessly at the outset of the running commentary, almost everyone on the buses assumed that he was a White House flack. Even Bruce Biossat, a syndicated columnist for the Newspaper Enterprise Association who later wrote an amusing column about the commentary, labored under this false impression.

At the outset, Boyd established himself as a master of euphemism. "The President is waving to people along the street . . ." he said. "A few are holding signs giving a message."

A "sign giving a message" meant a pro-McGovern sign. There were an astounding number of them that day, considering that Westchester was supposed to be solid Nixon country. The messages included: "Re-elect the Dike Bomber," and "Robots for Nixon, People for McGovern." In fact, the anti-Nixon turnout was so striking that Rowley Evans, sitting in one of the buses, became visibly alarmed. The hundreds of McGovern signs did not quite jibe with the Nixon landslide that he and Novak were confidently predicting.

"Rowley was really sweating," one reporter later said to another. "I mean, he just *shat.*"

"That's funny," said the other reporter, "Rowley usually goes back to his room to get nervous."

"Yeah," said the first reporter, "it's hard to get him nervous in public."

FORREST BOYD MANAGED TO IGNORE all the anti-Nixon signs and plowed on in his Kurt Gowdy voice.

"There's a lot of noise here," he said in Mamaroneck. "Some favorable, some unfavorable, but of course the favorable are outshouting the others by a considerable margin . . . The President has signed a football apparently belonging to the Mamaroneck Midgets. The President is going back to the limousine, I'm going to see if I can get back there too! . . . This crowd is really terrific! It's almost impossible to get through here!

"We're an hour and fifteen minutes behind schedule. The most we've ever been behind before was forty-five minutes, *so this may be an historic first.* We're trying to make up time, but it's impossible. The crowds have just been too big, bigger than expected. Ron Ziegler is very apologetic."

The reporters on the bus found this all very funny, but they listened carefully for the crowd count.

"We have an estimate here from Captain Keefe of the New York State Police, who will be keeping us posted. Up to the last town the estimate is that 312,000 people have seen the President today. Hold it. We just got a new figure on Larchmont. The chief there says it was 80,000 not 50,000. Make the cumulative total 342,000."

Len Garment and Bill Safire, two White House aides who were on one of the buses, kept promoting Captain Keefe every time the estimate went up. *"Captain* Keefe!" Safire would say. "I'd say that makes him *Lieutenant Governor* Keefe!" Later that day Ziegler told Semple, "Listen, that's an honest estimate. This Captain Keefe makes an honest estimate." There was a pause while the implication sank in. "Of course," Ziegler added, "all our estimates are honest."

Just a few weeks before, Ziegler had assured the press that at least 700,000 people had come out to see Nixon in Atlanta. Maybe more. Many reporters printed the figure, or something approaching it. Only Jim Perry of the *National Observer* bothered to check it out. He phoned the Atlanta Public Works Department and found out that each city block was about 400 feet long. He generously estimated that 400 people a block, 5 rows deep, both sides of the street, for 15 blocks, had seen Richard Nixon. That made 60,000 people. Then he threw in another 15,000 people to cover the side streets between the blocks. "So," he wrote, "in an act of charity I'm willing to say that 75,000 people turned out to welcome Richard Nixon to Atlanta."

Yet the other reporters on the bus, especially the wire-service men, still took the White House estimates seriously. The word going around the buses that afternoon was that you could trust Captain Keefe; he was an honest estimator. The pack was yapping at full cry.

The motorcade ended in Tarrytown, where the press had dinner at the Hilton Inn. George Embrey was glowing with enthusiasm. "What impressed me," Embrey told a crony from a Buffalo paper over the roast beef, "was that he got his best reception in that *working-class* section of New Rochelle. I'll tell you one thing," he went on, looking straight into his friend's eyes. "There was no busing-in today. Absolutely nobody was bused in."

After supper, the press flew in Air Force helicopters to Uniondale, Long Island. The choppers were dark and noisy and it was impossible to work inside them, so the reporters simply sat there, with their backs to the walls, and tried to turn around to look out the portholes. They disembarked in a vast parking lot outside a gigantic white whale of an auditorium called the Nassau Coliseum. Thus far, it had been a normal Nixon trip—meaningless, boring, predictable, slightly grotesque, and hardly worth the $87.50 transportation charge. Suddenly, inside the Coliseum, it turned ugly.

No sooner had the President arrived on the platform in the middle of the Coliseum floor and started to speak, than a small group in the third balcony began to jeer. The rally had been tightly screened; admission was by ticket only and the local GOP organizations had handed out the tickets. Somehow, a few dozen hecklers had got tickets, and now they were way up in the gallery behind Nixon, small figures in the blue fluorescent haze, shouting: "Stop the war!"

They had only been chanting for about a minute when a coalition of cops, men in trench coats, and ordinary spectators began beating them up. They clobbered the hecklers with a merciless series of roundhouse rights, then stomped and kicked the ones who fell down, and finally dragged them off. At the sight of the protesters getting their bones broken, the crowd of 16,000 gave off a sustained, sickening Nuremberg roar.

Nixon turned around, looked up, and turned back with a broad grin on his face. Maybe, as some reporters speculated later, it was a grin of nervousness, but it was Nixon's only immediate comment on the brutality. Later in his speech, Nixon had only praise for the cops in the auditorium. "I have seen tonight the blue uniforms of the police," he said. "Give them the backing and respect they deserve." He also declared that his Administration had ended "the age of permissiveness."

Other hecklers continued to jeer at Nixon from the floor. Some were ejected by guards, to great cheers from the crowd. Others were shoved and punched by Nixon sympathizers directly in front of the podium where Nixon was speaking.

The brutality at the rally was the only strikingly newsworthy story of the day. It was a natural lead. Yet many of the reporters shrugged it off. It was as if the barrage of propaganda to which they had been subjected all day had numbed their ability to register horror. Only a couple of reporters, so far as I know, led with the incidents at the Nassau rally. Many newspapers failed even to mention it the next day.

If you were up at 7:05 in the morning the next day, you saw it on the CBS morning news; and you saw it on NBC if you happened to be watching at 8:15. It didn't make the evening news on any of the networks. If you read the city edition or the late city edition of *The New York Times*, you saw no mention of it. It finally appeared deep in the story in the very last edition, which few people see. Bob Semple said he had phoned in an insert to Frank Lynn's story about the day. He had dictated it to a tape recorder at the *Times*, but nobody checked the tape until much later that night.

If you read the Washington *Post*, you saw no reference to the incident. Carroll Kilpatrick, the *Post*'s veteran White House man,* didn't want to talk about it when I first asked him. Later

---

* At the beginning of Nixon's first term, the *Post* assigned three reporters to the White House. Two of them, Don Oberdorfer and Ken Clawson, were "inside men." They were assigned to get to know the White House staff and write investigative stories about the Administration. Kilpatrick, meanwhile, was the "outside man," the reporter who

he relented. "I phoned in an insert from the Coliseum," he said, "but it must have gotten lost on the way downstairs to the printer. Things like that happen every day. Listen, I hate to think how often things like that happen."

A young reporter for a large metropolitan daily was so appalled by what he had witnessed that he phoned in a passionately indignant story suggesting similarities between the Administration and the Third Reich. His paper killed it. The story was too one-sided, said the editor. It made Nixon sound too much like Hitler. The Jewish readers would get upset.

The only reporter who managed to lead with the incident and also managed to get it in his paper intact was Curtis Wilkie. His P.M. story in the Wilmington *Evening Journal* began:

> A handful of hecklers who managed to infiltrate a Republican rally, coupled with strongarm tactics by police and GOP vigilantes, turned President Nixon's personal appearance in suburban New York from a gala event into a battleground last night.
> Despite carefully laid plans by the White House, the Long Island campaign swing by the President was climaxed by an evening reminiscent of disruptions that once followed Gov. George Wallace.

Having spent most of his life in the Mississippi Delta, Wilkie knew a Wallace rally when he saw one.

Just after the rally ended, Don Fulsom of UPI radio sat down at the press table in the cinder-block lobby of the Coliseum and batted out his lead. "Though admission was by ticket only," it read in part, "a number of anti-Nixon demonstrators had infiltrated the audience, touching off several disruptions and even a few fist fights."

---

covered the briefings and served as the *Post's* ambassador to the White House. He was, in effect, a tougher version of Jack Horner. When Clawson defected to the Administration and Oberdorfer went to the Tokyo Bureau in early 1972, Kilpatrick was left to cover the beat alone. As a result, the *Post's* coverage was accurate and voluminous, but at the same time superficial.

Suddenly Fulsom heard a familiar voice over his right shoulder. "You've got an obsession with this 'admission-by-ticket-only' business don't you?" said Ron Ziegler. Then Ziegler read the rest of the copy, patted Fulsom on the back, and walked away.

A lot of people were aware that Big Brother was watching that night. Nobody wanted to get that ominous pat on the back.

CHAPTER XII

Agnew's Campaign

IF THE NIXON PEOPLE'S WILLINGNESS to have me along on Presidential trips remained a mystery, it came as no surprise when the Agnew people banned me from the Vice President's plane. They went about this in a typically spiteful way: they lied to me for five weeks before declaring me anathema. A secretary from Random House, a courteous lady with a redoubtable telephone voice, phoned the Vice President's office twice a week. Each time she was told that the plane was full. Mr. Crouse was fourteenth on the waiting list and there might be some room next week. Keep trying. Once she even got through to Agnew's press secretary, Victor Gold; he gave her the same excuse.

After this charade had gone on for five weeks, I asked

Bob Semple to intercede. Semple contacted Jim Wooten, who was covering Agnew for the *Times*. Wooten examined the plane's records and discovered that the plane had never been filled to capacity. Then Wooten confronted Victor Gold and asked him why I was being kept off the plane.

"I don't want the press to be inhibited," Gold shouted, for he always spoke as if he were giving orders in a hurricane. "I want the press to cover the campaign! I don't want the press to worry about being covered while they cover the campaign!"

Here was the number one running dog of the World Champion Press Baiter, claiming that he wished to protect the press. Whether or not Vic Gold was blind to this glaring irony, the incredible fact remained that he was probably totally sincere in his solicitude for the reporters. No one doubted that he would throw himself on a live hand-grenade to protect his boss. Many suspected that he might sacrifice one or two fingers for the sake of his charges, the press.

If Victor Gold had been a character in a Broadway play, he would have been played by Martin Gabel. He was a short man on a short fuse, with a high forehead, a drill instructor's bearing, and eyes sufficiently full of fire to suggest that smoke would momentarily shoot out his nostrils. He was the most unshakable kind of fanatic—a convert. In his University of Alabama law school days, he had roomed with the man who went on to head the Washington office of the ACLU. He had been a liberal Democrat in the Deep South, but the racism of the Folsoms and Wallaces gradually drove him away from the Democratic party into the arms of the Republicans. By 1964, he was working as assistant press secretary to Barry Goldwater.

At the end of the 1972 campaign, the reporters on the Agnew press plane gave Gold a strait jacket as a going-away present. That was because Gold tended to fly into quasi-psychotic rages at the slightest provocation. Every reporter who traveled with Agnew had at least a dozen Vic Gold stories. Vic screaming horrible threats at cars in the path of the press bus. Vic terrorizing press-bus drivers who fell behind the motorcade. Vic becoming so deranged he distractedly pounded the assistant press secretary over the head with a rolled-up newspaper. Vic in Provo, Utah, sitting in the pool car, furious at the bus drivers behind him:

"Those goddam motherfucking cocksuckers! Those shitheads! Christ, why can't those fuckers learn to stay in line!" said Gold. Then he glanced at the apple-cheeked Republican volunteer who was sitting at the wheel of the car.

"Say, are you a Mormon?" Gold asked him.

"Yes, I am," the young man said softly.

Gold looked guilt-stricken. "Oh, I'm sorry," he said. "That's the way we Christians talk."

Gold also liked to wallow in paranoia. On the last day of the campaign, the McGovern and Agnew planes landed simultaneously in the same corner of the Philadelphia airport. While McGovern sped off to a street rally, Agnew went into town to address the Fraternal Order of Police. After the speech, Wooten rode back out to the airport in a convertible with Gold. A suave, good-looking man in his middle thirties and a bit of a bon vivant, Wooten thoroughly enjoyed the ride; it was a beautiful fall day, warm enough to drive with the top down. But Gold, as usual, looked as if he had just drunk hemlock.

"What's the matter, Vic?" asked Wooten.

"It's those McGovern people," said Gold. "You never can tell about those people. There must be some reason why they came in at the same time we did. They're gonna start something at the airport. They're gonna make some kind of trouble, I just know it."

"Oh, come on, Vic," said Wooten. "They're no more anxious to start anything than you are. That's just ridiculous."

"That's easy for you to say," said Gold. "You're not the press secretary. But I am, and I'm a good one and that's why I worry about these things."

Wooten just laughed at Gold, as countless other reporters laughed at him whenever he ranted, cursed, shook his fist, or worked himself up into a right-wing heaven of paranoia. But they also respected Gold for being a stickler for perfection. He made sure that everyone had a room, that everyone knew where the phones were, that the baggage never got lost, and that the Western Union man was never more than a few feet away.

"Vic is a guy who's got all the moves about protecting his candidate Ziegler has, except he's got a little shame, which comes from having some respect for the guy he works for and from wanting to get some respect from the press guys," said Jules Witcover. "And I think that makes him better than Ziegler, who has a basic contempt for us. Vic cares about what people think of him, so he'll go that extra mile."

Gold was the architect of the major innovation in Agnew's 1972 campaigning—the "all-media conference." When Agnew began stumping in the middle of September, his primary mission was to explode the notion that the Administration was inaccessible and isolated. So for the first week of campaigning, Agnew gave the press tons of access. "You want access?" the Agnew people seemed to be saying. "We'll give you so much access you'll wish you never asked." They held three or four press conferences in the first two days on the road. Except they weren't press conferences. The reporters looked at their schedules on the first day and found something called an "all-media conference." They went to Gold and asked him to define the difference between a press conference and an all-media conference. After a long go-round, the difference finally emerged. At a press conference, the Vice President stood. At an all-media conference, *the Vice President sat down.* That was a big joke on the plane for the first week. But the all-media conference was actually a clever device, invented by a connoisseur of TV logistics.

At an all-media conference, Agnew did indeed sit down, with a water pitcher on a little table at his side and a light blue backdrop behind him. The addition of these few props meant that local TV newsmen could shoot the press conference as if it were an exclusive interview in their own studios. Even though a hundred reporters might be present, the TV men could zoom in on the enthroned Veep and capture a feeling of intimacy. That way, Agnew didn't have to chase around to three or four local TV stations in every city. The all-media format made the TV men happy. No matter that they didn't have an exclusive interview; they got what *appeared* to be an exclusive interview.

"It was just a little thing," said Jules Witcover, "but it underlined how much the Agnew people thought about these things. They realized that by accommodating the press, they could have the press do things their way. They saw that one of our big weaknesses is our desire for convenience."

Convenience was the order of the week. Agnew gave the press that treasured gift, the easy hook. In his meetings with reporters he was sufficiently cool and low-key that they could go off and happily file portraits on the New Agnew. It was an obvious, inevitable and comfortable story, and nearly everybody on board was pleased to write it. Of course, there were a few brief flashes of the old Agnew, such as when the Veep opined that someone had "set up" the Watergate break-in to embarrass the GOP, or when he mistakenly announced that the FBI had undertaken to investigate the grain deal. The *Times'* Ned Kenworthy, back in Washington, found out that Agnew had asked Caspar Weinberger what to say if reporters questioned him about the grain affair and Weinberger had said, jokingly, "Tell 'em that the FBI is investigating." So Agnew had gone out and told them just that. When the story broke, however, Agnew simply issued a brief and dignified denial.

Vic Gold punished the *Times,* but quietly, by making the Veep available for exclusive interviews with *Newsweek* and the Washington *Post.* Jim Wooten, who had requested an interview in August, reminded Vic from time to time and Vic nervously assured him, "We're working on it, Jim, we're working on it." But somehow, Agnew never did find a moment for the *Times.*

A year or two before, Vic might have summoned Wooten and squalled at him for ten minutes, impugning Wooten's patriotism. But the new style was all cordiality. There was a groggy truce between Agnew and the reporters. Agnew seemed actually to enjoy sauntering back to the pool section of his plane and getting to know the reporters. One day during the first week, Gold announced on the press plane that the Vice President was going to give a party for the reporters that night. Then he ran around collaring everyone individually, warning them that the conversation at the party was off the record. That night, the party was held in the Mark Twain Room of the Louisville Ramada Inn, a small function room with two well-stocked bars. Agnew arrived early, was handed a Scotch and soda, and stood alone for a while. An awkward silence ensued.

Bob Greene, a 25-year-old columnist for the Chicago *Sun-Times*, describes what happened next in his book *Running:*

> Finally Victor Gold started nudging people in the direction of Agnew, and introductions were made and hands were shaken. The staff people stood next to the walls, not knowing exactly what their function was. . . .
>
> Here were all these famous reporters, the same ones who sit in press buses and bars and call Agnew everything from neanderthal to buffoon, and what did they say now that they had him to themselves?
>
> "What do you think the Redskins' chances are this year, Mr. Vice-President?"
>
> "Do you have tickets to the Colts games this year, Mr. Vice-President?"
>
> "Did you get to see any of the Olympics on television, Mr. Vice-President?"
>
> What happened was the same thing that happens when any American males get together and feel vaguely unfamiliar and uncomfortable with one another and need something to fill the air. They turned to sports, a virile, healthy middle ground where no one can get into any trouble.
>
> "When I came out for that press conference in St. Louis, I had a good line that I was going to use, but I forgot," Agnew said. "I was going to say 'Gentlemen, there is one subject I would like to declare out of bounds for the press conference. I will not discuss the subject of Colts-Cardinals football.' But I forgot to say it."
>
> The people at the party laughed and laughed. This was just how the gawkers at some GOP $100-a-plate private reception

must act when they get close to the Vice-President.

To some reporters who were there, the party seemed a curious kind of release. Most of the men on the plane had spent weeks or even years disliking and distrusting Agnew, and the energy lost in hating him had depleted them. Now, the momentary lifting of antagonism came as a relief. But not for everyone. Wooten spent most of the time drinking by himself in a corner of the room. He could not put his finger on what troubled him, but he was vaguely uneasy at the sight of his colleagues making cocktail party talk with Agnew. It was just somehow unseemly, and Wooten did not wish to take part in it. About two thirds of the way through the party, Vic came up to Wooten, took him by the arm, and said, "Come on, I want you to meet the Vice President."

Wooten gently disengaged his arm and said, "No, Victor, I don't want to meet him." Gold was taken aback. "I'll meet him sometime," said Wooten, "but not at a party. I just don't want to."

"The Vice President's very interested in you," said Gold.

"Bullshit, Victor," said Wooten. "He doesn't even know me. I haven't written more than two or three stories about him."

"Oh, but he knows you," said Vic. "He's *interested* in you."

"Victor," Wooten said firmly, "I am here to *cover* the Vice President, not to be his buddy."

Gold was crestfallen. He walked off, his shoulders sagging. The next day he told Agnew about the conversation, and when a pool reporter asked the Vice President how he thought the press was doing this year, Agnew replied that he thought the press was doing fine, that he enjoyed getting to know the reporters better, but that he understood that there was one who had no desire to meet him for fear of injuring his objectivity. And, said Agnew, perhaps the reporter was right.

Wooten was merely saluting the reality that no reporter was truly going to get to know Agnew. Why play the game? In spite of all the press conferences, press parties (three in all), and interviews, no one was going to lay a glove on the Veep. On the first day of campaigning, a bunch of veteran reporters surrounded Agnew whenever he came down the ramp of the plane. They threw questions at him and tried to eavesdrop on the conversations he had with dignitaries who had come to meet him. Such was the procedure followed with George McGovern. But Gold was appalled. He couldn't believe his eyes. By the third stop, the reporters found themselves being ushered into a little corral on the airfield when Agnew landed. At a rally, the Secret Service told them that they would not be allowed to cross a certain crack in the sidewalk. At later rallies, the Secret Service laid down red masking tape as the line of demarcation. When the reporters—notably Jules Witcover—complained, Gold grew indignant. Didn't they understand? This was the Vice President of the United States!

"You make your moves, and you have a little fun, and you let 'em know you're there," Witcover said later. "But it doesn't amount to a row of beans. Because they have control of the operation. They have the extra layer of the Secret Service, they have the aura of authority—the aura of the Vice Presidency and the Presidency. That is a positive tool in their hands. It's an intimidating kind of thing on a day-to-day basis. It's fine to say 'Why don't you guys get in there every day?' But the Agnew people know it's the human element in there—you don't continue to dog it day after day after day. You realize it's not doing any good so you don't spin your wheels. The masking tape didn't bother me that much, because you could just step over it. What bothered me was the mentality that went into doing that."

After the first week and a half, the all-media conferences petered out and the campaign settled into a dull hum of one or two speeches a day in which Agnew praised the local Republican candidates, boosted the Administration, and gently lamented McGovern's errors. Agnew spent most afternoons in his hotel room. When he was not being an ogre, it became clear, Agnew was a bore. A few papers like the Los Angeles *Times*, had resolved to cover Agnew constantly on the theory that he *was* the Nixon campaign, that if Nixon was going to send out any message, Agnew would be the delivery boy.

But no message came. A mild depression descended on the press. A routine developed. The press plane sprouted decorations—posters and Halloween paraphernalia. Lou Cannon of the *Post* periodically wrote satirical news stories, signing them Irving Doppelganger of the Transylvania News Service. Once a week, Wooten composed something called the Barry Goldwater Memorial Intelligence Test. One day Joe Alsop appeared. He rode on Agnew's own plane, not the press plane. Agnew went back and talked with him for a half hour, with Alsop handing out advice in his phony Oxford accent. After Agnew returned to his private quarters in the front of the plane, Vic Gold went back. "How was it?" he asked Alsop.

"It was wonderful, Vic," said Alsop. "Really, really wonderful."

Few of the regulars thought the campaign was so wonderful. Wooten later said that he had felt angry from first to last—there was no way to make the Nixon/Agnew outfit talk about the issues. His purpose was not to see Nixon defeated and McGovern elected—he claimed not to "give a shit" about that—but he did want to help make the election more of a real plebescite. Other reporters shared his vague feelings of frustration. I doubt whether any of them appreciated the real problem, which was that Agnew's significance in 1972 stemmed entirely from his actions in the past: in 1970 and 1971, he had poisoned the well against the press. Robert Semple pointed this out at the bottom of a story he wrote in the middle of October:

> "Do you know why we're not uptight about the press and the espionage business?" one White House aide—not Mr. Ziegler—asked rhetorically the other day. "Because we believe that the public believes that the Eastern press is what Agnew said it was—elitist, anti-Nixon, and ultimately pro-McGovern."

The irony is that Mr. Agnew himself has adopted a low profile and is saying little about the press. But his allies in the White House freely admit that the seeds of suspicion he sowed in times past are bearing fruit today.

Was this a planned strategy? If so, who had planned it? Nobody bothered to ask these questions. Reporters, especially campaign reporters, had no mandate to explore the past; recent history was just so much stale news. The story lay in the present. Agnew's people knew this fact of journalism, and exploited it by feeding the reporters a new Agnew and thus diverting all attention from the past. "I don't think that we put in nearly as much thought to covering a campaign as they put in to how we're going to cover a campaign," said one reporter, quite correctly.

Yet some of the coverage was interesting, especially Jim Wooten's. Before being assigned to the Agnew campaign, Wooten had spent six years and gone through seven typewriters covering George Wallace. He had followed Wallace in 1968, 1970, 1972, all through the South and into Northern cities; he had gone everywhere with Wallace, in fact, except to Laurel, Maryland. On May 16, 1972, the first event on Wallace's schedule had been a dinner at 5:30 in Glen Birney. Wooten had a late breakfast with his wife and did some work on a piece suggested by Johnny Apple about the unusually heavy security that surrounded Wallace. He phoned the Wallace Headquarters in Montgomery, Alabama, to make sure that no events had been added to the schedule. No, they assured him, the first event was still the dinner. (Later, Wooten would kick himself for not having known better than to rely on the Wallace staff. The Wallace campaign was a badly disorganized affair, run by total incompetents, and the Wallace people were always making changes in the schedule at the last moment, such as the addition of the shopping center rally at Laurel.)

Wooten drove out to the Atlanta airport and caught a 1:30 plane to Washington. Just as the plane was touching down at National Airport, at 3:00 o'clock, Arthur Bremer pulled out a cheap revolver and emptied it into Wallace. Wooten found out about the shooting five minutes later from the girl at the Avis counter. He felt, he later said, "an almost indescribable sickness in my soul." He had attended every Wallace rally for six years but missed the one that counted most. He dashed for his rented car and headed for Maryland. When he reached the hospital, he found that four men from the *Times'* Washington Bureau already had the story well in hand, and he soon became convinced that his absence had not gravely damaged the *Times'* coverage. But months later he still felt slightly sick whenever he thought about that day. No one on the Agnew plane was more conscientious about sticking with the candidate than Jim Wooten.

In some ways, the experience of covering Wallace had prepared Wooten well for the Agnew assignment. He had learned to live with ease and confidence inside enemy camps. He and Wallace disliked each other intensely, but they got along. Wooten refused to be bullied. (When Wallace, during an interview, began talking about "niggers," Wooten said, "Governor, you don't have to say 'nigger'; you don't have to impress me.") And Wooten refused to be unfair to Wallace. He realized from the start that Wallace only thrived on attacks from the Eastern press, using them to his own political advantage. Now Wooten applied the same principles to the Agnew campaign.

He treated Agnew with scrupulous fairness, taking pains to mention that Agnew had given a well-researched speech or received an enthusiastic reception at a particular rally. But Wooten also pointed out Agnew's inconsistencies and exaggerations with an exemplary directness. When Agnew lashed out at a group of antiwar hecklers in San Diego, comparing them to Nazi Brown Shirts, Wooten reminded his readers that Agnew had blasted McGovern for comparing Nixon's policies to those of Hitler. He also devoted four paragraphs to describing how a spectator punched a heckler in the nose, and how plain-clothes-men then dragged the heckler away but ignored the assailant. It was just the sort of description that the Nixon Nassau rally had cried out for.

Wooten's best story, however, was an impressionistic description of a day in Palm Springs, a story that did more to explain the Agnew appeal than any analysis or survey. Wooten had risen around five one morning, to drive out to the edge of town and watch a desert sunrise, which he had never seen before. Coming back, he stopped for breakfast in a diner with a name he found irresistible, the Cozy Cafe. After a half-hour of eavesdropping, Wooten finally tuned in on the conversation on which he based his piece. The article began: "At the Cozy Cafe, early this morning, some of the fellows were drinking their first coffee of the day from thick, chipped mugs and bemoaning the fact that they weren't rich."

Wooten quoted some conversation among three working men:

" 'All the man here wants is to live like Sinatra, right?'

"Howard nodded. 'Yeah,' he said, 'or maybe like Spiro.'

"Lou scoffed, semiseriously. 'Come on, Howie,' he said. 'You've got to dream bigger than that. I mean, Agnew don't have no money—no real money, if you know what I mean. Hell, he's just staying out at Frank's place. He's just a guest.'

"Howard glanced at his watch, picked up his change and pushed his chair away from the table. 'Maybe so, Lou,' he said as he stood up. 'But he's there, ain't he. Anytime he wants, he's there.' "

Later in the article, Wooten described a golf game that included Agnew, Sinatra, Bob Hope, and Jack Benny. It was a perfect understated portrait of square decadence. Then he flashed back to the Cozy Cafe for his tag:

" 'Oh, yeah,' said Jimmie. 'Yeah, I'd settle for Agnew's life, I guess.'

" 'Me too,' said Lou, 'As long as I could stay at Frank's place.' "

Wooten had worked on the article for almost eight hours, rewriting it three or four times, and he took great pride in the fact that the article had "said something without actually saying it." Which was the trick of getting controversial pieces past the copy desk at the *Times.*

Although Wooten didn't know it, he could have found similar attitudes much closer than the Cozy Cafe. Just up the aisle on the press plane was a member of the press corps, a good and sincere man, who later showed me his personal journal of the Agnew trip. Here, in part, is the entry for October 31:

When we got back, I was tired so I laid down and took a rest. Actually, I went sound asleep. The phone rang about 11:30. I had been asleep for an hour and a half. It was Pete Malatesta, Agnew's personal aide. He said, "Come on down to the Granada Bar, we're having a little party." I walked in and joined the group which included Pete, his brother Tom, Dr. Bill Voss, Roy Goodearle and Frank Sinatra. We chatted and drank and then Frank, Pete, Tom and his girl friend and I went to a private club called the "Candy Store" where we were Frank's guests. Then we were joined by a guy named Jilly, who owns a place in N.Y. and is a close Sinatra friend and by Keely Smith who had just finished her opening show at the Century Plaza.

The place was filled with Hollywood stars and I'm afraid I was a little goggle-eyed by it all. Sinatra is an easy guy to talk with. He's genuinely interesting, and is interested in people. He was relaxed and very friendly at the hotel bar where people didn't recognize him and he could be alone with friends. He was on edge at the Candy Store as would-be starlets, etc., came by to glad-hand or smile at him or otherwise annoy him. He's a guy who obviously enjoys his privacy and his friends.

When we left, he drove his own Chevrolet (FAS-1) home, after telling Pete, "Only six more days until the greatest ever. We're gonna win, baby, we're gonna win big, B-I-G."

Pete, Tom, his girl friend and I went back to Pete's penthouse suite next to the Vice President's, had a nightcap amid almost unbelievable opulence, and I went down to my room, to bed. It was 4:00 A.M. What a day! What a night! It was worth a little lost sleep.

CHAPTER XIII

Watergate

IN THE END, NIXON'S 1972 NON-CAMPAIGN was a triumph of public relations. Agnew was calm and conciliatory. The President was Presidential. Peace was at hand. The press had become too weak, frightened, and demoralized to try to dent the Administration's handsome veneer. There was only one problem. A small crack in the veneer had appeared in June and was rapidly growing into a fissure. Through this crack one could catch glimpses of the inside of the White House and see how the Administration really worked. The Watergate case brought in a small flock of new reporters, tough investigative types who were not about to be put off by Ronald Ziegler and his wonderful public relations machine. They studied the crack in the veneer like archeologists poring over a hieroglyph, and they slowly began to piece together the real story of the Nixon campaign.

At first, the case made very little sense to anybody in the press. How could you explain the fact that five men in rubber gloves, all of them formerly involved in anti-Castro causes, had broken into the headquarters of the Democratic Party to install bugging devices? Who were they working for? Could it have been the bizarre, "third-rate burglary" the Administration claimed it was, and nothing more?

As late as October 5, Jack Nelson and Ron Ostrow of the Los Angeles *Times*, two of the best investigative reporters in the business, wrote resignedly that "Justice Department officials involved in the investigation have said that the real motivation for the bizarre incident may never emerge." Five days later, it did. On October 10, two young Washington *Post* reporters named Carl Bernstein and Bob Woodward revealed that the Watergate break-in "stemmed from a massive campaign of political spying and sabotage on behalf of President Nixon's re-election and directed by officials of the White House and the Committee for the Re-election of the President." The campaign, they said, had been going on for many months and was aimed at destroying the candidacies of major Democratic contenders.

Had it not been for the *Post*'s determination to make sense of the Watergate, the courts and the Senate might not have been moved to explore the ugly ramifications of the break-in. And the *Post* might not have succeeded in cracking the case if the assignment had not gone to Bernstein and Woodward. They were both highly motivated, and it was said that their motivation sprang from desperation as much as from ambition. In June 1972, neither one of them seemed to be getting very far at the *Post*. Woodward, twenty-nine, was a handsome, soft-spoken, neatly dressed Midwesterner, a former Young Republican who had gone to Yale and spent five years in the Navy. During his nine months at the *Post*, he had done minor investigative stories and earned a reputation as a tireless worker, the office grind. But many of his colleagues claimed that he couldn't write his way out of a paper bag.

Carl Bernstein, twenty-eight, was a native Washingtonian with dark disheveled hair and an agressive, gregarious manner. A former copy boy for the Washington *Star*, he had dropped out of the University of Maryland at nineteen to become a full-time reporter. He had been on the *Post* for six years, covering courts, police headquarters, city hall, and doing some investigative stories. His rise on the paper had abruptly slowed down one afternoon when the city editor caught him napping on a couch in the District Building's pressroom. Now he was the Virginia political correspondent, one of the least exciting positions on the paper. His career, like Woodward's, needed a boost. But they were both on the metropolitan staff, and most of the best stories—the front-page articles about the government and politics—went to the national staff. Then came Watergate. As a local crime story, it was given to the metro staff. Since Bernstein and Woodward had some experience in investigative reporting, they received the assignment. They jumped on the Watergate story as if it were the last train to salvation.

"You know," a veteran reporter at the *Post* said later, "if that story had been given to our national staff, we probably would have lost it. These were two city-side guys with nothing to lose and they just worked their asses off."

If they found out more information about the Watergate case than anyone else, it was because they worked harder. Woodward had recently been divorced and Bernstein was separated from his wife, waiting for a divorce to come through. So, unlike many reporters, they were not settled into a cozy suburban existence with family obligations and a keen desire to leave the office by six o'clock. They worked twelve to eighteen hours a day, seven days a week. Often, they did not leave the office until three in the morning. In four months they contacted over a thousand people.

Two months after the election, I had supper with Bernstein and Woodward in the darkwood, Tudor dining room of the

Hay-Adams hotel. Earlier in the year, Ben Bradlee, the *Post's* executive editor, had forbidden them to talk about their work, but now they could talk about it in general terms. For investigative journalists, they looked surprisingly dapper in their suits and ties. Having become friends over the course of the investigation, they often finished each other's sentences.

How did they get their stories?

"People seem to have a conception of our sources as the classic Jack Anderson leaker-who-mails-documents-in-the-night," Woodward said with a smile. "But our sources weren't like that."

They used sources in the FBI, the Justice Department, and even the Committee to Re-elect the President (CREEP), but none of these sources was a leak. Bernstein and Woodward got their information through the tedious, time-honored methods of investigative reporting: get a piece of information and then use it to pry loose more information.

"Some of the sources," said Bernstein, "are responsible people who have no ax to grind but know that we have a piece of the story and want to help make the story accurate. We'd say to somebody, 'Well, we know this fund existed—but suppose it all went for legitimate use?'

"And he'd say, 'Well, if it all went for legitimate use, why did so-and-so get X thousand dollars to go for such-and-such a thing?'

"You knock on a lot of doors and you make a lot of phone calls, and people put you on to other people," Bernstein went on.

"We started a policy of going to visit people in the evening without phoning them first," said Woodward.

"Nine times out of ten, people wouldn't let us in the door," said Bernstein. "But sometimes it worked. The theory was that there were a lot of people who worked in places where the last thing in the world they would want was a visit from somebody named Woodward or Bernstein. And if you call them on the phone, they're gonna say no."

"But instead you show up at their homes and show that you're well-dressed and civilized . . ." said Woodward.

"And you convince them that you're interested in the truth and not in any preconceptions," added Bernstein. "You tell them that if you've been in error, they're in a position to show you where you went wrong. We didn't think we were in error very often, but it's an effective introduction."

"Some people let us in for an hour and told us absolutely nothing," said Woodward.

"Sometimes," said Bernstein, "you wouldn't learn anything substantial from the source, but you'd learn something about how a certain office worked. It all added up."

They pieced the mosaic together bit by bit. At the beginning, they did not even know what they were looking for, and they arrived at the picture of a massive sabotage campaign only after compiling countless scraps of seemingly meaningless information. Although *Newsday, The New York Times,* the Los Angeles *Times* and *Time* magazine all contributed valuable information to the Watergate story, the bulk of the story emerged in seven watershed articles by Bernstein and Woodward. In barest outline, here is what the articles said:

—August 1. A story researched mainly by Bernstein reported that a check for $25,000, given to Maurice Stans, the finance chairman of the Nixon campaign, by Kenneth Dahlberg, the campaign finance chairman for the Midwest, had later ended up in the Florida bank account of Bernard L. Barker, one of the Watergate burglars. This was the first article to show a definite financial link between the Committee to Re-elect the President and the Watergate bugging.

—September 16. Bernstein and Woodward revealed that the money that paid for the Watergate bugging had come from a "secret fund" of more than $300,000. The fund had been kept in the safe of Nixon's chief fund raiser, Maurice Stans, and was controlled by principal aides of former campaign manager John Mitchell.

—September 17. Bernstein and Woodward reported that two officials of the Committee to Re-elect the President, Jeb Magruder and Herbert Porter, had each withdrawn $50,000 from the secret fund.

—September 29. John Mitchell had personally controlled the secret fund, Bernstein and Woodward reported.

(In the course of writing this story, Bernstein phoned a CREEP campaign official for comment and received one of the non-denials which the Nixon people were so adept at constructing. So he decided to phone Mitchell himself. Sitting at his metal desk, which was decorated with photographs of Tricia's wedding and Martha Mitchell dressed as Catherine the Great, Bernstein reached Mitchell in New York at 11:25 P.M. After apologizing for calling at so late an hour, Bernstein told Mitchell the gist of the story the *Post* was about to run.

"All that crap, you're putting it all in the paper?" said Mitchell. "It's all been denied. Jesus. Katie Graham [Katharine Graham, the publisher of the *Post*] is going to get her tit caught in a big fat wringer if that's published. Good Christ, that's the most sickening thing I've ever heard."

Then Bernstein told Mitchell that the Committee to Re-elect the President had issued a statement on the matter.

"Did the Committee say that you could go ahead and publish that story?" Mitchell asked, as if CREEP had some sort of veto power over newspapers. "You fellows got a great ball game going. As soon as you're through paying Ed Williams [Edward Bennet Williams, attorney for both the *Post* and the Democratic party], we're going to do a story on all of you!" Like many people around Washington, Mitchell mistakenly believed that Bernstein and Woodward were getting all of their information from Williams, who was handling the Democrats' Watergate lawsuit.

The *Post* published Mitchell's response, omitting his reference to Katharine Graham's anatomy.)

—October 10. Bernstein and Woodward reported that the Watergate bugging incident was only one part of a massive Republican spying and sabotage campaign that had been going on since 1971. The article detailed the activities of one of the saboteurs, Donald H. Segretti, and charged that Ken Clawson, a White House aide, had forged a letter accusing Edmund Muskie of condoning a racial slur on Franco-Americans. The celebrated "Canuck letter" had been published in February by the Manchester *Union Leader* and had hurt Muskie in the New Hampshire primary.

—October 15. Bernstein and Woodward reported that Dwight Chapin, Nixon's appointments secretary and one of his closest aides, had been Donald H. Segretti's contact in the White House. The story was based on a signed statement from a lawyer who knew Segretti.

—October 25. The team reported that H.R. (Bob) Haldeman, Nixon's closest aide, was one of five "high-ranking presidential associates" authorized to make payments from the secret fund.

Each of these articles contained revelations that should have been devastating. Bernstein and Woodward had, after all, traced a plot to sabotage the Democratic party right into the inner sanctums of the White House. Yet somehow the Watergate affair failed to "sink in;" its sinister implications never registered on the public's imagination. A Gallup poll taken around the time of the election found that 48 percent of the American public had never heard of the Watergate affair, and most of the rest didn't care about it.

During the fall campaign, George McGovern's staffers kept hoping that the *Post*'s progressively more spectacular disclosures on the Watergate affair would destroy Nixon at the polls. But Bernstein and Woodward never had any illusions that their articles would turn the election around.

"We knew where we were getting the information, where it was locked up, where and if it might come out," Woodward said at the Hay-Adams in January. "And we were quite convinced that maybe it never would come out, that this was something that would go unproven and hang like a black cloud. Like the ITT affair. If you asked the average American about the ITT, he would say, yes, it seemed to smell bad, but he didn't know exactly what was illegal or what was wrong. It was the same way with Watergate."

"Also, it was a very complicated thing for the reader to

grasp," Bernstein added. In the weeks after the election, Bernstein and Woodward lamented the fact that they had never found time to write one comprehensive story on the Watergate, pulling together all their findings to produce a clear narrative. They were sorry, too, that they had not had a better understanding of the inner structure of the White House.

"If we had known then what we know now about the White House," Bernstein said in January, "a lot of what we were writing would have made much more sense to us and our readers, and it would have taken us a good deal farther. For instance, we found out very early that Haldeman was one of those who had authority to disburse funds from the secret fund—and that turned out to be the link that we made between Haldeman and whatever dirty tricks were going on. But in fact, there were much more substantive links. And eventually, when we began to see how the White House operated, we began to perceive that this whole thing was a Haldeman operation."

"And then," said Woodward, "we got somebody at the Justice Department to say, 'Yeah, this whole damn thing is a Haldeman operation.'"*

"You simply had to find out how the White House worked," said Bernstein. "And you had to find out that the Committee for the Re-election of the President had nothing to do with the Republican National Committee, but was wholly a creation of the White House; and that the people in the key positions at the Committee for the Re-election of the President were former members of Haldeman's staff and Justice Department people who had worked with Mitchell. That was the key.

"If we'd understood the White House set-up, we could have found people to talk to, perhaps. Like anywhere else, there are factions in the White House. If we had understood something about the allegiances that had developed in the White House, I think we would have had access to more information."

---

* The source at the Justice Department added, "But it's meticulously insulated. We'll never get him and you'll never get him."

The two reporters learned these things painfully and slowly because nobody they consulted in the White House press corps knew anything about the inner workings of the White House. For instance, when *Time* reported in its October 23 issue that a White House aide named Gordon Strachan had helped to hire Donald H. Segretti, Bernstein and Woodward tried to find out more about Strachan's role.

"We could find out about Strachan from the time he was born through the time when he knew Segretti, right up to the time he went to the White House," said Bernstein. "After that, we couldn't find out a damn thing about the guy. Nobody we asked in the White House press corps had even *heard* of him. This guy Strachan was Haldeman's *chief political aide,* he was the liaison for Haldeman to the Committee to Re-elect the President, and they didn't even know the guy's name. The problem was that this Administration had never been reported from the inside by anyone in any really coherent fashion—with the possible exception of John Osborne. It wasn't entirely the reporters' fault because that place is impregnable—you can't even get a White House phone directory without going through some extraordinary measures. But what I'm saying is that if we had known more about the White House hierarchy, we could have put our findings into perspective; we could have made the articles mean more."

But nothing Bernstein and Woodward could have done would have made the Watergate case sink in. The problem lay elsewhere. The main trouble was that very few news organizations joined the *Post* in tracking the Watergate case. Failing to dig up the information themselves, they refused to print the *Post* stories. Some snubbed the *Post* articles out of petty rivalry; others feared the Administration or favored Nixon in the Presidential race. The Washington *Star-News** acted according to a time-honored wire-service practice: if your competitor beats you on a good story, try to tear *his* story apart. The *Star-News*

---

* In August, the *Star* merged with the bankrupt Washington *News.*

had four full-time reporters on the case and they struck out. So the *Star-News* reacted by ignoring some of the *Post* stories and trying to discredit others.

Since the Los Angeles *Times* and the Washington *Post* are rivalrous partners in the same news service, the *Times* often underplayed the *Post* stories; in late October, the Los Angeles *Times'* newly appointed Washington Bureau chief, John F. Lawrence, wrote a "reassessment" of the Watergate story which managed to suggest that some of the *Post* stories were based on shaky information.* *The New York Times* buried the first story of the Watergate break-in on page 50 and wasted a lot of time chasing leads on Cubans in Miami. Finally, when the *Post* dropped its bombshells in October, the *Times* panicked and began turning up some valuable information. But it, too, often gave slight attention to the *Post* stories.

Many papers completely ignored the *Post* stories, but gave good play to White House denials of the stories.† For instance, the Chicago *Tribune*, the San Diego *Union*, the Minneapolis *Tribune*, and the Philadelphia *Inquirer* all neglected to print the *Post*'s October 25 story on Haldeman, but printed Ziegler's denial of the story the next day.**

The hostility and pettiness of other newspapers not only

* The Los Angeles *Times* did make one substantial contribution to the coverage of the Watergate case. On October 5, it published an eyewitness account of the Watergate burglary from Alfred C. Baldwin III, an ex-FBI agent who was manning the listening post across the street. Lawrence nearly became a press martyr for refusing to hand over the tapes of the Baldwin interview for use as evidence.

† This information comes from "The Fruits of Agnewism," Ben H. Bagdikian's excellent article in the January/February 1973 issue of the *Columbia Journalism Review.*

** While this approach was largely a result of partisan decisions on the part of editors and publishers, it also, as Bob Woodward said, "went to the core of reportorial technique." "The immediate reaction of the reporters," said Woodward, "was, 'What does Ron Ziegler say about this?' They flooded White House aides with phone calls; they tried to check our stories with people who were bound to say 'Of course it's not true.' They never went out and tried to find some FBI agent at home in the evening."

helped to suppress the Watergate story, but also had the effect
of isolating the *Post*—which was precisely what the Administration wanted. For the White House strategy was to make the
issue out to be the Washington *Post* rather than the Watergate
affair, and they succeeded. All of Agnew's attacks on the *Post*
during 1970 and 1971 suddenly paid off in spades—the public
had half-accepted the idea that the *Post* was an Eastern elitist
paper with a liberal ax to grind. Now the Administration simply
let loose a barrage of attacks on the *Post* as the woolly, unprinci-
pled organ of the McGovern campaign.

Of all the files Bernstein and Woodward compiled in the
course of their investigation, the fattest folder was the one labeled "White House-CREEP Responses." It was as thick as a
phone book. For instance, on October 16, the day after the
Chapin story appeared, both Ron Ziegler and Clark McGregor,
the manager of the Nixon campaign, attacked the Washington
Post at a widely publicized news conference. Neither man said
a word about *Time* or *The New York Times,* although both
publications had come up with original stories on the spying
campaign at the same time as the Post. The Administration
spokesmen concentrated all their fire on the *Post,* the main
source of the Watergate stories.*

Later, other Republican officials joined in the attacks. The

---

* On October 25, when Ziegler made his most extreme attack on the
Post, accusing the paper of "a vicious abuse of the journalistic process"
and "a blatant attempt at character assasination," he was asked
whether he included *Time* and *The New York Times* in his denuncia-
tion. Ziegler replied that he "would not lump them with the Washington *Post.* "This was greatly discouraging to the representatives of *Time*
and the *Times,* whose organizations were fighting desperately to keep
up with the *Post*'s Watergate coverage. A week before, on October 18,
the *Times* had broken its first big Watergate story, reporting that
Donald Segretti had made telephone calls to White House aide Dwight
Chapin. At the briefing that morning, Ziegler had been asked for his
comment on the story, and had responded with his customary gibber-
ish. After the briefing, Bob Semple had walked back to his cubicle and
slumped in his swivel chair. "God, it was nice to hear the *Times* mentioned in there today," he said with a sigh of relief. "It's been hell with
the *Post.* They've been going crazy in New York."

attackers seldom denied the substance of the stories,* but they claimed that the stories were based on "hearsay and innuendo." Of course, any newspaper story that is not an eyewitness account is technically "hearsay." Every time the White House correspondents reported what Ronald Ziegler claimed the President said or did, it was a hearsay story. But the term also had connotations of "rumor" and "gossip," and these were the meanings that Ziegler and Co. managed to pin on the *Post* stories.

"Did you feel any sense of disappointment that you failed to affect the election?" I asked Woodward and Bernstein as they finished their coffee at the Hay-Adams.

"No," Bernstein laughed, "that wasn't our purpose. We wish there hadn't been any goddam election. Our stories would have had much more impact in a non-election year, when the White House wouldn't have had the election issue to work with. They just painted us into McGovern's corner.

"But we never expected to have much impact anyway," he added matter-of-factly. "Why? Well, we watched the McGovern campaign fall apart, we knew how the press had been undercut, and we realized one crucial fact about the White House: *they know our business and we don't know their business.*"

---

* Ziegler did deny the Haldeman story, on October 25. Bernstein and Woodward made one of their few errors in this story. They wrote that Hugh Sloan, former treasurer of the Nixon campaign, had told the grand jury that Haldeman had access to the secret fund. Sloan had indeed said this to a number of sources, but not to the grand jury. Bernstein and Woodward never printed a fact without having checked it with at least two sources, so they made very few such mistakes.

COVERING McGOVERN'S CAMPAIGN

CHAPTER XIV

Chafing at the Rules

JOURNALISM is probably the slowest-moving, most tradition-bound profession in America. It refuses to budge until it is shoved into the future by some irresistible external force. The few innovations which appeared in the coverage of the 1972 election year had all come about in response to pressures from outside the profession. It was mainly the inescapable influence of Teddy White's books, for instance, that forced the news organizations to attempt more stories on the inner workings of the campaign organizations. The success of Joe McGinniss' *Selling of the President* embarrassed them into examining the candidates' use of media. The repercussions of the Chicago Convention persuaded them to give more space to the mood of the country.

And the process continued. Six months after the election, the Watergate scandal broke open in the courts, and the Washington *Post* found itself magnificently vindicated. Suddenly dozens of editors and reporters from all over the country began calling for more investigative journalism in covering politics and government. The triumphant example of Bernstein and Woodward gave promise of prodding American political journalism into a new era; perhaps, in elections-to-come, reporters would be instructed to investigate candidates instead of merely quoting them.

Even during the campaign year, some of the younger reporters had felt that the changes in political journalism were too few and too superficial, that a full journalistic revolution was called for. Brit Hume, a young assistant of Jack Anderson's who had helped uncover the ITT scandal, was disgusted with the coverage of the campaign. "You think anyone's interested in all these polls, or the gruel served up by the guys riding around in the press plane?" he demanded. "Hell, no. It's just a waste of time. All those reporters care about is 'Who's gonna run, who's gonna win?' And that just isn't enough. The press has a greater responsibility than to do a bunch of goddam handicapping stories.

"They ought to do one big story on each candidate's overall strategy and then bag it. Let the AP cover the candidates and play that stuff on page 7, page 8. Maybe have your best reporter go out and write a highly opinionated story about each guy, and then put him to work on something useful, like the money."

Hume thought that the real story was the money. Here, in 1972, with the new law that obliged contributors to make public their gifts, was a unique opportunity to follow the big corporate rats as they stole out of their holes to deposit a large bag of cash at the door of some candidate and—almost invariably—ask for some favor in return.

"They ought to just swarm over that money stuff," said Hume. "Check out every lead. Get pictures of these guys covering their faces with their hands. Quote all the reasons their secretaries give for them not answering your phone calls.

"Like we did a story on this McDonald's Hamburger king who put up all this money for Nixon because there's a bill pending which they're all hot for which will lower the minimum wage for youth. Which is gonna be great for McDonald's. This guy gave Nixon a thousand dollars in '68 and 149,000 dollars in '72. And we think we figured out how he came to be 149 times happier with Nixon.

"There are a lot of stories like that, and the public just loves to read about that stuff. Just loves it. Shit, that's what Jack does, and he has the single most popular column in America. They ought to have that stuff all over the front page in an election year.

"Those guys on the plane," said Hume, "claim that they're trying to be objective. They shouldn't try to be objective, they should try to be honest. And they're *not* being honest. Their so-called objectivity is just a guise for superficiality. They report what one candidate said, then they go and report what the other candidate said with equal credibility. They never get around to finding out if the guy is telling the truth. They just pass the speeches along without trying to confirm the substance of what the candidates are saying. What they pass off as objectivity is just a mindless kind of neutrality."

Strangely enough, some of the men on the campaign trail might have agreed with Brit Hume. There was a strain of frustration infecting the campaign reporters that nobody could remember having seen in other election years—at least not in such virulent form. Some of the better minds on the plane had begun to feel caged in by the old formulas of classic objective journalism, which dictated that each story had to make some neat point; had to start with a hard news lead based on some phony event that the candidate's staff had staged; had to begin with the five w's; had to impose some *meaning*, however superficial or spurious, on the often insignificant, or mysterious, or downright absurd events of the day. Yet if the candidate spouted fulsome bullshit all day, the formula made it hard for a reporter to say so directly—he would have to pretend that "informed sources" had said so, or actually find someone in the crowd or the opposition who would say so.

A reporter was not allowed to make even the simplest judgments; nor was he expected to verify the candidates' claims. The classic example came not from a national election, but from the contest for the presidency of the United Mine Workers Union between Tony Boyle and Joseph Yablonski. In that contest, all of the charges made by Yablonski were provably true; at the same time, a resourceful reporter could have shown that many of Boyle's accusations were lies. Yablonski was an honest reformer; Boyle was a corrupt executive interested only in perpetuating his own rule. But the press insisted on reporting the election as a dispute between two warring factions in the union; using the time-honored techniques of objective journalism, they gave equal weight to each man's charges. It was objective coverage, but it wasn't fair. When a gang of hired thugs murdered Yablonski and his family one night, the press suddenly began to hint that the election might have been a contest between forces of good and evil.

ONE OCTOBER EVENING when the McGovern plane had dumped us in Pittsburgh in the course of what was becoming an increasingly haphazard campaign, I had a couple of beers with Jim Doyle at the Hilton. We talked about the fact that many political reporters were beginning to yearn for new freedoms—freedom from the pack, from the routine of the campaign plane, and from the restraints of formula writing. Doyle was a shortish man in his mid-thirties, a dapper dresser who wore a beret and French lunettes on his round, ruddy face. He came from a large Catholic family, and like Marty Nolan, he had grown up among hardhats and conservatives in lower-middle-class Dorchester, but had somehow emerged as a committed liberal.

An outspoken man, he didn't mind revealing his doubts about the practice of journalism. Doyle thought that the campaign reporters, especially the national political men, ought to be on a much looser rein.

"I think a guy ought to be able to say something like 'I'm gonna go into Macon County, Georgia, because I remember that Macon County is more liberal than the rest of the state, and I just want to go in and see if there's a McGovern organization and what they're doing,' " said Doyle.

"It's tough deciding what story to pick, because you don't want to waste your time. But once you go in there, I say that the formulas ought to go out the window. What you ought to do is follow your instincts, follow your training, and then sit down and write as if you were writing a letter to Jules Witcover. Write a letter saying, 'This is why I came here, this is what I found out' —and then, if you don't know what it means, I think you ought to say that. I mean, we never write stories in which we say, 'I don't know what this means but let me tell you about it.' We always say, 'The reason I'm here is because this is the crucial race in the Midwest and it could decide the future of the Senate.'

"And when we write it, we think, 'That's bullshit. The one up the hill is just the same.'

"Right now, the big cliché is that this election's going to decide whether the New Deal coalition dissolves. Well, it may not decide that at all. It may be that the New Deal coalition started evolving the day it was formed and is going to keep on evolving until no one recognizes it, but it's never gonna dissolve. So to write in those terms just doesn't make sense. We don't do enough of saying, 'We don't know what this means, but it's out there and it's interesting.'

"Look," said Doyle, "if a reporter knew that he had to say 'I thought such-and-such'—if he couldn't hide behind this phony business of 'informed sources' and 'veteran observers'—he'd be goddam careful what he put his name on. He'd be much more worried about being fair and about writing what he really thought."

Doyle was slouching in an armchair by the picture window

of his bedroom, dead tired from a week on the road. Later that night there would be a McGovern telethon and Democratic party dinner to cover. He took a gulp of beer and looked out the window at the sun setting on the river.

"A lot of people," he said, "look at this coverage as if it were some kind of a cross-country race—you gotta get two paragraphs in when he stops at Indianapolis and two more when he stops at Newark. If you do it that way, without making any meaning out of it, it *is* going to come out like some crazy disjointed trip across the country.

"The problem is, if you try to write every day, you get caught up in sheer exhaustion. It's as simple as that. You do it by rote, because that's all you've got the energy for. It's the lack of sleep, the keeping up with deadlines, the disorientation from all this flying around—your mind just goes blank after a while. When it comes time to write the story, all you can do is just kind of a level job of stumbling through the day's events.

"I don't think I know how to cover a campaign. I feel a little bit more confident about it this year. What has to happen is, you have to develop faith in your own judgment. Then you've got to develop confidence that your editors will accept your judgment. If you think an editor is back there second-guessing you, then your judgment starts to get watered down and you start to rely on formulas. My impression is that a lot of the guys are getting second-guessed. But you've got to know that the paper's going to back you up—that your by-line's on the piece and that everybody knows it's all yours and hasn't been tampered with, so you're stuck with it and it has to be good.

"The other thing is that I find it hard not to write, because I'm compulsive. A lot of these guys are. It's a very hard thing to do—to say, it's not worth it today, so I won't file. You always say, 'But Jesus, Bill Greider's gonna write today and he'll be on page one and the editors will think that Greider found a good thing to write today for the *Post* and Doyle didn't write anything for our paper.' You always worry about that. But the fact is that we all write too much and we all write with too little in the piece, with too little to say. So I'm trying to write only when I've got something to say that goes beyond the average story."

A good many of these powerful men began to feel impotent toward the middle of the campaign. The longer they were on the trail, the more exhausted they became; and fatigue made them slaves of the formula, since they lost all will to fight either the desk or their own misgivings. It was fair to argue that the press would become both more interesting and less powerful if given more license. Much of their power stemmed from the fact that they often acted as a pack. Given a chance to ditch the formula, the reporters would produce more complex and ambiguous descriptions of the campaign, and their stories would not sound so similar. If every story took the form of a letter and began, "Damned if I know what's happening here, but I have a few guesses," there would be a cacophony of rival voices instead of the usual resounding chorus.

Some of this was already happening. Jim Perry, for instance, wrote weekly pieces for the *National Observer* that approached the letter format. Each week he examined one topic, such as the implications of the Muskie "crying incident" in New Hampshire or the nature of Spiro Agnew's campaign, and he was original, discursive, and amusing without being partisan. Bill Greider of the *Post*, who covered McGovern throughout the summer and fall, developed an uncanny knack for filling his articles with feeling while still remaining within the bounds of conventional journalism. The *Times* allowed some of its reporters to write an occasional "news analysis"—and James Naughton learned to make excellent use of this device. (Jules Witcover, on the other hand, tried to insert some analysis into his dispatches and found that his paper, the Los Angeles *Times*, was not interested.) Even the wire-service men succeeded in pushing back some of their traditional restraints; the top wire-service men like Mears and Gerstel were allowed to do some cautious analysis.

There were a few reporters who were able to finesse the formula. The best example was Dan Rather, the White House correspondent for CBS. Rather often adhered to the "informed sources" or "the White House announced today" formulas, but he was famous in the trade for the times when he by-passed these formulas and "winged it" on a story. Rather would go with an item even if he didn't have it completely nailed down with verifiable facts. If a rumor sounded solid to him, if he believed it in his gut or had gotten it from a man who struck him as honest, he would let it rip. The other White House reporters hated Rather for this. They knew exactly why he got away with it: being handsome as a cowboy, Rather was a star on CBS News, and that gave him the clout he needed. They could quote all his lapses from fact, like the three times he had Ellsworth Bunker resigning, the two occasions on which he announced that J. Edgar Hoover would step down, or the time he incorrectly predicted that Nixon was about to veto an education bill. But these were all relatively trivial errors. The important thing was that Rather was making a balls-out effort to deal with a White House staff which refused to release any meaningful information.

IN A BEHEMOTH DEMOCRACY, the mass circulation papers would always want to have straight reporters deliver up the political news, and these reporters would always be caught between the demands of objectivity, on the one hand, and the freakish stranger-than-fiction reality of the campaign plane on the other. Of course, there remained the radical solution of simply chucking all pretense of objectivity, and writing from a totally personal frame of reference. This luxury was given only to a few. There were the literary people sent by magazines to cover the Conventions—Germaine Greer, Kurt Vonnegut, and Norman Mailer. "For them," Renata Adler wrote in *The New Yorker*, "the reporter's basic question—what is the story and what the point—was resolved autobiographically: story and point were whatever happened to impinge on the author's sensibility." There was Bob Greene, the twenty-five-year-old whiz kid of the Chicago *Sun-Times*, who was dispatched, as a representative of the youth culture, to write his own daily impressions of the Conventions and the fall campaign. There was Ron Rosenbaum, a red-bearded young writer from New York, who did several excellent impressionistic campaign pieces for *The Village Voice*. But the nonobjective journalist who created the greatest sensation, and the only one who covered the campaign full-time from January through November, was Hunter S. Thompson of *Rolling Stone*.

Rolling Stones? Is that the fan magazine of the rock group? Nobody on the campaign trial had ever heard of the magazine back in January of 1972, and it was not an easy publication to define in one or two sentences. The *Time* magazine of the Counter Culture? Well, not exactly. An underground rag? Well, it was too slick, expensive and apolitical really to claim underground status. It was really a music magazine, a hip *Variety*, that made extensive and literate sorties into all kinds of other phenomena—the drug scene, the movie scene, the literary scene, and now . . . national politics. *Rolling Stone*'s young founder and editor saw himself as the Charles Foster Kane of the seventies; it was his dream that *Rolling Stone* would muster the gigantic, newly enfranchised Youth Vote and throw it to the best man. Things did not exactly shape up that way, but fortunately the editor had the wit to hire Hunter Thompson as political correspondent.

At the time Thompson had two main credentials. First, he had written a book about the Hell's Angels, based on having lived and ridden with them for almost two years. Although the Angels had beaten Thompson up at the end of his stay, and his book was more critical than sympathetic, still it was clear in many passages that he identified with the Angels; he had the heroic aura of the veteran war correspondent about him, from having lived among the savages and survived. Secondly, he had received national publicity when he ran as the Freak Power Candidate for Sheriff of Aspen, Colorado, on a platform that called for free mescaline for anybody who wanted it; ripping up the streets and resodding them with grass; and harassing all the corporate "greedheads" and real estate developers who were ruining the beauty of the valley.

Thompson seemed just the man to establish a truly "adversary" relationship with the Presidential candidates. In December 1971, he was dispatched to Washington to open a *Rolling Stone* office and to turn his violent, satirical, epithet-studded style on the men in the Democratic primaries. I also worked for *Rolling Stone,* and they sent me out to write the serious backup pieces, keep Thompson out of trouble, and carry the bail bond money.

It was interesting to watch Thompson and the other reporters get to know each other. Thompson was a tall, lean thirty-five-year-old who wore sneakers, Miami sport-shirts, a motley hunting jacket, and bat-wing blue-tinted sunglasses. He looked more like a Sierra Club back-packing nut than a hippie, but there was no confusing him with the rest of the reporters, all of whom wore suits and ties.

And Hunter wanted no part of them, at least not at first. His memories of the press corps from the 1968 campaign, which he had covered for an aborted book, were all unpleasant. He told me that they had been a bunch of swine, a collection of suspicious reactionary old hacks who cared only about protecting their leads and were hopelessly out of touch with anything interesting that was happening in the country. He had met only one decent person the whole time—Bill Cardoso, who edited the Boston *Globe* Sunday magazine. Cardoso had spotted him as the author of *Hell's Angels* on the Nixon press bus in New Hampshire and offered him a joint. "Don't worry," Cardoso had said, "these fuckers are all so square they won't know what you're doing." He had been right.

For his first outing in 1972—a ride around the New Hampshire hills in the airport limousine that then served as the McGovern press bus—Thompson had come equipped with two sixpacks of ale and a fifth of Wild Turkey. He had smiled with satisfaction when the other reporters turned down his offers to share the booze, and when James J. Kilpatrick, the conservative columnist, moved uneasily to the front of the limo. At every stop he would turn to me and suggest loudly, "Let's go to the men's room and eat some acid" or "Maybe there'll be enough time here for us to shoot up." He talked in gruff bursts, like a squawkbox in a squad car. Toward the end of the ride, he began grumbling that he needed "Sex, Dope, and Violence."

But nothing happened. Nobody threw him off the bus. The press corps was no longer so shockable. As the campaign went on, Thompson began to find kindred spirits without even looking for them. There were usually a few young reporters around with whom he could roll a joint or share a tab of MDA—not to mention the young staffers on the McGovern campaign. Even some of the representatives of the nation's great newspapers had taken to smoking dope.

But what baffled Thompson was that some of the straightest men on the bus soon began to accept him and to read his articles. The first sign that Hunter had caught on with the straight press was when they began searching newsstands all over the country or phoning their home offices to get them a copy of his lengthy chronicle of the Florida primary. Thompson had loaned his press card to a freak, who had run amuck aboard Muskie's whistle-stop train, insulting reporters and heckling the candidate when he tried to speak at the final stop in Miami. Many of the reporters, seeing only the badge on the freak's lapel, had taken him for Hunter S. Thompson of *Rolling Stone*. In the article, Thompson explained the mistake but revelled in its consequences. The piece was a big hit with the press corps, and they soon began to read him regularly. Thompson's best lines were quoted in *Newsweek*. "Ed Muskie talked like a farmer with terminal cancer trying to borrow on next year's crop." Hubert Humphrey was a "treacherous, gutless old ward-heeler who should be put in a goddam bottle and sent out with the Japanese current."

Chris Lydon—a *New York Times* reporter who was only thirty-three but dressed like an Exeter headmaster and wore a

James Reston Memorial Bow Tie—admired Thompson and went so far as to quote him in a Sunday *Week in Review* piece to the effect that Humphrey was campaigning "like a rat in heat." However Lydon worried for weeks afterward about having used the quote; his wife told him she thought it was "unfair." Wherever the campaign went, local reporters would come up looking for Hunter, wanting to see what he looked like and to congratulate him. "After the revolution, we'll all write like Hunter," a local TV man in Los Angeles confided to me. "We'll stop writing all this Mickey Mouse shit."

Not many people in the press corps went that far in their admiration. But reading Thompson obviously gave them a vicarious, Mittyesque thrill. Thompson had the freedom to describe the campaign as he actually experienced it: the crummy hotels, the tedium of the press bus, the calculated lies of the press secretaries, the agony of writing about the campaign when it seemed dull and meaningless, the hopeless fatigue. When other reporters went home, their wives asked them, "What was it really like?" Thompson's wife knew from reading his pieces. Thompson was free to write the unmentionable— that the campaign was essentially meaningless, that some of the candidates were shams and liars, that the process was unjust and anachronistic. There were times when the other reporters ached to say the same things, but the rules would never allow it. I remember Lydon standing around the Silver Spring hospital in his tweed outfit after George Wallace had been shot, saying with his usual earnestness that "Hunter Thompson should be here to record this for history," as if only Hunter possessed the license and proper style to capture the grotesqueness of the scene.

Of course, there were no journalists aboard who actually agreed with Thompson's basic premise that the "only possible good that can come of this wretched campaign is the ever-increasing likelihood that it will cause the Democratic Party to self-destruct." Even the New York lefty journalists like Pete Hamill, Jimmy Breslin, and Jack Newfield were fond of the party. In the late spring of '72, Hamill had even engineered a meeting between his friend Meade Esposito, the Democratic Boss of Brooklyn, and George McGovern. Hamill, Esposito, and McGovern had breakfasted in the Senate dining room, and Esposito agreed to back McGovern. Later, during the New York primary, Hamill, Breslin, and Newfield had met with McGovern and chewed him out for the condescending way in which his people were treating the New York regular Democrats. Breslin, using language McGovern had never heard in South Dakota, advised the Senator to get out and meet the real Democrats by campaigning at firehouses, police headquarters, and party clubhouses.

But Thompson detested the regulars. This hatred, he explained in print, stemmed from the fact that Larry O'Brien had promised him the governorship of American Samoa in 1968, and then reneged. Thompson claimed to be nursing a desire for revenge, waiting for O'Brien to send the Democrats into a hopeless battle that would "destroy the party by plunging it into a state of financial and ideological bankruptcy from which it would never recover. Wonderful, I thought. I won't even have to *do* anything. Just watch, and write it all down."

But Thompson's real reason for loathing the party was that he felt it excluded outsiders, like himself. There was a touch of Genêt in Thomspon. As a kid, he had grown up in the stifling small-town atmosphere of Louisville, Kentucky, where his father was an insurance man whose only diversion consisted of going out to the track at five every morning to clock the horses. Thompson rebelled and found other means of amusement— mainly knocking off liquor stores and gas stations. The authorities never nailed him for theft, but they managed to put him in jail for thirty days on a phony rape charge. Thompson was just short of eighteen and the whole experience scared the hell out of him. He decided to swear off stealing and channel his criminal energies into writing. He wrote to provoke, shock, protest, and annoy.

His favorite pastime was hoaxing people, and he was forever

springing outlandish rumors on the McGovern people, just to see if they would bite. His greatest triumph came one night late in the campaign at a New York restaurant called Elaine's, a favorite of the literary set. Thompson walked in and spotted a group of McGovern heavies at one of the tables. He ran over to them, banged his fist on the table and started yelling that Tom Eagleton was in the back room, having a nervous breakdown. "He's jumping up and down, screaming that McGovern is a sellout and a fraud." The McGovern staffers were on their feet and heading for the back room before they realized that they had been pranked.

This sort of joke was also a staple of Thompson's writing. In a column on the Wisconsin primary, he claimed to have discovered that Muskie was taking an obscure Brazilian drug called Ibogaine, which accounted for the Senator's zombie-like performances on the stump. Many readers, including several journalists, believed this. So in subsequent articles, Hunter telegraphed his punches by writing, "My God, why do I write crazy stuff like this?" at the end of each hoax.

In any case, these hoaxes symptomized Thompson's antisocial tendencies and his steady identification with outcasts like the Hell's Angels, blacks, women, Chicanos, freaks, and people below the poverty line. He was looking for a candidate who would really represent these people and fight the greedheads. George McGovern might do it, he thought, but even before the New Hampshire election, his instincts warned him that there was a serious flaw in McGovern. "When the big whistle blows, he's still a party man," wrote Thomspon late in March. But McGovern's first primary victories made a convert of Thompson. McGovern looked like a gutsy crusader for many of the causes that Thompson embraced. His enthusiasm for McGovern peaked around the time of the Wisconsin primary, in April, and he began to become more and more intrigued by the machinery of the campaign, getting to know the staff more closely than any other reporter on the road. He even built up a working relationship with McGovern, and McGovern paid Thompson the supreme compliment of reading his articles and telling him that they were "brilliant."

But by the time of the California primary, in June, Thompson began to smell the fat cats latching onto the campaign, and to sense that McGovern would sell much to get the nomination. By midsummer, Thompson had become wholly appalled at McGovern's effort to woo the old party regulars like Richard Daley and Lyndon Johnson. "McGovern could have won this time if only he'd followed the strategy his own man, Fred Dutton, laid down in his book [*Changing Sources of Power: American Politics in the 1970's*]—tapping the new forces in the land," said Thompson. "Dutton understood that it's only at times like these—when you come in with a wild card—that you can play on your own terms. They started that way. But McGovern—or somebody around him—lost his nerve. And I'm going to find out who."

Throughout the fall, Thompson searched for the "villain" of the campaign, the adviser who was counseling McGovern to sell out. He never found the villain, though he haunted the Washington McGovern Headquarters for several weeks, systematically stalking his prey. His last election piece conceded failure and ended with a painful outcry:

This may be the year when we finally come face to face with ourselves; finally just lay back and say it—that we are really just a nation of 220 million used car salesmen with all the money we need to buy guns, and no qualms about killing anybody else in the world who tries to make us uncomfortable.

The tragedy of all this is that George McGovern, for all his imprecise talk about 'new politics' and 'honesty in government,' is really one of the few men who've run for President of the United States in this century who really understands what a fantastic monument to all the best instincts of the human race this country might have been, if we could have kept it out of the hands of greedy little hustlers like Richard Nixon.

McGovern made some stupid mistakes, but in context they

seem almost frivolous compared to the things Richard Nixon does every day of his life, on purpose, as a matter of policy and a perfect expression of everything he stands for.

Jesus! Where will it all end? How low do you have to stoop in this country to be President?

That was without a doubt the most passionate piece of writing that the campaign produced, and more than a few men on the plane probably agreed with it and would have liked to have written it themselves. But they were also keenly aware that you could not sway millions of Middle Americans by sneering at used car dealers. Thompson had the luxury of a limited audience. He could say what he liked because he was talking to his own people. No matter how much the other reporters envied Thompson's freedom, they also resented him for not having to play by the rules. For when Marty Nolan sat down to write a column, even one that was thoroughly leftish, he reminded himself to write for the "milkman in Dorchester." When Dan Rather went before the camera, he remembered to address the construction worker in El Paso. And who was Thompson speaking to? A Chicano welfare lawyer, or perhaps a very hip college student. He did not have to learn the very dangerous skill of balancing honesty with tact. The others did.

The straight reporters who worked for news organizations with vast audiences had been taught since their cub days that their first duty was to protect their own credibility and the credibility of their employers. It was for just this purpose that the rules of objectivity had been created. If a reporter wished to retain the trust of his readers, then he had to write about politics from a totally impartial point of view. Most of the reporters covering the campaign hewed closely to the rules of objectivity not only for the sake of advancing themselves in the profession, but also out of a genuine belief that the objective approach produced fair and honest coverage.

As the fall campaign progressed, however, it began to dawn on many of the McGovern reporters that the rules of objectivity were no longer doing the job. The trouble was the staggering inequality between the coverage of the two campaigns. Given their new mandate to explore "inside" stories, the McGovern reporters were having a field day with the wide-open McGovern campaign. Meanwhile, the White House reporters were failing to get across the obstacle course that the White House had set up; indeed, they were not even trying.*

There was nothing in the rules of objectivity to rectify such a situation. Only the national political reporters had the leeway to write about both campaigns; among them, only Broder expressed real outrage over Nixon's invisibility, and he declared himself *hors de combat* immediately thereafter. As for the McGovern campaign reporters, they were trapped on the plane and they could do little but file their stories and anguish over the imbalance in the coverage.

* Which is not to say that the McGovern reporters were more courageous than the White House crew. It is perfectly possible that if the men covering McGovern had had the White House assignment instead, they would have failed just as miserably. In fact, a number of the McGovern reporters, including Adam Clymer of the Baltimore *Sun* and Dean Fischer of *Time*, moved to the White House beat after the election. Their presence did not noticeably change the quality of White House reporting.

CHAPTER XV

The Black Hills

SINCE RICHARD NIXON was declining nearly all invitations to share the pleasure of his company with the electorate, the only real Presidential campaign belonged to George McGovern. McGovern's campaign did not officially begin until the second week in August, but soon after the Democratic Convention adjourned, in mid-July, McGovern retreated to his home state of South Dakota for two weeks of rest and strategy-planning. Good Senator that he was, he had been persuaded to take his working vacation in the picturesque Black Hills in hopes that the tag-along press might boost South Dakota's flagging tourist industry.

McGovern installed himself and a skeleton staff in comfortable cabins hard by Sylvan Lake, in a wooded area at the top of a hill. The press was parked eight miles down the hill in metropolitan Custer, S.D., a tourist paradise that contained antique shops and Indian souvenir stores—everything but the requisite snake ranch. The reporters were billeted in the Hi Ho Motel, a modern, Holiday Inn-type establishment which was nevertheless overwhelmed by the arrival of thirty-odd national reporters. It was the kind of a place where the desk clerk kept asking for autographs and the chambermaid walked on air for two weeks because she had made Harry Reasoner's bed. There were no phones in the rooms, a fact which disturbed some of the reporters. But the McGovern staff pulled a bed out of one of the suites, hooked up twenty phones and a defective Telex machine, which received but could not transmit messages, put a big table in the center, and called it a pressroom.

Once a day, McGovern's press secretary, Dick Dougherty, pulled into the parking lot outside the pressroom and stood in the hot sunshine, dressed in a denim jacket, telling the press what McGovern had eaten for lunch and how many sets he had played with the tennis pro he had imported from Washington. The relaxed routine was perfect for a group of people who were still recovering from the sleepless madness of the Convention. The reporters played tennis, canoed, took long drives to inspect the scenery, or simply sat around the Hi Ho's swimming pool ogling the Secret Service lady in her bikini. There was a birthday party for McGovern, reminiscent of Muskie's birthday night but tamer. The staff somehow conjured up a White House-shaped birthday cake, and Jim Naughton talked Dick Stout into coming out of retirement to do another stand-up routine. "The Senator went to Mt. Rushmore for a measurement," said Stout. "The sculptor will be instructed to comb the rocks forward on the head." McGovern smiled wanly.

During the first week in Custer, a new nucleus of "regulars" emerged, and they remained the central figures in the McGovern press corps for the rest of the campaign. Besides Naughton and Stout, there were Doug Kneeland, Adam Clymer, and Bill Greider.

Doug Kneeland was a *New York Times*man who had given up a good desk job in New York for a chance to move to the San Francisco Bureau, where he could produce the kind of human interest stories he most enjoyed writing. He was an energetic man who spoke in a sharp, pinched Maine accent; he had long, shaggy black-and-grey peppered hair, which he was constantly pushing out of his pouchy face. In July, he and Naughton were assigned to cover the McGovern campaign as a team; Kneeland would write one day, Naughton the next. At first, many of the other reporters scoffed at this system. It was a typical example of the *Times'* extravagance, they said, to assign two full-time reporters to the campaign when every other paper got along with one. But toward the end of the campaign, when everyone began to crumble from exhaustion, the reporters admitted that there was some wisdom in having two men on the plane.

Adam Clymer, a priggish, pear-shaped reporter for the Baltimore *Sun*, joined the McGovern party in the late spring. A shy man, he communicated most easily by griping. He bitched incessantly about everything—the food, the accommodations, the staff, the press operation, and the campaign in general—but he obviously reveled in all of the rituals of the campaign. A president of the Harvard *Crimson* during the fifties, he had since distinguished himself on the *Sun* with his reporting on India, Moscow, and the Department of Justice. Despite his proven journalistic competence, he remained moody and insecure; more than anyone else in the press corps, he seemed to derive his whole identity from being a campaign reporter. He seemed to love the dozens of ways in which the campaign made the press feel *important;* they had special phones set up for them at every stop, they had entrée to backstage areas, they were men apart. This was his first Presidential campaign, and he clearly longed to be a member of the Inner Circle, to receive the approval of his peers. To this end, he took great pains in writing satirical pool reports for his fellow reporters. After a while, he was accepted as a "character" and a wit.

The most extraordinary reporter on the McGovern campaign

was Bill Greider of the Washington *Post*. Greider grew up in a little town outside Cincinnati, went to Princeton in the same class as Johnny Apple, tried to make it as a playwright in New York City, and ended up writing for a small paper in Wheaton, Illinois. "In a town that small," he said, "you really learn in a hurry that if you're gonna kick somebody, you'd better kick him fairly. Because if you don't, he's gonna be leaning over your desk the next day, hollering at you and canceling all his advertising." From Wheaton, he went to Louisville and then to the *Post*, where he gained attention for his superb coverage of the Calley trial. The editors at the *Post* talked him into covering McGovern almost against his will, for he liked neither the high pressure nor the pack quality of campaign reporting. "My real vision, which I sometimes lay on the editors to their horror," he said, "is to find some backwater college and teach journalism there and get a farm and fuck the whole business." After doing a few campaign pieces in the spring, Greider joined McGovern full-time in the Black Hills.

Greider was a tall man with a long, sad, big-eared Lincolnesque face and the rumpled appearance of a man in a Matthew Brady photograph; he always looked as if he lived in the age before dry cleaning. His black Corfam shoes were permanently scuffed, his herringbone suit had lost its shape long ago, his collar was always open, his tie undone, his receding brown hair falling down around his ears; once he walked around for an entire day with a splotch of catsup on his shirt front.

Unlike his fellow reporters, Greider did not constantly, nervously check his watch. He didn't have a watch. Every night during the fall campaign he would leave a wake-up call with the hotel operator and every morning he would awaken with the first light, groggily thinking: *Those bastards, they forgot to phone me. It's ten o'clock and the buses are gone and they fucked me.* Then he would lie in bed stewing about it, wondering whether he should phone the hotel operator and find out what time it was. This phenomenon helped explain the fact that he always looked tired. But he never bought a watch.

Greider was restless with conventional journalistic formulas. His model reporters were the correspondents of the Civil War. "Have you ever read any of the reporting from the Civil War?" he asked one day. "It would blow your mind! Great stuff. Very partisan, most of it, as you might expect in that situation, but they had none of the mechanical crutches that we're given. The editors would just put some guy on a train and say go on down and find out where the army is and tell us about it. And these guys were essentially writing letters back which might be two or three weeks old by the time they got in print."

Many of Greider's articles read like letters. They described the temper of the campaign, reflected the shifts in mood, articulated the doubt and ambiguity that the press and staff often felt in judging the day-to-day events. "Who knows what the public at large is deriving from all this?" Greider wrote at one point in the fall. "Does the candidate seem more human, more tuned to their bread-and-butter hopes and fears? Or does he seem more frantic and weak?" With the possible exception of Wooten, no reporter on either side of the campaign was as comfortable with ambiguity as Greider.

He was the master of the "soft" lead, backing into his stories with a vignette or a piece of "color" rather than pegging them on the latest press release or most recent speech by McGovern. In September, for instance, he began an article:

> In the cool nights that end summer, visual bedlam follows the man through the noise of the crowds, a wild careening of glaring lights and darkness, pushing past a web of shadowy faces.
> Then, suddenly, all of the light is on McGovern, standing at a rostrum alone, beneficiary of the spotlight and prisoner, too.

The *Post* encouraged this approach, although the editors sometimes kidded Greider about it. Greider would phone the national desk from some distant pressroom to say that he was about to file his piece via Western Union, and the man on the desk would say, "Okay, Bill, just so you don't have any substance in your lead." Of course, his stories were full of substance, but they also contained a deep compassion for McGovern; Greider saw McGovern as a complex, interesting man, not as a dull-witted fumbler, and this view helped to enliven his pieces.

He took great care with his writing. When he had to write a conventional spot story, he never worried; he could come in late and "blow it out." But he sweated out the longer meaning-of-the-campaign stories. While working on a longer story he would stop drinking and grow tense. When he finally finished it, he would float around in a kind of mystic high for a day.

WHEN Greider, Stout, Kneeland, Clymer, Bruce Morton, David Schoumacher, John Dancy and all the other reporters arrived in the Black Hills, they expected no deep insights into George McGovern or into the workings of his campaign. They had no idea that within a few days, the Thomas Eagleton affair would bring out one of McGovern's greatest problems: he did not understand how he would look in print, just as a neophyte actor is not prepared for the effect that his performance will have when projected on a screen. "He never got a focus on how his actions as a candidate translated to the people out there," Greider said later, and that turned out to be as good an epitaph as any. The classic example was the way in which McGovern handled the press during the Eagleton mess.

The Eagleton story took the reporters by surprise, and they were so deeply settled into the tempo of boondoggle that it took them nearly a day to get revved up. On Tuesday, July 25, Eagleton, McGovern's running mate, was scheduled to drop into Custer on his way to the West Coast and hold a ceremonial press conference with McGovern. They would pose together for photographers and express mutual admiration. The prospect of such a press conference did not excite the reporters, but late Tuesday morning they dutifully drove up the hill in their rented cars and assembled in the little pine-paneled recreation cabin adjacent to the Sylvan Lake

Lodge. They stood around chatting idly and waiting for the candidates. A few of them declared their intention of leaving the next day; nothing was happening and the tedium was getting on their nerves. Noon came, and still no sign of Eagleton. The TV men grew slightly annoyed; they had helicopters waiting in a nearby field to take the film to Rapid City, and it was getting precariously late.

Then Tom Eagleton arrived, was introduced by McGovern, and announced that he had been hospitalized three times for "nervous exhaustion and fatigue." The reporters asked him embarrassed questions. Eagleton admitted that he had twice received electroshock therapy. Then McGovern said he would discourage any talk of dumping Eagleton.

Given the surroundings, these disclosures did not seem terribly momentous. Some tourists who had snuck in were milling around the back of the room. A sultry breeze was blowing through the screen door. A dog tied to a tree outside was barking. When the press conference was over, Harry Reasoner bet someone that Eagleton would be off the ticket within the week. Not many people agreed with him. Eagleton had seen a shrink, so what? It would blow over. The only drama of the day consisted of watching John Dancy and David Schoumacher dash out of the room to do their hasty stand-ups and throw the film at the chopper pilots.

That night, however, the Western Union Telex in the Hi Ho pressroom began to erupt. Since the pressroom Telex was the only such machine for miles around, it received all telegrams addressed to Senator George McGovern. So the reporters were able to take an instant reading of the public reaction simply by sitting around the clattering Telex and reading each wire as it appeared. The telegrams overwhelmingly damned Eagleton. "Listen to this one," a reporter would say. "DO YOU WANT NUT FOR VICE PRESIDENT. DROP EAGLETON." McGovern's two young press aides, Carol Friedenberg and Polly Hackett, would look at their nails and pretend not to hear.

*   *   *

EARLIER THAT DAY, just after the press conference, Carl Leubsdorf had seen Tom Ottenad of the St. Louis *Post-Dispatch* going into McGovern's cabin for a chat with the Senator. Ottenad was about to join Eagleton in California, and since he represented the biggest paper in Eagleton's home state, McGovern had granted him an interview. When Ottenad and McGovern came out of the cabin and drove off, Leubsdorf followed them to their destination, which turned out to be the tennis courts. Leubsdorf walked over to McGovern and asked whether he could ride back from the courts with him. McGovern said yes. That was his first mistake. But it was typical of McGovern. "You know how he was," Leubsdorf later told me. "If he saw a reporter he knew, and the reporter asked him a question, he'd go right ahead and answer it."

While McGovern played tennis, Leubsdorf sped down the hill to get his tape recorder at the Hi Ho. He found that it was in use. Gregg Herrington, the young AP backup man, was playing a cassette of the press conference for a group of reporters in the pressroom. Leubsdorf couldn't announce that he was about to grab McGovern for an exclusive interview, so he made up a little story in the best *Front Page* tradition. He said that he needed the tape recorder back so that the McGovern people at Sylvan Lake could make a transcript of the press conference. Then he drove back up the hill to meet McGovern.

During the ride from the tennis courts to McGovern's cabin, which took place in a violent hailstorm, Leubsdorf asked the Senator what he thought the public reaction to the Eagleton disclosures was going to be. "We'll have to wait and see," said McGovern. So Leubsdorf wrote a "roundup" piece for the next day's afternoon papers, saying that McGovern was keeping Eagleton and was going to "wait and see" about the public reaction.

The next morning, when word of Leubsdorf's story hit Custer, two groups of people immediately freaked out. First, the press blew up at Dougherty. As usual, Adam Clymer screamed the loudest. "This place is becoming a jungle," he said. The others chorused him. They wanted no more exclusives. Either everybody saw McGovern or nobody saw him.

Meanwhile, some people on McGovern's staff—it has never been determined which people—became very upset over Leubsdorf's story. They thought it implied that McGovern was wavering in his support of Tom Eagleton. Leubsdorf claimed that the story did not imply this at all, that it merely reported McGovern's flat statement that he was going to "wait and see" the public's reaction. Nevertheless, late on Wednesday morning, Dougherty telephoned Carol Friedenberg in the press-room and dictated a statement from McGovern. She typed it and taped it to the door of the pressroom. It summarized the Leubsdorf story, called it "utterly untrue," and then said that George McGovern was "1,000 percent for Tom Eagleton." No one has ever determined whether the statement was written by McGovern or whether some staffer wrote it and McGovern merely approved it. McGovern never said the words in person in front of a press conference, and it later seemed odd that he should have made such a statement at a time when newspaper editorials and party opinion were damning Eagleton and when McGovern clearly *was* wavering in his support of his running mate. Perhaps somebody on the staff panicked in the face of a press mutiny and decided to placate the angry reporters with a perfect nugget of a quote.

Soon after the "1,000 percent" statement appeared on the door of the pressroom, Carl Leubsdorf underlined certain sentences and wrote in the margin, "Not correct. AP story did not say that." By that time, however, the debate over whether the AP story had really portrayed McGovern as backing away from Eagleton was entirely academic. What mattered was that McGovern had furnished the reporters with a perfect spot story —before evening every reporter in the Hi Ho had seen the statement and filed on it. And in trying to deny a relatively harmless wire story, McGovern had branded himself with one of those little catch-phrases that voters never forget. Richard Nixon, with his hard-won knowledge of the media, would doubtless have known better than to stand 1,000 percent behind *anything* in the middle of a hot public controversy. But McGovern apparently did not.

What made McGovern's statement doubly incredible was that two days later, on Friday, he decided to dump Eagleton. And he chose to use the press to send Eagleton the bad news. McGovern's first step was to try to plant a not-for-attribution story with Jules Witcover to the effect that Eagleton was going to get the ax; McGovern evidently hoped that Eagleton would read the story in the Los Angeles *Times*, take the hint, and resign from the ticket.

On Friday afternoon, Dick Stout of *Newsweek* and Dean Fischer of *Time* were sitting in the pressroom when one of the telephones rang. Carol Friedenberg, a young red-headed press aide answered the phone, said "Yes, Senator, I'll see if I can find him," and ran out of the room. A minute later, Jules Witcover dashed into the room, out of breath, and picked up the phone.

"Yeah, Senator . . . I'm fine," said Witcover. "Sure . . . When? . . . six? Sure, Senator . . . goodbye."

When Witcover hung up, Stout went over to him and asked, "What are you going to do, Jules? Why are you going up to see the Senator? And six o'clock on what day?"

"Oh, uh, today," Witcover said nonchalantly.

"Well, *why?*" asked Stout.

"I don't know really," said Witcover. "He just wants to talk. Has something to do with the last chapter in my Agnew book. We've talked about it before."

"Well, what's the last chapter? I don't remember it," said Stout, who hadn't read the book.

"Well," Witcover hesitated. "It's about the importance of the whole process of selecting the Vice President."

Stout and Fischer immediately set up an appointment to see Witcover after the interview. It was deadline night for both of them; neither wanted the other to get a newsbeat. "I'm not going to let you out of my sight," Fischer said to Stout, a little apologetically. That evening they ate together at the Sylvan

Lake Lodge. It was the beginning of a strange, symbiotic friendship. The two had close to nothing in common. Fischer, a tall blond, who with his horn-rimmed glasses bore a slight resemblance to the actor Michael Caine, was a silent man who occasionally flashed the tight, cryptic smile of a hatchet murderer; he seemed the complete opposite of the voluble Stout. But their jobs were sufficiently similar to make them professional twins. Without saying anything, each knew all about the other's work life. They often ate together and rode together on the bus, and every Saturday, when no more copy could be filed, they compared notes.

They were not alone at the lodge that night. Dougherty had tipped Doug Kneeland and some of the other reporters that the Senator might come out of his two-day seclusion to have a buffalo steak in the Lakota Room. Bill Greider was there, too. Having just finished an article based on the fact that McGovern had stopped seeing the press, Greider had a premonition that McGovern would show up and ruin the piece. Adam Clymer was back at the Hi Ho waiting to cook a trout dinner for Kneeland and Greider, who had forgotten all about the date.

McGovern did dine in the Lakota Room that night. He sat at one table with his family, while the press sat at various other tables around the room. An organist played big hits of the forties. Everybody devoured buffalo steaks under a mural depicting "The Legend of the White Buffalo."

When McGovern finished his meal, he walked over and sat down with Greider, Bill Eaton of the Chicago *Daily News*, and a UPI man. Greider thought: "Well, gee, this is decent enough, the guy is just trying to do a little farewell number and make a little social chatter, and to let bygones be bygones." The reporters at the table were itching to broach the Eagleton matter, but no one wanted to spoil McGovern's evening. Then McGovern suddenly brought up the subject himself. He started talking about how a decision would have to be made, and it would be up to Eagleton to withdraw if public opinion ran against him. And McGovern's tone of voice implied that Eagleton was dead. "It slowly dawned on us," Greider remembers, "that we were the ones who were being used."

McGovern excused himself. "The reporters," Greider wrote later, "discussed briefly among themselves the question of whether it was proper to quote a casual dinner conversation. Very briefly. Then they took out notepads and began trying to reconstruct what McGovern had said. Ever so casually, they slipped off to the lobby telephones, no point arousing all those other reporters."

Meanwhile, McGovern went over to Stout and Fischer. They were joined by Doug Kneeland and Bob Boyd of Knight. McGovern repeated his observations on Eagleton, and Stout surreptitiously recorded it all on a tape recorder he was holding in his lap. When McGovern left, the Stout-Fischer group gathered around the tape recorder to try to pick out a few words from the overwhelming organ music. Then they looked around and realized that they weren't the only ones with the story. Kneeland headed for a phone. The only two in the lobby were being used, so he raced down the hill to the Hi Ho. On the way down he passed Clymer, who was steaming up to the lodge to find out what he had missed.

Later that night, Fischer and Stout cornered Witcover in the pressroom. He showed them the unattributed story he had just finished. "It was learned," the story said, that McGovern was going to dump Eagleton. Stout and Fischer knew exactly where Witcover had learned it, and they phoned the news to their home offices.

NOT THAT IT REALLY MATTERED what they phoned in—their files made up only a small part of their magazines' coverage of the Eagleton affair. *Newsweek*'s Washington Bureau chief, Mel Elfin, an old friend of Eagleton's, flew to California and interviewed him. Eagleton gave Elfin a lengthy, totally self-serving autobiographical monologue, to which *Newsweek* devoted most of its space. Since *Newsweek* had obtained an interview from

Eagleton, *Time* had to get one too. It was equally self-serving. Both magazines appeared on the day Eagleton resigned, July 31, but they helped to pump the public flow of sympathy for him.* The newsmagazines served as Eagleton's best forum for self-beatification, but not his sole forum. The newspapers gave Eagleton loads of straight coverage, thus allowing him to play the victim and to establish mental health as a red herring issue. The real issue, as *The New York Times*, the Washington *Post* and the Los Angeles *Times* pointed out in editorials, was the difficulty Eagleton had experienced in telling the truth. Eagleton's great victory over both McGovern and the press consisted in the agility with which he appropriated the hard news columns for his own designs—namely, to portray himself as a martyr for the cause of psychotherapy, a totally cured man who was wrongly suspected of being dangerously sick.

Long after Eagleton was dropped from the ticket, several reporters kept trying to clear up the mysteries of the Eagleton affair. They tried unsuccessfully to reconstruct the phone conversation, held during the Democratic Convention, in which Mankiewicz had asked Eagleton about his possible disabilities. They tried in vain to pry loose Eagleton's medical records, which were locked in a safe in St. Louis. Bill Greider attempted to follow up a rumor that had Eagleton's doctors telling McGovern on the phone: Eagleton is a very sick man but he doesn't know it, so you can't tell him. But Greider never was able to substantiate this rumor. No reporter effectively counteracted Eagleton's stunning week of self-promotion by writing a clean, fact-studded profile of the opportunistic, overambitious hack that Tom Eagleton was.

In any case, McGovern did himself no good that night at Sylvan Lake. He succeeded only in making himself look like a

---

* This sympathy had actually begun four days before, when Jack Anderson claimed to have "located photostats of half a dozen arrests for drunken and reckless driving." When Anderson failed to produce the photostats, Eagleton promptly became a victim of slander in the public eye and his stock soared.

sneak, a man who was trying to get the press to do his dirty work for him. He was hopelessly naïve to believe that Witcover's story would remain unattributed for more than a couple of hours among such a confined, rivalrous group or that the press would not write about his awkward efforts to slip a big story into an after-dinner chat. Richard Nixon would not have made these mistakes; the least that could be said for Nixon was that he had painfully learned how the press worked. He would have known that while you might hope to plant a story with one reporter at a time, you could not play such a cozy, informal under-the-table game with an entire pack of reporters.

The evening also revealed a new, disturbing side of McGovern, a side which some of the reporters had sensed but none had witnessed. Greider's "news analysis" in the *Post* of July 31 described it well:

"The South Dakota senator has always insisted that he is, above all, a pragmatic politican and his handling of the Eagleton crisis confirms this description. Beneath the exterior of the earnest and open man, there is a cautious tactician, more calculating than either his hard-boiled critics or his starry-eyed admirers have admitted." Greider went on to describe McGovern's table hopping in the Lakota Room and then wrote: "What McGovern did was either very slick or very clumsy. The people who watched still are not sure which."

Jim Naughton, who had spent the week back in Washington, was more severe. "In the Democratic primaries," wrote Naughton, "Senator McGovern managed to convey the impression that he was somehow not a politician in the customary sense—that he was more open, more accessible, more attuned to the issues and more idealistic than other candidates. But his reaction to Mr. Eagleton's disclosure may have seriously impaired that image."

CHAPTER XVI

Calling It
From 30,000 Feet

I T IS AN UNWRITTEN LAW of current political journalism that conservative Republican Presidential candidates usually receive gentler treatment from the press than do liberal Democrats. Since most reporters are moderate or liberal Democrats themselves, they try to offset their natural biases by going out of their way to be fair to conservatives. No candidate ever had a more considerate press corps than Barry Goldwater in 1964, and four years later the campaign press gave every possible break to Richard Nixon. Reporters sense a social barrier between themselves and most conservative candidates; their relations are formal and meticulously polite. But reporters tend to loosen up around liberal candidates and campaign staffs; since they share the same ideology, they can joke with the staffers, even needle them, without being branded the "enemy." If a reporter has been trained in the traditional, "objective" school of journalism, this ideological and social closeness to the candidate and staff makes him feel guilty; he begins to compensate; the more he likes and agrees with the candidate *personally*, the harder he judges him *professionally*. Like a coach sizing up his own son in spring tryouts, the reporter becomes doubly strict.

Most of the reporters who covered George McGovern in the fall campaign preferred him to Richard Nixon and ended up voting for him (if they voted at all). For just this reason, they were careful to be tough on him as *reporters.* The best example is Jim Naughton. In early October, Naughton went home for a couple of days. One of the things he did was go to the Registrar's Office in Fairfax, Virginia, and apply for an absentee ballot. To his surprise, he was allowed to fill out the ballot on the spot; after a minute or two of meditation, he voted for George McGovern and Sargent Shriver.

Naughton returned to the McGovern campaign almost immediately. Two days later, at a press conference in Chicago, McGovern accused the local Republicans of bribing Spanish-American voters to stay away from the polls in November. The reporters pressed McGovern for details, but he failed to provide any evidence to back his charges. Just as the press conference was about to end, Naughton raised his hand and asked a final question.

"Senator," said Naughton, "you've made a fairly serious charge about Republican involvement in this nefarious activity, but you haven't given us any details and you haven't told us where details can be obtained. As a student of history, how do you distinguish what you are doing from what Joseph McCarthy used to do?"

There were groans and startled glances from Naughton's fellow reporters while McGovern fumbled for an answer. To Naughton, the question seemed perfectly fair. But later, he had qualms about the *tone* of the question. "In looking back on it," he said, "I wonder whether I would have been as cutting, as direct, and as vicious in my question if I had not voted for McGovern a couple of days before. I think I may have been tougher on McGovern after that."

When the press conference ended, Dick Dougherty was furious at Naughton. "That's the last time I ever get *you* recognized after the time has expired," the press secretary said. Naughton believed that Dougherty "never forgave" him for having asked the Joe McCarthy question. But by that time, Dougherty was already fed up with the press in general.

Dougherty had been a fine journalist himself (New York Bureau chief for the Los Angeles *Times*), a vice-commissioner in the New York Police Department (public relations division), and the author of four good novels. He looked like a dapper Irish detective, with steely grey hair curling back from his forehead and a cigarette constantly hanging from his lips. He spoke in a growl, which grew more pronounced when he referred to the press. On one occasion he threatened to punch several reporters in the nose. Another time, he warned a group of reporters that they were writing their own obituaries by "sucking up to the moral runts in the White House." He was convinced that the campaign reporters were portraying George McGovern as a "sneaky bumbler" when they knew all the while that McGovern was really a sincere, honest, capable man.

"I would guess that 90 percent of the news people who covered McGovern voted for him,"* Dougherty wrote in *Newsweek* after the election. He continued:

> Why, if that was their ultimate judgement of him, could they not pass that judgement on to the public? Hard news

---

* Naughton later estimated that 95 percent of the reporters on the plane voted for McGovern. "But I suspect that many of them felt as I did—that they weren't exactly eager to do it," he said. "Most of us have not been terribly fond of Nixon. At the same time, McGovern did not seem to demonstrate in his campaign an overwhelming capacity for administrative ability, and the Presidency *is* an administrative job, after all."

wouldn't let them. It wouldn't have been objective reporting. You can write about a candidate who is being sneaky and bumbling: that's objective reporting. But you can't write about a candidate who is being kind and forgiving: that's editorializing. Curiously limited objectivity, isn't it?

Dougherty went on to endorse advocacy reporting: only if the reporters let their feelings show could they give a true picture of a candidate. The reporters who read Dougherty's piece when it came out two months after the election enjoyed the prose style but did not take the content seriously.

DURING THE CAMPAIGN, Dougherty had not been highly regarded as a press secretary, for he was seldom around when the reporters needed him. Unlike Ronald Ziegler, he was not interested in running a perfect public relations operation; he had been too good a journalist to stomach easily the prospect of becoming a great flack. During the summer, he gradually promoted himself to the position of personal adviser to the candidate. Whenever the reporters saw a shot of McGovern on the evening news, Dougherty would be right at his side, and a great chorus of jeers would go up from the reporters.

One night in early September, on a long, hot bus ride from New York City to Waterbury, Connecticut, Jules Witcover began talking about Dougherty. Witcover was sitting in the back of the bus with Tom Oliphant, a skinny, bespectacled twenty-six-year-old reporter from the Boston *Globe* who was known affectionately as "The Kid."

"Dougherty said with a straight face that this was less bother for us than riding out to La Guardia and flying up to Connecticut," said Witcover.

"Yeah," said Norm Kempster, a UPI man sitting across the aisle, "but Dougherty's making a big sacrifice and flying up with McGovern in a chartered plane!"

"Have you ever seen Dougherty on a press bus?" asked Oliphant.

"Not lately," said Witcover. "You know what we ought to do? We oughta give Dougherty a tour of the bus." Witcover enthusiastically sketched out a scenario. First, they would muster all the reporters outside some hotel one morning. Then they would introduce Dougherty as if he were a total stranger— "You've seen him on TV, here he is in person!" Finally, they would give Dougherty a floor plan of the bus, show him where each person sat and how the reporters worked. Witcover and Oliphant decided to leave the execution of this plan to Jim Naughton, who was building a quiet but solid reputation as the most efficient prankster on the bus. Naughton never carried out the scheme, but he did author a memorandum to Dougherty, which was signed by all the regulars on the bus. The memo suggested, among other things, "that the presence of the press secretary on press buses and at access points would be of more benefit to us than the knowledge that he is supervising crowd control." The reporters didn't want a great writer for a press secretary; they wanted a Vic Gold, a fussbudget who always knew where to find the phones and the pool cars.

Later on the bus ride to Waterbury, Gordon Weil came aboard and tried to hold a briefing. Weil, the Senator's personal aide and the alleged author of the thousand-dollar-a-head welfare proposal, was an officious man with curly black hair, goggle-type glasses, and close to no sense of humor. Earlier in the fall, Weil had thrown a well-publicized tantrum because he had been confined to the Washington headquarters when he wanted to be traveling with the Senator. After Weil calmed down, they let him come on the plane. The night Weil joined the campaign, Naughton organized a demonstration in his honor. When Weil got off the elevator in the Minneapolis hotel, he saw the whole press corps lined up in the corridor, waving hand-made posters with slogans like "Gordon Bugs Everybody" and "Where's My $1,000, Gordon?." They were also singing a song (lyrics by James Naughton) that went in part: "You were number one/ When this all begun/ And now ... you're ... shit."

Now, on this sultry September evening, Weil decided to brief the press on an economic statement of McGovern's which had been handed out earlier in the day. In New York City, he boarded the first of the two press buses which were going to Waterbury and started to speak over the PA system. Stout, Greider and some other reporters were playing bridge on an upended garbage can in the aisle, and they found Weil's spiel pointless and annoying. So they stopped the bus and made Weil get off. The second bus picked him up. He stood in the dimly lit front section and asked: "Do you want a briefing?" One AP man put up his hand.

"What?" said Witcover.

"An economic briefing," Oliphant explained. "Shit, of course we want it, with all the fudge in that release."

"How does McGovern's plan differ from Nixon's Phase II, Gordon?" asked Norm Kempster of the UPI. "In a practical way, I mean."

"Real action," said Weil. "There would be real action."

Kempster gave a skeptical nod, Oliphant laughed, and Witcover said, "Right!"

Weil kept talking about the statement and said, "Food prices are not a dominant factor in inflation."

"Grind that up in your hamburger, Gordon," somebody yelled.

"Boy," said Oliphant, "I've heard bullshit before but this takes the cake. I can't believe Gordon checked this out with anybody in the campaign before giving this briefing. We deserve to have a press conference on this."

"I don't understand what he's proposing," said Kempster, "but it sounds the same as Nixon's plan to me."

And so the briefing broke down in confusion. This was not entirely typical of the briefings in the McGovern campaign; Dougherty and Mankiewicz often briefed the press with humor and smooth professionalism. But the point was that such a scene would never have taken place on a White House press bus. No one would have dared throw Ron Ziegler off a press bus or treat him with such patent contempt. The White House press operation was manipulative, frustrating, and sometimes downright evil; but it was always professional. From Nixon on down, the people in the White House knew the art of feeding news to the press at a proper digestible rate, doling out just the right amount at the right time. The McGovern people never mastered this technique. McGovern's press secretary was never around. There never seemed to be enough filing time. Reporters who had to write in the afternoon kept getting assigned to afternoon pools.

Frank Mankiewicz constantly complained that the reporters never wrote about the issues. They wrote about staff problems and Democratic county chairmen who refused to support McGovern, he said, but never about McGovern's ideas on health care and pollution. Mankiewicz claimed to have answered 10,000 questions in the course of the campaign, only seven of them about a real issue. This was a valid point, but the reporters had a valid problem: they were swamped with prepared texts, *but McGovern did not deliver many of these speeches*. On a typical day, the press would receive a statement on anti-trust policy and another on veterans, both of them provocative treatises by McGovern's most eloquent speech writers. But then McGovern would scrap both statements in favor of a new blast at the Administration over the Watergate affair, and the reporters would have to devote all of their space to the Watergate speech. This frustrated the good reporters, but there was nothing they could do about it. The Nixon people would have carefully scheduled the statements so that each one received maximum coverage.

Dick Dougherty claimed that McGovern "conducted the most open campaign for President in history." Here a distinction must be made. It is one thing for a candidate to see the press frequently and answer their questions honestly, which McGovern tried to do, thereby providing an admirable contrast to the reclusive Nixon. However, it is another thing for a campaign staff to talk openly about its problems, feuds, and discontents. That is the political equivalent of indecent exposure, and the McGovern staffers indulged in it with a relish that bordered on wantonness. While the Nixon people, by keeping their mouths tightly shut, managed to keep the lid on the largest political scandal in American history, the McGovern people, by blabbing, succeeded in making their campaign look hopelessly disorganized and irresponsible.

One could not blame the reporters for writing that Lawrence O'Brien and Gordon Weil were threatening to quit—that was just the sort of Teddy White stuff that their editors were demanding. Nor could one blame them for finding George McGovern highly unprofessional; he could not even make his own advisers stop preening their wounded egos in public. And so a certain disrespect grew up among the press corps. They disdained McGovern not only because he seemed a likely loser —although that had something to do with their attitude—but also because he displayed a lack of professionalism. "From the beginning of the fall campaign, when we flew off from Washington on September 3," said Dick Stout, "nobody ever dealt with McGovern with much respect, as though he might be the next President. It wasn't that loose with Goldwater in the fall of 1964; he was a loser too, but they showed him more respect."

AND YET, FOR ALL THEIR IRREVERENCE, the campaign reporters on McGovern's plane remained curiously reluctant to write him off as a loser. Perhaps this attitude stemmed from a desire to be fair, to offset the pollsters and national editors who seemed so certain of McGovern's defeat, who seemed almost to be setting up a self-fulfilling prophecy. (Late in September, Greider returned to the *Post* for a day and told his editors he thought McGovern might have a chance. "They looked at me as if I had been smoking something," he said.) Then too, the reporters were as isolated as a bunch of submariners, trapped in the world of the press plane, seeing the enthusiastic crowds at the rallies and living with the intermittently manic McGovern staffers. This isolation nourished their atavistic urge to be with the winner, to write the upset story of the century. They kept talking of the election of 1948, of how the campaign reporters with Truman had been blind to the meaning of all those cheering crowds . . .

The first journalist to suggest in print that McGovern had a chance was Mary McGrory, the Washington *Star*'s liberal political columnist. Like several other reporters on the plane, Mary McGrory was a renegade from the conservatism of Boston's parochial schools. She had a plain Irish face, a regal manner, a mighty ego, and a taste for oversized earrings in the shape of coral clusters and alpha-helixes. She was fifty-five, but looked ten years younger. She had risen to prominence covering the ascension of John Kennedy, and had become his close friend in the process; indeed some of the amateur psychologists in the press corps claimed that she had fallen in love with Kennedy, and had transferred these feelings to every new hero of the Left since his death. Certainly she had written passionately about Eugene McCarthy in 1968, and now she was a deep believer in George McGovern. In California, just before one of the Humphrey-McGovern debates, I mentioned to her my feeling that McGovern might lose the primary. She gave me a scorching look. "Oh ye of little faith," she said.

At times, she could be more imperious than Joseph Alsop. On one of the last nights of the campaign, as everyone trooped off the planes onto the tarmac of the Little Rock airport, only Mary McGrory noticed the small crowd at the fence. "Frank, Frank," she shouted, running after Mankiewicz. "Make him go over there! Christ, it's one-to-one and it won't take a moment." So McGovern went to the fence and drank in the adoration of the blacks and college kids who had been waiting for hours to see him. She watched them reaching for his hands and glowed with happiness.

Besides being a believer, she was a first-rate reporter. Her columns were full of facts and incidents that appeared nowhere else, the fruits of her hard digging. She slaved over her prose, which was invariably bright and witty. The men on the plane, who were not necessarily friends of the feminist movement, automatically treated her as an equal. The last man to treat her as an inferior had been James Reston, who offered to give her a job in the Washington Bureau of the *Times* on the condition that she work part-time on the switchboard—her reply was probably still burning in his ears.

ON OCTOBER 22, MCGRORY WROTE A COLUMN WHICH BEGAN: "Detroit—Here in Michigan, they have failed to get the word about the Nixon landslide. They're talking victory—not big, not easy—but victory for George McGovern." She had been impressed both by the United Auto Workers' drive for McGovern and by the high-powered McGovern canvassing operation. She knew the state coordinator, Carl Wagner, from the primaries, and Wagner had showed her the canvassing results for the Polish working-class town of Hamtramck:

McGovern—263
Nixon—68
Leaning to McGovern—85
Undecided—107

McGrory concluded that "something was happening in Michigan" and that if the same thing were happening in other industrial states "the mandate could be something less than the size of Mt. Rushmore in November." Privately, she went beyond this prediction; she was convinced that McGovern was going to win the election.

The day after the column appeared, Nixon made his short trip to Westchester, and I saw Mary McGrory on the White House bus to Andrews Air Force Base. No sooner had she found a seat than she got into a long argument with Rebecca Bell of NBC, who was skeptical about the Michigan piece. "Carl Wagner is twenty-seven," I heard McGrory say. "He's too young to lie. They've never lied to me before. Maybe they're starting now but I don't think so."

During the Westchester motorcade, McGrory sat in the back

of the bus looking out the window and counting the pro-McGovern posters with mounting glee. When the bus passed five people holding up a long "Nixon in '72" sign in front of a car sales lot, she said, "Used car place, it figures." Seeing Nixon aide Bill Safire, she confidently asked him, "You don't get any bad vibes? Those registration figures don't worry you? We hear a lot of new voters have been signed up in Westchester County. We don't know whether they're ours or yours."

But in the next two weeks, McGrory began to worry about her Michigan column. "I've taken more grief for that article than for almost anything I've ever written," she said. Traveling briefly with Agnew in Michigan she met Senate Republican whip Bob Griffin who told her, "You're all wrong." She began to talk about it obsessively with her friends on the McGovern plane. During the last week, she phoned the *Star* from an airport pressroom in Corpus Christi, making monster faces throughout the conversation. "At the *Star*," she said when she hung up, "they called a Hamtramck source who told them I was completely wrong. And they told me so, they made it very clear how they felt. If McGovern loses, I'm moving to Ottawa. I mean, I really went out on a limb and it could be very bad."

THE SAME WEEK MARY MCGRORY VISITED DETROIT, Adam Clymer went to Freemont, Ohio, for a couple of days to sample popular opinion. He returned to the campaign plane with good news for McGovern. Knocking on doors, Clymer found sixteen people for Nixon and only two for McGovern. But polling on the street, where people were anonymous, he found sixteen for Nixon and twelve for McGovern. Clymer concluded that people were scared to tell pollsters that they intended to vote for an unpopular candidate, especially when they were at home, where they could be easily identified. This was the same theory that McGovern's own pollster, Pat Caddell, was pushing at the time, and not everybody bought it. "Hell," Dick Stout said later, "the Goldwater people tried that kind of reasoning in '64. But there was Clymer passing this off as great evidence that McGovern was really surging. He just *wanted* McGovern to win."

During the last week of October, Jim Naughton also began to feel optimistic for McGovern. Returning from a rally outside Detroit one night, he leaned across the aisle of the press bus and in confidential tones told Stout, "He's gonna win."

"Who's gonna win?" said Stout.

"McGovern."

"You got facts to back this up, you got any evidence?" demanded Stout. "Or are you just saying this from the elbows?"

"Oh, it's just from the elbows," Naughton said quickly.

"Well, you want to bet on it?" asked Stout.

"Well," said Naughton, "if you put it that way, no."

Naughton kept going hot and cold about McGovern. During the first week of October, he thought McGovern might win; during the second week, no; during the third week, it was barely possible. There were so many entrails to read—the crowd response, McGovern's mood, the polls, the testimony of the staff, and the reaction of Naughton's wife. Naughton considered his wife an accurate barometer of the mood of the Republic. At first, she had been ready to vote for Nixon, so angry was she at the dumping of Eagleton; then she was going to vote for no one; finally she had decided to vote for McGovern because of the Watergate scandal. So Naughton thought that the Watergate affair might be sinking in at last, and he also thought the fact that McGovern had received nearly a million dollars in contributions in one day signaled a turnabout in the campaign. He had, in fact, bet someone in the *Times'* Washington Bureau that McGovern would come within five points of Nixon. And Doug Kneeland placed a bet putting McGovern within two points of the President.

During the last weeks of the campaign, Naughton wanted to write a piece about the signs pointing to a possible McGovern victory, but he was loath to make any solid predictions. If McGovern lost, Naughton would look like a fool. His problem was finally solved when the *Times'* Anthony Lewis appeared on the campaign plane with the page proofs of a book by Arthur Tobier called *How McGovern Won the Presidency and Why the Polls Were Wrong*. That gave Naughton the hook he needed. He struggled over the piece for nearly six hours one night, searching for the right tone. In the end he settled on whimsy. "Walt Disney built an empire out of fantasy and in it, at a campaign rally in the Disneyland Hotel here yesterday, Senator George McGovern predicted that he would win the Presidency on Nov. 7," Naughton wrote in the *Times* of October 29. He went on to treat the book and other pieces of evidence in McGovern's behalf as freak exhibits which were nevertheless worthy of interest.

Adam Clymer never committed himself in print, either, and Mary McGrory survived the election without dire consequences to her career. But the fact that these people thought that McGovern had a chance to win showed the folly of trying to call an election from 30,000 feet in the air. "Those guys thought that at the very least it was going to be close," a seasoned national political reporter said later. "So they misread the whole fucking thing from beginning to end. The interesting thing is that Dick Cooper, at least, was hurt by it." Dick Cooper, one of the regulars on the McGovern plane, was a blond, taciturn, pipe-smoking reporter from the Los Angeles *Times'* Chicago Bureau.

"They put Cooper on the plane at the very beginning and left him there until the very end," the national political man continued. "And apparently Cooper said in staff conferences, 'This guy's doing all right, he's got a shot.' So after the election, Jules Witcover quits and they're looking for a national political reporter. So what do they do? They hire the Supreme Court reporter from *Newsweek* and claim that he's got a national reputation as a political reporter. Which is absurd. I mean, the guy is smart but he doesn't have any reputation for covering politics. And they bring Cooper to Washington, but they don't give him the national political job. They put out the word that Cooper showed some very bad judgment during the campaign.

Well, I know what they're talking about. They're talking about Cooper saying that McGovern had a shot. What the fuck! They put him in a steel capsule for three months and then bring him out and say, 'Whaddya think?' Of course he thinks McGovern has a shot. It's just a lousy system, that's all."

CHAPTER XVII

The Last Days

THE REPORTERS attached to George McGovern had a very limited usefulness as political observers, by and large, for what they knew best was not the American electorate but the tiny community of the press plane, a totally abnormal world that combined the incestuousness of a New England hamlet with the giddiness of a mid-ocean gala and the physical rigors of the Long March.

There were two press planes, actually—the Dakota Queen II (named for the B-24 McGovern had piloted during World War II) and the Zoo Plane (etymology uncertain.)* Both were United Airlines 727's with all

*Since Presidential campaigns first took flight, the second

the "tourist" seats replaced by "first class" armchairs. The Dakota Queen II carried the Senator (who usually remained in his curtained-off working space at the front of the plane), the major staffers (who had an office complete with telephones, typewriters and mimeograph machines in the rear of the plane) and the journalistic heavies—the network correspondents, the man on duty for each of the wires, the reporters from the big dailies, newsmagazines and chains, and *both* of the *New York Times*men. Many days, they spent five or six hours in the air.

The atmosphere aboard the Dakota Queen II was informal but businesslike. The reporters with deadlines looming banged away at their portables; the others milled in the aisles, talking shop with each other and the staff, drinking, and sifting through the latest barrel of rumors. Every so often, McGovern wandered back to the press section, and the reporters piled up around him like ants on a crumb; small talk was made, pleasantries exchanged, nothing momentous emerged. After McGovern left, the reporters who had been at the fringes of the group hopped from seat to seat, trying to piece together the conversation. Sometimes, on long, mellow night flights, some of the reporters sang hymns or danced to a tape recorder in the rear compartment, but usually the Dakota Queen II remained staid.

The Zoo Plane carried the lesser staffers, the backup men from the networks and wires, the reporters from small papers, the cameramen and technicians, the bulk of the Secret Service and the occasional *persona non grata* like Bob Novak or Joe Alsop.

("Put him on the Zoo," Mankiewicz snapped one night upon learning of Alsop's imminent arrival. "I don't want to see him on the Senator's plane, I don't want him anywhere near there."

"Why not?" asked Polly Hackett, the press aide.

(or third) plane has always been known as the Zoo Plane. Apparently, this name derives from the large numbers of TV technicians who ride the second plane and who are considered slightly less than human by the print journalists.

"Because I'm liable to punch him in the nose, that's why," said Mankiewicz.)

A whole status system grew up around the two planes. The heavies—the men at the top of the pecking order—had permanent seats on the Dakota Queen II; therefore, these seats became symbols of journalistic glory. To sit with *The New York Times* and the Washington *Post* meant that you had arrived. To be banished to the Zoo Plane meant social disgrace. Reporters *begged* Polly Hackett not to send them to the Zoo Plane. A man like Adam Clymer would rather have traveled by dogsled. But more and more heavies showed up as the campaign progressed, so a number of reporters were bumped from the Dakota Queen II. Some took it badly and worried so incessantly about missing something on the No. 1 plane that they were unable to concentrate on their work. What made this all the more absurd was the fact that the Zoo Plane was ten times as much fun as the Dakota Queen II; the difference between the Senator's plane and the Zoo was the difference between Lent and Mardi Gras.

The Zoo Plane had the look and air of the poorest but wildest frat house on a Southern campus. There were posters and campaign totems everywhere—a cardboard skeleton labeled "Ms. Boney Maroney," a dandruff ad onto which had been pasted a picture of George McGovern with confetti in his hair, a Roosevelt and Garner poster, Polaroid snapshots of all the regulars, orange and black streamers for Halloween and, taped to the sides of the overhead racks, keys from hotels in every other city in America. Seven hundred fourteen keys, all of which were mass mailed at the end of the campaign.

The excitement of riding the Zoo Plane sprang from the fact that all rules had been totally suspended. As the plane took off on the first flight of the morning, half the reporters crowded into the galleys, mixing themselves Bloody Marys from the endless supplies of free booze. The cameramen were up front, letting loose spools of film, apples, oranges—anything that would careen wildly down the aisle of a plane that was climbing at 45 degrees. Meanwhile, as the FASTEN SEAT BELT signs still flashed their warning, other reporters worked their way up the aisle to fetch their own breakfasts and make more drinks. A Bach organ toccata swelled from speakers in the front of the plane. The Rolling Stones blared from the rear. The stewardesses had long since given up trying to control the situation. They were just happy to be along for the ride. Three of them were McGovern supporters. The fourth, slightly more old-fashioned, had a thing for Secret Service men and entertained no less than eighteen of them before the campaign ended.

You could do anything you wanted on the Zoo Plane; it was like smashing china at Tivoli. The network technicians were the most uncontrollably manic people on the plane, and with good reason—they were making upwards of $1,500 a week. They had constant wars with aerosol cans that shot long, sticky filaments of plastic. And it was the TV technicians who held one of the crew one night while a drunken lady journalist stripped him down to his boxer shorts, which were badly ripped in the rear. The rest of the crew locked the wretched man out of the cockpit until just before landing.

There were drugs on the plane, too, pot, hash, MDA, cocaine. And those who indulged in such stimulants swore that there was no greater thrill than standing in the cockpit as the plane came in for a landing, listening to the crackle of the radio, surrounded by green and orange dials, watching the bright blue lights of the runway rush up at the window as the powerful engines cut back. Then a United Airlines liaison man who called himself the Hippy Dippy Weatherman would launch into his jive weather report over the PA system: "Hey, baby, it's seventy-one degrees down here in L.A.—that's *sixty-nine* plus two!" Every night, the pilots played to an overflow crowd in the cockpit.

THE PLANES ALWAYS TAXIED to a carefully staked-out corner of the runway. After each flight, the campaign began anew. The arrivals were strangely like reunions. The Zoo Plane always landed first, and the TV crews stampeded for the taildoor, rushed out and set up their cameras. Then the Dakota Queen II landed, slowly rolled up beside the Zoo, and let down its rear door so that the reporters could disembark. There were greetings, new stories, fresh rumors, a curious delight at seeing these familiar faces in a new city.

Everyone would crowd around the front ramp of the plane in the drizzle, or sleet, or darkness, to await McGovern. Gordon Weil would rush down the ramp first, carrying the Senator's attaché case. After a pause, McGovern would appear at the top of the ramp with Eleanor, wave, make a statement and submit to questions while all the reporters held their Sonys above their heads to catch his words. Finally, Dougherty would cut off the questions: "That's it, that's enough. The Senator is late." Everyone would dash for the buses, which were waiting in a row. Then the motorcade would start off, with motorcycles roaring and police sirens screaming, and the buses would slice through the traffic of some great city; nobody would admit it, but it was more fun than riding a fire engine. There was all the noise, speed, pomp, and license that only a Presidential candidate could generate, and it was these things that gave the press the energy to survive the eighteen-hour days.

As the campaign unfolded, loose pairings emerged. Stout and Fischer. Naughton and Kneeland. Witcover and Mears. Adam Clymer and Bruce Morton, both Harvard men, both affecting disenchantment with the campaign. Morton claimed that he intended to vote for Benjamin Spock. At rallies, they stood together at the edge of the crowd taking shots at McGovern's performance. Frank Reynolds of ABC, on the other hand, found a friend in George McGovern, for they had similar problems with their teenage sons.

Other, romantic, pairings formed. These casual affairs produced at least three cases of the clap and one lawsuit—a stewardess, finding out on the last day of the campaign that her paramour was married, sued him for "illegal acts committed over the state of Iowa." The few serious affairs produced frustration. The men were invariably married,* if not to a woman then to the paper. There were inevitable arguments. *He* wanted them to go to *his* room, in case he got a call-back. *She* insisted on going to *her* room, in case *her* editor called. Eventually they would settle the quarrel, arrive at the room, and then he would suddenly remember he had to get the "overnight," the last handout of the day. He would run off to get it, find something he had to file, and return two hours later, barely able to keep his eyes open.

"My God," one of the veterans said of campaign romances, "all those tired men. It must be dreadful for the women."

THE CAMPAIGN LURCHED ALONG in ten-day cycles. Every week and a half, just as everyone on the plane was coming down with the flu and beginning to go crazy with boredom from listening to the standard speech, McGovern would return to Washington for a day. Most of the men would troop off to see their wives with mingled feelings of guilt, dread, and longing. "There's no way to win," said one of them. "Even if you're not screwing around, she thinks you're screwing around." At the very least, their wives were jealous of the freedom, the excitement, the sheer fun of the campaign. The men often felt badly about their neglected wives, or guilty because they had not thought to buy anything for the kids and so were forced to take them hotel soap for the third time; and the kids were growing disenchanted with Camay from the Sherman House. Some of the reporters were hopelessly torn between their professional duties and situations that cried out for them to be with their families; one man's wife had suffered a miscarriage, another's daughter was dying of an incurable disease, and a third had a mentally dis-

---

* Which gave rise to the West-of-the-Potomac-Rule: "Nothing that happens West of the Potomac is ever talked about East of the Potomac." The penalty for violating this rule, I was repeatedly warned, is lynching.

turbed son. And the campaign served as a kind of Foreign Legion for more than one man who wanted to escape from a shaky marriage or forget about a broken home.

Even the men with solid marriages suffered. Jim Doyle, for instance, believed that you couldn't survive the demands of the campaign if you didn't have a healthy family life to replensih your wasted spirits. One Saturday night, he tried to skip a rally in Spokane in order to get back to his family a few hours sooner. The *Star* told him he couldn't afford to miss the rally; something might happen to McGovern. He flew back with everyone else on the red-eye flight, getting home at 6 A.M. He woke his wife and they agreed that he would get up at 9 A.M. "But my daughters didn't wake me until ten," he said, "because I was out on my ass. Then they gave me a pitch about Was the job *that* important to me that I was never home? And I told them, 'Well, we have to eat, I have to make a living.' But they knew that was bullshit. And I realized that my wife had put the girls up to it as a joke, but I also knew that they were all really pissed at me and jealous of my time, and I didn't blame them for being pissed."

Doyle had breakfast with his wife and daughters, and they chatted and laughed all morning. Being a family of football fans, they watched the football game at one o'clock. At two o'clock, Doyle left to rejoin George McGovern, who was starting off on another ten-day swing.

IF YOU STAYED AWAY FROM THE CAMPAIGN for any period of time and then came on again, the first thing that struck you was the shocking physical deterioration of the press corps. During the summer, the reporters had looked fairly healthy. Now their skin was pasty and greenish, they had ugly dark pouches under their glazed eyes, and their bodies had become bloated with the regimen of nonstop drinking and five or six starchy airplane meals every day. Toward the end, they began to suffer from a fiendish combination of fatigue and anxiety. They had arrived at the last two weeks, when the public finally wanted to read about the campaign—front-page play every day!—and they were so tired that it nearly killed them to pound out a decent piece.

The reporters were trying desperately to write well, but it sometimes took them five minutes to think of the answer to a simple question. At filing time, everyone would suddenly become jittery and manic—smoking, crumpling papers, biting fingernails, shouting into phones, cruising on the last dregs of nervous energy—and then they would lapse back into catatonia. To do a decent job, they often had to stay up all night to finish a long piece, and there was no way to catch up on sleep. They were coming down to the wire—they had to save a few volts of energy to grind out long pre- and post-election articles. Yet all they could feel was numbness. McGovern, too, was pushing himself to the limits of his strength, pulling out all the stops on Vietnam and the Watergate affair, but through the haze of exhaustion all of his speeches sounded like one long echo of the same speech. The men had to force themselves to listen for new themes, new accusations.

During the last week, the press bus looked like a Black Maria sent out to round up winos; half the reporters were passed out with their mouths wide open and their notebooks fallen in their laps. When they were awake, they often wandered like zombies. On one of the last days of the campaign, Jules Witcover walked from the Biltmore Hotel to a rally in midtown Manhattan and had to be repeatedly stopped from sleepwalking into traffic against the red light. Bill Greider, perhaps the most exhausted man on the plane, had a strange habit of placing his arms by his sides, as if wearing an imaginary strait jacket, and walking around in circles. Toward the end, the only thing that stimulated Greider's adrenal glands was martial music, and he recorded the high school bands at every rally. Later, when he needed a shot of energy in the pressroom, he would turn up his Sony all the way and bang away at his Olivetti as "Onward Christian Soldiers" or "Happy Days" blasted out of the speaker.

*　　　　*　　　　*

THE EXHAUSTION OF THE FINAL WEEK drew the press together in a strange, almost mystic bond. It was as if the massed weight of fatigue had dragged everyone down into the same dream, where all emotions were electric but somehow inappropriate, and nobody could quite remember why all these people were flying all over America. The scheduling grew increasingly surreal—nobody could explain the long trips to Waco or Corpus Christi or Little Rock, deep in the hostile South. Why not Guam? Toward the end, an eerie serenity descended on McGovern, and he began to act like a man who was not only about to be elected, but beatified as well. Had he actually deluded himself into thinking he would win, or had he merely made his peace with defeat? The reporters couldn't figure him out, but their natural cynicism gradually turned into a kind of sentimental admiration. They liked him, and as his defeat became more and more certain, they felt it was safe to show their affection. They also began to realize how much they liked the way of life, the womblike protection of the plane, and how sorry they would be to leave it. They were tired, cross, and so overworked that they could not stand another second of the campaign, and yet they wanted it to go on forever.

The last week formally began with the anniversary party which the press gave for the McGoverns late on Halloween night in a function room on the top floor of the Biltmore in New York. As usual, Dick Stout was emcee. The reporters seemed a very close crew that night, bound together by their appreciation of Stout's arcane jokes, most of which were based on incidents from the campaign. Like the reporters at the long-forgotten Muskie party, these people wanted badly to laugh; their laughter was shrill and almost hysterical, as if this were the last party before the end of some golden era.

Stout introduced Jim Naughton, Adam Clymer and David Murray of the Chicago *Sun-Times*. They huddled around the podium at the front of the room and read imaginary leads which they claimed had been set in type "for possible use next Tuesday night." All the leads dealt with a McGovern victory.

Joe Alsop: "The end of Western civilization, as we know it
. . . Now only Nguyen Van Thieu stands as the representative
of the Free World."

Tom Wicker: "There is grey in Ted Kennedy's hair now, and
the sap is freezing in the maples around Hyannis . . ."

William S. White: "Finally, the all-out support of Lyndon B.
Johnson . . ."

R.W. Apple, Jr.: "As I predicted two years and three months
ago . . ."

David Broder: "The clue to the McGovern victory lies in
conversations one housewife had in O'Leary, Ohio . . ."

Evans and Novak: "Despite the revelations of Thomas Eagleton, the American people decided in a secret meeting on Tuesday . . ."

Finally, Pye Chamberlyne, the UPI radio man, presented the
couple with a Tiffany silver bowl, for which everyone on the
two planes had chipped in. It was inscribed with the words
McGovern had called out to the crew of his shot-up bomber in
World War II: "Resume your stations. We're bringing her
home." As everyone was happily applauding and the Senator
was offering good-humored thanks, Dick Dougherty looked at
the bowl and growled: "Whaddya want him to do, bleed in it?"

Dougherty had sported a nice, mordant humor early in the
campaign. Escorting McGovern out of a Safeway, he turned to
the manager and said loudly, "If there's any breakage, just
charge it to the networks." But by the last week, he and almost
everybody else on the staff had grown tetchy as mad dogs. Their
blowups were the talk of the press plane. Frank Mankiewicz
and Gordon Weil dressed down John Dancy for broadcasting a
report that McGovern had pulled as large a crowd in New York
"as more traditional Democrats had in the past." Why was
Dancy labeling McGovern an untraditional Democrat, they demanded in a paranoid frenzy. Was he out to get them? Then
Pye Chamberlyne put out a story saying that McGovern probably could not capture the twelve states he needed to win the
election. He had got his information from McGovern staffers.

But Mankiewicz gave him a severe tongue-lashing, telling him that the piece was inaccurate and that there was no excuse for broadcasting a story that could ruin them five days before the election.

Then Stout's story hit the stands. Two weeks before the election, Stout had taken a day off, locked himself in a Milwaukee hotel room, and started preparing his final overview piece on the McGovern campaign. He lay in bed, surrounded by all his notebooks, all of McGovern's speeches, and the 350 pages of copy he had filed on McGovern since the California primary. As he sifted through the stacks of pages he had written, it struck him that "really, there wasn't very much there." There were passages from policy statements, descriptions of the candidate's activities, notations of changes in theme; but Stout felt that he had missed the real story, which had been the grass-roots organization of the campaign. He remembered that four years earlier, writing his book on Eugene McCarthy, he had found that only ten percent of his *Newsweek* files were useful. Nonetheless, he wrote all night and sent off his impressions of McGovern to Peter Goldman, *Newsweek*'s flashiest writer, who was responsible for putting the piece into its final form.

Stout's impressions were almost entirely negative, a fact which surprised almost everybody on the plane when the piece came out. Stout was always grumbling about McGovern, but everyone assumed that he was simply exercising his bizarre sense of humor. "My wife just sent another check to McGovern," Stout would say, "but she's not really a Communist. She's just one of these liberals who hasn't thought it all out." All the reporters made fun of McGovern, but most of them secretly wanted to see him beat Richard Nixon. But Stout did not think that McGovern would make a good President. He did not even like McGovern as a candidate. "McGovern had an attitude of righteous convenience that rubbed me the wrong way," Stout declared after the election. "He demanded higher moral standards for everybody but himself. He would always be 1,000 percent for everybody but then, in a different situation, he would backtrack. He just annoyed me."*

This attitude, embellished by Goldman's elegant prose, came through in the *Newsweek* wrap-up:

> His eyes go flat and lifeless on television. His voice struggles for passion and sounds like grace at a Rotary lunch. His mandatory candidate's tan, in these last sunless hours before Election Day, is fading toward vellum. . . . He is, in a sense, the preacher's boy from Mitchell, S.D., come home in the end to the politics of rectitude. . . . But now, with his polls still stubbornly low and his own good-guy reputation tarnished by events, he has returned more and more to the old moral absolutes—and to the harshest rhetoric of any campaign in memory. What he offers is not so much a campaign as a calling—a vocation for virtue that he finds secure in himself and wanting in Richard Nixon. . . . But there are risks to the politics of rectitude. To charge that the war is racist or genocidal is to impute guilt not only to the President but to the nation; to argue that the society is unjust is to demand further changes of a people grown weary of change. The failure of George McGovern's evangelism, if that is the final outcome next week, may not be that his manner is too cool but that what he is trying to tell America is too hot.

Although the piece came out on Halloween, nobody mentioned it until November 2. Then, just after the Dakota Queen II took off from Cincinnati for Battle Creek, Michigan, George McGovern walked back to where Stout was sitting, leaned over, and inquired good-humoredly whether Stout had been responsible for the piece or whether *Newsweek*'s editors had written most of it. Stout replied that most of the ideas had been his and that he had agreed with and okayed the final version. The smile

---

* Stout also had a growing aversion to losers. "I can't *stand* losers any more!" he said after the election. "I've never covered a winner! Not one! I covered Percy when he ran for Governor and lost. I covered Goldwater, McCarthy, Muskie and then McGovern. I think there's absolutely nothing noble about losing! You find a good loser—he's still a loser."

In January, Stout volunteered to cover Agnew full time for *Newsweek*. "At the same time, I said, 'I don't want to cover any more losers.' And the editors said, 'Well, we're putting *you* on Agnew because we want him to lose.' "

vanished from McGovern's face. He nodded and began to walk away.

"Why did you ask, Senator?" said Stout.

"Well," said McGovern in his monotone, "I thought it was just a bunch of shit."

A few minutes later, Mankiewicz came down the aisle and said, "Dick, you'll be getting an awful lot of flack from the staff over that story in *Newsweek.*"

"Why?" said Stout, affecting innocence.

Mankiewicz said that it was the worst piece of political journalism he had ever seen, that it was intended to hurt rather than inform.

"Would you please be specific," said Stout, getting angry. "What was intended to hurt?"

"The whole thing!" said Mankiewicz. He went on to say that *Newsweek* had knocked McGovern from the beginning. "Up in New Hampshire," he said, "they thought so little of us that they sent us that après-ski reporter, that second-string art critic, Liz Peer." Soon after Mankiewicz finished his attack, Dick Dougherty came by and added that the piece was "small-minded, mean-spirited and vindictive." Stout later observed, with some bitterness, that Dougherty, the self-appointed champion of personal, advocacy journalism, did not admire the technique when it was turned against McGovern.

When the plane landed George McGovern got off and told a heckler at the airport fence to kiss his ass. On the long bus ride from the airport to the TV taping at Jackson, Michigan, Stout sat next to Fred Dutton and told him about McGovern's bunch-of-shit remark. Dutton, once a key aide, had long since grown disenchanted with the campaign and was now on the plane only so the reporters could not write that he had abandoned ship.

"Oh, my God," groaned Dutton. "The man doesn't know what he's doing. You don't go tell a guy he's written shit. All you do is say, 'That's the way it goes,' and then you quietly freeze the fucker out."

That was the clean, professional, Zieglerian way to do it, and it was doubtless the most efficient method from the candidate's point of view. But there was something close and personal about the McGovern people's relationship with the press that didn't admit that kind of tactic. Mankiewicz and Dougherty were both former journalists, and they kept expecting their brothers to give McGovern the benefit of the doubt, even to help him. Like Richard Nixon, they assumed that the press had a liberal bias. They could never understand why a reporter would report McGovern's flaws, and thus give comfort to Nixon; after all, Nixon was the press's natural enemy. So Mankiewicz and Dougherty felt baffled and betrayed whenever a reporter slammed George McGovern, and they reacted from the gut. But their angry outbursts were never as effective as the icy, calculated disdain of the Nixon men. The reporters simply resented the McGovern staffers for blowing up, laughed at them behind their backs, and dismissed them as "unprofessional."

That night, at a hotel bar in Grand Rapids, Stout stayed up late drinking with Mankiewicz, Bill Greider, Hunter Thompson, the *Times* duo, and a couple of other reporters. That was standard procedure in the McGovern campaign. The staff and the press got along well most of the time; they ate and drank together. Hunter Thompson, who had arrived late that night, suddenly brought up the *Newsweek* article. He said he found it shallow and malicious. Which set off Mankiewicz again. Stout protested that he thought the article had been fair. The other reporters at the table studiously ignored the argument. They liked Stout, but they didn't agree with his article. Finally Stout excused himself, looking hurt and dismayed. He did not appear on the plane the next day. When he returned, he explained that he had remained in Grand Rapids to finish an article. But he acted shy around the plane for the last few days of the campaign.

ON SUNDAY, NOVEMBER 5, Johnny Apple predicted on the front page of the *Times* that George McGovern was going to lose forty-eight states, with the outcome "in serious doubt" only in

Massachusetts and Wisconsin. The next morning, in a press-room on the top floor of the Bellvue Stratford in Philadelphia, Jim Naughton passed around a floridly worded challenge; for five dollars a shot, the reporters were invited to bet Apple that McGovern would take more than two states. Everybody signed up. Stout later claimed that he had signed under duress. "Word would have gotten back to the staff if I hadn't signed, and all my entrée would have been shut off," he said. "When they passed me the sheet to sign, I had to ask somebody what state McGovern was supposed to win besides Massachusetts." Naughton telexed the wager to Apple, who replied that so many separate bets would complicate his bookkeeping. So Clymer and Naughton threw in fifty apiece and bet Apple an even hundred.

By that time, Naughton and Clymer had no hopes of a McGovern victory; they merely thought that McGovern might pick up more than two states. There was one among the press, however, who did not so easily give up hope. He represented a mass-circulation Fleet Street daily, for whose quality he made no great claims. "It is considered a serious paper," he said, "by its readers. I choose my words carefully." A gregarious chap with a crazy, brown-toothed grin, he was known to take a drink; in fact, his full account of the campaign, had he written it, would have closely resembled *The Lost Weekend*. Somehow he never missed a bus or plane. At the last second some good Samaritan would always pull him away from the hotel bar, waving madly at some new-found American friend and shouting farewells: "Listen, it's been really great . . . Yes . . . yes . . . I've got your address . . . We *must* send Christmas cards."

As Naughton and Clymer were passing around their wager in Philadelphia, this refugee from Fleet Street was buttonholing reporters and telling them the good news. "Listen, we're all going to be writing the story of the century tomorrow night. Just remember there was one Englishman who said so. And buy me a drink when he wins." It might have amused the forlorn McGovern staff to know that on election eve, some 1,500,000 faithful readers of this great Fleet Street organ went to bed all across the British Isles thinking that George McGovern was about to pull the upset of all time.

From Philadelphia, the planes flew to Wichita, Kansas, for a brief and pathetically small airport rally that was broken off by a sudden, violent prairie squall. Then a long flight to Long Beach, California, for a larger, floodlit airport rally. At Long Beach, Candice Bergen, who was working for McGovern, walked into the makeshift pressroom where everybody was phoning in stories. She looked around and announced: "You all suck."

Finally the planes took off into the California night for the last flight of the campaign, the return to Sioux Falls. The mood aboard the Dakota Queen II was quiet and somber. The day had ravaged everyone's emotions. At a street corner rally in Philadelphia that morning, George McGovern had hoarsely spoken his favorite words from Isaiah: "They that wait upon the Lord shall renew their strength. They shall mount up with wings as eagles, they shall run and not be weary; they shall walk and not faint." A number of reporters had bitten their lips to keep from crying. For George McGovern grew stronger and calmer as his staffers grew more desolate, and the reporters could not help being awed by his incredible serenity.

In the last forty-eight hours of the campaign, many of the reporters worked on strange ghostly pieces describing McGovern's victory, to be set in type in advance so that the newspapers would not be completely unprepared if McGovern should do the impossible. Some of the reporters discovered their true feelings about McGovern in writing these pieces. Jim Doyle found that he had only dire predictions for a McGovern Presidency; the stock market, he wrote, would go down, the transition period would be the ugliest in American history, and McGovern would immediately face a pile of crises for which he was hopelessly unprepared. However, Doug Kneeland's "Man in the News" analysis was an admiring portrait which began:

Sioux Falls, S.D. Nov. 7—As it turned out, George Stanley McGovern, the preacher's son from Avon and Mitchell, really was "right from the start."

He kept saying he would win, serenely, earnestly, convincingly. And as the days in his plodding 22-month old campaign for the Presidency dwindled down to the final few, when his closest advisers showed by their eyes, if not by their words, that they thought all was lost, almost everyone on the McGovern trail believed that he believed.

Kneeland knew that this fairy tale would never run in the paper, so he allowed it to be passed around on the flight to Sioux Falls. It set off a massive flow of tears. The press aides cried, the baggage handlers sobbed, and the speech writers got lumps in their throats. From then on, the plane was like a flying cortege.

When the plane finally landed in Sioux Falls, at 1:30 in the morning, there was a high school band playing and a crowd that had waited since 9:30 to see McGovern. He spoke briefly. More staffers broke down as they listened to him thank his fellow South Dakotans for their "love and devotion." It was 37 degrees. Geider stood shivering at the front of the crowd with a flimsy United Airlines blanket pulled around his shoulders for warmth. Other reporters came up to him, raised their hands, and said "How!" When the speech was over, Greider walked slowly to the bus and sat down in the front. Earlier in the evening, at Long Beach, he had been in a sarcastic mood. "McGovern said that voting was a sacrament," he had said. "You know what comes after the sacrament? The cross and nails, boy!" He had tried to write an article on the plane, but was too tired to finish it. Now he sat in the cold bus, grey with fatigue, his eyes watering.

"Anything exciting happen on the Zoo?" he asked after a long silence. "You get laid?"

"Nothing happened."

Greider was silent. He started fiddling with the buttons of his Sony, trying to find a certain passage on the tape. Finally he located it and pushed the play button. "The Battle Hymn of the

Republic" came squawking out of the speaker as we had just heard it played by the Sioux Falls High School Band. Greider closed his eyes and soaked it in. When it was over, he flicked off the Sony and sat in silence for the rest of the ride, looking as if he had just lost his best friend.

THE NEXT MORNING, half of the press slept while the other half rose at 8:30 to take the hour-long bus ride to Mitchell, McGovern's hometown, and watch the Senator vote. After handing his ballot to a grey-haired lady in the basement of a parish hall, McGovern went to shake the hands of the citizens who had gathered along Mitchell's main street. Adam Clymer and several other reporters bought cowboy hats. Dean Fischer spotted Gordon Weil and asked him, "What did McGovern have for breakfast?"

"Danish, milk," said Weil.

"Juice?"

"No, I didn't see any juice."

Not for nothing was Fischer a golden boy at *Time*.

AT LUNCH, Bill Greider, Doug Kneeland, and several other regulars agreed that McGovern could not lose by much more than ten points. By seven o'clock, they knew that they were wrong. The reporters got the news from the three televisions set up at the front of the pressroom in the Sioux Falls Holiday Inn. It was like every other pressroom of the campaign—long rectangular tables loaded down with office typewriters and telephones. The reporters walked around with hands in pockets, fetching beers from a large cooler, and helping themselves to coldcuts. Nobody could feel any emotion. Mary McGrory sat at a typewriter, calm, smiling, but still obsessed with her Hamtramck story; she kept asking whether anyone had heard the returns from Michigan.

The Englishman who had expected to write the story of the

century stared into his beer bottle. "Don't talk to me," he said. "I don't want to think about it."

Everyone commented on the general numbness. "It's like a bad homecoming, where nothing happens," said Tom Oliphant. "You drink about eighty drinks and you can't get drunk and all you get is bad breath."

"It's like jumping into a cold pool of water so that your balls shrivel up," said Stout, who was wandering around in rumpled blue pants and a blue shirt. Later in the evening, he put it another way. "For two years," he said, "I circled the country looking for it. I looked for it in Hackensack, New Jersey, but did not find it there. I did not find it in Hogan, West Virginia, nor even in Kennebunkport, Maine. But I finally found it in a little Holiday Inn in Sioux Falls, South Dakota."

"Found what?"

Stout cupped his hands and looked at them as if he were holding the object of his search.

"The perfect pile of shit," he said.

Greider was pacing the room, looking ineffably sad. He had stayed up all night finishing the piece he started in Long Beach. He had slept for most of the day. The rest had done him little good. He was neat on the surface, having shaved and combed his hair, but the dark rings remained under his eyes. He was talking, almost reminiscing, about how much he liked John Holum, one of McGovern's aides. "Holum was going to the Pentagon, you know, as a Deputy Secretary of Defense," he said. "Just think about it. The generals would come to the White House to see George, and George would say, 'That's all right, gentlemen, I'd like you to see Mr. Holum at the Pentagon.' And Holum would listen to the generals and nod in that quiet way of his and say, 'No.' And then he would write down a number on a piece of paper and say, 'That's what you get.'"

"Now it's just sodden," said Greider. "Now nothing will happen in this country for another four years. And that's very bad."

Some of the reporters had started to file, but without much enthusiasm. There was little demand for news out of Sioux Falls.

Greider and I put on our coats and started to walk the four blocks to a dingy auditorium called the Coliseum to watch McGovern concede. As we walked past pizza parlors and third-class hotels, Greider mused about what would happen when he phoned the *Post*.

"I'll call the desk and say, 'Do you want anything on the speech?' and they'll say, 'No, we got it from the networks.'

"Then I'll say, 'Do you want to know how it feels?' And they'll say, 'Naw, that's all right.'

"And I'll say, 'Well, how about a piece on the disillusioned McGovern kids?' And they'll say, 'Naw, we don't need it.' "

I LOST GREIDER at the Coliseum but ran into him later back at the pressroom. He was shouting at the TV sets. Richard Nixon was on all three networks, addressing the nation from the Lincoln Sitting Room in the White House. "Peace with honor!" Greider yelled. "Right on, Abe! You tell 'em." There were whistles and catcalls from the other reporters.

Turning to me, Greider shook his head and said, "You remember what I said they'd say on the desk? Exactly what happened. Almost word for word. They said, 'Well, how are things going out there?' but you knew it was one of those questions where they didn't really mean it."

Adam Clymer was still showing off the cowboy hat he had bought that morning. "Big-time Washington correspondents need hats for their press cards!" he said for the fifteenth time.

Meanwhile, Jim Naughton was walking back from the Coliseum with Carol Friedenberg, the press aide. They spotted a despondent bunch of kids coming down the street, stopping every twenty feet or so to chant: "Awwwwwwwwww, *shit!*" Naughton and Friedenberg took up the chant themselves. They found it made them feel better.

NOBODY WANTED TO STAY in Sioux Falls any longer than necessary. The planes were ready to take off from the town's tiny airport by midmorning of November 8. The Dakota Queen II was full of men who were trying to figure out what had happened; they were going to have to write articles explaining how George McGovern had got buried by a landslide. All the reporters were trying to trace the roots of the disaster, testing theories on each other. It was the Eagleton thing. No, the trouble started back in California when Humphrey cut him up. Well, actually it was more that the press had started to examine him seriously just as he started to make terrible mistakes. They were all searching for a key incident that symbolized the whole campaign. One reporter would try out an incident on a colleague and then say, "That sums it up, doesn't it." The phrase spread through the plane like an epidemic of hiccups.

George McGovern and his wife came aboard at the last moment, entering through the tail section. The reporters stood up and gave him a warm ovation. McGovern slowly began to move up the aisle. He gave each reporter a smile and a good, firm handshake.

"Hello, Bill. Hello, Doug."

"Congratulations, Senator," said Kneeland. "You made a great speech last night."

Some of the reporters exchanged glances. They could not believe McGovern's composure, and they were deeply moved by his personal farewells. He let his distraction show only once, when he asked David Murray, "You flying with us all the way back to Washington?" Murray's only alternative would have been to bail out.

After takeoff, Frank Mankiewicz came back with the telegram that Richard Nixon had sent McGovern. The Nixongram was very short. "You and Mrs. McGovern have our very best wishes for a well deserved rest after what I know must have been a very strenuous and tiring campaign," it read.

Mankiewicz smiled and dragged on a Kool. "It's worded with the felicity that has characterized the Administration," he told a bunch of reporters who had gathered around him. "It's a perfect example of gracelessness without pressure. Nixon does better for a losing manager in a playoff."

The reporters and staffers had begun to mill around in the aisles. I was sitting next to Stout when a staffer wandered by and began to make a long, lachrymose farewell speech.

"Don't do the funeral bit, Bill," Stout said gently. The staffer nodded, shook hands, and moved on to do the funeral bit elsewhere.

Then Doug Kneeland came by, and I immediately braced for an argument. For the last week and a half, Kneeland had been needling me about an article I had written about the campaign press for *Rolling Stone*. The article was full of cheap shots, he said; it was a snide hatchet job which imputed all kinds of low motives to men who were actually decent, honest and hard working. I tried to argue with him, but he always brought up the same old litany of accusations, and one evening the debate had exploded into a shouting match in the middle of the press bus. After that, I carefully avoided Kneeland, which was not easy to do in a crowded campaign plane. Now here he was again, but mellowed, like everyone else on the plane, and seeking to instruct rather than provoke. Wearing a wilted turtleneck, his face sagging with fatigue, he looked as if he had spent a very bad night.

"You think these guys don't care," Kneeland started in. "You think they're here because of ambition or personal selfishness or something like that. What you don't see is that they want to change things. They're idealists, romantics."

"I'm not sure that's why I do this," said Stout, staring into the Bloody Mary he was nursing. "I just wanted to see life. This was the best way I could do it with my limitations."

Kneeland acknowledged Stout's dissenting voice and then began to fill in his portrait of the reporter as romantic. Reporters were the kind of guys who cried at movies, he said. He himself had shed tears over animal books as a child and had even wept at *Love Story*. The reporters might not give a damn about the Democratic Party, but they cared about the people on the campaign who had devoted themselves to McGovern, like Polly Hackett and Carol Friedenberg.

"I cried on Monday," Stout admitted. "Sitting in that goddam bus in Philadelphia, watching those girls go through their little duties even though they knew the thing was a disaster, knew it was falling apart. Well, I didn't exactly cry, but I did feel my eyes brimming."

"A lot of guys were torn up last night," said Kneeland. "Naughton was torn up. They'd all worked so goddam hard trying to be fair, doing a lot of things they didn't want to do. I had to write that 'Man in the News' piece in case McGovern won. You think I wanted to do that?

"Every two-bit columnist from every two-bit paper that was on this plane for two days took a cheap shot at McGovern," Kneeland continued. "They'd come on and write a funny story about how the campaign was fucked up. Well, I could have written funny stories, too. I got goddam sick of doing those little daily pieces. It's a helluva lot more fun to be amusing, but I didn't let myself do it and neither did most of the other guys.

"You see, we're idealists," Kneeland went on in his vinegar New England accent. "McGovern invited us to be harsh on McGovern so we were. He invited us to hold him up to his own standards, and we've held him up to them and then some."

What irked Kneeland more than anything was that no one had held Richard Nixon up to the same standards. Taking comfort from the belief that they were merely following the "rules of objectivity," the White House correspondents had failed to make Nixon account for the actions of his Administration. Meanwhile, the McGovern reporters had adhered to the same rules of objectivity out of a genuine conviction that they must remain "fair"; they had refused to use advocacy journalism in McGovern's behalf. "We played the game by street-fighting rules," said Kneeland. "You don't kick a guy in the nuts or stick your finger in his eye, even if it means you lose. And the White House people know you won't. They knew that we played by the rules and they took advantage of that. But what can we do? We can't help playing fair, that's just the way we are."

Kneeland would have gone on, but just then George McGovern's voice came on the PA system. McGovern said that he wanted to express his "very great affection and appreciation."

"There are moments we're never going to forget," McGovern continued, "and I promise never to say to anyone on this plane what I said to that friend along the fence in Battle Creek, Michigan. In fact, what we extend to all of you is the kiss of brotherhood, and goodbye until we meet again."

"Class," said Kneeland. "That is one of the classiest men I have ever known."

A FEW MINUTES LATER, the two planes taxied up to a huge, empty Coast Guard hangar in a disused corner of National Airport. The reporters spilled out of the planes and stood on the tarmac, their hair blown about by violent gusts of wind. Suddenly everybody realized that it was all over, and their emotions flooded out. They wept, embraced, exchanged manful handshakes, cried on each other's shoulders, or simply stood in a daze. It was like an orphanage being shut down. Then George McGovern appeared at the top of the ramp and drew them together for the last time. "I don't think I lost anything yesterday except some votes we would have liked to have had," McGovern said into the forest of Sonys and notebooks. "The cause is just as bright . . ."

Then the group broke up for the last time. The reporters stood in little groups around their luggage, looking shipwrecked, waiting to be picked up by their wives. The cause was not just as bright for them. The man who had brought them together, made them the most unlikely of friends, given them common gripes and jokes, given them, in fact, everything that they held in common, had just driven off into political oblivion in a black Cadillac. It would be a good while before any of them would again discover the same irresistible combination of camaraderie, hardship, and luxury. They now had to go back to paying the dues which would earn them another campaign in 1976.

INDEX

375